"十四五"职业教育国家规划教材

U0649092

TIELU KEYUN ZUZHI

铁路客运组织

第2版

王 越 主 编

张 玮 副主编

杨 涛 主 审

人民交通出版社股份有限公司

北 京

内 容 提 要

本书是"十四五"职业教育国家规划教材。本书主要内容包括:发售车票,旅客运输,行李、包裹运输,特种运输,运输事故的处理,旅客运输计划及组织,客运站工作组织,旅客列车乘务工作组织等。

本书每个模块下设有案例、知识拓展、复习思考题、实践训练等子模块,案例丰富,实操性强。

本书为高职、中职院校铁道交通运营管理专业教材,可作为铁路行业从业人员培训教材,也可供铁路相关技术人员参考。

* 为方便教学,本书配有多媒体教学课件,读者可加入职教铁路教学研讨群(QQ 群:211163250)获取。

图书在版编目(CIP)数据

铁路客运组织/王越主编. —2 版. —北京:人民交通出版社股份有限公司,2019.6(2024.12重印)

ISBN 978-7-114-15551-2

Ⅰ.①铁… Ⅱ.①王… Ⅲ.①铁路运输—客运组织—职业教育—教材 Ⅳ.①U293.3

中国版本图书馆 CIP 数据核字(2019)第 096563 号

"十四五"职业教育国家规划教材

书　　名:**铁路客运组织**(第 2 版)

著 作 者:王　越

责任编辑:袁　方　钱　堃

责任校对:刘　芹

责任印制:张　凯

出版发行:人民交通出版社股份有限公司

地　　址:(100011)北京市朝阳区安定门外外馆斜街 3 号

网　　址:http://www.ccpcl.com.cn

销售电话:(010)85285911

总 经 销:人民交通出版社股份有限公司发行部

经　　销:各地新华书店

印　　刷:北京武英文博科技有限公司

开　　本:787 × 1092　1/16

印　　张:18.5

字　　数:428 千

版　　次:2013 年 8 月　第 1 版
　　　　　2019 年 6 月　第 2 版

印　　次:2024 年 12 月　第 2 版　第 11 次印刷

书　　号:ISBN 978-7-114-15551-2

定　　价:49.00 元

第 2 版前言

随着高速铁路的不断修建和陆续开通,我国高速铁路技术步入了世界先进行列,我国的铁路建设取得了举世瞩目的成就。与此同时,铁路客运的设备设施和运营管理方面发生了巨大的变化,铁路主管部门改变客运规章的制定理念,变管理为服务,以人为本,对《铁路旅客运输规程》《铁路旅客运输办理细则》《铁路客运运价规则》等规章进行了修改。

本书是在 2013 年出版的全国铁道交通运营管理专业高职高专规划教材《铁路客运组织》的基础上修订而成的。本书第 2 版与第 1 版相比,修改了退改签方案、实名制车票丢失的处理方法,调整了互联网购票规定,增加了变更到站、办理旅客乘意险等内容,为方便学习,附加了全国铁路客运运价里程接算站示意图(见本书配套课件)。随着客票系统的升级发展,传统的旅客输送日计划的编制、执行已经被计算机取代,根据这一变化,修改了日常计划的相关内容。根据客运规章变化情况对铁路旅客运输组织的内容进行了更新和补充。

本书由辽宁铁道职业技术学院王越担任主编,武汉铁道职业技术学院张玮担任副主编,中国铁路沈阳局集团有限公司杨涛担任主审。具体编写分工如下:王越编写项目一、二、六,张敬文编写项目三,张玮编写项目四、五,辽宁铁道职业技术学院万龙编写项目七,中国铁路沈阳局集团有限公司王涛编写项目八。

本书在编写过程中得到中国铁路沈阳局集团有限公司客运处及沈阳局站段领导的大力帮助,在此深表感谢!

作 者

2019 年 2 月

目　　录

绪　　论

一、铁路旅客运输的地位

我国幅员辽阔、人口众多、耕地紧缺、人口及资源分布不平衡,由于铁路旅客运输具有运量大、速度快、安全性好、费用较低、能全天候服务等优点,在我国的中长途旅客运输中具有明显优势。随着我国经济的持续快速发展,我国城市化进程显著加快,并逐步形成以特大城市为轴心的城市群和小时经济圈。城市群及经济圈的形成与发展,带来了市郊及城际客运交通需求的持续增长。由于轨道交通运输具有容量大、能耗低、占地相对少、安全可靠性高、环保好的特点,在解决城际客流运输中具有明显的综合比较优势,所以一些城市群及经济圈在充分吸取城市公共交通汽电车运输班次密、方便、经济等特点的基础上,逐步采用铁路城际客运"公交化"的运输组织模式。这一模式的基本特点是,在客流需求较大、距离较短的城市之间建立高速度、高密度、小编组、乘降方便、安全可靠、立体衔接的交通运输方式,从而使得铁路运输在这些地区的中短途运输中也具有较重要的地位。

二、铁路旅客运输的特点

(1)铁路旅客运输的主要对象是旅客,其次是行李、包裹及邮件。铁路通过售票工作将旅客组织起来,并最大限度地满足旅客在旅行中的物质文化生活需要,集人、车、路、站于一体,主要以提供劳务的形式为旅客服务。

(2)铁路客运需求在时间上有较大的波动性,季、月、周、日和一日内各小时之间常会出现急剧的起伏变化。为此,铁路的客运技术设备及客运能力应留有一定的"后备",以适应不同时期的变化情况。

(3)旅客运输提供的是无形产品,其核心是旅客的空间位移。它被旅客本身所消耗,其使用价值具有不确定性,其创造的社会经济效益远大于自身的经济效益。

(4)铁路客运站的位置应靠近城市,并与市内交通及其他各种交通工具有良好的衔接配合。

(5)铁路旅客运输不同于货物运输,旅客在旅行中有不同的物质文化生活需求,如饮食、盥洗、休息、通风、照明、温度等,旅客运输企业不仅应满足这些需求,而且应积极改善,创造良好的旅行环境并提供优质的服务,使旅客心情愉悦。

(6)铁路客运车辆都是铁路局固定配属给各客运车辆段的,以便于掌握客运车辆的运用及维修,确保客运车辆质量良好。

(7)铁路旅客列车车辆编组内容及编挂顺序都是根据需要编组,在一般情况下是不变的。旅客列车按固定时刻表运行,旅客根据自己旅行需要选择乘车日期、车次、座别、到站,自行购票、托运行包,然后乘车到达目的地。无直通列车时,旅客须在途中换乘。

（8）旅客列车重量标准和速度应合理选择，对各种列车的重量与速度应按其等级做出规定，并逐步提高列车的运行速度。

（9）旅客列车到发线及站台一般应按方向和车次予以固定，不宜随便变动。

（10）旅客列车的发车密度应与客流密度、时空波动及分布相适应，以做到有效供给。

三、铁路旅客运输的任务

铁路旅客运输是一项服务性很强的工作。在我国现有条件下，必须按照社会主义市场经济的基本规律，从一切为人民的立场出发，通过采用先进的技术装备和科学的管理方法，周密地组织铁路旅客运输，以最大限度地满足人民群众的旅行需求，把旅客安全、迅速、便捷、舒适、经济地运送到目的地。铁路旅客运输的主要任务如下：

（1）认真贯彻执行党和国家的有关方针、政策、法令及交通运输的各项规章制度，同时通过客运工作与人民群众广泛接触的机会，热情宣传党和国家的各项方针、政策。

（2）制定铁路旅客运输发展规划，不断拓宽客运市场，建立和完善适应经济发展的铁路客运网。

（3）充分发挥现有的交通设施作用，合理配置运力，千方百计提高客运交通总供给。

（4）为旅客服务，对旅客负责，以旅客需求为导向，积极开展营销活动，努力提高客运服务质量，做到想旅客所想，急旅客所急，帮旅客所需，以保证优质服务。

（5）加强科学管理，提高经营水平，在做好旅行服务的前提下，提高客运企业的经济效益。

（6）根据党和国家在一定时期的中心工作以及国民经济发展的要求，完成各种临时性的紧急任务。

（7）加强对客运职工的业务技术培训及思想政治工作，不断提高职工素质和企业整体素质，为实现铁路旅客运输系统的现代化而努力创造条件。

总之，铁路客运企业要在党的方针、政策指引下，根据铁路客运市场经济的发展规律，以旅客需求为中心，服从并服务于国民经济可持续发展战略的需要，从基本国情出发，以运输市场的需要为依据，优化运输体系结构，合理配置资源。依靠科技进步，提高劳动者素质，加快铁路客运事业的发展，满足全体国民出行的需求。

四、铁路旅客运输工作的原则

我国是社会主义国家，社会主义的生产目的是服从整个社会和人民的共同利益，满足人民不断增长的物质文化生活的需要。铁路旅客运输为了保证质量，良好地、高效率地完成各项任务，必须遵循以下几项原则：

（1）必须认真执行党和国家的各项方针、政策，确保重点运输，安全、迅速、顺利地运送旅客和行李、包裹到达目的地，并保证各种运输方式之间有良好的配合，为实现我国工业、农业、国防及科学现代化服务。

（2）保证运输安全是铁路运输最重要的指标之一。为此，要切实遵守各项安全制度，维护运输秩序，确保铁路旅客运输绝对安全。众所周知，整个运输生产过程是上百万人的联合劳动，在生产实践和作业过程中具有高度的连续性、联动性和准确性。这种联合劳动，是在百分之百的空间、百分之百的时间、百分之百的职工中进行的。这个大联动在运输生产过程中，哪怕是有一个环节、一道工序出现纰漏，都可能导致车毁人亡、中断运输生产的后果。可见，安全是铁路运输这个大系统得以稳定运作的必要条件。为了确保安全，必须做到：教育每个职工发扬"人民铁路为人民"的光荣传统，遵章守纪，顾全大局，在任何情况下都要把保证铁路畅通、安全作为自己的职责；维护好站车秩序，做好危险品的查堵工作，并对所有用于旅客运输的设备定期检查、维修，确保旅客出行安全，行车安全要落实围绕旅客列车事故的一系列措施和办法，使旅客列车平安进出站，安全过区间，最大限度地消灭旅客列车行车事故。铁路的安全系数较其他交通工具高，这是社会公认的，所以，应该继续保持并进一步做好。

（3）提高旅客列车运行速度。这是提高客运服务质量的新标志，是铁路发展的大趋势，也是广大旅客的迫切要求。随着经济发展和生活水平的提高及生活节奏的加快，人们的时间观念增强了，速度成为选择客运交通方式的重要指标。它将是今后不同客运交通方式在竞争中决定成败的关键，同时也是有效地加速机车车辆周转、提高运输能力和降低运输成本的重要手段。为了满足旅客对缩短旅行时间的要求，我国旅客列车运行速度必须要有较大的提高，应采用因地制宜、区别对待、普遍提高与重点突破相结合的方针，用不同的方式加以解决。

（4）以满足旅客需求为中心，不断转变服务理念，不断完善服务设施，落实服务标准，规范服务行为，为广大旅客提供安全、快捷、方便、准时、舒适的旅行服务。

（5）和谐服务管理。铁路旅客运输系统整体性强，为了给旅客营造舒适安逸的旅行空间，尽可能地实现一体化服务，要树立大服务理念，把旅客的旅行过程打造成一个完整的、规范化的服务链，全面提升服务水平，让旅客真正享受和谐服务，一路都有愉悦的好心情。

（6）服务创新原则。以提高客运产品质量为中心，做到文明服务、适需服务。服务不能仅停留在微笑服务、礼貌当先、标准化作业的水平上，而要在深层次的服务上下功夫，要依靠科技与创新来提高服务质量，不断在客运服务的内涵和外延上加以拓展，如开展商务化、信息化和代理化服务等，用不断创新去满足旅客不断变化的服务需求。

（7）加强系统管理。铁路旅客运输系统构成是多元化的，要使有限的人力、物力、财力充分发挥作用并提高效率，必须加强系统管理，使系统各部门能协调配合，把旅客的流动过程作为一个系统来组织，使旅客旅行省心、省力、省事、便捷。

为完成上述旅客运输任务及满足上述工作原则，必须遵守国务院铁路运输主管部门制定的《铁路旅客运输规程》《铁路客运运价规则》《铁路旅客运输办理细则》及《铁路旅客运输管理规则》。上述客运规章是做好铁路客运工作的准绳，全体客运员工都应该努力学习、深刻理解、认真执行。

五、我国高速铁路发展概况

高速铁路代表了当代世界铁路发展的大趋势，是 20 世纪交通运输发展的重大成就，是人类智慧的结晶和共同财富。我国作为一个地域广阔、人口众多、能源资源相对匮乏、环境保护任务繁重的发展中国家，大力发展高速铁路，对于推动国民经济又好又快发展，解决长期困扰我们的铁路运能不足、舒适度不高、难以满足人们出行需要等问题来说，可谓是一个

明智选择。自 1997 年开始,我国先后进行了多次旅客列车大提速,并为发展高速铁路积极进行各项技术准备。2004 年开始引进国外高速铁路相关技术,在对国外高速铁路技术的引进、吸收、消化、创新、再研发的基础上,仅用短短 5 年多的时间就走完了国外长达 30 年甚至半个世纪的发展历程。经过不断学习、研发、创新,到目前为止,我国已经系统掌握了时速 350km 动车组及控制系统的生产研发等成套技术,从而使我国不仅全面掌握了高速铁路的最新技术,且高速铁路的建设和运用技术达到国际领先水平。2010 年 10 月 26 日,我国在沪杭高速铁路运营线上取得了时速 418km 的试验速度,再次刷新了世界铁路运营线上最高运行时速的纪录。

(一)构筑"四纵四横"高速铁路主通道

2004 年 1 月,国务院《中长期铁路网规划》(2004 年修编版)确定了到 2020 年将建设客车速度目标值达到 200km/h 及以上的客运专线 12 万 km 以上。具体建设内容如下:

1. "四纵"客运专线

(1)北京—上海客运专线,包括蚌埠—合肥、南京—杭州客运专线。

(2)北京—武汉—广州—深圳(香港)客运专线。

(3)北京—沈阳—哈尔滨(大连)客运专线。

(4)上海—杭州—宁波—福州—深圳客运专线。

2. "四横"客运专线

(1)徐州—郑州—兰州客运专线。

(2)上海—杭州—南昌—长沙—昆明客运专线。

(3)青岛—石家庄—太原客运专线。

(4)上海—南京—武汉—重庆—成都客运专线。

3. 三个城际客运系统

环渤海地区、长江三角洲地区、珠江三角洲地区城际客运系统,覆盖区域内主要城镇。

(二)构筑"八纵八横"高速铁路主通道

《中长期铁路网规划》(2016 年修编版),规划期为 2016—2025 年,远期展望到 2030 年。规划目标如下:到 2020 年,一批重大标志性项目建设投产,铁路网规模达到 15 万 km,其中高速铁路 3 万 km,覆盖 80% 以上的大城市,为完成"十三五"规划任务、实现全面建成小康社会目标提供有力支撑。到 2025 年,铁路网规模达到 17.5 万 km 左右,其中高速铁路达到 3.8 万 km 左右,网络覆盖进一步扩大,路网结构更加优化,骨干作用更加显著,更好发挥铁路对经济社会发展的保障作用。到 2030 年,基本实现内外互联互通、区际多路畅通、省会高铁连通、地市快速通达、县城基本覆盖。

为满足快速增长的客运需求,优化拓展区域发展空间,在"四纵四横"高速铁路的基础上,增加客流支撑、标准适宜、发展需要的高速铁路,同时充分利用既有铁路,形成以"八纵八横"主通道为骨架、区域连接线衔接、城际铁路补充的高速铁路网,实现省会城市高速铁路通达、区际之间高效便捷相连。具体建设内容如下:

1. "八纵"通道

(1)沿海通道。大连(丹东)—秦皇岛—天津—东营—潍坊—青岛(烟台)—连云港—盐城—南通—上海—宁波—福州—厦门—深圳—湛江—北海（防城港）高速铁路（其中青岛至盐城段利用青连、连盐铁路,南通至上海段利用沪通铁路）,连接东部沿海地区,贯通京津冀、辽中南、山东半岛、东陇海、长三角、海峡西岸、珠三角、北部湾等城市群。

（2）京沪通道。北京—天津—济南—南京—上海（杭州）高速铁路,包括南京—杭州、蚌埠—合肥—杭州高速铁路,同时通过北京—天津—东营—潍坊—临沂—淮安—扬州—南通—上海高速铁路,连接华北、华东地区,贯通京津冀、长三角等城市群。

（3）京港（台）通道。北京—衡水—菏泽—商丘—阜阳—合肥（黄冈）—九江—南昌—赣州—深圳—香港（九龙）高速铁路;另一支线为合肥—福州—台北高速铁路,包括南昌—福州（莆田）铁路。连接华北、华中、华东、华南地区,贯通京津冀、长江中游、海峡西岸、珠三角等城市群。

（4）京哈—京港澳通道。哈尔滨—长春—沈阳—北京—石家庄—郑州—武汉—长沙—广州—深圳—香港高速铁路,包括广州—珠海—澳门高速铁路。连接东北、华北、华中、华南、港澳地区,贯通哈长、辽中南、京津冀、中原、长江中游、珠三角等城市群。

（5）呼南通道。呼和浩特—大同—太原—郑州—襄阳—常德—益阳—邵阳—永州—桂林—南宁高速铁路。连接华北、中原、华中、华南地区,贯通呼包鄂榆、山西中部、中原、长江中游、北部湾等城市群。

（6）京昆通道。北京—石家庄—太原—西安—成都（重庆）—昆明高速铁路,包括北京—张家口—大同—太原高速铁路。连接华北、西北、西南地区,贯通京津冀、太原、关中平原、成渝、滇中等城市群。

（7）包（银）海通道。包头—延安—西安—重庆—贵阳—南宁—湛江—海口（三亚）高速铁路,包括银川—西安以及海南环岛高速铁路。连接西北、西南、华南地区,贯通呼包鄂、宁夏沿黄、关中平原、成渝、黔中、北部湾等城市群。

（8）兰（西）广通道。兰州（西宁）—成都（重庆）—贵阳—广州高速铁路。连接西北、西南、华南地区,贯通兰西、成渝、黔中、珠三角等城市群。

2.“八横”通道

（1）绥满通道。绥芬河—牡丹江—哈尔滨—齐齐哈尔—海拉尔—满洲里高速铁路。连接黑龙江及蒙东地区。

（2）京兰通道。北京—呼和浩特—银川—兰州高速铁路。连接华北、西北地区,贯通京津冀、呼包鄂、宁夏沿黄、兰西等城市群。

（3）青银通道。青岛—济南—石家庄—太原—银川高速铁路（其中绥德至银川段利用太中银铁路）。连接华东、华北、西北地区,贯通山东半岛、京津冀、太原、宁夏沿黄等城市群。

（4）陆桥通道。连云港—徐州—郑州—西安—兰州—西宁—乌鲁木齐高速铁路。连接华东、华中、西北地区,贯通东陇海、中原、关中平原、兰西、天山北坡等城市群。

（5）沿江通道。上海—南京—合肥—武汉—重庆—成都高速铁路,包括南京—安庆—九江—武汉—宜昌—重庆、万州—达州—遂宁—成都高速铁路（其中成都至遂宁段利用达成铁路）,连接华东、华中、西南地区,贯通长三角、长江中游、成渝等10城市群。

（6）沪昆通道。上海—杭州—南昌—长沙—贵阳—昆明高速铁路。连接华东、华中、西南地区,贯通长三角、长江中游、黔中、滇中等城市群。

(7)厦渝通道。厦门—龙岩—赣州—长沙—常德—张家界—黔江—重庆高速铁路(其中厦门至赣州段利用龙厦铁路、赣龙铁路,常德至黔江段利用黔张常铁路)。连接海峡西岸、中南和西南地区,贯通海峡西岸、长江中游、成渝等城市群。

(8)广昆通道。广州—南宁—昆明高速铁路。连接华南、西南地区,贯通珠三角、北部湾、滇中等城市群。

"八纵八横"高速铁路网是以沿海、京沪等"八纵"通道和陆桥、沿江等"八横"通道为主干、城际铁路为补充的高速铁路网。"八纵八横"可实现相邻大中城市间 1~4 小时交通圈、城市群内 0.5~2 小时交通圈,提供安全可靠、优质高效、舒适便捷的旅客运输服务。

进一步完善普速铁路网,扩大中西部路网覆盖,优化东部网络布局,形成区际快捷大运能通道,加快建设脱贫攻坚和国土开发铁路。按照"零距离"换乘要求,同站规划建设以铁路客站为中心、衔接其他交通方式的综合交通体,形成配套便捷、站城融合的现代化交通枢纽。此外,还包括培育壮大高铁经济新业态、深化投融资和价格改革等措施。

项目一 发售车票

理论知识

单元一 铁路客运运价

我国铁路客运运价包括旅客票价和行李、包裹运价。客运运价与客运杂费构成全部运输费用。国家铁路的旅客票价率及行李、包裹运价率由国务院铁路主管部门拟定,报国务院批准。客运杂费由国务院铁路主管部门规定。

一、旅客票价

铁路旅客票价,是指铁路旅客运输产品的销售价格。旅客票价的高低,对旅客客流、乘车座别以及客运量在各种运输方式之间的分配,都有一定的影响。在确定旅客票价时,必须考虑人民生活水平,妥善处理国家经济建设与满足人民生活需求的关系,考虑各种运输工具

的合理利用。

(一)旅客票价的分类

旅客票价根据列车种类、车辆类型、设备条件、客票的使用时间以及减收票价的有关规定分为两大类:一是客票票价,包括硬座、软座客票票价;二是附加票票价,包括加快、卧铺、空调票票价。

(二)旅客票价的构成要素

1. 基本票价率与票价比例关系

旅客票价以硬座客票票价率为基础。硬座客票票价率是决定全部旅客票价水平最重要的因素。其他各种票价均以它为基准按照旅客运输成本和各列车等级的合理分工制定其相应的票价率。

国家铁路的旅客票价率在国务院批准的价格内,经国家物价主管部门同意,国务院铁路主管部门可根据运输市场的需求浮动价格;对铁路局管内运行的票价,铁路局可根据情况自行浮动。

现行硬座客票票价率为 0.05861 元/(人·km)。各种旅客票价率的比例关系见表 1-1。

各种旅客票价率和比例关系 表 1-1

票　种				票价率[元/(人·km)]	比　例(%)
基本票	硬座			0.05861	100
	软座			0.11722	200
附加票	加快票	普快		0.011722	20
		快速		按普快票价 2 倍计算	
	空调票			0.01465	25
	卧铺票	硬卧	开放式 上铺	0.06447	110
			中铺	0.07033	120
			下铺	0.07619	130
			包房式 上铺	按开放式硬卧中铺票价另加30%计算	
			下铺	按开放式硬卧下铺票价另加30%计算	
		软卧	上铺	0.10257	175
			下铺	0.11429	195
		高级软卧	上铺	0.12308	210
			下铺	0.13480	230

2. 旅客票价里程区段

计算旅客票价时,并不是完全按运输里程一一计算的,而是将运输里程分为若干区段,对同一里程区段,按照每一小区段的中间里程核收同一票价。现行旅客票价里程区段的划分见表 1-2。

计算旅客票价,除实行票价区段外,同时应考虑运输成本及分流的问题,对票价的计算规定了起码里程:客票为 20km;空调票为 20km;加快票为 100km;卧铺票为 400km;特殊区段另有规定者除外。

旅客票价里程区段 表1-2

里程区段(km)	每小区段里程(km)	区段数	里程区段(km)	每小区段里程(km)	区段数
1～200	10	19	1601～2200	60	10
201～400	20	10	2201～2900	70	10
401～700	30	10	2901～3700	80	10
701～1100	40	10	3701～4600	90	10
1101～1600	50	10	4601及以上	100	—

3. 递远递减率

由于运输成本随运距增加而相应降低,旅客票价采取递远递减的办法计算,以减轻长途旅客的经济负担。

旅客票价从201km起实行递远递减。现行各里程区段的递远递减率和递减票价率(以硬座票价为例)如表1-3所示。

旅客票价递减率和递减票价率 表1-3

区段(km)	递远递减率(%)	票价率[元/(人·km)]	各区段全程票价(元)	区段累计票价(元)
1～200	0	0.05861	11.722	—
201～500	10	0.052749	15.8247	27.5467
501～1000	20	0.046888	23.444	50.9907
1001～1500	30	0.041027	20.5135	71.5042
1501～2500	40	0.035166	35.166	106.6702
2501以上	50	0.029305	—	—

(三)旅客票价的确定

旅客票价是以每人每千米的票价率为基础,按照旅客旅行的距离和不同的列车设备条件,采取递远递减的办法确定。具体票价以国务院铁路主管部门公布的票价表为准。

国家铁路的旅客票价,以5角为计算单位,不足5角的尾数按2.5角以下舍去、2.5角及以上进为5角处理。国家铁路的行李、包裹运价及客运杂费的尾数保留至角。对浮动票价应分别按票种处理尾数。

(四)《旅客票价表》的运用

车站在发售车票时,通常是通过计算机发售车票,遇到特殊情况,则根据发、到站间客运运价里程依据《旅客票价表》进行计算。

旅客票价表的查找步骤如下所述。

1. 客运运价里程的确定

计算运价所应用的里程,称为运价里程,它是计算客运运价的依据。运价里程分为客运运价里程和货运运价里程。全路的客运运价里程由《铁路客运运价里程表》公布,它是《铁路旅客运输规程》的组成部分,是用以计算旅客票价及行李、包裹运价里程的依据,也是用以查找和确认车站有无营业办理限制的依据。

《铁路客运运价里程表》中所载入的客运营业站,均为国家铁路的正式客运营业站,以及与国家铁路办理直通运输的地方铁路客运营业站、合资铁路客运营业站。

确定客运运价里程的方法如下:

(1)查找站名

从汉语拼音或笔画站名首字索引表中,查出"站名索引表"的页数,再从"站名索引表"

中查出发、到站的站名"里程表"页数,并从站名"里程表"中确认到站有无营业办理限制。

（2）确定接算站

根据规定的或旅客指定的乘车径路和乘坐列车车次,从《铁路客运运价里程表》中查出乘车里程,或分段计算出全部乘车里程。如发、到站在同一线路上时,用两站到本线路起点或终点的里程相减,即可求出两站间的里程;如发、到站跨及两条及其以上线路时,应按规定的接算站接算。接算站的定义和种类相关资源见二维码1。

二维码1

①接算站的定义。所谓规定的接算站,就是为了将发、到站间跨及两条以上不同的线路衔接起来,进行里程加总计算票价和运价所规定的接算衔接点。

②接算站的种类。接算站形式有下列几种:

a.大多数接算站是两条及其以上线路相互衔接的接轨站,如郑州站、长春站等。此类接算站,查找、计算里程都较为方便,如图1-1所示。

图1-1 接算站示意图例之一

b.部分接算站是接轨站附近的城市所在站。由于接轨站线路设置、车站设备、列车开行等都受到一定的限制,同时,多数旅客从附近大站乘车,因此,为了铁路工作及旅客乘车的方便,指定城市站为接算站。凡是这样的接算站,接轨站和城市站相互间往返乘车,这部分往返里程已列入里程表中,确定运价里程时不再另计。如沈山线与魏塔线的接轨站是塔山站,但接算站规定为锦州站;京广线与京哈线的接轨站是丰台站,但接算站规定为北京站,如图1-2所示。

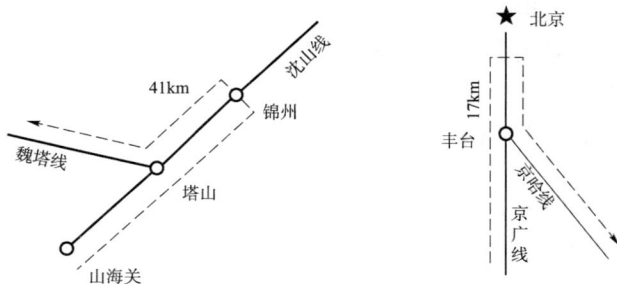

图1-2 接算站示意图例之二

c.个别接算站是在同一城市无线路衔接的车站作为零公里接算站(由于城市建设的关系,相互间未能铺轨连接),为计算里程的方便,特定该两站为同一接算的接算站。如昆明站与昆明北站,中间相隔约5km,即视为昆明站与昆明北站相互衔接,并指定为同一接算的接算站,如图1-3所示。

（3）计算里程

①发站和到站在同一条线时,用自本线起点站或终点站至发站和到站的运价里程相减,

即可计算出发站至到站的运价里程。

②发站和到站在相互衔接的两条线时,应分别计算出自发站和到站至该两条线的接算站间的运价里程相加,即可计算出发站至到站的运价里程。

③发站和到站在不衔接的两条线时,而旅客指定的径路与本里程表中的直通运价里程径路相同时,应分别计算出自发站和到站至直通运价里程接算站间的运价里程相加,即可计算出发站至到站的运价里程。

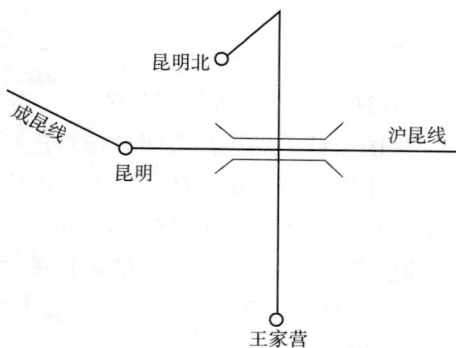

图1-3　接算站示意图例之三

④发站和到站在不衔接的两条线时,而旅客指定的径路与本里程表中的直通运价里程径路不同时,根据规定的或旅客指定的乘车径路和乘坐列车车次,逐段计算出各线的运价里程,然后相加,即可计算出发站至到站的运价里程。

2.查找旅客票价

《旅客票价表》按客车装备分为两部分,分别是非空调列车票价表、空调列车票价表,适用于普通旅客慢车、普通旅客快车、快速旅客列车、特快旅客列车、直达特快旅客列车等非动车组列车(另有规定除外)。

在《旅客票价表》中,分票种票价表是将客票和附加票票价分别列出,联合票价表则是客票和有关附加票票价相加的结果。

硬座、硬卧统称为硬席,硬席的主票是硬座票。

软座、软卧统称为软席,软席的主票是软座票。

加快票由低到高分为三等,即普通加快票、快速加快票和特别加快票。特别加快票未在表中列出,特别旅客列车、直达特快旅客列车也未核收特别加快票,暂按快速加快票核收。

少数特等软座、高级软卧票价实行市场调节价,未在表中列出。

旅客票价根据发、到站间的运价里程和不同的车辆设备以及旅客所购票种,从《旅客票价表》的相应栏内直接查得该票种应收的票价。

(五)其他票价的规定

(1)电子计算机发售的软、硬座客票票价,内含软票费1元(票价不超过5元的,内含软票费0.5元)。

(2)超过200km的硬座客票票价,内含1元的候车室空调费。

(3)新型空调车的各票种票价,分别在普通车客票、加快票、卧铺票、空调票的票价基础上向上浮动不超过50%计算。

(4)加快票由低到高分为三等,即普通加快票、快速加快票和特别加快票。为体现列车提速不提价,特别加快票票价暂时按快速加快票票价核收。

(5)棚车代用客车时,客票票价按硬座客票半价计算,棚车加快票价按普通加快票价计算;棚车儿童客票票价按硬座客票半价计算,棚车儿童加快票价按普通加快票价计算。

(6)广深线开行的列车,票价由企业自主定价。

二、动车组列车票价

1. 普通动车组票价的定价依据

按《国家计委关于高等级软座快速列车票价问题的复函》(计价管〔1997〕1068号)的规定,旅行速度达到110km/h以上的动车组列车软座票价基准价:每人公里一等座车为0.3366元,二等座车为0.2805元,可上下浮动10%。

按《国家计委关于广深铁路运价的复函》(计价管〔1996〕261号)的规定,广深线开行的动车组列车票价可在国铁统一运价为中准价上下浮动50%的基础上再上下浮动50%,由企业自主定价。

2. 普通动车组票价

(1)普通动车组座车票价

$$一等座车票价 = 0.3366 × (1 + 10\%) × 运价里程$$
$$二等座车票价 = 0.2805 × (1 + 10\%) × 运价里程$$

广深线上的动车组列车公布票价由企业在规定范围内自行确定。

(2)普通动车组软卧票价

$$软卧上铺票价 = 0.3366 × (1 + 10\%) × 1.6 × 运价里程$$
$$软卧下铺票价 = 0.3366 × (1 + 10\%) × 1.8 × 运价里程$$

注:动车组高级软卧票价可按公布票价打折,但打折后不得低于相同运价里程的新空软卧票价。

(3)普通动车组高级软卧票价

$$高级软卧上铺票价 = 0.3366 × (1 + 10\%) × 3.2 × 运价里程$$
$$高级软卧下铺票价 = 0.3366 × (1 + 10\%) × 3.6 × 运价里程$$

注:动车组高级软卧票价可按公布票价打折,但打折后不得低于相同运价里程的动车组软卧票价。

(4)动车组软卧儿童票价

$$软卧儿童票价 = 动车组软卧公布票价 - 动车组一等座公布票价/2$$

注:运价里程不足400km时,公式中扣减的动车组一等座公布票价均按400km公布票价计算。

(5)动车组特等座、商务座公布票价

$$特等座公布票价 = 0.2805 × (1 + 10\%) × 1.8 × 运价里程$$
$$商务座公布票价 = 0.2805 × (1 + 10\%) × 3 × 运价里程$$

一等包座、观光座按商务座公布票价执行。

动车组特等座、商务座、一等包座、观光座票价可按公布票价打折,但特等座折后票价不应低于一等座公布票价;商务座、一等包座、观光座折后票价不应低于特等座公布票价。动车组高级软卧票价可按公布票价打折,但打折后不得低于相同运价里程的动车组软卧票价。

3. 普通动车组票价有关执行规定

动车组票价可按公布票价打折,但应符合下列条件:

(1)根据不同区域、不同季节、不同时段的市场需求,实行不同形式的打折票价。

（2）二等座车公布票价打折后不得低于相同运价里程的新空软座票价。在短途,公布票价低于新空软座票价时,按公布票价执行。70km 及以下运价里程的动车组不进行任何形式打折优惠,一律按公布票价执行。

（3）经过相同途径、相同站间、相同时段,不同车次应执行同一票价。

（4）同一车次,各经停站在里程上不能倒挂。

（5）一等座车与二等座车的比价在 1:1.2～1:1.25 之间。

4. 普通动车组票价管理权限

公布票价由中国国家铁路集团有限公司(简称"国铁集团")决定。

折扣票价由铁路运输企业决定,并在公布前 3d 报国铁集团备案,但下列情况铁路运输企业要在公布前 10d 报国铁集团备案:

（1）跨局开行的动车组列车。

（2）折扣率低于 6 折时。

（3）铁路运输企业之间意见有分歧时。

公布票价的折扣率和折扣后票价由上车站所在铁路局提出车次别、发到站的动车组列车点到点票价,与有关担当局协商后,按管理权限执行。

5. 高速动车组票价

高速动车组票价由各高速铁路(客运专线)公司提出申请,由国家铁路局报国家发改委批准试行。

三、铁路行李、包裹运价

铁路行李、包裹运价,是根据运输条件,并参照铁路零担货物运价和民航等其他运输工具的行李、包裹运价而制定的。由于行李、包裹的特点和装载方法等因素,行李车的载重利用率低,而行李车的容量有限,因此,根据行李、包裹的运输条件和与其他运输工具合理分工的原则,行李、包裹运价应高于铁路零担货物运价,但低于民航行李、包裹运价。

（一）行包运价构成要素

1. 运价率及比例关系

（1）行李运价率

行李是指旅客由于旅行而导致的生活上一定限度的必需品,并且凭客票办理托运。

行李运输随同旅客运输而产生,与旅客运输是不可分割的,旅客不购票乘车,就不可能产生行李运输。

行李运价率按硬座票价率的 1% 计算,即每 100kg·km 行李运价率等于 1 人·km 的硬座基本票价。

$$行李运价率 = 硬座票价率 \times 1\% = 0.05861 \times 1\% = 0.0005861[元/(kg \cdot km)]$$

（2）包裹运价率

包裹是指适合在旅客列车的行李车内运输的工农业生产和人民生活有关的小件急运货物。由于运输速度较快,俗称"快件"。

包裹共分为四类,包裹运价率以三类包裹运价率0.001518[元/(kg·km)]为基准,其他各

类包裹运价率则按其加成或减成的比例确定。现行各类包裹运价率及比例关系见表1-4。

包裹运价及比例关系 表1-4

包裹类别	运价比例(%)	运价率[元/(kg·km)]	包裹类别	运价比例(%)	运价率[元/(kg·km)]
三类	100	0.001518	二类	70	0.0010626
一类	20	0.0003036	四类	130	0.0019734

2. 行包计价里程

行李、包裹运价的制定与旅客票价制定方法相同,采用运价区段和递远递减的办法,以减轻长途旅客和托运人的经济负担。

行李运输属于旅客运输部分,所以行李的运价里程区段与旅客票价区段相同,见表1-2所示。

包裹属于物资运输的范畴,所以包裹运价里程区段另有规定,见表1-5所示。

计算运价的起码里程:行李为20km;包裹为100km。

包裹运价里程区段 表1-5

里程区段(km)	每区段公里数(km)	区段数	里程区段(km)	每区段公里数(km)	区段数
1~100	100	1	601~1000	40	10
101~300	20	10	1001~1500	50	10
301~600	30	10	1501及以上	100	

3. 递远递减率

行李、包裹运价从201km起实行递远递减。

行李运输属于旅客运输部分,所以行李的递远递减率与旅客票价递远递减率相同,见表1-6所示。

行李递远递减率和递减运价率 表1-6

区段(km)	递远递减率(%)	运价率[元/(kg·km)]	各区段全程运价(元)	区段累计运价(元)
1~200	0	0.0005861	0.11722	
201~500	10	0.00052749	0.158247	0.275467
501~1000	20	0.00046888	0.23444	0.509907
1001~1500	30	0.00041027	0.205135	0.715042
1501~2500	40	0.00035166	0.35166	0.1066702
2501以上	50	0.00029305		

包裹属于物资运输的范畴,所以包裹递远递减率另有规定,见表1-7。

包裹递远递减率和递减运价率(以三类包裹运价为例) 表1-7

区段(km)	递减率(%)	运价率[元/(kg·km)]	各区段全程运价(元)	区段累计运价(元)
1~200	0	0.001518	0.3036	
201~500	10	0.0013662	0.40986	0.71346
501~1000	20	0.0012144	0.6072	1.32066
1001~1500	30	0.0010626	0.5313	1.85196
1501~2000	40	0.0009108	0.4554	2.30736
2001及以上	30	0.0010626		

4. 计费重量

行李、包裹运价的计价重量以 1kg 为单位,不足 1kg 进为 1kg,基准重量为 5kg。

(二)行李、包裹运价的确定

行李、包裹运价,是以基本运价率乘以不递减的区段里程,加上递减运价率乘以相适应的区段里程(最后一个区段采用中间里程)得出基本运价,即得 1kg 的行李、包裹运价基数,在运算过程中,保留三位小数,第四位采取四舍五入;其他重量的运价,则以 1kg 的运价基数进行推算,尾数保留到角,分值四舍五入。最后汇总编制 1kg 的行李、包裹运价表,由国铁集团公布实行。

行包运价公式:

$$F = Q_{\text{计}} \cdot f(\text{以角为单位,角值以下四舍五入})$$

(三)《行李、包裹运价表》的运用

利用《行李、包裹运价表》计算运价时,首先运用《铁路客运运价里程表》查出发站至到站间的运价里程,根据运价里程在《行李、包裹运价表》中查出该里程所处里程区段上的 1kg 运价,最后用查出的 1kg 运价乘以行李、包裹重量得出行李、包裹运费。

(四)行李、包裹运费的核收规定

1. 运价里程

行李、包裹的运价里程以《铁路客运运价里程表》为计算依据。

(1)行李

行李运价里程,按实际运送径路计算,即按旅客旅行的客票指定的径路运输。但旅客持远径路的客票,要求行李由近径路运送时,如近径路有直达列车,也可以按近径路计算。

(2)包裹

包裹运价里程,按最短径路计算,有指定径路时,按指定径路计算。

对包裹运价里程的规定做如下说明:

①有直达列车的(指挂有行李车,下同)按直达列车径路计算;有多条直达列车径路的,按其中最短径路计算。

②没有直达列车的,按中转次数最少的列车径路计算;中转次数相同的,按最短列车径路计算。

(3)押运包裹

押运包裹的运价里程,按实际运送径路计算。

(4)一段行李、一段包裹

超过车票终到站以远的行李,应分别按行李、包裹计费径路计算。

2. 计费重量

(1)行李、包裹均按物品重量计算运费,但有规定计价重量的物品按规定重量计价,见表 1-8 所示。

(2)行李、包裹基准计费重量为 5kg,计价重量以 1kg 为单位,不足 1kg 按 1kg 计算。

(3)在运能不能满足运量要求的情况下,为了保证旅客必需的行李运输,对按行李、包裹托运的物品,除在品名上做了规定外,在重量上也做了一定的限制。旅客托运的行李重量在

50kg 以内,按行李运价计算;超过 50kg 时(行李中有残疾人用车时为 75kg),对超过部分按行李运价加倍计算。

规定计费重量表 表 1-8

物 品 名 称	计价单位	规定计价重量(kg)	备 注
残疾人用车	辆	25	以包裹托运时,按实际重量计算
自行车	辆	25	
助力自行车	辆	40	含机动自行车
两轮轻型摩托车	辆	50	①含轻骑;②汽缸容量 50cm³ 以下时
两轮重型摩托车	辆	按汽缸容量每 1cm³ 折合 1kg 计算	汽缸容量超过 50cm³ 时
警犬、猎犬、小家畜	头	20	超重时按实际重量计算

3. 运费计算

行李、包裹的运费按《行李、包裹运价表》计算。

(1)旅客凭一张客票只能托运一次行李(残疾人托运残疾人用车不限托运次数),第二次托运行李时,不论第一次重量多少,都按包裹运价计算。

(2)旅客托运行李至客票到站以远的车站时,应分别按行李和包裹运价计算,加总核收。不足基准运费时,分别按基准运费加总计算;如高于全程包裹运费时,按全程包裹运费核收。

(3)类别不同的包裹混装为一件时,按其中运价高的计算。

(4)行李、包裹运费按每张票据计算,基准运费为 1 元。

四、铁路特定运价

特定运价是对一些特殊运输方式和特殊运价区段而特定的客运运价,包括以下两个方面:

(1)包车、租车、挂运、行驶等运价的计价规定;

(2)国家铁路、合资铁路、地方铁路及特殊运价区段间办理直通过轨运输的计价规定。

(一)包车

凡旅客要求单独使用加挂车辆(含普通客车、公务车)或加开专用列车(含豪华列车)时,均按包车办理。包车人应与承运人签订包车合同。签订包车合同时,包车人应预付相当于运输费用 20% 的定金。

1. 包车运输费用计算

包车或加开专用列车,应按下列标准,根据运行里程(或使用日数)核收票价、运费、使用费、包车停留费、空驶费及其他费用等,并且包车或加开专用列车的运输费用,在全部运行中,里程采用通算。

(1)票价。

①座车(含合造车的座车部分),按座车种别、定员核收全价客票票价。

成人与儿童(包括享受减价优待的学生、伤残军人等)混乘一辆包车时,按票价高的核收,如实际乘车人数超过定员时,对超过的人数按实际分别核收全价或半价客票票价。

②卧车(含合造车的卧车部分),按卧车种别、定员核收客票及卧铺票的全价票价。

③公务车,按 40 个定员核收软座客票及高级软卧票(上、下铺各 1/2)的全价票价。

④豪华列车,每辆按 32 个定员核收软座客票及高级软卧票(上、下铺各 1/2)的全价票价。

⑤棚车代用客车,按车辆标记载重计算定员(每吨按 1.5 人折算)核收棚车客票票价。

包用的客车、公务车加挂在普通快车、快速列车上或加开的专用列车、豪华列车按上述等级的快车速度运行时,都应根据核收客票票价人数核收相应的加快票价。途中发生中转换挂(或开行)不同列车等级时,按首次挂运(或开行)的列车等级核收加快票价。

(2)运价。

行李车(含合造车的行李车部分),按车辆标记载重核收行李或包裹运费。用棚车代用行李车时,按行李或包裹的实际重量核收行李或包裹运费,起码计费重量按标记载重的 1/3 计算(不足 1t 的尾数进整为 1t)。行李、包裹混装时,按其中运价高的核收。

(3)使用费和空调费。

①使用费。娱乐车、餐车按每日每辆核收使用费,餐车合造车减半核收使用费,不足整日按整日计算。

②空调费。包用车辆使用空调设备时,还应按核收客票票价的人数核收空调费。娱乐车、餐车的空调费按使用费的 25% 计算(以元为单位,角值四舍五入)。

(4)包车停留费。

包车停留费是指包车或加开的专用列车,根据包车人提出的要求,在发站、中途站、折返站停留时(因换挂接续列车除外)所应付的费用。

包车停留费按每日每辆核收,并根据产生停留的自然日计算,即自 0:00 起至 24:00 止为 1 日,停留当日不足 12 小时减半核收。

包车停留费,根据运输成本并考虑降低计费标准、简化手续等要求,将各种不同车辆予以归类。每一个类别,规定统一的收费标准,现行的车辆归为 4 类:

①娱乐车、餐车每日每辆 5000 元,餐车合造车每日每辆 2500 元,同时发生使用费时只收一项整日使用费。

②公务车、豪华列车的车辆每日每辆 3300 元。

③软座车、软卧车、软硬卧车、硬卧车、软座硬卧合造车每日每辆 1800 元。

④硬座车、行李车、软硬座合造车、行李邮政车、软座行李合造车、硬座行李合造车每日每辆 1400 元。

(5)空驶费。

空驶费是指包车人指定要在某日包用某种车辆,而乘车(装运)站没有所需车辆,须从外地(车辆所在站)向乘车(装运)站空送时,以及用完后回送至车辆原所在站时,所产生空驶应付的费用。

对车辆空驶区段(按最短径路并采取里程通算),不分车种,每车每千米核收空驶费 3.458 元,但棚车不收空驶费。

(6)服务费。

包用公务车、豪华列车时,按车票票价 15% 核收服务费。

(7)欠编费。

包用专用列车、豪华列车时,当编组辆数不足12辆时,应按实际运行日数,每欠编一辆每日核收欠编费850元,当日不足12小时减半核收。

(8)加开专用列车、豪华列车时,隔离车或宿营车不另计费。如用隔离车装运行李、包裹时,应核收包车运费。

(9)包车全部运行途中,里程采取通算。

2. 包车变更费用的计算

包车人包用的车辆,由于某种原因需要变更时,可以办理包车变更。但包车人在未交付运费前取消用车计划时,定金不退。如已交运费时,则按下列规定办理:

(1)包车人在始发站停止使用时,除退还已收空驶费与已产生的空驶区段往返空驶费差额外,其他费用按以下方式计算:

①开车前48h(包括48h)之前,退还全部费用,核收票价、使用费、运费10%的停止使用费。

②开车前6~48h退还全部费用,核收票价、使用费、运费20%的停止使用费。

③开车前不足6h退还全部费用,核收票价、使用费、运费50%的停止使用费。

④开车后要求停止使用时,只退还尚未产生的包车停留费。

(2)包车人在始发站延期使用。

①在开车前6h(包括6h)之前提出时,按规定核收包车停留费。

②在开车前不足6h提出时,核收票价、使用费、运费50%的延期使用费,并重新办理包车手续。

(3)包车人在中途站延长使用区段或延长停留时间时,需经中途变更站报请铁路局同意后,核收票价、运费、使用费或包车停留费。

中途缩短停留时间或缩短使用区段时,所收费用不退。

(4)包车人在中途站要求变更径路时,应补收新旧径路里程的票价、运费差额。要求变更到站时,应补收自变更站至新到站与自变更站至原到站的票价、运费差额。

变更径路、到站均不退还票价、运费差额。

如包车中承运人违约,应双倍返还定金。

(二)租车及租用、自备车辆挂运和行驶

1. 租车

租车人向承运人租用客运车辆时,租用人应与承运人签订租车合同。厂矿、企业等单位租用铁路客车在本单位使用时,按包车停留费标准,按日核收租车费。单独租用发电车时,租车费每日每辆为5000元。

2. 挂运

企业自备机车车辆或租用车,利用承运人动力在国家铁路的旅客列车或货物列车中运行时,按下列标准核收挂运费。

(1)空车:不分车种,按每轴每千米0.534元核收。在客运列车中挂运的空客车随车押运人员应购买所挂列车等级的硬座票,随货物列车挂运的空客车的随车押运人员,按货运押运人收费标准核收押运费。

（2）重车。

①客车：按标记定员票价的80%核收。

②行李车：按标记载重及所装行李或包裹品类运费的80%核收。

③餐车、娱乐车、发电车：按租车费的80%核收。

3. 行驶费

企业自备动力牵引租用客车或企业自备车,利用国家铁路线路运行时,不论空车或重车,均按每轴(含机车轴数)每千米0.468元核收行驶费。

铁路机车车辆工厂(包括车辆研究所)新造车或检修车出厂在正式营业线上进行试验时,同样收取挂运费和行驶费。

军运、邮政部门租车和自备车辆挂运及行驶,按军运和邮运有关规定办理。

租车费、挂运费、行驶费均以元为单位,角值四舍五入。

4. 过轨运输

国家铁路、合资铁路、地方铁路及特殊运价区段间相互办理直通旅客、行包运输业务为过轨运输。在办理旅客直通运输时应分别按各段里程计算客运运价,加总核收。国家铁路涉及几个地段时,里程采取通算。上述各段由于分段计算,有不足起码里程区段时,按起码里程计算,但卧铺票价按表1-9所列比例计算。

400km 卧铺票价比例计算表

表1-9

里程(km)	占400km卧铺票价的比例(%)	里程(km)	占400km卧铺票价的比例(%)
1～100	25	201～300	75
101～200	50	301～400	100

客运杂费按实际产生的核收。

单元二　客 运 杂 费

客运杂费是指在铁路运输过程中,除去旅客车票票价、行李(包裹)运价、特定运价以外,铁路运输企业向旅客、托运人、收货人提供的辅助作业、劳务及物耗等所收的费用。

一、客运杂费的种类

1. 付出劳务所核收的费用

该费用包括搬运费、送票费、接取送达费、手续费、行李(包裹)变更手续费、查询费、装卸费等。核收这类费用,是因为旅客或托运人、收货人提出要求,为其提供特殊服务时而收取。

2. 违反运输规定所核收的费用

该费用包括各种无票乘车加收的票款及违章运输加倍补收的运费等。

为了维护站、车秩序,对无票乘车或者持失效车票乘车的人员,应根据《中华人民共和国铁路法》及客运规章有关规定加收票款。

3. 使用有关单据及其他用品所核收的物耗费用

该费用包括货签费、安全标志费、其他用品等。对这类费用应本着为人民服务的精神,核收适当的费用。

4. 为加强资金与物资管理所核收的费用

该费用包括迟交金、保价费、保管费等。这类费用是按照有关款额的百分比或保管的日数进行计算收取的。

二、客运杂费收费标准

对于客运杂费的收费项目和收费标准,根据《中华人民共和国铁路法》规定,由国务院铁路主管部门制定。统一规定的收费项目和收费标准见表1-10。

客运杂费收费项目及收费标准 表1-10

	收 费 项 目	计 费 条 件	收 费 标 准	备 注
1	站台票		1元/张	
2	手续费	列车上补卧铺	5元/人次	同时发生按最高标准收一次手续费
		其他	2元/人次	
3	退票费	按每张车票面额计算	5%~20%(以5角为单位,尾数小于2.5角的舍去、2.5角以上且小于7.5角的计为5角,7.5角以上的进为1元)	最低按2元计收
4	送票费	送到集中送票点	3元/人次	
		送到旅客所在地	5元/人次	
5	标签费	货签费	0.5元/个	
		安全标志费	0.20元/个	
6	行李、包裹变更手续费	装车前	5元/票次	
		装车后	10元/票次	
7	行李、包裹查询费	行李、包裹交付后,旅客或收货人还要求查询时	5元/票次	
8	行李、包裹装卸费	从行李房收货地点至装上行李车,或从行李车卸下至交付地点,各为一次装卸作业	2元/件次	超过每件规定重量的按其超重倍数增收
9	行李、包裹保管费	超过免费保管期限,每日核收	3元/件	超过每件规定重量的按其超重倍数增收
10	行李、包裹搬运费	从车站广场停车地点至行包房办理处或从行包交付处搬运至广场停车地点各为一次搬运作业;由汽车搬上、搬下时,每搬运一次,另计一次搬运作业	1元/件次	超过每件规定重量的按其超重倍数增收
11	行李、包裹接取送达费	接取、送达各为一次作业,每5km(不足5km按5km计算)核收	5元/件次	超过每件规定重量的按其超重倍数增收
12	携带品暂存费	每日核收	3元/件	每件重量以20kg为限,超重时按其超重倍数增收
13	携带品搬运费	从广场停车地点搬运至站台或从站台搬运至广场停车地点各为一次搬运作业。由火车或汽车搬上、搬下时,每搬运一次,另计一次搬运作业	2元/件次	每件重量以20kg为限,超重时按其超重倍数增收

单元三 车 票

一、铁路旅客运输合同

（一）含义

铁路旅客运输合同是明确承运人与旅客之间权利及义务关系的协议。起运地承运人依据本规程订立的旅客运输合同对所涉及的承运人具有同等约束力。

铁路旅客运输合同从售出车票时起成立，至按票面规定运输结束旅客出站时止，为合同履行完毕。旅客运送期间自检票进站起至到站出站时止计算。

（二）基本凭证

车票是铁路旅客运输合同的凭证，可以采用纸质形式或者电子数据形式，一般应当载明发站、到站、车次、车厢号、席别、席位号、票价、开车时间等主要信息。除车票外，还有铁路乘车证和特种乘车证。特种乘车证包括：

（1）全国铁路通用乘车证。

（2）中央和各省（市）、自治区机要部门使用的软席乘车证（限乘指定的乘车位置）。

（3）邮政部门使用的机要通信人员免费乘车证，包括押运员、检察员（只限乘坐邮车及铁路指定的位置）。

（4）邮局押运人员免费乘车证（只限乘坐邮车及铁路指定的位置）。

（5）邮局视导员免费乘车证（只限乘坐邮车及铁路指定的位置）。

（6）口岸站的海关、边防军、银行使用的往返免费乘车书面证明。

（7）我国铁路邀请的外国铁路代表团使用的中华人民共和国铁路免费乘车证。

（8）用于到外站装卸作业及抢险的调度命令。

另外，为了加强对铁路运输企业执行国家政策法令的监督，国务院铁路主管部门邀请的其他政府部门和新闻单位检查铁路工作时，凭"全国铁路免费乘车证"可乘坐除国际旅客列车以外各种等级、席别的列车。"全国铁路免费乘车证"由国务院铁路主管部门制发及管理。

二、乘 车 凭 证

乘车凭证有以下几种：

（1）计算机票，如图 1-4 所示。

（2）磁介质车票。其票面长宽尺寸为：85.6mm×53.98mm，四角倒圆，如图 1-5 所示。

票面图案及颜色如下：

①票面以细微网格为基本底纹，票面主要背景图案为一列动车组列车从右向左快速行驶的画面。

②票面下方有一条英文字母 CR 组成的微缩防伪线。

③票面左上角印有本张车票票号，票号为红色。

④票面整体颜色基调采用浅蓝色系。

图1-4 计算机票样张

图1-5 磁介质车票样张

⑤车票背面印有白色"铁路旅客乘车须知"。

⑥用于动车组列车时,右下角打印"和谐号"字样,用于其他列车时无此字样。

(3)代用票,如图1-6所示。

图1-6 代用票样张

注:受版面限制,尺寸有缩放。其实际尺寸为120mm×185mm。

(4)电子客票。

铁路电子客票是以电子数据形式体现的铁路旅客运输合同,旅客购票后,铁路运输企业不再出具纸质车票,旅客持购票时所使用的有效身份证原件即可快速、自助进站检票乘车、与普通车票具有同等法律效力。

旅客在乘车之日起180天(含)内都可以凭购票时所使用的有效身份证原件在车站售票窗口、自动售/取票机领取报销凭证。

(5)中铁银通卡。

中铁银通卡(见图1-7),是国铁集团与中国银行联合推出的具有支付功能的预付卡,充分利用铁路运营管理资源、铁路和中国银行代售点等渠道扩大应用领域和使用规模,实现旅客通过售票窗口、铁路自助设备、互联网持卡购票和车站闸机直接刷卡进站乘车,满足铁路旅客快速便捷购票、乘车和铁路客户货运运费便捷支付的需求。

图1-7 中铁银通卡样张

(6)铁路职工乘车证。铁路职工乘车证分为9类,持有各种铁路乘车证的铁路员工允许乘坐动车组二等车,但须办理签证后乘车。

(7)餐饮、保洁添乘证。餐饮、保洁企业应当遵守站、车和动车段(所)有关管理制度,加强对现场服务质量的监督检查。登乘列车监督检查应持有"动车组餐饮、保洁专用添乘证"(见图1-8)供车站查验。监督检查应有检查记录。

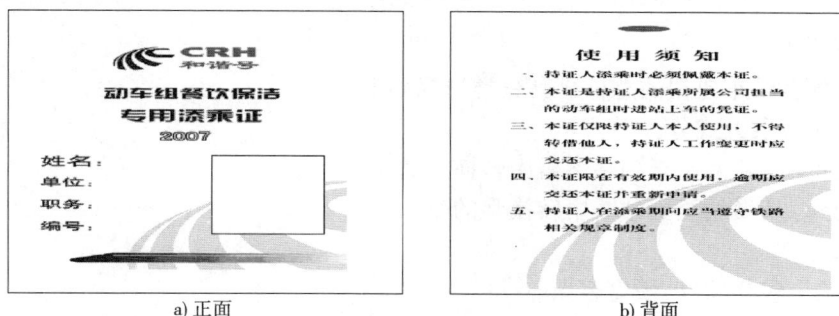

a) 正面   b) 背面

图1-8 动车组餐饮保洁专用添乘证

遇特殊情况需要餐饮、保洁人员便乘接车时,应当由铁路局客运处填发"餐饮保洁人员便乘单"乘车。持"餐饮保洁人员便乘单"乘车的人员不得与旅客争座位。

"动车组餐饮保洁专用添乘证"由运输局填发,限登乘本公司担当的列车。

(8)登乘证。

为进一步规范动车组列车登乘人员管理,国铁集团明确以下要求:

①各铁路局明确一名局领导负责动车组列车登乘人员管理工作,审核动车组列车登乘人员,签发《动车组列车登乘证》,并指定相关部门备案。

②铁路运输各专业和安监、公安、卫生等各部门人员须登乘动车组列车检查、试验时,必须办理由本局负责局领导签发的《动车组列车登乘证》,并主动向动车组列车乘务人员出示

此证;动车组列车乘务人员必须严格查验《动车组列车登乘证》,登乘证不安排座席,无证不准登乘动车组列车。

③各铁路局自行设计《动车组列车登乘证》(定期、临时)式样,并及时送交相关动车组列车担当乘务单位,以便日常乘务管理工作。

图1-9　高铁动车组列车登乘证样张

(9)高铁动车组列车登乘证。

铁路运输企业各单位持各类检查证件一律不得登乘时速300km以上动车组列车。铁路运输各专业和安全监察、收入稽查、路风监察、公安、卫生等各部门人员须登乘时速300km以上动车组列车检查的,必须经铁路局主管局长审查并报国铁集团相关主管部门备案后,由本铁路局核发《高铁动车组列车登乘证》(见图1-9)。持《高铁动车组列车登乘证》上车添乘检查的人员不能办理签证,不得干扰旅客,不得与旅客争座位。

三、车票的作用和分类

(一)作用

(1)旅客乘车的凭证。

(2)旅客和铁路缔结运输合同发生运输关系的依据。

(3)旅客支付票价的根据。

(二)分类

车票是旅客乘车票据的总称。其分类情况如下:

1. 按中转换乘方式分

(1)直达票。从发站至到站不需中转换乘的车票。

(2)通票。从发站至到站需中转换乘的车票。

2. 按用途分

(1)客票。包括软座、硬座客票。

(2)附加票。包括加快票、空调票、卧铺票。附加票是客票的补充部分,可以与客票合并发售,但除儿童外不能单独使用。

3. 按形式分

(1)磁卡式车票。在一些大的客运站通过电子计算机等高科技设备发售磁卡票。

(2)薄纸式车票。包括电子售票机打印的软纸票以及根据需要临时填发的代用票、区段票等,如图1-10所示。

4. 按特殊用途分

(1)铁路乘车证。

(2)特种乘车证。

(3)全国铁路免费乘车证。

(4)国际旅客联运车票。

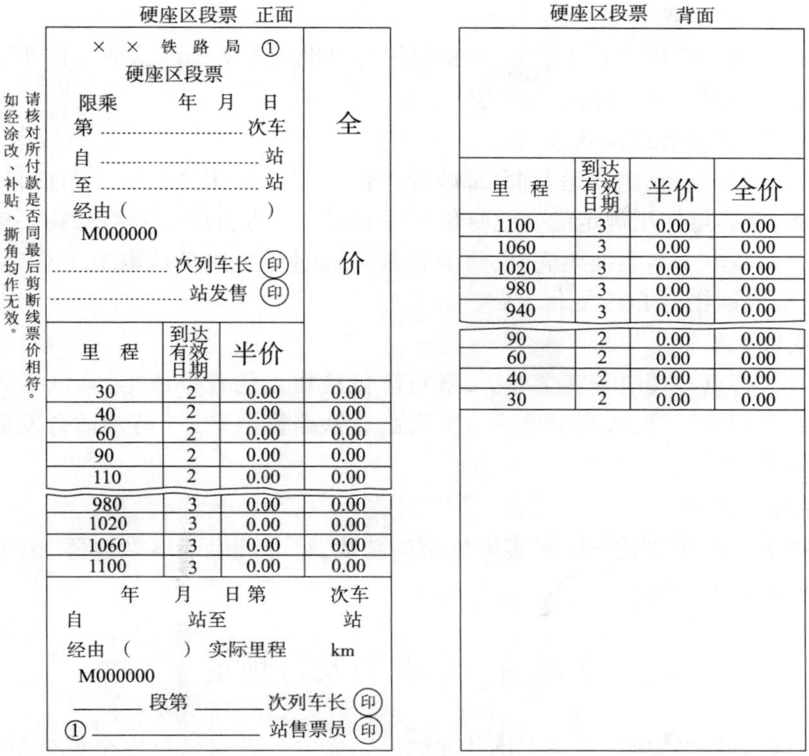
硬座区段票　正面
××铁路局 ①
硬座区段票
限乘　年　月　日
第　次车
自　站
至　站
经由（　）
M000000
次列车长 印
站发售 印
全价
请核对所付款是否同最后剪断线票价相符。
如经涂改、补贴、撕角均作无效。
里　程
到达有效日期
半价
30　2　0.00　0.00
40　2　0.00　0.00
60　2　0.00　0.00
90　2　0.00　0.00
110　2　0.00　0.00
980　3　0.00　0.00
1020　3　0.00　0.00
1060　3　0.00　0.00
1100　3　0.00　0.00
年　月　日第　次车
自　站至　站
经由（　）实际里程　km
M000000
段第　次列车长 印
①　站售票员 印
硬座区段票　背面
里　程
到达有效日期
半价
全价
1100　3　0.00　0.00
1060　3　0.00　0.00
1020　3　0.00　0.00
980　3　0.00　0.00
940　3　0.00　0.00
90　2　0.00　0.00
60　2　0.00　0.00
40　2　0.00　0.00
30　2　0.00　0.00

图 1-10　区段票样张

四、铁路发售车票方式

（1）互联网售票

旅客使用规定的有效身份证件通过中国铁路客户服务中心网站（www.12306.cn，以下简称“客服中心网站”）预订铁路电子客票，在规定时间内以电子支付方式完成票款支付后，可有选择地获取电子客票或电子客票换票凭证（直接在线或通过邮件接收打印 A4 纸张，也可通过手机短信获取），适合网上支付方式。

（2）自动电话订票

完善现有自动电话订票系统订票流程，旅客使用规定的有效身份证件通过自动电话订票系统预订铁路电子客票，在规定时间内以电子支付方式完成票款支付后，可有选择地通过手机短信获取电子客票或电子客票换票凭证。

（3）手机购票

手机购票主要采取两种方式：一种是通过手机上网订票的方式，类似于互联网售票的方式；另一种可采取移动运营商提供的 USSD（即非结构化补充数据业务，是一种新型基于 GSM 网络的交互式数据业务）开展网上订票业务，响应时间及可靠性均优于短信订票，此方式提供直观的菜单操作，方便用户使用，优于传统的使用手机拨打自动电话订票系统订票。旅客使用规定的有效身份证件通过手机预订铁路电子客票，在规定的时间内以电子支付方式完成票款支付后，可有选择地通过手机短信获取电子客票或电子客票换票凭证。

（4）自动售票机售票

完善现有的自动售票机业务功能,可提供旅客自助购买电子客票或实体车票,可供旅客预订电子客票后使用二代身份证获取实体车票。

（5）第三方自助业务终端售票

与第三方(例如银行、电信运营商、邮政等单位)合作,借用其广泛分布的自助业务终端开展售票业务,旅客可使用规定的有效身份证件通过第三方自助业务终端购买电子客票,同时获取电子客票或电子客票换票凭证,可有选择地通过手机短信获取电子客票或电子客票换票凭证,适合电话银行 POS 支付方式。

（6）代售点售票

通过授权代售点办理电子客票业务,既可降低代售点的开办成本,降低准入门槛,又可避免铁路票据管理的风险,有利于进一步扩大高速铁路售票渠道(特别适合发展旅行社、连锁便利店等售票渠道)。

（7）人工窗口售票

增加凭电子客票换票凭证换取实体车票的功能,可办理电子客票改签、退票业务,适合现金、银行 POS 支付方式。

单元四　车票的发售规定

铁路运输企业应当按照《中华人民共和国反恐怖主义法》《铁路安全管理条例》《铁路旅客车票实名制管理办法》等规定,实施车票实名制管理。购票人应当向铁路运输企业提供乘车人真实有效的联系方式。铁路运输企业对车票销售过程中知悉的旅客信息,应当予以保密,不得泄露、出售或者非法向他人提供。铁路运输企业应当公平销售车票,保留人工售票服务。鼓励铁路运输企业为旅客提供多种售票渠道。鼓励铁路运输企业开办定期票、计次票、联程票、乘车卡等业务,为旅客提供多元化服务。发售车票按以下规定办理。

一、客　　票

（1）承运人在发售客票时,在列车有运输能力的情况下,应根据购票人指定的到站、座别、径路发售车票。

（2）发售软座客票最远售至本次列车终点站。

（3）旅客在乘车区间中,要求一段乘坐硬座车,一段乘坐软座车时,全程发售硬座客票,另收软座区间的软硬座票价差额。

（4）发售动车组列车车票时,最远至本次列车终到站。

（5）发售边境地区的车票时,应要求旅客出示国务院铁路主管部门、公安部门规定的边境居民证、身份证或边境通行证。

二、加　　快　　票

（1）旅客凭软座或硬座客票购买加快票。

（2）发售加快票的到站,必须是所乘快车或特别快车的停车站。

(3)发售需要中转换车加快票的中转站,必须是有同等级快车始发的车站。还应具备发到站之间全程必须都有快车运行。如中间有无快车运行的区段时,则不能发售全程加快票。

(4)新型空调列车的普快、快速、特快车票,最远只能售至本次列车终点站或换车站。

三、卧　铺　票

(1)旅客凭软座或硬座客票购买卧铺票。

(2)旅客购买卧铺票时,卧铺票的到站、座别必须与客票的到站、座别相同,但对持通票的旅客,卧铺票只发售到中转站。

(3)免费乘车及持儿童票乘车的儿童单独使用卧铺时,应另收全价卧铺票价,有空调时还应另收半价空调票票价。

(4)成人带儿童或儿童与儿童可共用一个卧铺。

四、空　调　票

(1)旅客凭软座或硬座客票购买空调票。

(2)旅客乘坐提供空调设备的列车时,应买相应等级的车票或空调票。

(3)旅客在全部旅途中分别乘坐空调车和普通车时,可发售全程普通硬座车票,对乘坐空调车区段另行核收空调车与普通车的票价差。

五、儿童减价票(简称儿童票)

(1)享受儿童票的条件

①实行车票实名制时,年满6周岁且未满14周岁的儿童,随同成年人旅客旅行。

②未实行车票实名制时,身高1.2米且不足1.5米的儿童,随同成年人旅客旅行。

(2)减价票种:客票、加快票及空调票。

儿童票可享受客票、加快票和空调票的优惠,儿童票票价按相应客票和附加票票价的50%计算。

(3)办理限制。

①承运人一般不接受儿童单独旅行(乘火车通学的学生和承运人同意在旅途中监护的除外)。

②儿童票的座别应与成人车票相同,其到站不得远于成人车票的到站。

③通学的学生不论身高多少都应买学生票。

④实行车票实名制时,年满14周岁的儿童,应当购买全价票。未实行车票实名制时,身高达到1.5米的儿童,应当购买全价票。

(4)免费乘车的规定。

①实行车票实名制时,每一名持票成年人旅客可以免费携带一名未满6周岁且不单独占用席位的儿童乘车;超过一名时,超过人数应当购买儿童优惠票。

②未实行车票实名制时,每一名持票成年人旅客可以免费携带一名身高未达到1.2米且不单独占用席位的儿童乘车;超过一名时,超过人数应当购买儿童优惠票。

③享受免费乘车的儿童单独占用席位时,应当购买儿童优惠票。

④旅客携带免费乘车儿童时,应当提前告知铁路运输企业,铁路运输企业应当为免费乘车儿童出具乘车凭证。实行车票实名制的,免费乘车儿童检票和乘车时需要提供有效身份证件。

(5)乘坐卧铺的规定。

①免费乘车及持儿童票乘车的儿童单独使用卧铺时,应另收全价卧铺票价,有空调时还应另收半价空调票票价。

②成人带儿童或儿童与儿童可共用一个卧铺。

为测量儿童的身高,在售票窗口、检票口、出站口、列车端门口应涂有测量儿童身高的标准线。

六、学生减价票(简称学生票)

(1)购买学生票的条件:在全日制高等学校(含国务院教育行政部门、省级人民政府审批设置的实施高等学历教育的民办学校),承担研究生教育任务的科学研究机构,军事院校,普通中、小学和中等职业学校(含有实施学历教育资格的公办、民办中等专业学校、职业高中、技工学校)就读的学生、研究生。

(2)减价票种:硬座客票、加快票和空调票。

学生票可享受硬座客票、加快票和空调票的优惠,学生票票价按相应客票和附加票票价的50%计算。

(3)购票凭证及使用次数。

①学生证和优惠乘车凭证:仅限于购买四次单程减价票,当年未使用的次数不能留作次年使用。

②小学生书面证明:学年初和学年末。

③学生证和介绍信:学生回家后,院校迁移或调整,也可凭学校证明和学生减价优待证,发售从家庭所在地到院校新所在地的学生票。

④新生录取通知书:新生入学由接到录取通知书地点所在站当年使用一次。

⑤应届毕业生:凭学校书面证明当年可购买一次学生优惠票。

(4)发售学生票的规定。

①学生证应当附有国务院教育行政部门认可的优惠乘车凭证,优惠乘车凭证需要载明学生照片、姓名、有效身份证件号码、优惠乘车区间、院校公章等信息。学生证优惠乘车区间的记录、变更需要加盖院校公章。

②径路:应按近径路发售,但有直达列车或换车次数少的远径路也可发售。学生购买联程票或乘车区间涉及动车组列车的,可分段购票,学生票分段发售时,由发售第一段车票的车站在学生优惠卡中划销次数,中转站凭上一段车票售票,不再划销乘车次数。

③乘车区间:应按凭证记载的区间购票,如超过减价优待证上记载的区间乘车时,对超过区间按一般旅客办理,核收全价,分段计费,人数栏以开始为准。

④减价优待证记载的车站是没有快车或直通车停靠的车站时,离该站最近的大站(可以超过减价优待证规定的区间)可以发售学生票。

⑤持学生证要求使用软席,应全部购买全价票,不再享受减价待遇。中转换乘时,全程

发售学生票,软席区间另收全半差价。

⑥学生票限于使用普通旅客列车硬座和动车组列车二等座;使用普通旅客列车硬卧时应当补收票价差额。

⑦华侨学生、港澳台学生的优惠乘车区间为口岸车站至学校所在地车站。

⑧符合减价优待条件的学生无票乘车时,除补收票款外,同时应在减价优待证上登记盖章,作为登记一次乘车次数。

⑨下列情况不能发售学生票:

a.学校所在地有学生父或母其中一方时。

b.学生因休学、复学、转学、退学时。

c.学生往返于学校与实习地点时。

d.学生证未按时办理学校注册的。

e.学生证优惠乘车区间更改但未加盖学校公章的。

f.没有"学生火车票优惠卡""学生火车票优惠卡"不能识别或者与学生证记载不一致的。

七、伤残军人减价票

(1)条件:中国人民解放军、中国人民武装警察部队、中国人民警察和国家综合性消防救援队伍因伤致残的人员。

(2)凭证:"中华人民共和国残疾军人证""中华人民共和国伤残人民警察证""国家综合性消防救援队伍残疾人员证"。

(3)减价票种:客票和附加票。

残疾军人票可享受客票和附加票的优惠,残疾军人票票价按相应客票和附加票票价的50%计算。

"中华人民共和国残疾军人证""中华人民共和国伤残人民警察证""国家综合性消防救援队伍残疾人员证"由国家有关部门颁发,铁路运输企业有权进行核对。持有其他抚恤证的人员,如革命工作人员残废证,参战民兵、民工残废证等,均不能享受减价待遇。

八、团体旅客票

(1)定义:凡20人及其以上乘车日期、车次、到站、座别相同的旅客可作为团体旅客。

(2)团体旅客车票的发售规定。

①应优先安排,满20人时,给予免收1人优惠;20人以上,每增加10人,再免收1人。但春运期间(起止日期以春运文件为准)不予优惠。

②优惠时,团体旅客中有分别乘坐座、卧车或成人、儿童同一团体时按其中票价高的免收。

用计算机售票的车站,办理团体旅客票并实行一定优惠政策时,优惠票的票面打印"团优"字样(见图1-11),其余票的票面上打印"团"字

图1-11 团体优惠车票票样

样。如发售代用票时除代用票持票本人外,每人另发一张团体旅客证。

九、代　用　票

代用票是根据需要临时填发的票据。

1. 代用票使用的条件

遇有下列情况时应填写代用票:

(1)计算机或移动售票机发生故障时;

(2)办理团体旅客乘车;

(3)包车;

(4)旅行变更;

(5)承运人误撕车票重新补办车票;

(6)误售、误购车票补收差价;

(7)旅客提前乘车时。

2. 代用票填写方法

(1)代用客票、加快票、卧铺票、空调票、包车票、团体票时。

①事由栏,为了填记简便,可按规定的略语填写(同时办理两种以上内容时,应分别填写事由)。

代用客票——"客"。

代用普通加快票——"普快"。

代用快速加快票——"快速"。

代用特别加快票——"特快"。

代用客快联合票——"客快"。

代用客快速联合票——"客快速"。

代用客特快联合票——"客特快"。

代用卧铺票——"卧"。

代用客快卧联合票——"客快卧"。

代用客快速卧联合票——"客快速卧"。

代用客特快卧联合票——"客特快卧"。

代用空调票——"空调"。

办理包车票——"包车"。

办理团体票——"团体"。

②原票栏,不用填写。

③人数栏,应按实际收费人数,分别用大写数字填写,不用栏用"#"符号抹消。办理包车票,如实际乘车人数不足车辆定员数时,填记定员人数(即收费人数)。

④票价栏,按收费种别,分别在适当栏内填写。其他费用应在空白栏内注明收费种别和款额,不用栏划斜线抹消。合计栏为所收款额总计。卧铺栏前加"上、中、下"字样,加快栏前加"普、快速、特"等字样。

⑤记事栏,办理包车票时,应注明包车的车种、车号和定员数。办理团体旅客票时应注

明团体旅客证的起止号码。代用学生、伤残军人减价票时,应注明⑬、⑭字样及证件号码。

(2)办理变更径路、变更座席、变更卧铺、越站乘车、集体分乘、误售误购、误撕车票、退加快票、退卧铺票、改乘高等级列车时:

①事由栏,按规定略语填写。

变更座别——"变座"。

变更铺别(包括软座变硬卧)——"变铺"。

变更径路——"变径"。

越站乘车——"越站"。

旅客分乘——"分乘"。

误售、误购——"误售""误购"。

误撕车票——"误撕"。

退加快票——"退快"。

退卧铺票——"退卧"。

改乘高等级列车补收票价差额——"补价"。

②原票栏,根据原票转记。

③乘车区间栏,填记变更的发到站名、经由等有关事项。

④票价栏,对变径、变座、变铺及改乘高等级列车发生补费时,应填写在补收区间票价栏内,其他则填写在相应的票价栏,不用的票价栏应划斜线抹消。软座变硬卧发生补费时,应在空白栏列出应退软硬座差价,以" - "号注明,卧票价栏列明硬卧上、中、下铺票价,核收手续费,票价合计栏填写冲抵后补收款额。

⑤记事栏,原票在原票栏转记并收回时,应注明"原票收回"字样。

(3)对无客票、无加快票、乘车日期和车次、径路不符、越席乘车、客票中途过期、不符合减价规定、儿童超高、丢失车票、持站台票来不及下车时。

①事由栏,按规定略语填写。

无客票——"无票"。

无普通加快票——"无快"。

无快速加快票——"无快速"。

无特快加快票——"无特快"。

乘车日期、车次、径路不符——"不符"。

越席乘车——"越席"。

不符合减价规定——"减价不符"。

有效期终了——"过期"。

丢失车票——"丢失"。

儿童超高——"超高"。

持站台票送人来不及下车——"送人"。

②原票栏,除无票乘车、丢失车票、无加快票以及儿童超过1.2m时,不填记原票栏外,其他情况都应将原票有关事项,记入原票栏内。

③乘车区间栏,填记补票区间的发、到站名。

④票价栏,对无票等情况加收50%的票款,应填写在加收区间票价栏内,其他核收的费用,按收费种别,填记在适应的票价栏内。

⑤记事栏,原票收回时,应注明"原票收回"字样,以及其他需要记载的事项。

发售代用票时,乙页应按票价合计栏的款额,在"款额剪断线"的相当款额右侧剪断,将实收款额留在本页交给旅客,剩余部分附在丙页上报。收回原票换发代用票时,应将原票随丙页上报。

填写代用票,必须正确清楚,加盖规定名章,项目填写齐全,发、到站间有两条及其以上径路和发、到站间涉及两条线路时,应填写经由;发、到站均在一条线路时,一般情况下不必填写经由。字体要清楚、不涂改、严禁发售涂改的代用票。如遇填写错误时,应划"×"作废。

十、区 段 票

发售区段票时,必须用墨汁、黑色墨水或圆珠笔填写,并根据相应的运价里程以下的横线剪断(发售半价票时,其剪断线还应沿相应的栏向上剪断),剪下的上部交旅客,下部存根报缴。

在无人售票的乘降所上车的人员,可在列车内购票,不收手续费。

十一、站 台 票

(1)站台票不是车票,是客运杂费。

(2)站台票的使用规定。

到站台上迎送旅客的人员应买站台票。站台票当日使用一次有效。随同成人进站身高不足1.2m的儿童及特殊情况,经车站同意后,进站人员可不买站台票。未经车站同意无站台票进站时,应加倍补收站台票款。对经常进站接送旅客的单位,车站可根据需要发售定期站台票。定期站台票可按实际需要分为季票和月票。季度站台票的式样和价格由国务院铁路主管部门统一制定。持单位证明购买季度(三个月)站台票,从购买日期起算,面值为100.00元。月度站台票的式样和价格由铁路局自定,价格应不少于每日一次。

(3)发生重大事故,站内秩序混乱,危及行车和人身安全时。站长可决定暂停发售站台票。

(4)因执行重要任务,由政府部门组织进站迎送人员,可不买站台票。

单元五 退 票

一、旅客责任退票

由于旅客本身的原因,要求退票时,除按下列规定办理外,还应核收退票费,票种分算。

(一)办理方法

(1)在票面指定的开车时间前,可到任意一个车站办理退票手续,代售点不能办理退票。

(2)旅客本人办理退票手续时,凭车票和购票时所使用的身份证原件;无法出示本人有效身份证原件的,应到车站铁路公安制证口办理临时身份证明后,办理退票手续。在发站,开车前,退还全部车票票价。特殊情况,也可以不晚于开车后 2h 以内办理。团体旅客必须在开车 48h 以前办理。

(3)在发站开车前,特殊情况也可在开车后 2h 以内办理退票手续,退还全部票价。网上购票且未换取纸质车票的,还可以于不晚于开车前 30min 登录网站办理退票手续。

(4)旅客开始旅行后不能退票。但因旅客伤、病不能继续旅行时,经站、车证实,可退还已收票价与已乘区间票价差额。已乘区间不足起码里程时,按起码里程计算;同行人同样办理。

(5)退还带有"行"字戳迹的车票时,应先办理行李变更手续。

(6)因特殊情况经站长同意在开车后 2h 内改签的车票不退。

(7)站台票售出不退。

市郊票、定期票、定额票的退票办法由铁路运输企业自定。必要时,铁路运输企业可以临时调整退票办法。

(二)退票费的核收规定

(1)对开车前 15d(不含)以上退票的,不收取退票费;票面乘车站开车前 48h 以上、不足 15d 退票的,退票时收取票价 5% 的退票费;开车前 24h 以上、不足 48h 的,退票时收取票价 10% 的退票费;开车前不足 24h 的,退票时收取票价 20% 退票费。

(2)开车前 48h 至 15d 期间内,改签或变更到站至距开车 15d 以上的其他列车,又在距开车 15d 前退票的,仍收取票价 5% 的退票费。

(3)改签后的车票乘车日期在春运期间的,退票时一律按开车时间前不足 24h 标准核收退票费。

(4)办理车票改签或变更到站时,新车票票价低于原票价的,退还差额,对差额部分核收退票费并执行现行退票费标准。

(5)上述计算的尾数以 5 角为单位,尾数小于 2.5 角的舍去、2.5 角以上且小于 7.5 角的计为 5 角、7.5 角以上的进为 1 元。退票费最低按 2 元核收。

二、承运人责任退票

由于铁路责任,如列车超员、晚点、卧铺票发售重号、车辆故障途中甩车、行车事故等原因,应不收退票费,票种分算如下:

(1)在发站,退还全部票价。

(2)在中途站中止旅行,退还已收票价与已乘区间的票价差额,已乘区间不足起码里程时,退还全部票价。

(3)在到站,退还已收票价与已使用部分票价差额,未使用部分不足起码里程按起码里程计算。

(4)空调列车因空调设备故障在运行过程中,不能修复时,应退还未使用区间的空调票价,未使用区间不足起码里程的按起码里程计算。

总之,由于旅客原因,要求退还车票票价时,核收退票费,已乘区段不足起码里程时,按起码里程计算。因铁路责任退还车票票价时,不收退票费;如已乘区段不足起码里程时,退还全部票价。

实训项目及案例分析

实训项目一　运用《铁路客运运价里程表》《铁路旅客票价表》确定旅客票价

【任务1-1】　2018年3月1日,一旅客购买K7319次(山海关—沈阳,空调快速)山海关至沈阳新空硬座客快速卧(中)车票,请运用《铁路客运运价里程表》查找运价里程,将查找的运价里程用《铁路旅客票价表》查到相应票价。

任务实施:

步骤一:运用《铁路客运运价里程表》查找里程。

从汉语拼音首字索引表中,查出"山海关站名索引表"的页数为61页,再从"站名索引表"中查出山海关至沈阳的站名"里程表"页数为171页,并从站名"里程表"中确认到站有无营业办理限制。然后根据规定的或旅客制定的乘车径路和乘坐列车车次,从《铁路客运运价里程表》中查出乘车里程为426km。

步骤二:运用《铁路旅客票价表》查找票价。

首先从《铁路旅客票价表》的目录中查找新型空调车分票种票价表所在的页码13页,然后翻到13页后查找426km所在的区段里程相对应的硬座票价37.50元,快速票价16.00元,空调票价9.00元,硬卧(中)票价52.00元,合计114.50元;也可查找新型空调车联合票价表所在的页数17页,然后翻到17页后查找426km所在的区段里程相对应的新空硬座客快速卧(中)车票票价为114.50元。

实训项目二　运用《铁路客运运价里程表》《行李、包裹运价表》确定行包运价

【任务1-2】　2018年3月1日,一旅客持K717次锦州至大连(郑州—大连,经由沈阳)的硬座客快有效车票,要求托运行李一件(内装生活用品)重35kg,请运用《铁路客运运价里程表》查找运价里程,运用《行李、包裹票价表》查找运价。

任务实施:

步骤一:运用《铁路客运运价里程表》查找里程。

根据旅客乘坐列车车次K717次,锦州至大连跨及两线,沈山线与沈大线的接算站为沈阳站,先从汉语拼音首字索引表中,查出"锦州站名索引表"的页数为35页,再从"站名索引表"中查出锦州至沈阳的站名"里程表"页数为171页,然后从《铁路客运运价里程表》中查出乘车里程为242km;再从汉语拼音首字索引表中,查出"沈阳站名索引表"的页数为62页,再从"站名索引表"中查出沈阳至大连的站名"里程表"页数为185页,然后从《铁路客运运价里程表》中查出乘车里程为397km,最后将两段里程以沈阳站为接算站加总得出最终的里程为639km。

步骤二:运用《行李、包裹运价表》查找运价。

首先从《行李、包裹运价表》中查找行李运价表所在的页数为1页,然后查找639km所在的区段里程相对应的1kg的行李运价基数为0.334元/kg,则35kg的行李运费为35×0.334=11.70元。

【任务1-3】　2018年3月1日,李某到锦州行包房要求托运一件包裹(内装生活用品)到大连,重35kg,请运用《铁路客运运价里程表》查找运价里程,运用《行李、包裹运价表》查找运价。

任务实施:

步骤一:运用《铁路客运运价里程表》查找里程。

包裹运价里程,按最短径路计算,锦州至大连的最短径路跨及三线,沈山线、沟海线与沈大线,沈山线与沟海线的接算站为沟帮子车站,沟海线与沈大线的接轨站为唐王山,接算站为海城。先从汉语拼音首字索引表中,查出"锦州站名索引表"的页数为35页,再从"站名索引表"中查出锦州至沟帮子的站名"里程表"

页数为 171 页,然后从《铁路客运运价里程表》中查出乘车里程为 64km;然后从汉语拼音首字索引表中,查出"沟帮子站名索引表"的页数为 23 页,再从"站名索引表"中查出沟帮子至海城的站名"里程表"页数为 179 页,然后从《铁路客运运价里程表》中查出乘车里程为 108km;再从汉语拼音首字索引表中,查出"海城站名索引表"的页数为 25 页,再从"站名索引表"中查出海城至大连的站名"里程表"页为 184 页,然后从《铁路客运运价里程表》中查出乘车里程为 272km,最后将三段里程以接算站加总得出最终的里程为 444km。

步骤二:运用《行李包裹票价表》查找运价。

首先从《行李包裹票价表》中查找行包运价表所在的页数为 4 页,然后查找 444km 所在的区段里程相对应的 1kg 的三类包裹运价基数为 0.625 元/kg,则 35kg 的三类包裹运费为 35×0.625=21.90 元。

实训项目三 运用《铁路客运运价里程表》《铁路旅客票价表》办理包车手续

【任务 1-4】 2018 年 3 月 1 日,美籍华人自费旅游团 35 人,其中 1.2~1.5m 儿童 5 名,在南京站要求包用带空调的餐车、软卧车各一辆,路程单提出 3 月 15 日南京挂 T66 次到北京,停留后挂 3 月 19 日 T75 次到兰州,停止使用。因南京站没有所需车辆,从上海站调配 RW51333 一辆,定员 32 人,CA94622 一辆至南京站。请办理。

任务实施:

办理方法如下:

(1)包车人提交全程路程单;

(2)南京站与包车人签订包车合同,预收相当于运费 20% 的定金:10494.00 元;

(3)将全程路程单报请上海局批准;

(4)3 月 11 日上海局下达调度命令;

(5)3 月 12 日办理运费,杂费的交纳手续。

查时刻表:

3 月 15 日南京站 T66 次 23:51 开;

3 月 16 日北京 T66 次 10:27 到;

3 月 17 日停留;

3 月 18 日停留;

3 月 19 日北京西 T75 次 18:30 开;

3 月 20 日兰州 T75 次 14:19 到。

票价:

南京 京、郑 兰州 3038km

32 人软座客票价:367.50×32=11760.00 元

32 人特快票价:72.00×32=2304.00 元

3 人软座半价:184.00×3=552.00 元

3 人特快半价:36.00×3=108.00 元

16 人软卧上铺票价:330.00×16=5280.00 元

16 人软卧下铺票价:367.00×16=5872.00 元

32 人空调票价:45.00×32=1440.00 元

3 人空调半价:22.50×3=67.50 元

餐车使用费:4 日×5000.00=20000.00 元

餐车空调费:20000.00×25%=5000.00 元

停留费:RW 停留 4 日,其中 16 日,19 日不足 1 日各按 1 日

$4 \times 1800.00 = 7200.00$ 元

餐车停留费:$2 \times 5000.00 = 10000.00$ 元

空驶费:上海—南京 303km,兰州—上海 2185km,合计 2488km

$3.458 \times 2488 \times 2 = 17207.00$ 元

合计:86790.50 元

填写代用票,如图 1-12 所示;客运杂费收据,如图 1-13 所示。

图 1-12　代用票填写式样

图 1-13　客运杂费填写式样

实训项目四　客票、附加票的发售方法

【任务1-5】　2018 年 3 月 1 日一旅客在白城站购买 K7558 次(白城—长春,快速)旅客列车车票,终点站为长春,在长春站换乘到沈阳,要求全程购买软卧快速车票。试问白城站应如何发售?

(1)发售方法:根据规定软座票只发售至长春站,应全程发售硬座票,另收软座区间软硬座票价差。因长春是向沈阳方向的快速列车始发站,沈阳是快速列车的停车站,故可发售全程快速票。

(2)查找里程表、票价表。

白城—沈阳　636km

　　硬座票价 35.00 元

　　快速票价 14.00 元

白城—长春　333km

　　硬座票价 20.50 元

软座票价 38.50 元

差价 38.50 − 20.50 = 18.00 元

客票票价 35.00 + 18.00 = 53.00 元

合计 53.00 + 14.00 = 67.00 元

(3) 填写代用票，见图 1-14 所示。

【任务 1-6】 2018 年 3 月 1 日，一旅客在大连站购买一张 K369 次(大连—汉口)硬座空调客快卧车票，要求空调客快票买到汉口，卧铺票买到石家庄。问可否这样发售？为什么？

办理方法：

不可以这样发售。这样规定是为防止运能浪费。

客规规定旅客购买卧铺票时，卧铺票的到站、座别必须与客票的到站、座别相同，但对持通票的旅客，卧铺票只发售到中转站。该旅客购买的为直达票，不必中转换乘，因此客票买到汉口，所以卧铺票必须买到汉口。

【任务 1-7】 2018 年 3 月 1 日，一旅客由沈阳北站买 3 月 5 日 K388 次(沈阳北—成都)列车的硬座空调客快速卧联合票到站为成都，要求在锦州南站上车。买票当日乘坐 K388 次列车回锦州。问可否用买好的 3 月 5 日的车票返回锦州南？为什么？

办理方法：

不可以。因为虽然 3 月 5 日该旅客在锦州南站上车，但列车 3 月 5 日在沈阳北至锦州南间已给该旅客预留。即相当于该旅客占用了这段的运能。所以不能在 3 月 1 日返回锦州南时使用 3 月 5 日的车票，应另行购票。

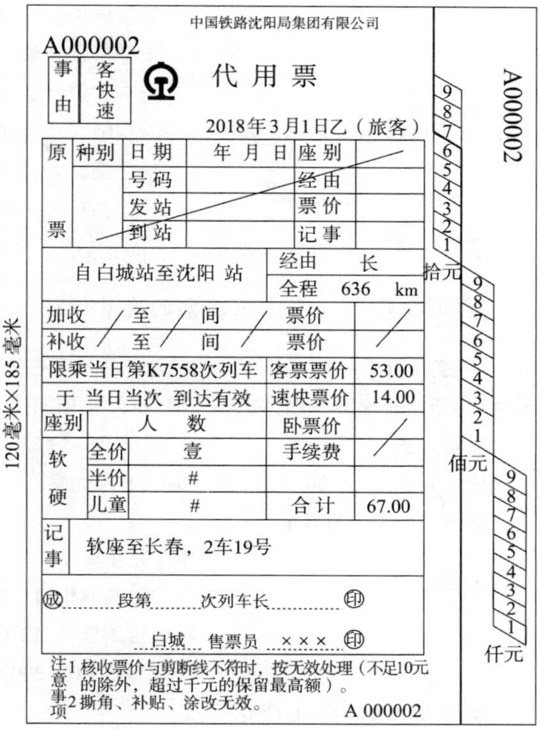
中国铁路沈阳局集团有限公司
A000002
事由 客快速
代用票
2018年3月1日乙（旅客）
原票：种别　日期　年 月 日　座别　号码　经由　发站　票价　到站　记事
自白城站至沈阳 站　经由 长　全程 636 km
加收 / 至 / 间 / 票价 /
补收 / 至 / 间 / 票价 /
限乘当日第K7558次列车　客票票价 53.00
于 当日当次 到达有效　速快票价 14.00
座别　人 数　卧票价 /
软硬　全价 壹　手续费 /
半价 #
儿童 #　合计 67.00
记事　软座至长春，2车19号
成……段第……次列车长……印
白城 售票员 ××× 印
注意事项　1 核收票价与剪断线不符时，按无效处理（不足10元的除外，超过千元的保留最高额）。2 撕角、补贴、涂改无效。
A 000002
120毫米×185毫米
A000002
拾元 佰元 仟元 9 8 7 6 5 4 3 2 1

图 1-14　代用票填写式样

实训项目五　儿童票、学生票的发售方法

【任务 1-8】 2018 年 3 月 1 日，一成人旅客携带 5 名儿童(一名 1.52m，其余四名 1.1m)，欲购买当日锦州至沈阳 K7319 次的硬座客快速车票，锦州站如何发售？

发售方法：

锦州站发售全价票两张，儿童票三张。因为根据客规规定每一成人旅客可免费携带一名身高不足 1.2m的儿童免费乘车，超过一名时，超过人数应买儿童票。1.52m 儿童虽然购买全价票，但不是成人，所以不能免费携带儿童乘车。

【任务 1-9】 2018 年 2 月 12 日，一学生持大连至沈阳的学生优待证要求购买当日 T261 次(大连—哈尔滨，空调特快)大连至哈尔滨的硬座客特快学生票，大连站如何发售？

根据规定超过学生证记载区间乘车按一般旅客办理，分段计费。

大连—沈阳　397km

新空硬座半价：17.50 元

新空特快半价：6.00 元

新空空调半价：4.00 元

沈阳—哈尔滨　549km

新空硬座全价:46.00 元

新空特快全价:18.00 元

新空空调全价:11.00 元

新空客票合计:17.50 + 46.00 = 63.50 元

新空特快合计:6.00 + 18.00 = 24.00 元

新空空调合计:4.00 + 11.00 = 15.00 元

总计:63.50 + 24.00 + 15.00 = 102.50 元

填写代用票,如图 1-15 所示。

实训项目六　团体旅客票的发售方法

【任务 1-10】　2018 年 3 月 12 日,一名旅客在锦州站购买 20 张锦州至北京 2590 次(松原—北京,经由天津)的新空硬座客快团体旅客车票,锦州站如何用代用票发售?

发售方法:

应优先安排,满 20 人时,给予免收 1 人优惠。

锦州—北京　617km

新空硬座票价:52.00 元 × 19 = 988.00 元

新空普快票价:11.00 元 × 19 = 209.00 元

新型空调票价:12.00 元 × 19 = 228.00 元

合计:988.00 + 209.00 + 228.00 = 1425.00 元

填写代用票,如图 1-16 所示。

图 1-15　代用票填写式样

图 1-16　代用票填写式样

实训项目七　退票的处理方法

【任务 1-11】 2018 年 3 月 12 日,在 T15 次(北京西—广州,空调特快),石家庄到站时列车交下一急病旅客,需住院治疗,该旅客持该次列车北京西至广州的空调硬座客特快卧(下)车票办理退票手续,试问石家庄站应如何处理?

处理方法:旅客开始旅行后不能退票。但因旅客伤、病不能继续旅行时,经站、车证实,可退还已收票价与已乘区间票价差额。已乘区间不足起码里程时,按起码里程计算。

北京西—广州　2294km

已收票价　新空硬座客特快卧(下)票价:456.00 元

北京西—石家庄　277km

　应收票价　新空客特快票价:41.50 元

　新空卧铺票价:54.00 元

　合计:95.50 元

　退差价:456.00 − 95.50 = 360.50 元

　退票费:360.50 × 20% ≈ 72.00 元

　净退:360.50 − 72.00 = 288.50 元

收回原票,填写退票报销凭证,如图 1-17 所示。

中国铁路北京局集团有限公司	
退票报销凭证　A000001	
石家庄 站	2018 年 3 月 12 日
原　　票	北京西 站至 广州 站
已乘区间	北京西 站至 石家庄 站
已乘区间票　　价	玖拾伍 元 伍 角
退 票 费	柒拾贰 元
共　　计	壹佰陆拾柒元伍角
(无经办人名章无效)　　经办人 ×××印	

图 1-17　退票报销凭证填写式样之一

【任务 1-12】 2018 年 3 月 12 日,在 T15 次(北京西—广州,空调特快),石家庄到站后一旅客持列车长编制的 15 号硬卧车厢因燃轴甩下的客运记录和该次列车北京西至广州的空调硬座客特快卧(下)车票要求办理退票手续,问石家庄站应如何处理?

处理方法:由于铁路责任在中途站中止旅行,退还已收票价与已乘区间的票价差额,已乘区间不足起码里程时,退还全部票价。

北京西—广州　2294km

　已收票价　新空硬座客特快卧(下)票价:456.00 元

北京西—石家庄　277km

　应收票价　新空客特快票价:41.50 元

　卧铺已乘区间不足起码退全程

　净退:456 − 41.50 = 414.50 元

收回原票,填写退票报销凭证,如图 1-18 所示。

【任务 1-13】 2018 年 3 月 12 日,在 T15 次(北京西—广州,空调特快)到达广州站后,一旅客持列车长编制的空调在石家庄开车后故障的客运记录和北京西至广州的硬座空调客特快卧(下)车票,要求退还空调票,应如何处理?

处理方法:空调列车因空调设备故障在运行过程中,不能修复时,应退还未使用区间的空调票价,未使用区间不足起码里程的按起码里程计算。

北京西—广州　2294km

　已收票价　新空硬座客特快卧(下)票价:456.00 元

石家庄—广州　2017km

　应退空调票价:33.00 元

收回原票,填写退票报销凭证,如图 1-19 所示。

中国铁路北京局集团有限公司	
⊕ 退票报销凭证　A000002	

石家庄 站		2018 年 3 月 12 日
原　票		北京西 站至 广州 站
已乘区间		北京西 站至 石家庄站
已乘区间票　价		肆拾壹元伍角
退 票 费		／　　元
共　计		肆拾壹元伍角

（无经办人名章无效）　　经办人 ×××印

图 1-18　退票报销凭证填写式样之二

中国铁路广州局集团有限公司	
⊕ 退票报销凭证　A000003	

广州 站		2018 年 3 月 12 日
原　票		北京西 站至 广州 站
已乘区间		北京西 站至 广州 站
已乘区间票　价		肆佰贰拾叁 元 零角
退 票 费		／　　元
共　计		肆佰贰拾叁 元 零角

（无经办人名章无效）　　经办人 ×××印

图 1-19　退票报销凭证填写式样之三

知识拓展

一、旅客的基本权利和义务

旅客是指持有铁路有效乘车凭证的人和同行的免费乘车儿童。根据铁路货物运输合同,押运货物的人视为旅客。

（一）权利

（1）依据车票票面记载的内容乘车。

（2）要求承运人提供与车票等级相适应的服务并保障其旅行安全。

（3）对运送期间发生的身体损害有权要求承运人赔偿。

（4）对运送期间因承运人过错造成随身携带物品损失有权要求承运人给予赔偿。

（二）义务

（1）支付运输费用,当场核对票、款,妥善保管车票,保持票面信息完整可识别。

（2）遵守国家法令和铁路运输规章制度,听从铁路车站、列车工作人员的引导,按照车站的引导标志进、出站。

（3）爱护铁路设备、设施,维护公共秩序和运输安全。

（4）对所造成铁路或者其他旅客的损失予以赔偿。

二、承运人的基本权利和义务

承运人是指与旅客或托运人签有运输合同的铁路运输企业。铁路车站、列车及与运营有关人员在执行职务中的行为代表视为承运人。

（一）权利

（1）依照规定收取运输费用。

（2）要求旅客遵守国家法令和铁路规章制度,保证安全。

（3）对损害他人利益和铁路设备、设施的行为有权制止、消除危险和要求赔偿。

（二）义务

（1）确保旅客运输安全正点。

（2）为旅客提供良好的旅行环境和服务设施，不断提高服务质量，文明礼貌地为旅客服务。

（3）对运送期间发生的旅客身体损害予以赔偿。

（4）对运送期间因承运人过错造成旅客随身携带物品损失予以赔偿。

三、铁路互联网售票简介

（一）客票系统研发的几个阶段

（1）1996年1.0版本，主要实现了手工售票向计算机售票转变，这是一个质的飞跃，从此以后铁路售票工作进入了一个全新的时代，拉开了由手工售票向计算机售票转变的序幕。

（2）1998年2.0版本，实现了铁路局范围内的联网售票，实现了通过网络发售外站客票的功能，出现了异地票的概念。

（3）1999年3.0版本，实现了全路范围内的联网售票。到3.0版本，可以说客票系统已经初步完成了预期目标，以先进的电子科技作为支撑，将全路各个联网车站通过网络连接成为一个整体，实现了在全路范围内的异地车票发售，实现了全路范围内客票信息共享。

（4）2002年4.0版本，引入了直达车概念，主要实现了列车收入归担当局的清算。

（5）2006年5.0版本，引入了动车组概念，主要实现了灵活的票价计算体系（动车组），提供了多种购票方式的接口（电话订票、互联网购票等），技术方面，为了适应新的售票组织形式，将原先铁路局、车站两级票库（席位库）集中到铁路局一级。

（6）2009年5.1版本，主要引入了城际列车概念，还增加了查询售票轨迹以及车厢等查询条件的功能，是对5.0版本进行细化。

（7）2010年5.2版本，主要引入了动车、高铁选座功能，其设计目标是：当售票人员选择动车、高铁列车后，经过操作，界面上会出现"一等座""二等座""指定属性""指定席别"等下拉菜单。按照选座的要求，售票员点击"指定属性"的选项，屏幕上立刻显示出"个性化售票"的对话框，里面显示了席别属性，包括靠窗、靠过道、残疾座、三人座、靠卫生间、带桌板等12种详细的选择信息。

（二）客票系统三级管理的分工和职责

客票系统架构主要为国铁集团、铁路局、车站三级管理。

以国铁集团为顶点，以各铁路局为中间层，以车站为第三级节点，形成严密、高效、相对于外界各种网络封闭运行的独立体系。国铁集团与各铁路局之间由1条155M专线通道连接，铁路局与下属各联网车站由相应的专用通道连接，形成一个树形网络结构，全路任意两个车站，通过网络都可相互连接。

（1）国铁集团客票中心日常业务主要由中国铁道科学研究院集团有限公司电子计算技术研究所承担，大致可分为两项工作：一项是软件开发，根据国铁集团要求和各局在客票系

统日常使用过程中发现的问题,对客票系统软件进行新功能开发和升级完善,保证软件功能适应铁路客运的需求,保证软件的正确运行;另一项是日常数据维护,国铁集团的日常数据维护主要是对路网基础信息维护进行维护管理,确定全路列车的数据维护单位、席位管理单位及数据物理存放位置,保障全路的联网售票、路网性数据、价格数据维护。

路网基础信息包括:局名字典、担当企业字典、站名字典、线路字典、区段字典、线路里程字典、分界口字典、车务段字典、地区中心字典、联网车站字典、同城定义字典、区域字典、省份字典、城市字典等。

价格数据包括:计价方式、国铁里程票价表、市郊票价表、地铁票价表等。

(2)路局客票中心主要进行始发列车数据维护,席位的生成和调整等。旅客列车业务基础数据维护由始发局负责。对于新开行的直通列车,由始发局上报国铁集团授权后,根据相关文电,由始发局维护列车的各项基础信息。列车基础信息包括列车车次名称、开行起止时间、列车类型、等级、开行规律、运行径路、停靠站、到发时间、车厢编组等。同时上述任一列车信息发生变化时,列车维护局必须进行调图作业,重新在客票系统中进行维护。

席位的生成。列车基础信息维护完成后,根据列车编组和票额分配的有关电报生成席位,在4.0及其以前的版本中,路局只完成上网票额的信息维护,车站维护自站席位信息,5.0版本以后,席位实行集中管理,即全部卧铺和硬座位均由路局生成,车站只维护无座席。目前,不包括复用和共用,这些席位的生成、加挂、甩车、增减定员、单车空调变化、限售区段等变化均由路局操作维护。

(3)车站。在日常业务维护方面,车站主要是增减无座席数量,对路局维护的列车各项基础信息、席位信息进行核对,确保数据绝对准确,售票人员按照规定向旅客发售车票。

(三)客票系统各模块的功能

客票系统包括售票、退票、订票、订票管理、计划管理、数据维护、管理监控、财务统计、综合查询功能。

1. 售票

车站售票系统的主要功能是进行实时的铁路客票交易。售票工作电子化后,实现了以下功能:

(1)以计算机代替手工作业,极大地提高了作业效率,降低了售票员的劳动强度。

(2)以即时打印的软质客票代替纸质客票,减少了纸质客票进入工厂印刷的环节,降低了成本。

(3)实现多车次、多到站、多票种、多席位的售票处理,在任一窗口可以发售任意方向和任意车次的客票,既能发售普通车票,也能办理通票、中转签证、始发签证,既能发售本站车票,也能发售异地车票。

(4)实现了里程与票价的自动计算。

(5)实现了客运统计和财务结算的电子化。

(6)实现了席位站间即时调整,提高了列车利用率。

2. 退票

退票模块以输入的电子客票条码信息为主要线索,自动查询客票系统中的该张客票的售票存根信息,将原票票面还原至计算机界面上供售票员核对,根据所选择的退票理由自动计算退票手续费和净退款,退票成功后,记录退票存根信息,并将席位返回客票系统重新发售。

实现计算机退票后:一是提高了工作效率,尤其在配备了扫描仪的情况下,经过扫描仪的扫描,电子客票的信息自动录入进系统,不仅速度快而且准确;二是退票报告和结账均自动完成。

3. 订票和订票管理

订票和订票管理模块实现了客票预订功能。客票预订成功后,该席位在系统中显示为已售状态,其他窗口不能发售。旅客正常取票时,售票员收取票款,印制电子票,系统记录售票存根信息,如果旅客一直未来取票,在开车前的规定时间内,该票返回席位库,可以正常发售。返票的具体时间在订票管理中定义。

4. 计划管理

车站的计划管理主要用于无座席数量的增减,席位的用途转换,也可以查询本站担当的各次列车的所有席位信息,票额剩余信息,打印乘车人数通知单,进行发送量日统计和月统计等。计划管理模块是除了售退票外,车站用得最多的模块,通过它可以对各次列车售票情况进行统计分析,车站可据此提供列车开行、编组调整等运能建议。

5. 数据维护

车站的数据维护模块,大致提供了以下三类信息的查询功能:

(1)字典类信息。局名字典、站名字典、线路字典、各次线路里程字典,这些都是客票系统最基础的信息。

(2)列车信息。包括列车车次名称、开行起止时间、列车类型、等级、开行规律、运行径路、停靠站、到发时间、车厢编组等。

(3)票价信息。这里可以查询各次列车各席别各停站各票种的票价信息等。

6. 管理监控

管理监控模块用来定义客票系统运行所需要的各项参数。

(1)窗口定义。定义本站有几个窗口,网络地址、汉卡号、预售期、可售用途、可售票种、可售席别、可运行模块等。

(2)窗口参数定义。定义窗口废票时限,开车前停止售票、退票时间等。

(3)操作员定义。定义本站有几个操作人员,工号、密码,能运行哪个模块等。

(4)存根类信息查询。这里可以查询本站的所有售票存根情况,退票存根情况,废票存根情况,始发改签情况等。

7. 财务统计

财务统计包括收入管理、电子报表、18:00 速报等几个模块。收入管理模块主要供车站财务统计人员使用,功能是对车站各售票窗口的售票、退票进款的收入进行结账统计、审核与管理;电子报表模块主要进行旅客运输统计,通过对售、退票存根进行统计,生成客票日报和退票日报;18:00 速报是从上一日 18:00 开始到本日 18:00 进行各次列车发送人数统计等。

8. 综合查询

综合查询包括车次、票价和余票查询。可以方便查询经由任意两个车站的所有列车,可

以查询各次列车各席别各票种的票价,可以查询各次列车即时余票信息。

四、铁路旅客电子客票暂行实施办法

第一条　为做好铁路电子客票条件下的客运组织工作,规范铁路电子客票售票、退票、改签、进出站和乘车等业务,制定本办法。

第二条　本办法所称铁路电子客票,是指以电子数据形式体现的铁路旅客运输合同的凭证。

第三条　本办法适用于国铁集团所属铁路运输企业和控股合资铁路公司以及购买或持有铁路电子客票的旅客。

第四条　旅客凭乘车人有效身份证件,通过12306.cn网站(含铁路12306手机APP,下同)或实行铁路电子客票的车站和铁路客票销售代理点(以下简称车站和铁路代售点)购买铁路电子客票。

第五条　旅客须持购票时所使用的有效身份证件进出站、乘车。

第六条　旅客通过12306.cn网站购买铁路电子客票后,可通过网站自行打印或下载"行程信息提示",也可在车站指定窗口或自动售票机打印。

第七条　车站售票窗口、自动售票机和铁路代售点向旅客发售铁路电子客票时,不出具纸质车票,根据旅客需要打印报销凭证;不需要报销凭证的可提供"行程信息提示"。旅客须当场核对购票信息。"行程信息提示"和报销凭证不能作为乘车凭证使用。

第八条　旅客如需报销凭证,应在开车前或乘车日期之日起180日内,凭购票时所使用的有效身份证件原件,到车站售票窗口、自动售/取票机换取报销凭证。

第九条　符合购买学生票、残疾军人票条件的旅客,应到车站指定售票窗口或自动售/取票机办理一次本人居民身份证件与学生优惠卡或残疾军人优惠证件的核验手续(学生票需每学年乘车前办理一次),通过核验手续的旅客购票后可凭居民身份证件自助办理实名制验证和进出站检票,核验手续应当在乘车前办理。铁路工作人员有权在车站和列车核对其减价优惠(待)凭证。列车上无法判别学生、残疾军人旅客是否具备优惠(待)资质时,应办理补收票价差额手续,并开具电子客运记录(特殊情况可开具纸质客运记录)。学生、残疾军人旅客到站后可凭车补车票、减价优惠(待)证件和购票时所用有效身份证原件(列车如开具纸质客运记录,还应携带纸质客运记录),30天内到全国任意车站退票窗口办理资质核验和退票手续。车站核实学生、残疾军人所购减价优惠(待)票符合有关规定后,为其办理资质核验,扣减学生火车票优惠卡次数;办理学生、残疾军人旅客车补车票退票时,不收取退票手续费,不退列车补票手续费。

第十条　使用中华人民共和国居民身份证、港澳居民居住证、台湾居民居住证、外国人永久居留身份证,港澳居民来往内地通行证,台湾居民来往大陆通行证等可识读证件(以下简称可自动识读证件)购买铁路电子客票的旅客,凭购票时所使用的有效身份证件原件,可通过实名制核验、检票闸机自助完成实名制验证、进出站检票手续。使用其他证件购买铁路电子客票的旅客,凭购票时所使用的有效身份证件原件,通过人工通道完成实名制验证、进出站检票手续。

第十一条　持儿童票的旅客乘车时,须凭购票时所使用的本人或同行成年人的有效身

份证件原件,通过人工通道办理实名制验证、进出站检票手续。

第十二条 在12306.cn网站注册用户且通过铁路12306手机APP完成人脸身份核验的旅客,购买铁路电子客票后可凭铁路12306手机APP生成的动态二维码,通过车站自动检票闸机办理进、出站检票手续。

第十三条 自动检票闸机、车站手持移动和半自助检票终端在识读旅客身份证件时所做的检票记录分别作为铁路旅客运输合同运送期间的起、止。

第十四条 旅客乘车时,应配合列车工作人员核验铁路电子客票和实名制查验。动车组列车运行途中进行差异化查验;普速列车在车门验票,遇客流较大等特殊情况,可让旅客先上车后再补验。对于乘坐卧铺的旅客,列车工作人员应通过手持终端为旅客办理卧铺使用登记和到站提醒业务。

第十五条 旅客购票后,丢失购票身份证件的,按以下方式处理。

(一)旅客在乘车前丢失证件的,应到该有效身份证件的发证机构办理身份证明,凭身份证明进出站乘车。

(二)旅客在列车上、出站前丢失证件的,须先办理补票手续并按规定支付手续费,列车核验席位使用正常的,开具电子客运记录(特殊情况可开具纸质客运记录);车站核验车票无出站检票记录的,开具客运记录。旅客应在乘车日期之日起30日内,凭该有效身份证件发证机构办理的身份证明和后补车票(如开具纸质客运记录,还应携带纸质客运记录),到列车的经停站退票窗口办理后补车票与原票乘车区间一致部分的退票手续。办理退票手续时,如核查丢失证件有出站记录的,后补车票不予退票;无出站记录的,办理退票时,不收退票费,已核收的手续费不予退还。

第十六条 旅客使用电子支付方式通过车站售票窗口、自动售票机、铁路代售点和12306.cn网站购买的铁路电子客票,均可通过12306.cn网站或车站指定窗口办理改签、退票手续。在12306.cn网站注册且通过手机APP完成人脸身份核验的旅客,也可通过12306.cn网站办理其他人使用电子支付方式通过车站售票窗口、自动售票机、铁路代售点和12306.cn网站为其购买的铁路电子客票改签、退票手续。旅客使用现金方式购买或已打印报销凭证的铁路电子客票,可到车站指定窗口办理改签、退票手续;或通过12306.cn网站先行办理退票,自网上办理退票成功之日起180天(含当日),凭乘车人身份证原件到铁路车站指定窗口办理退款手续。已打印报销凭证的铁路电子客票办理改签、退票手续时,须收回报销凭证。

第十七条 旅客办理铁路电子客票改签后,可重新打印报销凭证和"行程信息提示"。

五、铁路旅客银行卡购票使用管理办法

(1)为方便旅客使用银行卡(支付卡)(以下简称银行卡)购票,确保业务规范、交易及时准确、信息完整、资金安全,根据《铁路旅客运输规程》《铁路运输收入管理规程》《铁路电子支付管理暂行办法》等相关规定,特制定本办法。

(2)铁路运输企业开办、增加或撤销使用银行卡购票业务时,应报国铁集团审核批准。

(3)本办法适用于国铁及国铁控股企业。

旅客采用银行卡支付方式购买车票时,一笔交易可以同时购买多张车票,但仅限一张银行卡支付全部票款。

(4)铁路旅客银行卡购票是指旅客在含安装了银行POS机的售票窗口以及安装了银行读卡器和密码键盘的自动售票机(以下简称TVM)上办理购票业务。

(5)受理银行卡的种类:

①售票窗口可以使用本行所有银行卡,以及带银联标识的其他银行卡。

②TVM上可使用标识银行的所有银行卡,以及带银联标识的其他银行借记卡。

(6)铁路运输企业应在售票窗口和TVM上标明可办理银行卡购票业务和银联标识(如:欢迎使用××银行购票)。

(7)旅客采用银行卡支付方式购买车票时,一笔交易可以同时购买多张车票,但仅限一张银行卡支付全部票款。

(8)旅客采用银行卡支付方式购买的车票,正面印有收单银行标记(如中国银行、工商银行、农业银行、招商银行)。

(9)银行卡购买的车票变更产生退款的返还,按银行规定时限退还至旅客购票时使用的银行卡账户中。

(10)使用银行卡购票的车站间可办理异地退签票业务。

(11)售票员开班时,必须确认POS机处于正常工作状态,并用本人工号(与售票系统工号一致)在POS机上签到。

(12)窗口售票制票前,售票员核验旅客递交的银行卡(发现银行卡卡号与POS机界面显示的卡号不一致时可拒绝旅客刷卡购票),在POS机上刷卡,旅客确认金额输入密码,POS机进行扣款交易,扣款成功后,POS机自动打印两联"消费凭条",一联(商户存根)交由旅客签字确认后车站留存,另一联(持卡人存根)交旅客。

(13)窗口售票扣款过程发生故障,按以下方式办理:

①扣款成功,POS机凭条打出,客票系统未收到成功信息时,售票员在售票系统中依据凭条内容输入有关信息,校核后确认制票。

②扣款成功,POS机凭条打出,客票系统收到成功信息,制票机故障时,售票员根据售票系统故障处理提示,自动将故障车票作废,同时自动生成新票,新票不需要再次刷卡,自动制票。

③扣款成功,POS机凭条打出,因客票系统故障(如瞬间断电),导致部分车票未制出时,售票员需重启售票终端,补制车票,新票不需要再次刷卡。

④扣款不成功,POS机凭条未打出时,客票系统收到不成功信息,售票员告知旅客,重新刷卡或改用现金支付。

(14)误购误售,售票窗口废票时,售票员在POS机上刷卡。旅客在密码键盘上输入密码确认退款,POS机进行退款交易:

①退款成功时,POS机打印"退款凭条",售票终端接到信息,自动完成车票业务处理;售票终端未收到成功信息,则客票系统自动记录退款故障信息,车票业务照常办理;"退款凭条"一式两联,一联(商户存根)交由旅客签字确认后车站留存,另一联(持卡人存根)交旅客。

②退款不成功时,POS 机未打印"退款凭条",客票系统自动记录退款故障信息,车票业务照常办理,POS 机打印"退款受理凭条",售票员将"退款受理单"递交旅客,并通知旅客联系发卡行客服中心查消费记录。

(15)旅客在自动售票机上采用电子支付购买车票时,根据系统提示正确操作,并可以选择打印"消费凭条"客户存根联。

(16)支付成功,未制出车票时,自动售票机自动发起撤销命令,车票自动作废。如撤销失败,自动为旅客打印"自助售票系统故障凭条",旅客持凭条到车站指定窗口(TVM 的故障处理窗口)受理,售票员通知旅客联系发卡行客服中心查消费记录。

(17)支付成功,制出的车票票面不清或票纸残缺时,旅客可持票到指定窗口(TVM 的故障处理窗口)办理换票手续。

(18)由于设备原因无法退还旅客银行卡时,车站自动售票机维护人员根据视频录像及时处理。

(19)旅客办理车票改签或退票时,应持原购票所用银行卡,到与票面标识银行相同的车站窗口刷卡办理,铁路局予以公告。

(20)改签后的新票票价低于原票票价的,按规定进行退款,POS 机打印"退款凭条"。改签后的车票票价高于原票票价的,必须先用银行卡支付新票全额票款,再退还原票全额票款,POS 机打印"消费凭条"和"退款凭条"。

(21)改签后新票票面不清或误签的,不能作废,必须将新票按原退方式办理,POS 机打印"退款凭条",并为旅客办理重新购票流程。

(22)退票时,按客规规定进行退款,POS 机打印"退款凭条"。

(23)改签和退票退款不成功时,按照第 14 条(1)、(2)处理。

(24)窗口售票员交班或结账时,必须在 POS 机具上输入本人工号签退,POS 机具自动打印当班的汇总"结算总计单",售票员根据结算总计单正确填制"票据进款交接单",连同旅客签字的各种凭条交账。

(25)自动售票机每日自动结账时,自动售票机自动打印"结算总计单"。

(26)车站每日结账时,结账人员须核实结账报表与上缴"结算总计单"中电子支付款额的一致性,不一致时按有关规定办理。

(27)电子支付的客票不允许后台作废。

(28)车站将收回的商户联凭条保存 1 年。

(29)铁路局根据车站售票场所条件,确定车站银行卡支付窗口和自动售票机的部署,并将部署计划报国铁集团运输局备案。

(30)铁路局客运部门汇总车站 POS 机的需求量,于 5 日内填写 POS 机申请单交铁路局收入部门审核,同时报国铁集团运输局。铁路局收入部门组织相关单位于 5 日内安装到位,铁路局客运部门进行授权开通。

(31)车站指定专人负责,将请领的 POS 机纳入客票设备管理,建立请领、使用、故障档案,在客票系统中登记 POS 机设备号,配置窗口参数,铁路局授权车站使用。

(32)车站负责 POS 机和自动售票机的银行读卡器、密码键盘的日常管理,发生丢失、损坏和故障等,要及时通知路局收入部门。

（33）车站票据库部门负责银行凭条的请领、发放。

（34）车站要建立起日常维护使用管理制度，确保与上级管理部门的信息畅通。

（35）POS机不能正常使用时，车站要及时更换或暂停使用POS机，不得延误正常售票工作。

（36）自动售票机或窗口支付故障后，车站无法处理时，应及时报告铁路局收入部门处理、同时上报铁路局客运部门。

（37）因电子支付故障延误旅客开车前改签的，旅客需要退票时，经车站主管站长核实后予以退票。

（38）遇有不可抗力或POS机故障、网络故障、支付平台故障等原因，给旅客无法退款时，按照第14条②处理。

（39）遇有不可抗力或客票系统故障等原因，导致无法给旅客办理电子支付车票联机退票时，车站给旅客发放"车票收回凭证"一式两联，旅客填写相关信息签字后连同车票交给售票员，售票员将"车票收回凭证"一联交旅客，一联随原票交车站留存，待联机退票条件具备后，路局授权车站不刷卡退票，车站将收回车票依次扫描，与"车票收回凭证"核对后退票，退款信息自动上传支付平台后转银行，银行完成退款处理。

（40）旅客购买车票后，应当当场取回银行卡、车票及相关凭条。银行卡丢失的按发卡行有关规定办理；车票丢失的按铁路客规办理；相关凭条丢失的铁路运输企业不予补办。

六、铁路乘车卡使用管理暂行办法

第一条 为满足铁路旅客高速运输需要，为旅客提供方便、快捷的购票、乘车服务，特制定本办法。

第二条 铁路乘车卡（或"卡"）是内装磁介质或者集成电路芯片、通过自动检票机（闸机）记录旅客乘车信息的卡片式乘车凭证。

第三条 铁路运输企业可以依法自行发行铁路乘车卡，也可以采用其他企业发行的卡式支付工具作为铁路乘车卡，但在实施前均须报经铁路主管部门批准。

第四条 旅客使用铁路乘车卡经进站闸机读卡确认进站、乘车至到站、经出站闸机读卡确认出站，为一次铁路旅客运输。

闸机在读卡时所作的进站、出站记录分别为铁路旅客运输合同运送期间的起、止证明。

第五条 铁路运输企业发行铁路乘车卡的，应当设定专门的服务处所或者窗口为旅客提供购卡、充值、换卡、退卡等卡务服务。

铁路运输企业采用其他企业发行的铁路乘车卡的，应当由发卡企业提供购卡、充值、换卡、退卡等卡务服务。

第六条 铁路运输企业应当为旅客提供乘车记录、卡内余额等信息查询以及乘车卡业务咨询、有效性检测等服务，不得收取费用。

第七条 铁路运输企业应当在旅客购卡时或者乘车后出具"客运运价杂费收据"，但只能选择其一。

第八条 铁路运输企业发行铁路乘车卡的，可以在旅客办理换卡或者退卡时，对每张乘车卡收取 10 元手续费。卡内金额不足 10 元的,不退还卡内金额,也不收取手续费。

第九条　铁路运输企业可以对乘车卡的使用范围如乘车线路、乘车人数、列车等级、席别等进行适当的限制,但应当事先告知旅客;旅客应当遵守。否则,超过规定人数的,超过的人数应当按无票旅客处理;擅自乘坐高于规定等级的列车或席别的,应当补交票价差额;擅自乘坐低于规定等级的列车或席别的,票价差额不予退还。

第十条　旅客应当使用列车预留席位或者空余席位,不得占用持有席位车票旅客的席位。

第十一条　旅客进站时,不能经闸机读卡确认的,应当另行购买车票;未经进站闸机读卡确认且不能出示其他有效车票的,按无票乘车处理。

第十二条　旅客进入闸机后,因特殊情况取消旅行的,应当及时从本站出站闸机出站;乘车至到站后,应当及时出站。

铁路运输企业可以根据站台与闸机之间的距离、各车站之间列车运行时间、列车实际运行情况等规定旅客进、出站所需的合理时间;对超出合理时间的,可以采取锁定乘车卡等措施,并按时间长短核收不同的费用,但第十六条第二款的情形除外。

在本站进出站的,收取站台票或者本站与指定站之间往返票等票款。异站进、出,可以判明进站和出站的,按实际乘车区间核收票款;只能判明进站或者出站之一的,按该站与距其最远的本线车站核收一次单程票款;无法判明乘降站的,按本线全程核收一次单程票款。

第十三条　旅客在出站前发现乘车卡丢失或者出站时不能被闸机读卡确认的,应当声明并另行补票。补票加盖"卡补"戳。

旅客可以在铁路运输企业规定的期限内凭卡和加盖"卡补"戳的车票到服务窗口办理退还补票款等手续。

第十四条　对铁路运输企业发行的乘车卡,符合以下情形满一年的,按废卡处理,并按第十二条扣减相关费用后,将卡内余额依法办理提存手续:

(1)未办理解锁手续的,自被锁定之次日起计算。

(2)超过有效期的,自有效期届满之次日起计算。

第十五条　旅客在铁路运输过程中发生人身伤害事故、影响正常旅行时,铁路运输企业应当记录其有效身份证件和乘车卡号码。

第十六条　遇下列情形,铁路运输企业应当及时提供人工服务:

(1)旅客进站或者出站时,已经闸机读卡确认但仍未能进站或者出站,经确认属实的,应当安排通过人工检票通道进、出站。

(2)因闸机故障或者列车晚点、停运等闸机不能满足旅客集中检票需求时,应当发放进(出)站证明,并组织旅客通过人工检票通道进、出站。旅客办理补卡记录或者解锁手续时,应当提交进(出)站证明。

第十七条　本规定所称旅客,是指购买并使用铁路乘车卡乘车的旅客。

第十八条　本规定未尽事宜按《铁路旅客运输规程》办理。

第十九条　本规定由国铁集团运输局负责解释。

铁路运输企业可以根据实际情况,制定具体实施办法,报国铁集团备案后施行。施行

时,除按规定在站、车公告外,应当将有关办法印制并提供给购卡的旅客。

第二十条 本规定自 2009 年 3 月 4 日起施行。

复习思考题

1. 旅客票价的构成要素有哪些?

2. 旅客票价是怎样制定的? 并举例说明。

3. 什么是接算站? 接算站的种类有哪些?

4. 动车组列车票价是怎样制定的?

5. 行李、包裹运价的比例关系如何?

6. 行李、包裹运费的核收有哪些规定?

7. 什么是特定运价?

8. 包车及包车变更有关费用如何计算?

9. 何谓客运杂费? 其分类情况及收费标准是怎样规定的?

10. 铁路运输合同的含义及凭证是什么?

11. 动车组列车乘车凭证有哪些?

12. 车票有何作用? 其分类情况如何?

13. 车票票面主要应载明哪些内容?

14. 铁路新型发售车票方式有哪几种?

15. 发售硬座和软座客票有哪些规定?

16. 发售加快票有哪些规定?

17. 发售卧铺票有哪些规定?

18. 享受儿童票的条件是什么? 儿童票的票种有哪些? 儿童票的办理限制是什么? 儿童乘坐卧铺有哪些规定?

19. 购买学生票的条件是什么? 学生票的票种有哪些?

20. 持学生证使用软席和硬卧的规定是什么?

21. 享受伤残军人票的条件及票种是什么?

22. 什么是团体旅客?

23. 旅客责任如何办理退票?

24. 承运人责任如何办理退票?

实践训练

1. 运用接算站结合《铁路客运运行里程表》《铁路旅客票价表》查找下列运价里程和旅客票价:

(1) 锦州至大连(经由沟海线)软座客快速票价。

(2) 石家庄至宝鸡(经由太原)新空硬座客特快票价。

(3) 沈阳北至北京(经由沈山线、津山线)硬座客快卧半价票价。

2. 运用代用票练习发售下列旅客车票：

（1）30 人乘坐北京西至广州 T97 次新空硬座客特快列车,发售团体旅客票一张。

（2）锦州一旅游团 68 人包车到上海旅行,其他条件自定。

（3）一学生持锦州至山海关的学生优待证要求购买当日 2262 次（乌兰浩特—天津）锦州至天津的硬座普快卧学生票。

项目二　旅　客　运　输

★ **知识重点**

　　1. 客运记录的填写规定。

　　2. 旅客乘车的基本条件。

　　3. 旅客乘车中发生特殊情况的处理。

　　4. 不符合乘车条件的处理。

　　5. 旅行变更的处理。

★ **项目任务**

　　1. 旅客乘车中发生特殊情况的处理方法。

　　2. 不符合乘车条件的处理方法。

　　3. 旅行变更的处理方法。

　　4. 旅客违章携带品的处理方法。

★ **项目准备**

　　1. 参考资料:《铁路旅客运输规程》《铁路客运运价规则》《铁路旅客运输办理细则》《铁路旅客运输管理规则》《铁路客运运价里程表》《行里包裹运价表》、全国铁路客运运价里程接算站示意图(见本书配套课件)、全国铁路局管辖线路示意图、《客运规章汇编》。

　　2. 所需票据、表报:代用票、客运运价杂费收据、客运记录、铁路电报。

　　3. 所需设备:模拟移动售票机、手工票剪、计算器(算盘)、剪刀。

理论知识

单元一　客　运　记　录

一、客运记录的含义

　　客运记录是指在旅客或行李、包裹运输过程中因特殊情况,承运人与旅客、托运人、收货人之间需记载某种事项或车站与列车之间办理业务交接的文字凭证。

二、客运记录的用途

　　(1)站、车办理交接的依据。

　　(2)有关事项纪实的材料。

(3)旅客意外伤害到合同医院就医的证明。

(4)旅客至到站退款的凭证。

(5)其他情况需要说明时的根据。

客运记录为站车之间办理交接事项时使用,不能作为乘车凭证,也不能作为赔偿依据。

三、客运记录的填写规定

(1)据实填写,事项齐全。编写的客运记录应内容准确、具体、详细、齐全、完整,如实反映情况,不得虚构、假想、臆测。如涉及旅客车票时,应有发到站、票号;涉及行李、包裹票时,除应有发到站、票号外,还应有旅客、发(收)货人姓名、单位、物品品名、数量、重量等,不得漏项。

(2)语言简练,书写清楚。记录语言要简明扼要,条理清楚,说明问题。字迹要清楚,不潦草,不写自造简化字。

(3)客运记录应有顺序编号,加盖编制人名章。客运记录一式两份,一份交接收人,另一份由接收人签字后自己留存。对留存的应装订成册,妥善保管,以备存查,保管期限为一年。

四、客运记录的编写范围

(一)列车编写客运记录范围

(1)卧铺发售重号,列车应尽量安排同等席别的其他铺位,没有空位时,应编制客运记录交旅客,由到站退还卧铺票价,不收退票费。

(2)因承运人责任使旅客不能按票面记载的日期、车次、座别、铺别乘车时,站、车应重新妥善安排。重新安排的列车、座席、铺位低于原票等级时,应退还票价差额,不收退票费。在列车上发生时应编制客运记录。

(3)发生车票误售、误购,应退还票价时,站、车应编制客运记录交旅客,作为乘车至正当到站要求退还票价差额的凭证。

(4)旅客误乘列车或坐过了站,列车交前方停车站免费送回时。

(5)旅客丢失车票,另行购票或补票后又找到原票时,列车长应编制客运记录交旅客,作为在到站出站前向到站要求退还后补票价的依据。

(6)实名制车票办理挂失补手续后,到站前列车长确认该席位使用正常的,开具客运记录交旅客作为到站退票的凭证。

(7)对无票乘车而又拒绝补票的人,列车长可责令其下车并编制客运记录交县、市所在地车站或三等以上车站处理(其到站近于上述到站时应交到站处理)时。

(8)在列车上,旅客因病不能继续旅行时,列车长应编制客运记录交中途有医疗条件的车站转送医院治疗时。

(9)因铁路责任,致使旅客在中途站办理退票,退还票价差额时。

(10)发现旅客携带国家禁止或限制运输的物品、危险品乘车,移交最近前方停车站或有关车站处理时。

(11)旅客携带品超过规定范围(危险品除外),无钱或拒绝补交运费,移交旅客到站或换车站处理时。

（12）向查找站或列车终到站转送旅客遗失品，与车站办理遗失物品交接手续时。

（13）旅客在列车内发生因病死亡，移交县、市所在地或较大车站处理时。

（14）列车内发现无人护送的精神病患者，移交到站或换车站时。

（15）因意外伤害（包括区间坠车），招致旅客伤亡，移交有关车站处理时。

（16）发现违章使用铁路职工乘车证，上报铁路局收入部门处理时。

（17）列车接到行李、包裹托运人要求在发站取消托运，将行李、包裹运回发站时。

（18）列车接到发站行李、包裹变更运输（包括行李误运）电报时，应编制客运记录，连同行李、包裹和运输报单，交前方营业站或运至新到站（需中转时，移交前方中转站继续运送），旅客在列车上要求变更时，同样办理。

（19）列车上发现装载的行李、包裹品名不符，或实际重量与票面记载的重量不符，移交到站或前方停车站处理时。

（20）列车对已装运的无票运输行李、包裹，应编制客运记录，交到站处理时。

（21）列车内发现旅客因误购、误售车票而误运行李时，如其托运的行李在本列车装运，应编制客运记录，交前方营业站或中转站向正当到站转运时。

（22）行李、包裹在运输途中发生事故，移交到站处理时。

（23）其他应与车站办理的交接事项。

（二）车站编写客运记录的范围

（1）发生误售、误购车票，在中途站、原票到站应退还票价时。

（2）将旅客遗失物品向查找站转送时。

（3）旅客在车站发生意外伤害，需送医院抢救时。

（4）车站向铁路局收入部门寄送因违章乘车所查扣的铁路乘车票证时。

（5）行李、包裹票、货分离，需补送行李、包裹或票据时。

（6）行李、包裹票货分离，部分按时到达交付，部分逾期时。

（7）行李、包裹装运后，旅客或托运人要求运回发站取消托运时。

（8）行包所在站接到行包变更运输的电报时。

（9）车站发现伪报品名的行李、包裹损坏其他行李、包裹时。

（10）在中途站、原票到站处理因误售、误购车票而误运的行李时。

（11）线路中断，列车停止运行后，鲜活包裹在途中被阻，托运人要求被阻站处理时。

（12）在发站或中途站，行李、包裹发生事故或需要说明物品现状时。

（13）行李未到，办理转运手续后，逾期到达时。

单元二　旅客乘车条件

一、旅客运输条件

1.旅客乘车条件

（1）铁路运输企业应当按照《中华人民共和国反恐怖主义法》《铁路安全管理条例》《铁

路旅客运输安全检查管理办法》等规定,对旅客及其随身携带物品进行安全检查。

(2)旅客应当按照有效车票载明的时间、车次、车厢号、席别和席位号乘车。

(3)旅客应当接受铁路运输企业对乘车相关凭证进行的必要核验。购买优惠票、优待票的旅客需要凭相应证件乘车。

2.运输服务条件

(1)铁路运输企业应当在车站、旅客列车等公共场所设置安全标志、导向系统和信息服务系统等设备设施。

(2)铁路运输企业应当按照有效车票记载的时间、车次、车厢号、席别和席位号运输旅客。

(3)铁路运输企业应当按照《中华人民共和国军人地位和权益保障法》《军人抚恤优待条例》等规定,为现役军人、残疾军人、烈士、因公牺牲军人和病故军人的遗属,消防救援人员,以及与其随同出行的家属提供优先购票、优先乘车等服务。

(4)铁路运输企业应当为老幼病残孕旅客提供优先购票、优先乘车等服务,为老年人和其他需要帮助的旅客提供必要的人工服务。

(5)铁路运输企业应当提供齐全、干净、整洁的服务备品。车站、旅客列车等公共场所应当内外整洁、空气清新。

(6)铁路运输企业应当提供符合食品安全标准的餐饮服务,不得销售不符合食品安全标准的食品和不合格产品。车站内和列车上提供的商品及服务应当做到明码标价、质价相符、信息描述规范。

3.拒绝运输条件

对下列旅客,铁路运输企业可以拒绝运输。

(1)旅客乘车不符合乘车条件,拒不支付应补票款、加收票款的。

(2)拒不接受安全检查的。

(3)购买实名制车票但不接受身份信息核验,或者车票所记载身份信息与所持身份证件或者真实身份不符的。

(4)按照《中华人民共和国传染病防治法》等传染病防治的法律、行政法规和国家有关规定,应当实施隔离管理的。

(5)扰乱车站、列车秩序,严重精神障碍和醉酒等有可能危及列车安全或者其他旅客以及铁路运输企业工作人员人身安全的。

(6)国家规定的其他情况。

旅客不听从铁路运输企业工作人员劝阻,坚持携带或者夹带危险物品或者违禁物品的,铁路运输企业应当拒绝运输。对涉嫌违反治安管理的行为应当及时报告公安机关。

二、车票签证

1.始发改签

(1)改签定义:旅客变更乘车日期、车次、席(铺)位时需办理的签证手续为改签。

(2)办理方法:因旅客自身原因不能按车票记载的时间、车次、车厢号、席别和席位号乘车,或者被拒绝运输时,在列车有能力的前提下可以办理一次提前或改晚乘车签证手续。在

车站售票预售期内且有运输能力的前提下，车站应予办理，收回原车票，换发新车票，并在新车票票面标注"始发改签"字样（特殊情况在开车后改签的注明"开车后改签不予退票"字样），如图2-1所示。

图2-1 始发改签车票票样

（3）办理时间：开车前48h（不含）以上，可改签预售期内的其他列车；开车前48h以内，可改签开车前的其他列车，也可以改签开车后至票面日期当日24:00之间的其他列车，不办理票面日期次日及以后的改签；开车之后，旅客仍可改签当日其他列车，但只能在票面发站办理改签。团体旅客改签不应晚于开车前48h。

（4）办理地点：全国任何一个客运营业站均可办理始发改签，在其签证窗口（或指定窗口）办理改签手续。在中国铁路客户服务中心网站购票且未换取报销凭证的，可以登录网站办理改签手续；使用现金购票的或已换取报销凭证的旅客，到车站售票窗口办理。

（5）改签费用：旅客可要求变更高于或低于原票等级的列车或铺位、座席，票价差额按多退少补处理。发生退票时核收退票费。改签车票不核收手续费。

原车票使用现金购票时，新车票票价高于原票价时，核收票价差额，新车票票价低于原票价时，退还票价差额，对差额部分核收退票费并执行现行退票费标准（均为现金）。

原车票在铁路售票窗口使用银行卡购票时，或者在12306.cn网站使用在线支付工具购票时，按发卡银行或在线支付工具相关规定，新车票票价高于原票价时，请使用银行卡支付新车票全额票款，原车票票款在规定时间退回原购票时所使用的银行卡或在线支付工具；新车票票价低于原票价时，退还票价差额，对差额部分核收退票费并执行现行退票费标准，应退票款在规定时间退回原购票时所使用的银行卡或在线支付工具。

（6）其他相关规定：车票改签后，旅客取消旅行的，可以按照规定退票，但开车后改签的车票不予退票；原车票已托运行李的，在新车票背面注明"原票已托运行李"字样并加盖站名戳。

2. 中转签证

旅客在中转站换车和中途站下车恢复旅行时，都应办理签证手续。签证的车次票价高于原票价时，核收票价差额，发售有价签证票；签证后的车次票价低于原票价时，票价差额不予退还,计算机只打印"中转签证"字样的签证票,随原票使用;签证的车次票价与原票价一致时,只打印签证号,如图2-2所示。

图2-2 中转签证车票票样

3.变更到站

自2015年6月10日起,铁路客运部门推出了"变更到站"服务,即旅客购票后,可根据行程变化,重新选择新的目的地,在车票预售期内变更到站及乘车日期、车次、席位。

"变更到站"需在原车票开车前48h以上办理,旅客可任意选择有余票的列车,已经换取纸质车票的旅客须在车站指定窗口办理;未换取纸质车票的旅客也可在12306网站办理。

"变更到站"只办理一次。已经办理"变更到站"的车票,不再办理改签。对已经改签车票、团体票及通票暂不提供此项服务。

"变更到站"不需要手续费,变更前后涉及票价差额的处理与改签的规定一致。

三、车票的有效期

车票是运输合同,其时效即为车票的有效期间。

1.车票的有效期的规定

(1)直达票当日当次有效,但下列情形除外:

①全程在铁路运输企业管内运行的动车组列车车票有效期由企业自定。

②有效期有不同规定的其他票种。

(2)通票的有效期按乘车里程计算:1000km为2日,超过1000km的,每增加1000km增加1日,不足1000km的尾数按1日计算;自指定乘车日起至有效期最后一日的24时止。

2.车票有效期间的延长

遇有下列情况可延长通票的有效期。

(1)因列车满员、晚点、停运等原因,使旅客在规定的有效期内不能到达到站时,车站可视实际需要延长通票的有效期。延长日数从通票有效期终了的次日起计算。

(2)旅客因病中途下车、恢复旅行时,在通票有效期内,出具医疗单位证明或经车站证明时,可按医疗日数延长有效期,但最多不超过10d;卧铺票不办理延长,可办理退票手续;同行

人同样办理。

（3）动车组列车车票只办理改签,不办理有效期延长。

（4）由于误售、误购、误乘或坐过了站在原通票有效期不能到达到站时,应根据折返站至正当到站间的里程,重新计算通票有效期。

（5）因列车满员或意外事件列车停止运行,旅客不能按票面指定的日期、车次乘车时,车站应积极为旅客办理签证及通票有效期延长手续。办理时,应在通票背面注明"因××延长有效期×日"并加盖站名戳。旅客如托运行李时,还应在行李票上签注"因××原因改乘×月×日××车次",加盖站名戳,作为到站提取行李时,计算免费保管日数的凭证。

3. 车票有效期失效的处理

（1）持通票的旅客在乘车途中有效期终了,要求继续乘车时,应自有效期终了站或最近前方停车站起,另行补票,核收手续费。

（2）旅客持用的定期客票的有效期,在乘车途中终了时,可按有效期使用至到站。

四、误售、误购、误乘的处理

我国铁路车站众多,由于车站音同字不同、站名发音相似以及地方口音不同等原因,发生误售、误购车票时,车站和列车必须正确处理,使旅客能安全迅速到达旅行目的地。

1. 误售、误购对车票的处理

对误售、误购车票,应按下列规定补收或退还已收票价与正当票价的差额,不收手续费或退票费。

（1）在发站:收回原票,换发新票。

（2）在中途站、原票到站、列车内:

①应补票价时,收回原票,换发代用票,补收应收与已收的票价差额。

②应退票价时,站、车应编客运记录,连同原票交旅客,作为乘车至正当到站要求退还票价差额的凭证,并以最方便的列车将旅客运送至正当到站。

由于旅客没有确认车次或上、下行方向坐错了车,或乘车中坐过了站,统称为误乘。旅客发生误乘时,列车和车站应认真妥善处理。在列车上发现误乘的旅客,列车长应编制客运记录交前方停车站,车站应在车票背面注明"误乘"并加盖站名戳,指定最近列车(国际列车除外)免费送回误乘站或正当到站。

2. 误售、误购或误乘对旅客的安排

（1）需送回时:列车长应编制客运记录交前方停车站。车站应在车票背面注明"误售(购)或误乘"加盖站名戳,指定最近列车(国际旅客列车除外)免费送回。

（2）在免费送回区间中途下车的处理:对往返乘车的免费区间,按返程所乘列车等级分别核收往返区间的票价,核收一次手续费。

五、旅客丢失车票的处理

旅客丢失实名制车票后,可以向铁路运输企业申请办理车票挂失补办手续,铁路运输企业不得重复收取票款和其他不合理费用。旅客丢失非实名制车票应当另行购票乘车。

旅客购票后,丢失购票身份证件的,按以下方式处理。

(1)旅客在乘车前丢失证件的,应到该有效身份证件的发证机构办理身份证明(含铁路临时身份乘车证明),凭身份证明进出站乘车。

(2)旅客在列车上、出站前丢失证件的,须先办理补票手续并按规定支付手续费,列车核验席位使用正常的,开具电子客运记录(特殊情况可开具纸质客运记录),车站核验车票无出站检票记录的,开具客运记录。旅客应在乘车日期之日起30日内,凭该有效身份证件发证机构办理的身份证明和后补车票(如开具纸质客运记录,还应携带纸质客运记录),到列车的经停站退票窗口办理后补车票与原票乘车区间一致部分的退票手续。办理退票手续时,如核查丢失证件有出站记录的,后补车票不予退票;无出站记录的,办理退票时,不收退票费,已核收的手续费不予退还。

六、不符合乘车条件的处理

对不符合乘车条件的旅客、人员,站车均应了解原因,区别不同情况予以处理,但归纳起来,可分为两种类型:对有意不履行义务的,应补收票款并加收票款;对主动补票并经站、车同意上车的人员和儿童,只补收票价。

(1)客观原因:铁路运输企业发现下列情形之一的,应当补收票款。

①主动补票或者经车站、旅客列车同意上车补票的;

②应当购买儿童优惠票而未买票乘车的;

③应当购买全价票而使用儿童优惠票乘车的。

需要收取手续费的,按照有关规定办理。

(2)主观原因:未经铁路运输企业同意,有下列情形之一的,铁路运输企业应当补收票款,可以加收50%已乘区间应补票款。

①无票乘车未主动补票的。

②在车票到站不下车,且继续乘车的。

③持低等级席位的车票乘坐高等级席位的。

④持不符合减价条件的优惠、优待车票乘车的。

需要收取手续费的,按照有关规定办理。

铁路运输企业发现变造、伪造车票或者证件乘车,霸座或者其他扰乱秩序的行为,应当及时报告公安机关。

单元三 旅 行 变 更

一、变 更 等 级

1.旅客要求变更

(1)旅客在发站办理改签时,改签后的车次票价高于原票价时,核收票价差额;改签后的车次票价低于原票价时,退还票价差额,对差额部分核收退票费并执行现行退票费标准。

(2)旅客办理中转签证或在列车上办理补签、变更席(铺)位时,签证或变更后的车次、席(铺)位票价高于原票价时,核收票价差额;签证或变更后的车次、席(铺)位票价低于原票价时,票价差额部分不予退还。

2.因承运人责任发生变更

(1)因承运人责任使旅客不能按票面记载的日期、车次、座别、铺别乘车时,站、车应重新妥善安排。重新安排的列车、座席、铺位高于原票等级时,超过部分票价应补收的不补收;低于原票等级时,应退还票价差额,不收退票费。

(2)已乘区段不足起码里程时,退还全程票价差额。

(3)变更区段不足起码里程时,按起码里程计算,退还票价差额,均不收退票费。

(4)持加快票的旅客,在换车站因铁路责任不能换乘接续快车而改乘低等级列车时,换车站也按此办法办理退款。

二、变 更 径 路

变更径路是指发站、到站不变,只是改变经过的线路。

1.办理条件

(1)旅客在中转站或列车内,可办理一次径路的变更。

(2)持通票的旅客在中转站和列车上要求变更径路时,必须在通票有效期能够到达到站时方可办理。

2.处理方法

(1)原票价低于变径后的票价时,应补收新旧径路里程的票价差额,并核收手续费。车站可使用常备专用补价票或计算机票补价。补价时,应收回原票。

(2)原票价高于或相等于变更后的变径票价时,持原票乘车有效,差额部分(包括列车等级不符的差额)不予退还。

(3)符合使用原票乘车的规定时,可在原票背面注明"变更经由××站",加盖站名戳或列车长名章,凭原票乘车。

(4)变径后客票的有效期间,从办理站起按新径路里程重新计算。

三、越 站 乘 车

(1)定义:是指旅客原票即将到站,由于旅行计划的变更,要求超越原票到站至新到站的乘车。

旅客要求越站乘车,必须在原票到站前提出,在有运输能力的情况下列车应予以办理。

(2)遇下列情况不能办理越站乘车:

①在列车严重超员的情况下。

②乘坐卧铺的旅客买的是给中途站预留的铺位时。

③乘坐的是回转车,途中需要甩车时。

(3)处理方法。

①核收越站区间的票价和手续费,不足起码里程按起码里程计算,但最远不超过本次列

车的终点站。

②越站同时变座、变铺、补卧时,先越站后变更,其他情况同时越站时,先变更后越站。

③同一城市内有两个以上的车站,旅客由于不明情况,发生越站乘车时,如票价相同,原票按有效处理;票价不同时,只办理客票越站,附加票可按有效使用至到站。

四、旅客分乘

(1)定义:两名以上旅客共持一张代用票,要求办理分票手续时,称为旅客分乘。

(2)处理方法。

①分乘同时变座时,先分乘后变座;分乘同时变径时,先分乘后变径;分乘同时越站时,先分乘后越站。

②无论在发站、中途站或在列车上,旅客提出要求办理分乘时,都应按旅客提出分票乘车的张数,换发代用票,收回原票,并按分票的张数核收手续费。

分乘与其他变更同时发生时,此时则按变更人数核收一次手续费。

③团体旅客办理分乘,不够团体条件时对减免旅客应从始发站重新补票。

单元四　旅客携带品

为了照顾旅客旅行生活的便利,旅客可以将旅行中所需要的物品(如提包、背包、行李等)带入乘坐的客车内,但该物品需由旅客自行负责看管,除非因铁路自身原因导致物品的遗失、毁损等由铁路部门依据相关规定办理。为了维护站、车的良好运营秩序,确保旅客运输的安全,方便旅客进出站、上下车以及保持良好的乘车环境,必须对旅客携带品的范围进行限制。同时,为了满足广大旅客的知情权,铁路运输企业应在售票厅、候车室和旅客列车内以及利用相关媒体加强对旅客携带品的宣传,以杜绝旅客将违禁品带进车站、列车。

一、旅客携带品的范围

1. 在携带品重量方面

旅客免费携带品的重量建立在广泛的调查基础之上,通过调查我国一般旅客正常旅行时随身携带物品的重量并考虑客运车辆正常的负载能力,在保证旅客列车安全正点的基础上,对旅客携带品的重量做出的规定。

旅客携带品免费重量:成人旅客 20kg,儿童旅客(含免费儿童)10kg,外交人员(持外交护照)35kg,新老兵 35kg。

免费重量的几点说明:

(1)每件最大重量不超过 20kg。

(2)包车时,按实际乘车人数计算免费重量。

(3)残疾人旅行代步的折叠轮椅可以免费携带(不带汽油),不计在免费重量之内。

(4)旅客旅行携带品中少量的水果、点心、文件袋以及随身穿着的衣物等零星细小物品,如超重部分重量少于 5kg,可放宽不补运费,但绝不是携带品的免费重量为 25kg。

2. 在体积方面

旅客免费携带品体积的规定,依据客车摆放携带品的行李架和座位下所有空间的总容积,按照客车定员数,计算每位旅客平均占有的容积,然后对该容积进行分解为长、宽、高的尺寸加总而得出旅客携带品的体积限制。

旅客携带品每件物品的外部尺寸,长、宽、高之和不得超过160cm;杆形物品不超过200cm;乘坐动车组列车旅客携带品每件物品外部尺寸的长、宽、高之和不超过130cm。携带品由旅客自行保管,对超过规定的携带品,应提前办理托运手续。

3. 禁止携带的物品

下列物品不准带进车站和列车内:

(1)国家禁止或限制运输的物品。

(2)法律、法规、规章中规定的危险品、弹药和承运人不能判明性质的化工产品。

(3)动物及妨碍公共卫生(包括有恶臭等异味)的物品。

(4)能够损坏或污染车辆的物品。

(5)超重、超大物品。

车站和列车要做好禁止携带物品的宣传,严禁旅客非法携带易燃、易爆、毒害性、腐蚀性、放射性、传染病病原体等物品及枪支、弹药、管制刀具等可能危害公共安全的物品进站乘车。不得随身携带管制刀具以外的菜刀、餐刀、大型水果刀、工艺品刀、剪刀、钢(铁)锉、斧子、锤子等利器、钝器。旅客应自觉接受、配合铁路部门在车站、列车实施安全检查。经检查发现可疑物品的,旅客应自行取出并接受进一步检查。对拒绝接受安全检查或坚持携带上述物品的旅客,铁路安检工作人员依法禁止其进站乘车。

4. 限制携带的物品

为了旅客旅行的方便,在保证安全和卫生的条件下,可限量携带下列物品:

(1)气体打火机2个、安全火柴2小盒。

(2)不超过20mL的指甲油、去光剂、染发剂;不超过120mL的冷烫精、摩丝、发胶、卫生杀虫剂、空气清新剂。

(3)军人、武警、公安人员、民兵、猎人凭法规规定的持枪证明佩带的枪支子弹。

(4)初生雏20只。

5. 携带导盲犬进站乘车的规定

自2015年5月1日起,视力残疾旅客可以携带导盲犬进站乘车,并按以下流程办理:

(1)在进站、乘车时,要主动出示以下证件:购票时所使用的有效身份证件、残疾人证、导盲犬工作证(载有导盲犬使用者信息,盖有公安部门或残疾人联合会公章,或带有国际导盲犬联盟标识"IGDF"),动物健康免疫证明。

(2)进站时,携带导盲犬接受安全检查。

(3)进入车站、列车前,要为导盲犬系上牵引链,佩戴导盲鞍。

为保障旅客出行的安全,有下列情形之一的,需与具备照看导盲犬能力的成年人同行:

①乘坐同一趟列车时间超过12小时的。

②购买联程票时,每段接续时间在2小时以内,且全程时间超过12小时的。

在车站和乘车期间,旅客或同行成年人负责照看导盲犬及照顾导盲犬吃、喝、排泄,请勿影响环境卫生。在不阻塞通道、车门等的前提下,导盲犬宜在旅客座席附近或铺位下陪伴,请勿让其占用席位或任意跑动。

在发生危机旅客人身安全和铁路运营秩序的特殊情况下,携带导盲犬的旅客与其他旅客一样,须共同遵守铁路和公安部门的有关规定,接受铁路工作人员的组织和引导。

二、旅客违章携带物品的处理(相关资源见二维码2、3)

(1)在发站禁止进站上车。

(2)在车内或下车站,对超过免费重量的物品,其超重部分应补收四类包裹运费。对不可分拆的整件超重、超大物品、动物,按该件全部重量补收上车站至下车站四类包裹运费。

二维码2 二维码3

对已带上车的宠物,应安排在列车通过台上由旅客自己看管,宠物发生意外或伤害其他旅客时,由携带者负责。

(3)发现旅客携带危险品或国家禁止、限制运输的物品以及妨碍公共卫生的物品、损坏污染车辆的物品,均按该件全部重量加倍补收乘车站至下车站四类包裹运费。

危险物品交前方停车站处理,必要时移交公安部门处理。对有必要就地销毁的危险品应就地销毁,使之不能产生危害,并不承担任何赔偿责任。

没收危险品时,应向被没收人出具书面证明,即《没收危险品决定书》,被没收人签字。

(4)如旅客携带超重、超大的物品价值低于运费时,可按物品价值的50%核收运费。

(5)补收运费时,不得超过本次列车的始发和终到站。

三、旅客携带品的搬运及暂存

车站开展携带品搬运、暂存服务业务时,可核收搬运、暂存费。

为了方便旅客,客流量较大的车站应开展旅客携带品搬运业务。搬运员必须穿着统一制服,佩戴标志。搬运车辆应有明显标记,易于识别。收费时应给旅客收费凭证。搬运服务不得违反铁路规章。车站对非车站人员进站经营搬运业务的应予以制止和清理。

同时三等以上客流较大的车站均应设旅客携带品暂存处。其他车站可由服务处或行包代理处兼办携带品暂存业务。暂存处应公布收费标准和注意事项。暂存物品需包装良好,箱袋必须加锁,包装不良的,不予存放。办暂存手续时,必须填写暂存票,注明品名、包装、日期、件数等。提取时还应注明提取日期、寄存日数和核收款额,并在暂存票乙票上加盖戳记后交给旅客。暂存票应按顺序装订,保管一年。

四、旅客遗失物品的处理

由于旅客乘降车匆忙而遗留在站、车内的携带品,简称为旅客遗失物品。

(1)对旅客的遗失物品应设法归还原主。如旅客已经下车,应编制客运记录,注明品名、件数等移交下车站。不能判明时,移交列车终点站。

车站对本站发现或列车移交的遗失物品,应在遗失物品登记簿上详细登记,注明日期、

地点、移交车次、品名、包装及内含物品、数量、重量、交物人、经办人、处理结果等内容。

（2）客流量较大的车站应设失物招领处。失物招领处对旅客遗失物品应妥善保管，正确交付。失主来领取时，应查验身份证，核对时间、地点、车次、品名、件数、重量；确认无误后，由失主签收，并记录身份证号码。

拾到现金应开具"客运运价杂费收据"上交，并在登记簿上注明"客运运价杂费收据"收据号码；当失主来领取时，开具退款证明书办理退款。

（3）遗失物品需通过铁路局向失主所在站转送时，内附清单，物品加封，填写客运记录和行李、包裹交接证，交列车行李员签收。物品在 5kg 以内的免费转送；超过 5kg 时，到站按品类补收运费；遗失物品中的危险品、国家禁止或限制运输的物品、机要文件应立即移交公安机关或有关部门处理，不办理转送。

实训项目及案例分析

实训项目一　旅客乘车中发生特殊情况的处理方法

【任务 2-1】　2018 年 3 月 12 日，一名旅客在长春站购买到迁安的硬座客快车票，车票误售至乾安。乘当日 2633 次列车（哈尔滨—赤峰，普快），在大安北到站前发现误售后，列车长应如何处理？ 如在该旅客乘 K7558 次免费送回时在松原站中途下车，车站应如何处理？

处理方法：

（1）到大安北前发现，列车长应给该旅客换发代用票，并编写客运记录，交给大安北站，指定最近列车免费返回长春。

长春—乾安　273km

　　　　　　　　　　　硬座客快票价:20.50 元

长春—迁安　834km

　　　　　　　　　　　硬座票价:45.00 元

因迁安不是快车停车站，加快票只能售至秦皇岛。

长春—秦皇岛　737km

　　　　　　　　　　　普快票价:8.00 元

　　　　　　　　　　　应收票价:45.00 + 8.00 = 53.00 元

　　　　　　　　　　　应补差价:53.00 - 20.50 = 32.50 元

填写代用票，如图 2-3 所示。

（2）2633 次列车长编写客运记录，如图 2-4 所示。

（3）在乘坐 K7558 次新空旅客列车免费返回长春途中松原站下车，松原站应补收该旅客车票及手续费。

长春—大安北　218km

　　　　　　　　　　　新空硬座客快速票价:32.50 元

大安北—松原　69km

　　　　　　　　　　　新空硬座客快速票价:12.50 元

　　　　　　　　　　　核收一次手续费:2.00 元

　　　　　　　　　　　合计:32.50 + 12.50 + 2.00 = 47.00 元

填写写客运杂费收据，如图 2-5 所示。

120毫米×185毫米

中国铁路沈阳局集团有限公司

A 000005

事由	误售

代用票

2018 年 3 月12日　　乙（旅客）

原票	种别	日期	2018年3月12日	座别	硬
	客快	号码	A031456	经由	
		发站	长春	票价	20.50
		到站	迁安	记事	壹人

自 长春 站至 迁安 站		经由	
		全程 834 km	
加收 至 间		票价	
补收 至 间		客快 票价差	32.50
限乘当日第 次列车		客票票价	
于 月 日到达有效		快票价	
座别	人数	卧票价	
硬 全价	壹	手续费	
半价	#		
儿童	#	合计	32.50

记事　原票收回，普快至秦皇岛，交大安北站免费送回

沈 长春 段第 2633 次列车长 ××× 印

站售票员 印

注意事项 1 核收票价与剪断线不符时，按无效处理（不足10元的除外，超过千元的保留最高额）。
2 撕角、补贴、涂改无效。　　A 000005

A000005

9 8 7 6 5 4 3 2 1 拾元

9 8 7 6 5 4 3 2 1 佰元

9 8 7 6 5 4 3 2 1 仟元

图 2-3　代用票填写式样

中国铁路沈阳局集团有限公司　　客统—1

客　运　记　录

第 1 号

记录事由：误售车票

大安北站：

2018年3月12日在2633次（哈尔滨—赤峰）旅客列车上发现一旅客李则（身份证号××××××××××××××××）持3月12日长春至乾安的硬座客快票（票号为A123321），其正当到站为迁安，是误售车票，现已换发代用票（票号A000005），现将该旅客交你站，请按章处理。

注：

1.站、车需要编制记录时适用。

2.本记录不能作为乘车凭证。

长春 站/段 编制人员 ×××（印）

站/段 签收人员 （印）

2018 年 3 月 12 日编制

图 2-4　客运记录填写式样

图 2-5　客运运价杂费收据填写式样

实训项目二　不符合乘车条件的处理方法

【任务 2-2】　2018 年 3 月 12 日在 K367 次(汉口—大连,经由沟海线)新型空调列车上,锦州到站前验票发现一旅客持山海关至大连 K7347 次硬座客快速车票,问列车长应如何处理?

处理方法:

持普通车车票乘坐新型空调车,应补所乘区间的票价差额,加收已乘区间应补票价 50% 票款,核收手续费。

山海关—大连(沟海)　614km

　　　　　　　　新空硬座客快速票价:86.00 元

　　　　　　　　硬座客快速票价:49.00 元

　　　　　　　　应补差价:86.00 − 49.00 = 37.00 元

山海关—锦州　184km

　　　　　　　　新空硬座客快速票价:28.50 元

　　　　　　　　硬座客快速票价:15.50 元

　　　　　　　　50% 票款:13.00 × 50% = 6.50 元

　　　　　　　　手续费:2.00 元

　　　　　　　　合计:37.00 + 6.50 + 2.00 = 45.50 元

代用票如图 2-6 所示。

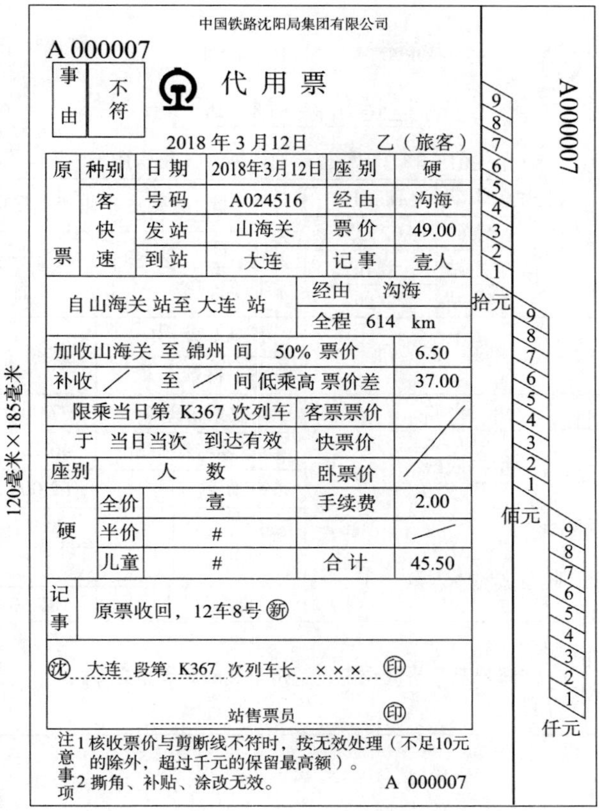

A 000007

中国铁路沈阳局集团有限公司

事由 不符

代用票

2018 年 3 月 12 日　　　乙（旅客）

原	种别	日期	2018年3月12日	座别	硬
客		号码	A024516	经由	沟海
快		发站	山海关	票价	49.00
票	速	到站	大连	记事	壹人

| 自山海关站至大连站 | 经由　沟海 |
| | 全程　614 km |

加收山海关至锦州间 50% 票价	6.50
补收　／　至　／　间 低乘高 票价差	37.00

限乘当日第 K367 次列车	客票票价	／
于 当日当次 到达有效	快票价	
座别	人　数	卧票价	

硬	全价	壹	手续费	2.00
	半价	#		／
	儿童	#	合 计	45.50

| 记事 | 原票收回，12车8号 新 |

沈　大连 段第 K367 次列车长 ×××　印

站售票员　印

注意事项 1 核收票价与剪断线不符时，按无效处理（不足10元的除外，超过千元的保留最高额）。
2 撕角、补贴、涂改无效。　　A 000007

A000007

9 8 7 6 5 4 3 2 1　拾元
9 8 7 6 5 4 3 2 1　佰元
9 8 7 6 5 4 3 2 1　仟元

120毫米×185毫米

图 2-6　代用票填写式样

【任务 2-3】　2018 年 3 月 12 日,汉口开往乌鲁木齐的 T192/T193 次新型空调特快旅客列车,在武威到站验票发现一旅客持当日商丘经郑州到兰州的硬座客快票,票号 A023237,票价 83.00 元,武威站应如何处理?

处理方法:

(1)处理依据:该旅客郑州—兰州间低乘高,补收票价差额,兰州—武威间无票乘车,补收票款。出站发现,为有意逃避支付票款,加收 50% 。

(2)费用计算:

郑州—兰州　1187km

　　　　　　新空硬座客特快票价:148.50 元

　　　　　　硬座客快票价:71.50 元

　　　　　　补收票价差额:148.50 – 71.50 = 77.00 元

兰州—武威　303km

　　　　　　新空硬座客特快票价:46.50 元

　　　　　　补收合计:77.00 + 46.50 = 123.50 元

　　　　　　加收 50% :123.50 × 50% = 62.00 元

　　　　　　手续费:2.00 元

　　　　　　应收合计:77.00 + 46.50 + 62.00 + 2.00 = 187.50 元

(3)客运杂费收据填写式样,如图 2-7 所示。

丙

中国铁路兰州局集团有限公司

客运运价杂费收据

2018 年 3 月 12 日　　　（报告用）

原票据	种别	日期	18.3.11	月　日　时到达、通知、变更		
	客快	号码	A023237	月　日　时　交　　　付		
		发站	商丘	核收保管费　　　　　　日		
		到站	兰州			

核　收　区　间		核　收　费　用			款额
		种别	件数	重量	
自　郑州——兰州　站		补收票价差额			77.00
至　兰州——武威　站		新空客特快票价			46.50
经由（　　　　　）		50%票款			62.00
座别　硬　人数　壹		手续费			2.00
		合　　　计			187.50

记事	郑州至兰州低乘高，兰州至武威间无票乘车

武威　站经办人　×××　印

A000003

图 2-7　客运运价杂费收据填写式样

实训项目三　旅行变更的处理方法

【任务 2-4】　2018 年 3 月 12 日，K7327 次新型空调快速(葫芦岛—沈阳,经由义县)列车,锦州开车后,一旅客持当日当次葫芦岛至沈阳本次列车的硬座客快速车票,票号 A023123,票价 30.00 元,要求自锦州开始使用软座至到站。列车同意办理。

处理方法:

(1)办理方法:由低等级变更为高等级时,应换发代用票,补收变更区段的票价差额,核收手续费。

(2)票价计算:

变座区间:锦州—沈阳　292km

新空软座票价:50.50 元

新空硬座票价:27.50 元

补收软硬座票价差:50.50 – 27.50 = 23.00 元

手续费:2.00 元

合计:25.00 元

代用票填写式样,如图 2-8 所示。

A 000008　　　中国铁路沈阳局集团有限公司

| 事由 | 变座 | （徽）代 用 票 |

2018 年 3 月 12 日　　　乙（旅客）

原空客调快票速	种别	日期	18年3月12日	座别	硬
		号码	A023123	经由	义
		发站	葫芦岛	票价	30.00
		到站	沈阳	记事	新

自 锦州 站至 沈阳 站	经由	义
	全程	292 km

加收	/	至	/	间	/	票价	/
补收	/	至	/	间 软硬座		票价差	23.00

限乘当日第 K7327 次列车	客票票价	
于 当日当次 到达有效	快票价	
座别	人 数	卧票价
软	全价　壹	手续费　2.00
	半价　#	
	儿童　#	合计　25.00

| 记事 | 原票收回　新 |

（上）沈阳 段第 K7327 次列车长 ××× 印

售票员 印

注意事项
注1 核收票价与剪断线不符时，按无效处理（不足10元的除外，超过千元的保留最高额）。
2 撕角、补贴、涂改无效。　　　A 000008

（右侧竖排）A000008　拾元　佰元　仟元　9876543 21

（左侧竖排）120毫米×185毫米

图 2-8　代用票填写式样

【任务 2-5】　2018 年 3 月 12 日,2624 次新型空调旅客列车(满洲里—大连)长春站开车后,一旅客持当日满洲里至沈阳北本次列车的硬座客快车票,票号 A020122,票价 158.00 元,要求自长春开始使用软卧下铺并越站至大连。列车同意办理。

处理方法:

(1)办理方法:越站同时变座补卧时,先越站后变座再补卧,并核收手续费。

(2)计算票价:

①越站区间:沈阳北—大连　400km　　　新空硬座票价:34.50 元
　　　　　　　　　　　　　　　　　　　新空普快票价:6.00 元
　　　　　　　　　　　　　　　　　　　新空空调票价:8.00 元

②变座区间:长春—大连　700km　　　　新空软座票价:110.00 元
　　　　　　　　　　　　　　　　　　　新空硬座票价:57.00 元
　　　　　　　　　　　　　　　　　　　补收软硬座票价差:53.00 元
　　　　　　　　　　　　　　　　　　　新空软卧(下)票价:117.00 元
　　　　　　　　　　　　　　　　　　　手续费:5.00 元
　　　　　　　　　　　　　　　　　　　合计:223.50 元

(3)代用票填写式样,如图 2-9 所示。

图2-9　代用票填写式样

实训项目四　旅客违章携带物品的处理方法

【任务2-6】　2018年3月9日,1461次(北京—上海)旅客列车,到达上海站出站时发现一成人旅客携带一名1.5m的儿童持唐山经由北京、济南、上海至杭州的硬座客快车票两张(一张半价),携带重10.2kg的圆桌一个,直径0.85m,电视一台重21.5kg,背包一件重8kg(内装有重1.5kg的鞭炮2000响),请问上海站如何处理?

处理方法:超大、超重、危险品。

(1)处理依据:圆桌的体积超大0.85×2＝1.70m,重量按11kg计算;背包是危险品按8kg计算,电视机整体超重22kg。

(2)费用计算:

北京—上海　1463km

超大物品按四类补收包裹运费:11×2.373＝26.10元

整件超重物品按四类补收包裹运费:22×2.373＝52.20元

危险品:8kg加倍四类包裹运费2×19.00＝38.00元

合计:26.10＋52.20＋38.00＝116.30元

(3)填写客运杂费收据,如图2-10所示。

丙

中国铁路上海局集团有限公司

客运运价杂费收据

2018 年 3 月 9 日 （报告用）

原票据	种别	日期		月 日 时到达、通知、变更			
		号码		月 日 时 交 付			
		发站					
		到站		核收保管费			日

核 收 区 间	核 收 费 用			款额
	种别	件数	重量	
自＿＿＿北 京＿＿＿站	超大品	1	11	26.10
至＿＿＿上 海＿＿＿站	超重品	1	22	52.20
经由（ ）	危险品	1	8	38.00
座别 ＿/＿ 人数 贰	合 计			116.30

记事	圆桌的体积超大,**重量按11kg计算**;背包是危险品按8kg计算,电视机整机超重22kg。

＿上海＿ 站经办人 ××× 印

A000004

图2-10 客运运价杂费收据填写式样

【任务2-7】 2018年3月9日,2195次列车(锦州—哈尔滨)运行到长春站前,发现一旅客持当日当次沟帮子到哈尔滨车票,携带鲜玉米一袋16kg(市场价0.90元/kg),背包一件25kg,手提包一个6kg(内装鞭炮0.5kg),假山石头一块25kg。请问列车应如何处理?

处理方法:低值品、超重、危险品

(1)处理依据:背包内容物可分拆,扣除20kg免重,超重5kg;鲜玉米低值品超重16kg;手提包是危险品按6kg计算,石头整体超重25kg,把运价相同的相加处理。

(2)费用计算:

沟帮子—哈尔滨 726km

一般超重按四类补收包裹运费:(5 + 25)×1.306 = 39.20 元

危险品:6kg加倍四类包裹运费2 × 7.80 = 15.60 元

低值品:16kg 价值16 × 0.9 = 14.40 元

按四类包裹运费为20.80元,所以按价值一半7.20元核收。

合计:39.20 + 15.60 + 7.20 = 62.00 元

(3)填写客运杂费收据,如图2-11所示。

图 2-11　客运杂费收据填写式样

知识拓展

一、站车遇有突发精神病旅客的处理办法

(1)站车发现精神病旅客时(含有人护送),必须严格执行《铁路旅客运输管理规则》第124条、第125条、第126条之规定。

(2)在车站候车室、售票室、站台或列车上发生旅客突发精神病(癔症)或精神病发作迹象时,站车工作人员必须按重点旅客认真对待。对已突发精神病的旅客,现场工作人员需做到:

①发现旅客语言、行为不正常迹象时要坚守岗位,耐心做好安抚工作并迅速委托他人通知站长、客运主任、列车长、站警、乘警到场。

②遇有旅客精神病狂躁发作,危及自身及他人安全时,应妥善发动周边旅客协助,采取强制制服措施,并委托他人通知站长、客运主任、列车长、站警、乘警到场。

(3)站长、客运主任、列车长、站警、乘警到场后,应首先果断采取可靠的束缚措施,乘警还应迅速搜身以防用器械伤人或贵重物品散失,并在保证安全基础上带到脱离人员密集的合适处所,指定不少于 2 个看护人。

（4）利用广播求助医务工作者到场协助。

二、站车遇有突发性治安事件的处理办法

（1）在车站候车室、售票室、站台或在列车上发生突发性治安事件时,现场人员应立即报告公安部门(车站向派出所、列车向乘警),同时报告上一级领导。

（2）站车、客运主任和列车长接到报告后要立即到达现场,组织维持秩序,并保护现场,协助公安部门调查取证。

（3）要千方百计组织抢救受伤害人员,编制记录,送当地合同医院治疗。

三、麻风、霍乱、鼠疫患者(或称嫌疑)乘车的处理

（1）列车发现麻风、霍乱、鼠疫等传染病旅客乘车时,应及时报告前方铁路卫生防疫部门及有关路局的卫生、客运主管部门。铁路卫生防疫部门(铁路疾病预防控制中心)应派员上车调查处理。

（2）麻风患者乘车应有专人护送,列车应安排在车厢的一角,病人离开后,其座位必须经过防疫部门消毒。

（3）发现霍乱患者乘车时,应安置于车厢一端,并立即封锁车厢,按"小而严"的原则界定重点和一般染疫嫌疑人。

（4）发现鼠疫患者乘车时,应就地严密隔离,并立即封锁车厢,对污染车厢旅客全部进行检诊。

（5）对鼠疫传染病的染疫嫌疑人,进行预防性投药,下交车站防疫部门(铁路疾病预防控制中心)。对霍乱传染病的染疫嫌疑人,进行预防性投药,可疏散并在到达站下车。

四、流浪乞讨人员的处理

（1）在旅客列车内发现无票流浪乞讨人员时,列车长应编制客运记录交列车运行前方县、市所在地车站。对在站内发现和列车上下交的无票流浪乞讨人员,车站工作人员和公安人员、保安人员以及护路联防人员要确保在站内的安全。同时,应礼貌将其劝出站外并告知其向当地救助站求助。对其中愿意接受救助但行动不便和不能表达自己意愿的残疾人、精神病人、老年人、未成年人,由车站民警护送至救助站。

（2）对当地救助站提出的安排受助人员返回户籍所在地,购买乘车凭证的要求车站应积极提供支持。对救助站提出的安排受助人员进站乘车的要求车站要提供必要的便利。

（3）严禁铁路站车人员以任何理由要求站车内发现的无票流浪乞讨人员进行帮工、劳动或有限制、变相限制人身自由的行为和其他不文明、不礼貌言行。

五、发现弃婴的处理

列车内发现弃婴,列车员应及时报告列车长,列车长会同乘警进行调查并编制客运记录移交县、市所在地车站处理,车站不得拒收。车站对移交或本站发现的弃婴,应交当地民政部门的救助站处理,不得随意处置。

六、部分禁止携带托运物品目录

部分禁止携带托运物品目录如下:

(1)枪支、械具类(含主要零部件)。

公务用枪——手枪、步枪、冲锋枪、机枪、防暴枪等。

民用枪——气枪、猎枪、运动枪、麻醉注射枪等。

其他枪支——道具枪、仿真枪、发令枪、钢珠枪、催泪枪、电击枪、消防灭火枪等;具有攻击性的各类器械、械具——警棍、催泪器、电击器、防卫器、弓、弩等。

上述物品的仿制品。

(2)爆炸物品类。

弹药——各类炮弹和子弹等。

爆破器材——炸药、雷管、导火索、导爆索、爆破剂、发爆器、手雷、手榴弹等。

烟火制品——礼花弹、烟花、鞭炮、摔炮、拉炮、砸炮、发令纸以及黑火药、烟火剂、引线等。

上述物品的仿制品。

(3)管制刀具。

匕首、三棱刀(包括机械加工用的三棱刮刀)、带有自锁装置的弹簧刀以及其他类似的单刃、双刃、三棱刀等。

(4)易燃易爆物品。

易燃、助燃、可燃毒性压缩气体和液化气体——氢气、甲烷、乙烷、丁烷、天然气、乙烯、丙烯、乙炔(溶于介质的)、一氧化碳、液化石油气、氧气、煤气(瓦斯)等。

易燃液体——汽油、煤油、柴油、苯、乙醇(酒精)、丙酮、乙醚、油漆、稀料、松香油及含易燃溶剂的制品等。

易燃固体——红磷、闪光粉、固体酒精、赛璐珞等。

自燃物品——黄磷、白磷、硝化纤维(含胶片)、油纸及其制品等。

遇水燃烧物品——金属钾、钠、锂、碳化钙(电石)、镁铝粉等。

氧化性物质和有机过氧化物——高锰酸钾、氯酸钾、过氧化钠、过氧化钾、过氧化铅、过氧乙酸、过氧化氢等。

(5)毒害品。

氰化物、砒霜、毒鼠强、汞(水银)、剧毒农药等剧毒化学品以及硒粉、苯酚、生漆等。

(6)腐蚀性物品。

盐酸、硫酸、硝酸、氢氧化钠、氢氧化钾、蓄电池(含氢氧化钾固体或注有碱液的)等。

(7)放射性物品。

放射性同位素等。

(8)传染病病原体。

乙肝病毒、炭疽菌、结核杆菌、艾滋病病毒等。

(9)《铁路危险货物品名表》所列除上述物品以外的其他物品以及不能判明性质可能具有危险性的物品。

（10）国家法律、行政法规规定的其他禁止乘客携带托运的物品。

七、动车组防止旅客过站应急处置预案

（1）动车组中途站站停时间短（1min），为确保旅客安全、有序乘降，防止将下车旅客拉过站，在列车始发后5min和中途站到站前10min进行广播宣传、提示。

（2）不相邻的单节车厢（如3、5、7车），中途站下车旅客超过20人时，列车长在到站前10min核实各节车厢车门口下车人数后，要求乘务员、机械师对旅客下车多的车门重点掌握，到站前5min，将车门下车多的旅客分流到本车厢两端的下车门；下车旅客超过30人时，应将车门下车多的旅客分流到本节车厢和前后相邻车厢的下车门，尽可能做到合理分流均衡下车。

（3）相邻的多节车厢（如3、4、5车），中途站下车旅客均超过20人或全列中途站下车旅客超过120人时，列车长应根据各车厢在中途站的下车旅客人数，制定疏导旅客均衡下车的分流预案，在到达中途站前30min，通知乘务员必须在到站前10min内，按预案要求，将责任车厢的下车旅客，按告知的人数分流引导到指定车门等候下车；同时用电话向有关中途站（客运室、客运值班主任）通报各车门旅客下车人数，要求车站协助妥善组织乘降，避免旅客对流。

（4）列车长在动车组到站前10min，利用2号车厢的车载电话向旅客通告到站和站停时间，提示旅客做好下车准备及有关注意事项；按第2、3条规定的分流原则将下车旅客组织到车门口等候下车，对下车的重点旅客提供重点帮助。

（5）列车长通告完成后，由1号车厢向8号车厢方向，逐车厢检查巡视乘务员分流到岗情况和下车旅客均衡度，对下车旅客相对集中的车厢安排人员，加强组织力量，做好疏导工作，向列车员和机械师做好提示。

（6）列车乘务员、机械师按分工到岗，停靠低站台时将车门翻板打开并加锁，站在车厢的中部，监控两端车门，观察旅客乘降情况，随时处理突发问题。车门集控失灵时立即手动解锁车门。

（7）列车站停40s，旅客仍未乘降完毕，列车乘务员应用对讲机向列车长报告，用语为"×车仍有×人未下车"列车长回答"明白"，列车长在确认全列乘降完毕，并已站停50s的情况下，按规定的程序、用语通知司机关闭车门。

八、车站旅客应急乘降方案

应急乘降方案是针对外部环境发生突变的情况下制定的，在运输生产的关键时刻，往往起到重要作用。

1. 始发列车晚点

由于外部原因造成列车始发晚点时，要尽量减少拉队情况的发生，同时宣传、解释、疏导要到位，用真诚的语言赢得旅客的理解和配合。放行有困难时，可两端放行，拉队到中央检票厅。如果晚点时间较长，影响其他列车放行的，可安排在大厅候车并在大厅就地检票。在大厅排队时，放置好方向牌，并由专人盯好队头队尾。放行地点发生变化时，原检票地点要留人坚守岗位，随时接应后续到达旅客。

2.列车集中晚点或发生紧急情况

请示站长,利用站前广场组织排队,专用通道迂回进站。队头队尾分别放置方向牌设专人看队。放行时加强宣传引导,保证安全。

3.出站口因特殊情况列车晚点集中到达时

利用专用通道出站,以减少出站口的压力,并实行放行为主、堵漏保收为辅的措施,确保旅客出站安全。

4.应急乘降方案的实施

应急乘降方案的实施必须有相应的要求加以保障。如对应急情况下的员工日常培训、人员的及时调整和公安干警的大力配合等。对于应急乘降方案的安排,要组织车站职工认真学习,责任落实到人,一旦发生异常情况,要能及时到岗到位;使每一位铁路旅客都能便捷出行,使铁路运营企业在市场竞争中立于不败之地。

九、关于在一定期限内适当限制特定严重失信人乘坐火车推动社会信用体系建设的意见

各省、自治区、直辖市、新疆生产建设兵团社会信用体系建设牵头单位、文明办、高级人民法院、财政厅(局)、人力资源社会保障厅(局)、国家税务局、地方税务局,中国证监会各派出机构,铁路运输企业、铁科院、各铁路公安局:

为深入学习贯彻习近平新时代中国特色社会主义思想和党的十九大精神,落实习近平总书记关于构建"一处失信、处处受限"信用惩戒大格局的重要指示,按照《国务院关于建立完善守信联合激励和失信联合惩戒制度加快推进社会诚信建设的指导意见》(国发〔2016〕33号)要求,防范部分旅客违法失信行为对铁路运行安全的不利影响,进一步加大对其他领域严重违法失信行为的惩戒力度,现就限制特定严重失信人乘坐火车提出以下意见。

(一)限制范围

1.严重影响铁路运行安全和生产安全有关的行为责任人被公安机关处罚或铁路站车单位认定的

(1)扰乱铁路站车运输秩序且危及铁路安全、造成严重社会不良影响的。

(2)在动车组列车上吸烟或者在其他列车的禁烟区域吸烟的。

(3)查处的倒卖车票、制贩假票的。

(4)冒用优惠(待)身份证件、使用伪造或无效优惠(待)身份证件购票乘车的。

(5)持伪造、过期等无效车票或冒用挂失补车票乘车的。

(6)无票乘车、越站(席)乘车且拒不补票的。

(7)依据相关法律法规应予以行政处罚的。

对上述行为责任人限制乘坐火车。

2.其他领域的严重违法失信行为有关责任人

(1)有履行能力但拒不履行的重大税收违法案件当事人。

(2)在财政性资金管理使用领域中存在弄虚作假、虚报冒领、骗取套取、截留挪用、拖欠国际金融组织和外国政府到期债务的严重失信行为责任人。

(3)在社会保险领域中存在以下情形的严重失信行为责任人:用人单位未按相关规定参加社会保险且拒不整改的;用人单位未如实申报社会保险缴费基数且拒不整改的;应缴纳社

会保险费且具备缴纳能力但拒不缴纳的;隐匿、转移、侵占、挪用社会保险基金或者违规投资运营的;以欺诈、伪造证明材料或者其他手段骗取社会保险待遇的;社会保险服务机构违反服务协议或相关规定的;拒绝协助社会保险行政部门对事故和问题进行调查核实的。

（4）证券、期货违法被处以罚没款,逾期未缴纳的;上市公司相关责任主体逾期不履行公开承诺的。

（5）被人民法院按照有关规定依法采取限制消费措施,或依法纳入失信被执行名单的。

（6）相关部门认定的其他限制乘坐火车高级别席位的严重失信行为责任人,相关部门加入本文件的,应当通过修改本文件的方式予以明确。

对上述行为责任人限制乘坐火车高级别席位,包括列车软卧、G 字头动车组列车全部座位、其他动车组列车一等座以上座位。

（二）信息采集

1. 铁路旅客相关失信信息采集

在铁路站车发生上述行为,被公安机关予以行政处罚或立为刑事案件的,由相关铁路公安局通报相关铁路局集团有限公司,并纳入惩戒名单。未被公安机关处理的上述行为,由铁路站车工作人员收集有关音视频证据或 2 名旅客以上的证人证言或行为责任人本人书面证明,报铁路运输企业审核、认定后,纳入惩戒名单。

2. 其他领域相关失信信息采集

国家发展改革委、最高人民法院、财政部、人力资源社会保障部、税务总局、证监会将本部门确定的因发生严重失信行为需要纳入限制乘火车高级别席位的名单归集至全国信用信息共享平台,由平台推送给国铁集团,由其按国家规定程序纳入限制乘火车高级别席位名单。如果之前已和国铁集团建立数据传输通道的、实现名单信息共享的,可以保持原数据传统通道和信息共享方式,全国信用信息共享平台不再重复推送名单信息。

向国铁集团提供的名单信息应当包括:被列入限制乘火车高级别席位名单人员的姓名、旅行证件号码、列入原因;有作为依据的法律文书的,还应当提供该法律文书的名称与编号。有关部门应当确定名单异议处理人,并通报国铁集团。

（三）发布执行和权利救济

各铁路运输企业每月第一个工作日在中国铁路客户服务中心（12306）网站、"信用中国"网站发布限制购买车票人员名单的完整信息,有关部门的异议处理人联系方式应当同时公布。名单自发布之日起 7 个工作日为公示期,公示期内,被公示人可通过铁路"12306"客服电话或向有关部门提出异议;公示期满,被公示人未提出异议或者提出异议经审查未予支持的,各铁路运输企业开始按照公示名单执行惩戒措施。被纳入限制购买车票名单的人员认为纳入错误的,可以向有关机关、单位提起复核。

（四）移除机制

对特定严重失信人在一定期限内适当限制乘坐火车。相关主体从限制乘火车人员名单中移除后,不再对其采取限制乘火车措施。具体移除办法如下:

（1）行为责任人发生严重影响铁路运行安全和生产安全有关行为第 1～3、7 条的,各铁路运输企业限制其购买车票,有效期为 180 天;自公布期满无有效异议之日起计算,180 天期

满自动移除,铁路运输企业对其恢复发售车票。

（2）行为责任人发生严重影响铁路运行安全和生产安全有关的行为第 4～6 条的,各铁路运输企业限制其购买车票。行为责任人补齐所欠票款后(自补票次日算起),铁路运输企业恢复发售车票;行为责任人补齐第一次所欠票款一年内,三次发生上述 4～6 条行为的,行为责任人补齐所欠票款 90 天后(含 90 天),铁路运输企业恢复发售车票,不补齐所欠票款,铁路运输企业不对其恢复发售车票。

（3）其他领域产生的限制乘坐火车高级别席位的相关人员名单,有效期为一年,自公示期满之日起计算,一年期满自动移除;在有效期内,其法定义务履行完毕的,有关部门应当在 7 个工作日内通知国铁集团移除名单。

（五）诉讼指导

最高人民法院加强对各级人民法院指导,依法处理因执行限制乘坐火车名单而引发的有关民事诉讼和行政诉讼,明确审理标准,公正司法,维护各方合法权益。

（六）宣传工作

各相关部门及各铁路运输企业应当借助各类媒体平台,发挥舆论的宣传引导作用,大力开展铁路信用宣传普及教育活动。利用"诚信活动周""安全生产月""诚信兴商宣传月""3·15 国际消费者权益保护日""6·14 信用记录关爱日""12·4 全国法制宣传日"等公益活动,有步骤、有重点地介绍宣传限制乘坐火车制度的内容和实施情况,帮助广大社会公众熟悉并监督这一制度的实施。

本通知自 2018 年 5 月 1 日起实施。

复习思考题

1. 什么是客运记录?客运记录的填写规定有哪些?
2. 哪些情况列车需要编写客运记录?
3. 哪些情况车站需要编写客运记录?
4. 旅客乘车的条件是什么?
5. 车票的有效期是怎样确定的?
6. 如何办理通票有效期延长?
7. 车票有效期失效如何处理?
8. 发生误售(购)车票、误乘列车及丢失车票时,应如何处理?
9. 实名制车票丢失应如何处理?
10. 发现违章乘车时应如何处理?
11. 车站验票和加剪的目的是什么?
12. 旅行变更应如何处理?
13. 旅客携带品的范围是怎样规定的?
14. 哪些物品不准带入车内?
15. 对限量携带的物品是如何规定的?
16. 违章携带品应如何处理?

17. 旅客携带品的暂存有哪些规定？

18. 如何对遗失物品进行交付？

实践训练

1. 准确判断不符合乘车条件产生的主、客观原因并熟练掌握处理方法。

2. 熟练掌握旅客发生丢失车票或误售（误购）、误乘车票的处理方法。

3. 熟练办理变座、变铺、变径、变更列车等级、分乘、越站等各项旅行变更。

4. 练习判断旅客携带品是否违章并掌握处理方法。

5. 练习各种情况下客运记录的编写方法。

项目三 行李、包裹运输

理论知识

按照铁路供给侧结构性改革要求,为加快铁路行包运输业务转型升级,发挥铁路局运力资源和快运公司经营网络优势,提高市场竞争力,实现行包运输业务提质增效,国铁集团将铁路行包对外经营业务统一交由中铁快运股份有限公司负责,铁路局不再对外办理行包业务。铁路局、快运公司业务界面和职责以安检仪前端为界划分,铁路局的车站行包窗口业务(含到达交付和损失理赔业务)全部移交快运公司。铁路局继续负责行包安检及装卸、站车交接等铁路内部运输组织工作。

单元一 行李、包裹运输合同

一、行包运输合同

铁路行李包裹运输合同是指承运人与托运人、收货人之间明确行李、包裹运输权利、义务关系的协议。

行李运输合同的基本凭证是行李票,如图 3-1 所示;包裹、快运包裹运输合同的基本凭证是中国铁路小件货物快运运单,如图 3-2 所示。

图 3-1　行李票

行李票、中国铁路小件货物快运运单主要应当载明下列内容:

(1)发站和到站;发送地和到达地。

(2)托运人、收货人的姓名、地址、联系电话、邮政编码。

(3)行李和包裹的品名、包装、件数、重量。

(4)运费、快运包干费。

(5)声明价格。

(6)承运日期、运到期限、承运站站名戳、承运快运机构名戳及经办人员名章。

行李、包裹运输合同自承运人接收行李、包裹并填发行李票、包裹票时起成立,到行李、包裹运至到站、到达地或托运人指定地点交付收货人止为履行完毕。

图3-2　中国小件货物运单

二、托运人的基本权利和义务

托运人是指委托承运人运输行李或小件货物并与其签有行李、包裹运输合同的人。

1. 权利

(1)要求承运人将行李、包裹按期、完好地运至目的地。

(2)行李、包裹灭失、损坏、变质、污染时要求赔偿。

2. 义务

(1)缴纳运输费用,完整、准确地填写托运单,遵守国家有关法令及铁路规章制度,维护铁路运输安全。

(2)因自身过失给承运人或其他托运人、收货人造成损失时应负赔偿责任。

三、承运人的基本权利和义务

承运人是指与旅客或托运人签有运输合同的铁路运输企业,铁路车站、列车及与运营有关人员在执行职务中的行为代表承运人。

1. 权利

(1)按规定收取运输费用,要求托运的物品符合国家政策法令和铁路规章制度。对托运的物品进行安全检查,对不符合运输条件的物品拒绝承运。

(2)因托运人,收货人的责任给他人或承运人造成损失时向责任人要求赔偿。

2. 义务

(1)为托运人提供方便、快捷的运输条件,将行李、包裹安全、及时、准确地运送到目的地。

(2)行李、包裹从承运后至交付前,发生灭失、损坏、变质、污染时,负赔偿责任。

单元二　行李、包裹的范围

一、行　　李

(一)行李的范围

行李是指旅客自用的被褥、衣服、个人阅读的书籍,残疾人车和其他旅行必需品。

行李仅指为方便旅客的旅行生活所限定的少量物品和残疾旅客代步所用的残疾人车。行李每件最大重量不超过 50kg,长度和体积以适于装入行李车为限,但最小体积不能小于 $0.01m^3$。行李应随旅客所乘列车运送或提前运送,并且凭客票办理托运。

行李运输随同旅客运输而产生,与旅客运输是不可分割的,旅客不购票乘车,就不可能产生行李运输。

(二)行李中不得夹带的物品

(1)货币:含各种纸币和金属辅币。

(2)证券:含股票、彩券、国库券及具有支付、清偿功能的票据等。

(3)珍贵文物:指具有一定年代具有收藏、研究或观赏价值的物品。

(4)档案材料:指人事与技术档案、组织关系、户口簿或户籍关系、各种证件、证书、合同、

契约等。

(5)危险品:对其性质有怀疑的物品也按危险品处理。

(6)国家禁止和限制运输的物品。

二、包　裹

(一)包裹的范围

包裹是指适合在旅客列车的行李车内运输的小件急运货物。作为包裹运输的物品,其性质、形状、体积和重量,必须适合旅客列车运输,并在优先保证行李运输的条件下,才可办理包裹运输。

(二)不能按包裹托运的物品

(1)尸体、尸骨、骨灰、灵柩及易于污染、损坏车辆的物品。

(2)蛇、猛兽每头超过20kg的活动物(警犬和运输命令指定运输的动物除外)。

(3)国务院及国务院铁路主管部门颁发的有关危险品管理规定中规定的危险品、弹药以及承运人不明性质的化工产品。

(4)国家禁止运输的物品和不适于装入行李车的物品。

(三)包裹的分类

包裹运输,根据物品本身的价值,物品的性质和使用目的以及运输条件和能力,包裹共分为四类,见表3-1所示。

包 裹 分 类 表　　　　　　　　　表3-1

类别	具 体 内 容
一类	报纸类——自发刊日起5日以内的报纸; 政宣品——中央、省级政府(含国务院各部委和解放军各大军区)宣传用非卖品以及新闻图片; 课本类——中、小学生的教学课本,不含各种教学参考及辅导读物等(但全国政协工作用书可按一类包裹)
二类	抢险救灾物资——凭政府机关证明办理托运; 书刊——应用国家规定的统一书刊号的各种刊物、著作、工具书册以及内部发行的规章等; 鲜冻的食用品——鲜或冻鱼介类、肉、蛋、奶类、果蔬类
三类	不属于一、二、四类包裹的物品
四类	特殊运输物品——级运输包装的放射性同位素、油样箱、摩托车以及国务院铁路主管部门指定的需要特殊运输的物品; 轻泡物品——泡沫塑料及其制品

对于鲜冻的食用品,因品名繁多,有的应按二类包裹办理,有的则按三类包裹办理,为了正确判明包裹类别,现对不易判明的二类包裹列表说明,见表3-2所示。

不易判明的二类包裹品名表　　　　　　　　　表3-2

品　　名	可按二类包裹办理	不按二类包裹办理
鲜和冻的鱼介类	螺丝、蛤蜊、海参,包括为防腐而煮过的和加少量盐的虾蟹	咸的、卤的、干的鱼、虾、海蜇、海参、活鱼、鱼苗、蟹苗

续上表

品　名	可按二类包裹办理	不按二类包裹办理
鲜和冻的肉类	包括食用动物的五脏、头蹄和未经炼制的脂油	咸的、腌的、熏的、熟的肉类
肠衣	包括为防腐加少量盐的牛、羊、猪的小肠、肠衣、胎盘	
蔬菜类	藕、荸荠、芋头、土豆、豆芽、红薯、豆腐干、干豆腐(千张)、豆腐、姜、葱、蒜、洋葱、鲜笋	干辣椒、花椒、粉条、粉皮、海带或腌、干菜
瓜果类	鲜的枣、荔枝、木瓜、桂圆(龙眼)、橄榄、佛手、百合、鲜菱、甘蔗	干果、蜜饯,如松子、核桃、椰子、白果、瓜子、花生、栗子、果脯等
乳类	鲜、冻牛、马、羊乳,酸牛乳,奶酪	炼乳、奶粉、奶油、黄油
蛋类	家禽、野禽的鲜蛋	咸、熟蛋,松花蛋(变蛋),糟蛋

(四)快运包裹

快运包裹是铁路运输的一种方式,业务全称为"小件货物特快专递运输服务",简称中铁快运,注册商标为"CRE 中铁快运",业务性质为运输服务业。

快运包裹以铁路为主要运输工具,配合航空、公路、海运开展综合运输,辅以汽车运输实行门到门服务,同时根据国家主管部门批准的国际货物运输代理经营权,开展国际运输,以满足顾客不同需要。

快运包裹外部尺寸长宽高之和不得小于0.6m,货物外部的最大尺寸应不超过长3m、宽1.5m、高1.8m;超过时应先与中转机构或到达机构协商,同意后方能办理,并根据快运包裹的外部尺寸及重量选择合适的运输工具。每件最大重量一般不得超过50kg,超过时按超重快运包裹办理。

单元三　行李、包裹的托运和承运

一、行李、包裹的托运

(一)托运

旅客或托运人向车站要求运输行李或包裹称为托运。

(二)托运行李、包裹时应出具的凭证、证明

旅客托运行李时,必须提供有效的客票和托运单,市郊定期车票不能托运行李,铁路乘车证不能免费托运行李。旅客在乘车区间凭有效客票每张可托运一次行李,残疾人车不限次数。

托运下列包裹时,托运人必须提供有关单位的运输证明:

(1)托运宣传用非卖品,应提出省级以上政府机关(含国务院各部委和解放军大军区)的书面证明。

（2）托运金银珠宝、货币、证券，应提供中国人民银行的正式文件或当地铁路公安局、公安处的免检证明。

（3）托运枪支，应提供运往地市（县）公安局的运输证明。

（4）托运警犬，应提供公安部门的书面证明。国家法律保护的野生动物应提出国家林业主管部门的运输证明。

（5）托运免检物品，应提供当地铁路公安局、公安处的免检证明。

（6）托运国家禁止或限制运输的物品，应提供主管部门的运输证明。如精神和麻醉药品应提出国家卫生主管部门的运输证明。

（7）托运动、植物时，应提供动、植物检疫证明。办理时，将检疫证明的二联附在运输报单上以便运输过程中查验。

（8）托运Ⅰ级的放射性同位素时，应提供经铁路卫生防疫部门核查签发的"铁路运输放射性物品包装件表面污染及辐射水平检查证明书"，一式两份，一份随运输报单至到站交收货人，一份发站存查。包装件表面放射性污染及其内容物的放射性活度均不得超过《铁路危险货物运输规则》中表1与表2规定的限值。

一批或一辆行李车内装载的件数不得超过20件，每件重量不得超过50kg，并不得与感光材料以及活动物配装，与食品配装需要隔开2m的距离。

（9）托运油样箱时，必须使用铁路规定的专用油样箱并提出国务院铁路主管部门签发的油样箱使用证。到站后由收货人直接到行李车提取。

（10）其他按规定应提供证明的物品。

二、保 价 运 输

旅客或托运人托运的行李、包裹分为保价和不保价两种形式。按哪种运输方式运输，由旅客或托运人自行选择，并在托运单上注明。保价运输必须声明价格，可分件声明价格，也可按一批全部件数声明总价格，但按一批办理的不能只声明其中的一部分。如分件声明价格时，应将每件的声明价格和重量分别写明，在每件货签和包装上必须写明总件数之几的字样。车站承运保价运输的行包时，应检查声明价格，并核实是否与实际价格相符。如拒绝检查时，承运人可以拒绝按保价运输承运。

按保价运输的行李、包裹，铁路除核收正当运杂费外，另按声明价格的百分比核收保价费，行李按声明价格的0.5%收取；包裹按声明价格的1%收取；一段按行李，一段按包裹托运时，全程按行李核收保价费。按保价运输的行李、包裹，发生运输变更时，保价费不补不退。因承运人责任取消托运或运回发站时，保价费全退。

快运包裹根据托运人的要求，提供到托运人指定的地点接取货物的有偿服务。

三、行李、包裹的承运

车站对托运的行李、包裹现货检查完毕，认为符合运输条件时即可办理承运手续。

（一）承运放射性同位素的要求

承运运输等级Ⅰ级的放射性同位素时，应审核"铁路运输放射性物质包装件表面污染及辐射水平检查证明书"，其包装件表面最大辐射水平不超过0.005mSv/h，包装件外表面放射性污染及其内容物的放射性活度不得超过《铁路危险货物运输管理规则》第 37 条表 1 与表 2 规定的限值。

一批或一辆行李车内装载的件数不得超过 20 件,每件重量不得超过 50kg,并不得与感光材料、油样箱以及活动物配装,与饮食品、药品等的配装需要隔开 2m 以上的距离。

(二)行李票、中国铁路小件快运运单的填写规定

(1)行李票的车次和经由栏按客票填写;旅客指定径路时,按指定径路填写。计费重量栏按行李运价计费的重量写在"规重"栏内,加倍计费的重量写在"超重"栏内。

(2)行李、中国铁路小件快运运单各栏,应按托运单填写情况详细填写。

(3)分件声明价格时,按顺号逐栏填写声明价格。

(4)行李票"空白栏"栏内可填写"杂费计",杂费含装(卸)车费,包装费、货签费、搬运费等项目。同时在记事栏内将上述发生的收费项目及金额分项注明,如杂费明细:货签费 1.50 元,装车费 2.00 元。

(5)记事栏应注明的内容有:

①旅客指定径路时,注明"旅客指定经由××站"。

②承运超过客票到站的行李时,注明"客票到站××站"。

③对加冰、加水或附饲料的包裹,应注明"加冰""加水"或"附饲料"字样,以此作为到站产生减量的依据。

④承运需要提出证明文件的物品时,应注明文件的名称、号码、填发日期和填发单位等有关事项,并将运输证明文件附在包裹票运输报单上,以便途中、到站查验。

⑤承运自行押运的包裹时,应注明"自押"字样,并注明"押运人×××"。

⑥承运自行车、助力机动车、摩托车时,应注明牌名、车牌号码、车型、新或旧等车况,并分别注明有无铃、锁和灯等零件。

⑦承运经客调或国铁集团令批准的超重、超大物品时,应注明"×月×日经国铁集团令××号(客调××号)命令批准"。

⑧承运凭书面证明免费托运的铁路砝码和衡器配件时,应注明"衡器检修、免费"字样,收回书面证明报铁路局。

⑨其他应记载的事项,如凭传真件提货、"杂费计"明细等。

(6)承运行李时,要在客票背面注上"行"字戳记。

(7)小件货物快运运单与行包票主要不同栏的填写要求:

①发送地、到达地应当填写货物实际接收和交付的地点。

②对每立方米重量不足 167kg 的轻泡货物需要填写体积。

③快运包干费和超重附加费按规定费率计费或按协议价格(低于标准)填写。

总之,行李、小件货物快运运单必须认真逐项填写,使用规范文字,不得潦草,加盖规定名章,不准签字代替。在承运行李时,应在客票背面加盖"行"字戳记。

承运后、交付前发现包装破损、松散时,承运人应负责及时整修并承担整修费用。修整后编制客运记录,详细记载破损原因、状况和整修后状态,并在行李、快运包裹运输报单的记事栏内注明"××站整修",加盖站名戳。整修费用列入车站运营成本。

四、包裹的押运

车站承运金银珠宝、货币、证券、文物、枪支和途中需要饲养的动物时,要求托运人必须派人押运。对运输距离在200km以内,不需要饲养的家禽、家畜,托运人提出不派人押运时,也可以办理托运。车站应向托运人说明并在托运单上注明"途中逃逸、死亡铁路免责"。

押运的包裹应装行李车,由押运人自行看管,车站负责装车和卸车。押运人应购买车票并对所押物品的安全负责。一批包裹原则上限派一名押运人,押运人凭"铁路包裹运输押运证"和旅客列车全价硬座车票登乘行李车押运,押运证由托运人向承运行包房申请办理。列车行李员对登乘行李车押运人应指定押运位置,保管好押运人随身携带的火种(下车时归还),查验押运人车票及押运证,在乘务日志记事栏内登记押运人姓名、性别、身份证号码、联系电话、包裹票编号、押运证编号、包裹装卸车站等信息,并向押运人告知安全注意事项和押运管理要求。

(1)严禁在行李车内吸烟。

(2)不准打开车门乘凉。

(3)不得移动车内备品、物件。

(4)不得靠近放射性物品。

单元四　行李、包裹的运送和运输变更

一、行李、包裹的运送

(一)行李、包裹的运送原则

行李、包裹的运送,应根据流量和流向,按照先行李后包裹、先中转后始发、先重点后一般和长短途列车分工的原则,及时、安全、准确、合理、均衡地组织运输。为此:

(1)行李应随旅客所乘列车装运或提前装运,做到行李随人走、人到行李到。

(2)包裹按品类别的顺序及性质统筹安排运输,并尽量以直达列车或中转次数少的列车装运,以减少中转。对抢险救灾物资、急救药品、零星支农物资优先装运。

总之,对行李、包裹要加强运送组织工作,保证在一定期限内运至到站,严格执行运到期限。

(二)行李、包裹运到期限

行李、包裹运到期限系指在铁路现有技术设备条件和运输组织水平下,将行李、包裹运送一定距离所需要的时间。行李、包裹运到期限的长短以及能否按规定的期限运到目的地,在一定程度上反映了整个铁路运输组织的管理水平和工作量。因此,铁路自承运后,应迅速组织装运,站、车之间应严格执行运到期限。

行李、包裹的运到期限,按运价里程计算。

(1)行李:从承运日起,600km以内为3d,601km以上每增加600km增加1d,不足600km

的尾数也按 1d 计算。

（2）包裹：从承运日起，400km 以内为 3d，401km 以上每增加 400km 增加到 1d，不足 400km 的尾数也按 1d 计算。

（3）快运包裹：以铁路为主要运输工具运送时，其运到期限按承诺的运到期限或以铁路客运运价里程计算。从承运次日起，国内主要城市间有直达列车运输的运到期限为 3d，3500km 以上运到期限为 4d，其他城市间运送需中转的快运包裹，1000km 以内为 3d，超过 1000km 时，每增加 800km 运到期限增加 1d，不足 800km 的尾数也按 1d 计算。

一批货物内有超过 50kg 不足 100kg 的超重快运包裹增加 1d，100kg 以上的快运包裹增加 2d。按该批单件最重货物计算增加天数。

（4）一段按行李、一段按包裹计价时，全程按行李计算运到期限。

（5）由于不可抗拒的力量（如自然灾害）或非铁路责任（如疫情、战争、政府机关扣留等）所发生的停留时间，应加算在行李、包裹的运到期限内。

二、行李、包裹的运输变更

（一）办理变更的限制

旅客或托运人交由铁路运输的行李、包裹，由于某种原因要求取消托运和变更到站的情况时有发生。运输变更有一定条件限制，如行李随人走，凭客票托运，在变更到站时，仅限办理运回发站和中止旅行站。再如鲜活物品因本身易于变质、死亡及受运输条件的限制，除装运前取消托运外，不办理其他变更。

（二）变更方法

托运人在办理托运手续后，可按如下规定办理一次行李、包裹变更手续（鲜活包裹不办理变更），核收变更手续费。

（1）装运前取消托运。在发站装车前取消托运时，退还全部运费。

行李、包裹在发站办完托运手续至装车前，旅客或托运人要求取消托运时，车站应收回行李、包裹票注销，注明"取消托运"字样。办理时，以车站退款证明书退还全部运费，并用客运运价杂费收据核收实际产生的变更手续费和保管费。在取消托运的行李、包裹票上注明"客杂"号码及核收的费用名称及金额，收回的行李、包裹票"丁"页随车站退款证明书上报。

取消托运的行李、包裹，如已收运费低于实际产生的杂费时，运费不退也不再补收，收回的行李、包裹票，在报单页（乙页）、旅客页（丙页）和报销页（丁页）上注明"取消托运，运费不退"字样。旅客页贴在存根页（戊页）上。

（2）装运后变更到站的处理。装运后要求运回发站或变更到站的（行李只办理运回发站或中止旅行站），补收或退还已收运费与实际运送区间里程通算的运费差额。

行李、包裹装运后，旅客、托运人或收货人要求变更运输时，只能在发站、行李或包裹所在中转站、装运列车和中止旅行站提出。

托运人在发站取消托运时，发站对要求运回发站的行李、包裹，应收回行李、包裹票，编制客运记录，注明原票内容，交旅客或托运人作为领取行李、包裹的凭证，并发电报通知有关

站、车。

托运人在发站要求变更行李、包裹的到站时，车站在行李、包裹票旅客页（丙页）和报销页（丁页）上注明"变更到××站"，更正到站站名及收货人单位、姓名，加盖站名戳，注明日期，交给旅客或托运人，作为在新到站领取行李、包裹和办理变更运输后产生运费差额的核算凭证。同时，发电报通知有关车站和列车。

（3）旅客在发站或中途站停止旅行，要求仍将行李运至到站时，按包裹收费，应补收发站至到站的包裹与行李运费的差额。核收变更手续费，原行李票应注明"旅客在××站停止旅行，原行李按包裹运输"。更正收货人单位、姓名、加盖站名戳注明日期交托运人。凭原行李票继续运送，旅客凭原行李票在到站提取行李。

（4）在中途站、原票到站或列车内处理误购、误售车票而误运行李时，补收或退还已收运费与发站至正当站运费的差额，不收变更手续费。同时应编制客运记录或发电报通知行李所在站，将误办的行李运至正当到站。到站需要补收行李运费差额时，使用"客杂"核收，并在原行李票运输报单页、报销页和旅客页的记事栏注明"误运"，报单页加盖"交付讫"戳记，交旅客报销。需要退款时，使用退款证明书退还，原行李票收回附在退款证明书上一并上报。

（5）发站或新到站收到行李、包裹后，通知旅客或收货人（托运人）领取，补收或退还已收运费和实际运送区段里程通算运费的差额，核收变更手续费。如超过规定免费保管期间时，核收保管费（保管费指行李、包裹运至发站、新到站超过 3d，折返站 1d 或原到站自行李、包裹到达日起至收到电报日止产生的保管费）。补收时以"客杂"核收，退还时使用退款证明书退款，并将收回的原票贴在"客杂"或退款证明书报告页上报。

办理变更运输后产生的杂费按实际产生的核收。如已收运费低于已产生的杂费时，则不补收杂费也不退还运费。但因误售误购客票产生的行李变更时，不收变更手续费。

行李、包裹运输变更处理程序见图 3-3 所示。

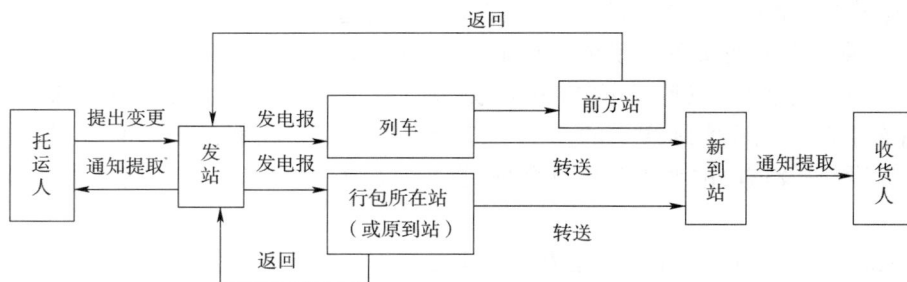

图 3-3　行李、包裹运输变更处理流程图

单元五　行李、包裹的交付及无法交付物品的处理

一、行李、包裹交付的有关规定

交付工作是行李、包裹运输过程中最后一道工序，为此，行李包裹运至到站后，到站应立

即做好交付的准备工作。

(1)旅客或收货人凭行李、包裹票的领取凭证丙页(旅客页)领取行李、包裹。

(2)经当事人双方约定,包裹可使用领取凭证的传真件领取,凭传真件领取包裹按下列规定办理:

①凡要求使用包裹传真件提取包裹的发货人,应向发站提出申请。发货人为个人的,应在托运单上注明,由车站确认后受理;发货人为单位的,必须与车站签订协议。

②发站在办理承运时,必须在包裹票记事栏各联中注明"凭传真件提货"字样。凡计算机打印的包裹票,该字样也必须由计算机打印。

③到站在办理交付时,应首先确认包裹票上有"凭传真件提货"字样,对于收货人为个人的,凭传真件、收货人身份证、身份证复印件领取;对于收货人为单位的,凭收货人单位介绍信、提货人身份证、身份证复印件领取,传真件、介绍信和身份证复印件留存,不再给运输报单。

(3)收货人要求凭印鉴领取包裹时,应与车站签订协议并将印鉴式样备案,而且不得再凭包裹票的领取凭证领取。车站应建立印鉴领取包裹的登记簿。交付时,收货人应在登记簿上签字并加盖备案的印鉴交付,不再给运输报单。

(4)行李、包裹票丢失,应提交本人身份证物品清单和担保人的担保书。车站应慎重审查担保人的担保资格。收货人不能提供担保人时,可以出具押金自行担保。押金数额应与行李、包裹的价值相当,抵押时间由车站收货人协商确定。车站收取押金应向收货人出具书面证明,书面证明的式样由车站自定。

旅客或收货人在声明领取凭证丢失前,若行李、包裹已被人冒领,责任自负。

旅客或收货人领取行李、包裹时,如发现短少或包装有异状,车站应检斤复磅,必要时可会同公安人员开包检查。如构成行包事故时,车站应编制事故记录交旅客或收货人作为要求赔偿的依据。

二、快运包裹的交付规定

在设有快运机构的到达地,按下列规定办理交付手续:

(1)收货人是单位时,凭收货单位介绍信和经办人有效证件领取。收货人是个人时,凭收货人有效证件领取;须代领时,凭收货人有效证件(或复印件)及代领人的有效证件领取。交付人员验证后在快运运单乙联上填写有效证件号码和交付时间,并由领货人签字。

(2)送货上门时,收货人是单位,可在快运运单乙联上加盖公章并由经办人签字后交付;收货人是个人,送货地点是私人住宅时,可凭收货人或其家属有效证件并签字后交付;送货地点为单位时,凭收货人有效证件并签字或加盖公章并由代领人签字后交付。办理交付手续时,由领货人在快运运单乙联上填写交付时间。

(3)收货人栏同时记载单位名称和个人姓名时,符合以上任何一种手续均可交付。

(4)收货人要求凭印鉴领取快运包裹时,可与经营人签订协议并将印鉴式样备案。交付时,加盖印鉴即可。

在未设快运机构的到达地,与普通包裹同样办理交付手续。

三、无法交付物品

无法交付的物品是指无主的行李、包裹,旅客的遗失物品和无人领取的暂存物品。行李从运到日起、包裹从发出通知日起、遗失物品和暂存品从收到日起,承运人对90d以后无人领取的上述物品视为无法交付的物品。

无法交付物品的产生,往往是由铁路运输企业管理不善、运输质量不高以及旅客或托运人自身过失等原因造成的。为此,必须加强理货、保管、装卸、运输等各个环节的工作,把无法交付物品减少到最低限度。

对已发生的无法交付物品,应想方设法寻找线索,千方百计使其物归原主。车站对自站发现的或列车移交的无法交付物品,必须妥善保管,任何单位和个人都不得自行动用,并按下列几个环节处置。

（一）无法交付物品的确定

(1)无法交付的行李、包裹是指由于铁路或托运人、收货人的原因,造成不能交付给正当收货人的物品。

(2)无法归还的旅客遗失物品是经查找未能归还原主而由车站保管的物品。

(3)无人领取的暂存物品是旅客在车站携带物品暂存处存放,长期无人领取的物品。

（二）无法交付物品的管理

车站对无法交付的物品,应按无法交付物品的开始日期、来源、品名、件数、重量、规格、特征等登入无法交付物品登记簿内。登记簿内的编号、移交收据的编号及物品上的编号应一致,以便查找。有条件的车站,账和物应由专人分管,做到账物相符。无法交付物品在保管期间发生丢失、损坏时,由保管人负责。回送过程中发生丢失、损坏时,比照行李、包裹事故处理。

（三）无法交付物品的处理

车站、经营人对无法交付物品,保管90d无人领取时(易变质物品应及时处理),应进行公告。公告满90d仍无人领取时,开列清单,报请铁路局批准,按下列规定处理:

(1)行李、包裹、遗失物品和暂存品等送交拍卖行拍卖(如当地无拍卖行时,应向铁路局指定设立的无法交付物品集中处理站转送)。

(2)枪支、弹药、机要文件及国家法令规定不能随意交易的物品应及时交有关部门处理。

承运人应登记造册,妥善保管,不得动用。枪支弹药、机要文件以及国家法令规定不能买卖的物品,应及时交有关部门处理。容易变质的物品应及时处理。

无法交付的物品,除移交有关部门处理的以外,其他物品均应作价移交(即拍卖收入)。在扣除发生的一切费用后,属于旅客遗失物品、无人领取的暂存品及行李、包裹作价剩余款额,旅客或托运人、收货人从变卖日起180d以内来领取时,车站、经营人凭旅客或托运人、收货人出具的物品所有权的书面证明报铁路局申请办理退款手续。不来领取时,上缴国库。属于事故行李、包裹的变卖款拨归铁路收入(按保价办理的行包冲抵保价费)。

车站所建立的"无法交付物品登记簿",应记载无法交付物品内容及处理情况,逐季报铁路局。

单元六　行李、包裹违章运输的处理

行李、包裹的违章运输，包括品名不符、重量不符及无票运输等情况。

一、对品名不符的处理

品名不符是指办完托运手续后，发现行李、包裹票中记载的物品品名与实际物品品名不同，即称为物品品名不符的运输。由于运送物品与申报品名不同，影响运价计算，甚至把危险品、国家禁止或限制运输的物品，伪报成其他可运输的品名，进行隐瞒运输。

对品名不符的处理，关系着维护政府法令，保证运输安全，保障运输收入，贯彻运输政策等多方面的问题，因此，发现品名不符时，应采取认真负责和实事求是的态度，区别不同性质，正确处理。

（1）对伪报一般品名的，在发站，重新办理手续，补收已收运费与正当运费的差额；在到站，加收应收运费与已收运费差额 2 倍的运费。

（2）将国家禁止、限制运输的物品以及危险品伪报其他品名托运或在货件中夹带时，按下列规定处理：

①在发站发现时，停止装运，通知托运人领取，全部件数物品的运费不退。将原票收回，在记事栏内注明"伪报品名，停止装运，运费不退"。将报销页交托运人作报销凭证，另以"客杂"按日核收保管费。

②在中途站发现时，停止运送，发电报通知发站转告托运人领取，运费不退，并对品名不符货件按实际运送区间另行补收四类包裹运费及按日核收保管费。

③在列车上发现时，编制客运记录交到站处理，属危险品伪报品名应将该批物品交前方停车站处理。

④在到站发现时（包括列车移交的），另行补收品名不符货件实际运送区间的四类包裹运费并按日核收保管费。必要时还应交有关部门按国家有关规定处理。

因托运人伪报品名给铁路和其他旅客（收货人）造成的损失，由托运人负完全责任。车站、列车发现伪报品名的行李、包裹，损坏其他旅客、托运人的行李、包裹时，应编制客运记录，分别附在伪报品名的行李、包裹票上，交有关到站处理，并由责任者的到站负责追索赔偿。

二、对重量不符的处理

重量不符是指办完行李、包裹托运手续后，发现行李、包裹票上记载的重量与实际重量不符，即称为重量不符的运输。此种情况的产生，往往是由于不认真检斤以及图省事采取估计或盲目信任托运人有关单据记载的重量来代替承运时重量。由于重量不符，直接影响运费计算的准确性。为此，我们要本着实事求是的精神进行处理，应补收时，则补收超重部分正当运费；应退还时，退还多收部分的运费。在办理上应遵循下列规定：

（1）到站发现行李、包裹重量不符，应退还时，开具退款证明书退还多收部分的运费。

（2）应补收时，开具"客杂"，补收正当运费，同时编客运记录附收回的行李、包裹票报局收入部门，由局收入部门列应收账款向检斤错误的单位再核收与应补运费等额的

罚款。

品名不符且重量不符时,先处理重量不符,后处理品名不符。

三、对无票运输的处理

无票运输是指应办而未办理行李、包裹托运手续的物品,随行李车运输的一种违章运输。

为严肃运输纪律、严格按章办事、杜绝不良风气,车站和列车应拒绝装运无票运输的行李、包裹。如发现已装运的,列车长、列车行李员应编客运记录交到站处理。到站对移交和自站发现的物品按实际运送区间加倍补收四类包裹运费。

以上补收运费、运费差额或保管费均用"客杂"核收,并在记事栏内注明核收事由。

实训项目及案例分析

实训项目一　行李、包裹的托运和承运工作

一、提交托运单

旅客托运行李时,必须提出有效的客票和托运单,如图3-4所示。在乘车区间内,旅客凭客票可从任何营业站托运至另一营业站,每张客票只能托运一次(残疾人用车不限次数)。

托运人托运包裹时,应提出托运单。为加强运输和物资管理,保障社会治安,保护人民健康,贯彻运输政策,对某些物品的运输需实行必要的限制。

二、验货工作

旅客或托运人托运行李、包裹时,应主动提供便于检查的条件,准确填写托运单,并对托运单上所填写事项的真实性负完全责任。

车站在受理时,必须对下列项目认真检查核对。

(1)物品名称、件数是否与托运单记载相符,物品状态是否完好,是否夹带危险品及国家禁止或限制运输的物品。

(2)包装是否符合运输要求。

(3)货签、安全标志是否齐全,填写是否正确。

旅客或托运人托运的行李、包裹的包装必须完整牢固,要适合运输,不能有开口、破裂、短缺等现象。其包装的材料和方法应符合国家或运输行业规定的包装标准。包装不符合要求时,应要求其改善包装。托运人拒绝改善包装的,发车站可以拒绝承运。

每件物品应在两端各悬挂一个符合国务院铁路主管部门规定的技术标准货签(图3-5);不符合标准的货签不得使用。货签中填注的内容与行李、包裹托运单及行李、包裹票的有关内容相符,不得省略和使用代码、代号。货签上的行李、包裹票号栏应用号码机或号码戳打印,其他各栏如填写时应整洁、清晰,使用规范的文字。如分件保价的物品还应在件数栏注明"总件数之几"字样。

托运易碎品、流质物品或一级运输包装的放射性同位素时,应在包装表面明显处贴上"小心轻放""向上""一级放射性物品"等相应的安全标志。

三、办理承运工作

办理承运行李、包裹时,应确认品名件数、包装并进行检查核对,正确检斤。承运加水、加冰的物品或途中喂养动物的饲料应单独检斤,作为到站产生减量或重量消失的依据。

中铁快运股份有限公司

托 运 单 （甲联）

（黑框内由托运人填写） 20 年 月 日

到站：				经由：		承运人确认事项			
持票旅客 请填写	客票票号：			人数：		票号：			
	车次			客票到站：					
货物名称	包装 种类	件数	重量 (kg)	体积 （长×宽×高）	声明价格 （保价）	件数	重量 (kg)	行李	包装
								□	□
								□	□
								□	□
合　计								□	□

选 择 填 写	付款方式	现金□ 支票□ 协议□ 到付□	包 装 费	元
	取货方式	凭原件提取□ 凭传真件提取□	取 货 费	元
	服务要求	送货上门□货需包装□仓储保管□代发传真□	代收送货费	元

发送地	
到达地	

托 运 人	名称：	
	地址：	
	邮编：	电话：
	传真电话：	电子邮件：
收 货 人	名称：	
	地址：	
	邮编：	电话：
	电子邮件：	传真电话：

托运人记事：	承运人记事：
取货员（章）：	安检员（章）：

托运人注意：在填写托运单前，请详细阅读乙联背面 客户须知 ，并在下面签字。

托运人： _____ 营业部（章）

图 3-4 托运单

车站在办理承运手续时应正确填写行李票及中国铁路小件货物快运运单。

行李、小件货物快运运单一式五页。甲页为上报页（红色），作为上报之用。乙页为运输报单（黑色），随车走，到站交收货人；带运包裹运输时，交旅客，又称报单页。凭印鉴领取或不能提出领货凭证丙页时，乙页上报，不交收货人。丙页为旅客页（绿色），交托运人作为领货凭证，交付时收回上报。丁页为报销页（红色，快运运单为黄纸黑色），交托运人作为报销凭证。戊页为存查页（褐色），发站作为存根，按日整理，存查保管。

【任务 3-1】 2018 年 4 月 12 日，丹东站—旅客持丹东至沈阳的硬座客快车票，要求托运 2 件行李（衣服、书籍）至哈尔滨，重 50kg，声明价格共计 2000 元。请予办理。

包裹货签

到站：	
收货人：	
发站：	
托运人：	
承运日期：	
品名：	件数： 之
票号：	

服务项目标志

图 3-5 包裹货签

办理方法：

旅客托运行李至客票以远的车站，按一段按行李、一段按包裹计价，全程按行李计算保价费。

丹东—沈阳　277km

行李　　$F_1 = Q_{计费} f = 50 \times 0.154 \approx 7.70$ 元

沈阳—哈尔滨　549km

三类包裹　$F_2 = Q_{计费} f = 50 \times 0.780 \approx 39.00$ 元

保价费：$2000.00 \times 0.5\% = 10.00$

装车费：2.00 元

合计：$7.70 + 39.00 + 10.00 + 4.00 = 60.70$ 元

填制行李票，如图 3-6 所示。

图 3-6　行李票填写式样

实训项目二　行李、包裹运到逾期的处理

一、铁路企业应向收货人支付运到逾期违约金

行李、包裹应在规定的运到期限内运至到站。如实际运到日数超过规定的运到期限时，到站应按所收运费的百分率(最高不得超过运费的 30%，见表 3-3)，向旅客或收货人支付运到逾期违约金。

其计算公式如下：

$$C = F\Psi$$

式中：C——运到逾期违约金额(尾数以角为单位，分值四舍五入)；

F——运费;

Ψ——违约金比率,以5%为计算单位,尾数按2舍3入、7退8进处理,其计算公式为:

$$\Psi = d_{逾期}/d_{运到} \times 30\%$$

$d_{逾期}$——逾期日数;

$d_{运到}$——运到期限。

运到逾期违约金计算表　　　　　　　　　　　表3-3

违约金比率(%) 运到期限＼逾期日数	1日	2日	3日	4日	5日	6日	7日	8日	9日	10日以上
3日	10	20	30							
4日	5	15	20	30						
5日	5	10	20	25	30					
6日	5	10	15	20	25	30				
7日	5	10	10	15	20	25	30			
8日	5	5	10	15	20	20	25	30		
9日	5	5	10	15	15	20	20	25	30	
10日以上	5	5	10	10	15	15	20	20	25	30

快运包裹运到逾期时,经营人应按逾期的天数每日向收货人支付包干费(包括超重附加费、转运费、到付运费)3%的违约金,但最高不超过包干费的30%。违约金不足1角的尾数按四舍五入处理。

(1)一批行李、包裹中部分逾期时,到站应收回行李票、小件货物快运运单,给收货人开具客运记录,作为领取部分逾期行李、包裹和要求支付违约金的依据,并按逾期部分的运费、包干费比例支付运到逾期违约金。

(2)旅客或收货人要求支付运到逾期违约金时,应自行李、包裹到达次日起10d内提出,凭行李、部分逾期的客运记录、小件货物快运运单、传真件(行包票丢失或小件货物快运运单未到时,应提出单位书面证明和所有权证明)提出申请。支付运到逾期违约金时,应填写退款证明书,以站进款支付。

(3)行李、包裹运输变更(包括因误售、误购车票以致误运而造成的行李运输变更),致使行李、包裹逾期到达,铁路不支付运到逾期违约金。

二、旅客要求将逾期到达的行李运至新到站的处理

(1)行李未到,当时又未超过运到期限,旅客需继续旅行并凭新购车票办理转运新到站的手续,交付运费之后,发现行李逾期到达原到站,车站应编制客运记录,随同运输报单并送交新到站,作为退还已收转运区间运费的凭证,保价费不退。

(2)旅客要求将逾期的行李运到新到站时,铁路可凭新客票运送,但不再支付运到逾期违约金。铁路在办理时,新行李票按原行李票转记,如旅客换乘其他交通工具时,车站一般不代办行李的转运手续,但特殊情况下代为办理时,费用由旅客预先支付。

【任务3-2】 2018年4月12日,丹东站一旅客持丹东至沈阳的硬座客快车票托运了2件行李至哈尔滨,重50kg,4月15日旅客到哈尔滨站提取行李,行李逾期未到,4月18日到达哈尔滨。请计算逾期违约金。

根据【任务3-1】可知,丹东至哈尔滨行李运费46.70元,丹东至哈尔滨的里程为826km,故行李运到期限为4d,因此,逾期3d。

$$C = F\Psi = 46.70 \times 20\% = 9.30\ \text{元}$$

实训项目三　行李、包裹运输变更的处理

【任务3-3】 2018年4月10日,在山海关站一旅客持在山海关站4月7日承运的行李票(旅行袋2件,内装有衣服及生活用品),重50kg,到站为长春,客票到站为沈阳,要求将行李变更到站为沈阳站。行李已于4月8日运至原到站。山海关站当日拍发电报通知将行李运回沈阳。长春当日接到电报后,当天转运,于4月11日将行李按原径路运至沈阳站。收货人于4月12日领取。山海关、沈阳、长春站应如何处理?

处理方法:

山海关站:应在托运人手中的行李票(旅客页和报销页)上注明“变更到沈阳站”,更正到站站名及收货人单位、姓名、加盖站名戳、注明日期,同时给长春拍发电报。电报式样,如图3-7所示。

中国国家铁路集团有限公司

铁　路　电　报　　　　第3号

发报所fbj	电报号码xo	组数zs	等级dj	日期rq	时分sf	附注fz

主送:长春站

2018年4月7日,山海关站运往长春站行李两件,总重45kg,行李票号E532142,托运人要求变更行李到站为沈阳站,请按章办理。

特此电告。

山海关站行李房×××(印)

2018年4月7日

图3-7　铁路电报拍发式样

长春站:接到电报后,应编制客运记录(图3-8),注明应收保管费日数及款额,改正货签上的发、到站,连同行李运回沈阳站。

沈阳站:收到行李后,通知旅客领取,补收已收运费和实际运送区段里程通算运费的差额,核收变更手续费。客运运价杂费收据,如图3-9所示。

中国铁路沈阳局集团有限公司	客统一 1

客 运 记 录

第 5 号

记录事由:变更到站

沈阳站:

　　2018 年 4 月 7 日山海关站运往长春站的行李两件,总重 45 kg,行李票号 E532142,现已转运你站,该行李在我站产生保管费 3 d,请按章处理。

注:
1.站、车需要编制记录时适用。
2.本记录不能作为乘车凭证。

长春 站 编制人员 印 (印)
段
站 签收人员 (印)
段
2018年4月10日编制

图 3-8　客运记录拍发式样

中国铁路沈阳局集团有限公司　　　丙

客运运价杂费收据

2018 年 4 月 12 日　　(报告用)

原票据	种别 行李票	日期	2018.4.7	月 日 时到达、通知、变更		
		号码	E532142	月 日 时 交 付		
		发站	山海关	核收保管费 日		
		到站	长春			

核 收 区 间		核收费用	款额
		种别 件数 重量	
自 山海关 站		应补差价	20.00
至 长春 站		变更手续费	10.00
经由( )		保管费	18.00
座别 人数		卸车费	4.00
		合 计	52.00

记事: 车票到站为沈阳站,由长春站转运,在长春站核收3天保管费

沈阳 站经办人 ××× 印

A021345

图 3-9　客运运价杂费收据填写式样

已收运费:

山海关—沈阳　426km

行李:$F_1 = Q_{计费} \cdot f = 50 \times 0.231 = 11.55 \approx 11.60$ 元

沈阳—长春　303km

三类包裹运费:$F_2 = Q_{计费} \cdot f = 50 \times 0.461 = 23.05 \approx 23.00$ 元

合计:$F = 11.60 + 23.00 = 34.60$ 元

应收运费:

山海关—沈阳　426km

里程通算行李运费:　$F_1 = Q_{计费} \cdot f = 50 \times 0.231 \approx 11.60$ 元

沈阳—长春　303km　沈阳里程通算三类包裹运费:

$F_2 = Q_{计费} \cdot f = 50 \times 0.859 = 42.95 \approx 43.00$ 元

合计:$F = 11.6 + 43.00 = 54.60$ 元

应补差价:$54.60 - 34.60 = 20.00$ 元

保管费:$3 \times 2 \times 3.00 = 18.00$ 元

卸车费:2 件 $\times 2.00 = 4.00$ 元

变更手续费:10.00 元

总计:20.00 + 10.00 + 18.00 + 4.00 = 52.00 元

实训项目四　行李、包裹的交付工作

一、到达通知

行李随旅客所乘坐的列车运至到站,旅客即可提取;包裹由托运人在发站办理托运手续后,应立即告知收货人按时提取。同时,车站为确保正常运输及加快仓库的周转,包裹到达后,应及时以明信片或电话等方式通知收货人领取。通知时间最晚不得超过包裹到达次日的 12 点,并应以文字或录音等形式记录备查。

二、仓库保管

行李从运到日起,包裹从发出通知日起,免费保管 3d。超过免费保管期限领取时,按超过日数核收保管费。对于因铁路责任或不可抗力等原因而延长通票有效期的行李,应按通票延期的日数延长行李免费保管的日数。

行李、包裹逾期未到,旅客或收货人前来领取时,除车站应向有关车站进行查询外,并应在行李、包裹票的背面加盖行包逾期戳注明时间。同时,还应记录旅客、收货人姓名、住址、邮政编码、电话号码等,以便行李、包裹到达后及时发出通知,并从通知日起免费保管 10d。

三、办理交付

旅客或收货人凭行李票、小件货物快运运单的领取凭证领取行李、包裹。铁路向收货人办理交付时,应认真核对票货,确认票据号码、发站、到站、托运人、收货人、品名、件数、重量、包装无误后在运输报单上加盖"交付讫"戳予以交付,同时收回领取凭证。

图 3-10　客运记录填写式样

实训项目五　行李、包裹违章运输的处理

【任务3-4】 2018 年 4 月 10 日,在西安开往上海的 T140/137 次列车运行至郑州站前,发现托运人王某由西安发上海的一箱重 48kg 的机器配件,票号 E4325434,因包裹中夹带油漆外溢,将外包装污染,应如何处理?

处理程序:

(1)列车编制客运记录交郑州站,如图 3-10 所示。

(2)郑州站将包裹扣留,拍发电报(图 3-11)通知西安站转告托运人来郑州站领取(托运人于 4 月 15 日到郑州站),按实际运送区间补收四类包裹运费。

西安—郑州　511km

四类包裹 48kg:48 × 0.967 = 46.416 元 ≈ 46.40 元

保管费 6d:1 件 × 6d × 3.00 = 18.00 元

卸车费:2.00 元

合计:66.40 元

填写客运运价杂费收据,如图 3-12 所示。

中国国家铁路集团有限公司

铁　路　Ⓡ　电　报　　第3号

发报所fbj	电报号码xo	组数zs	等级dj	日期rq	时分sf	附注fz

主送：西安站

抄送：上海站

2018年4月9日，由西安发往上海机器配件一箱重43kg，票号E4325434，托运人×××（身份证号：××××××），西安和平路125号，因包囊内夹带油漆外溢将外包装污染。现该货已扣留郑州站，请转告托运人×××前来领取。

郑州站行(10)第17号

郑州站（印）

2018年4月10日

图3-11　铁路电报拍发式样

中国铁路郑州局集团有限公司

客运运价杂费收据

2018 年 4 月 15 日　　（报告用）　丙

原票据	行李票	种别	2018.4.10	月　日　时到达、通知、变更		
		日期				
		号码	E4325434	月　日　时交　　付		
		发站	西安			
		到站	上海	核收保管费　　　　日		

核　收　区　间	核收费用		款额
	种别	件数	重量	
自____西安____站	四类包裹	1	48	46.40
至____郑州____站	保管费			18.00
经由(　　　　　)	卸车费			2.00
座别____人数____	合　计			66.40

记事	夹带危险品油漆

郑州　站经办人　×××　印

A021346

图3-12　客运运价杂费收据填写式样

![知识拓展]

一、中铁快运股份有限公司简介

（一）公司概况

中铁快运股份有限公司（China Railway Express Co.，Ltd.）简称中铁快运（CRE），是国铁集团控股现代物流企业，中国 AAAAA 级现代物流企业，中国交通运输协会快运分会会长单位，中国医药商业协会社会医药物流分会会长单位，注册资本28.92亿元人民币。

中铁快运在中国大陆设有 18 个区域分公司（国铁集团18 个铁路局所在地）、13 个省市分公司（中心营业部）和 7 个控股子公司。经营范围包括普通货运，集装箱、冷藏保鲜运输，大型物件运输；行李、包裹铁路运输，铁路小件货物快运，国内快递（邮政企业专营业务除外）；仓储、装卸、搬运、包装、加工、配送等物流服务；航空货运代理，国际、国内货运代理及相关运输咨询；信息服务；进出口业务；商品销售；广告业务；设备租赁；房屋租赁；物业管理；铁路纪念品、票证的研究、开发及销售；代理飞机票、火车票业务等。

中铁快运主营业务主要依托铁路运输资源（高铁载客动车组、高铁确认车、铁路行李车、特快班列、快速班列、特需班列、集装箱班列等），开展快运快递、大客户物流项目和铁路快捷货运代理等现代物流业务，是中国铁路物流总包业务的牵头单位，是中国铁路高铁快运业务的经营主体，是中国铁路货物快运接取送达业务的主要力量。同时，各子公司开展多种多元经营业务，包含信息系统开发运营、国际货代、投资保险、广告票证、物业租赁、铁路特快班列车辆租赁及维护等。

中铁快运始终专注于提升物流服务能力和品质，全面通过 ISO9001 标准质量体系认证。经过多年市场化经营发展，建立了知名的"中铁快运"和"高铁快运"铁路物流品牌，形成了较完善的全流程运作服务体系和网络化物流服务模式。在中国大陆地区拥有各类营业机构 3300 多个，"门到门"配送服务网络实现大陆地区 2906 个县级行政区全覆盖，日均运输包裹 40 多万件，年发运量 350 多万吨；自有公路及城市配送汽车近 2500 辆，整合社会汽车资源 20000 辆左右；高铁快运办理城市 514 个，基本覆盖直辖市、省会城市、中东部地区地级市和经济发达县；在大陆地区所有城市开通使用 7×24 小时的 95572 客户服务电话。自主研发应用铁路行包管理、高铁快运、货物快运、物流总包、接取送达、客户服务、收支利核算、互联网营销、移动办公等 50 个信息子系统，形成了集基础资源、客户营销、生产运作、经营管理、决策分析等为一体的信息化平台，为运营发展提供了强大的信息化支撑。

（二）公司业务

1. 普通快运业务

普通快运业务，是以铁路客车行李车为主，辅以公路干支线网络及航空等多种运输方式，为客户提供小批量货物中国大陆范围内不同时限的"门到门"快运服务，主要定位于单批 5kg 以上、50kg 以下的小件货物。中国大陆主要大中城市间，从承运当日起 2~3 日内送达；运输距离 3500km 以上或无直达旅客列车行李车的城市 4~6 日送达。

2. 高铁快运业务

高铁快运业务，是中国铁路为客户提供的与高铁品牌形象和客运服务水准相匹配的时效快、品质优、标准高的"门到门"小件快递服务，主要利用高铁动车组列车运输，采用标准服务、标准流程、标准定价，向客户承诺时限。产品种类有当日达、次晨达、次日达、隔日达、同城快递和经济快递等，可提供全程冷链快递服务。服务范围覆盖高铁沿线城市及其他主要大中城市，在全国 484 个高铁列车（含城际动车）经停站设有营业网点，在全国 514 个城市办理相应业务。

3. 货物快运业务

货物快运业务，是中国铁路向现代物流转型，改进传统铁路货物运输组织管理，推出的"门到门"、一口价、一票制、全程追踪、时效快的新型铁路货运产品，提供快速货物列车和特需货物列车运输服务，有零散、批量零散、整车、集装箱等多种类型。在中国大陆 1000 余个铁路物流节点（含铁路物流基地、铁路货运站场等）具有接取送达功能，在中国大陆 1000 余个城市可办理"门到门"货物快运业务。

4. 企业物流总包业务

企业物流总包业务，是中国铁路为不同行业的企业客户，提供全程一体化物流解决方案，利用网络化物流服务模式，通过网络仓库平台、综合运输平台以及信息平台为其提供仓储、运输、包装、配送、装卸、异地调拨等综合物流服务以及签单返回、信息反馈、汇总结算、电子支付、代收货款、冷链等增值服务，服务的行业客户有配件、家电、医药、IT、服装、食品饮料等大企业客户。中铁快运拥有较丰富的仓储资源，能够为企业大客户提供良好的网络化仓储服务。利用铁路物流基地货场、仓库，铁路行包办理站，以及整合社会仓储资源等，投资打造覆盖全国主要城市的网络仓库、建设符合医药、服装、食品、电子产品、配件、电子商务、图书、贵重品等各行业货品存储要求的专业化现代仓库，利用机械化、信息化和智能化库管技术,为各行业大客户提供现代化、多功能、综合性、一体化仓储服务。

（三）发展前景

中铁快运的战略方向:充分发挥中国铁路网络资源优势,整合多种社会物流资源,开展综合性现代物流业务,成为中国铁路现代物流市场化平台企业;建设专业特征突出、市场竞争优势明显的综合性现代物流企业;成为国内领先的第三方＋第四方现代物流服务集成供应商;成为最具市场竞争力的国内外知名现代物流企业。

中铁快运的市场定位:主营业务开展标准化快运快递业务、大客户物流项目业务、点到点运输业务和铁路货运代理业务。目标客户群主要包含两类,一类是拥有货物所有权、提供一手货源的直接客户,包括千家万户的散户、生产制造企业、商贸企业等;另一类是掌握集中货源的物流企业、运输企业等。对一手货源的直接客户,提供"门到门"快运、快递、仓储、信息、包装、增值服务等全流程、全方位的物流服务,对物流企业、运输企业等客户,提供铁路"站到站"或"库到库"运输服务,提高铁路运力效率效益。

中铁快运的发展目标:将中铁快运发展成为符合中国主板上市条件的铁路现代物流企业,最终实现主板上市,位居中国物流百强企业前5名,市值达到千亿以上。

二、高铁快运业务管理办法

（一）总则

（1）为规范高铁快运业务管理,促进高铁快运业务健康发展,保证高铁快运运输安全、有序、高效,制定本办法。

（2）本办法适用于国铁集团及所属各铁路局、快运公司对高铁快运业务的管理。

（3）本办法所称高铁快运,全称高铁快运包裹,是指铁路企业依托但不限于利用高铁列车(含确认列车,以下简称列车)等运输资源,为客户提供的小件物品全程运送服务。

高铁快运作为新服务类型纳入铁路包裹业务范畴,由快运公司作为高铁快运业务经营主体对外经营,经铁路运输时向铁路局办理托运手续。

（4）国铁集团负责确定铁路局、快运公司高铁快运业务职责;公布高铁快运业务办理车站;规定列车装载条件;制定车站、列车相关设备设施技术标准;监督检查铁路企业的安全和服务质量。

铁路局负责审核并向国铁集团提报快运公司提出的高铁快运业务办理车站开办与停办申请;对快运公司办理高铁快运站间运输业务;向快运公司提供适合高铁快运作业的车站场地、进出通道等必要设备设施条件,协助快运公司组织高铁快运集装件列车运送。

（5）快运公司负责提出高铁快运业务办理车站开办与停办申请;按照市场需求和铁路站车资源情况制定并对外公布快运公司业务种类、办理城市、服务范围、服务时效和办理条件等;负责高铁快运安检、车站作业组织、中途作业列车随车作业,以及相应的人员、设备管理等工作,并承担相应安全责任;负责高铁快运业务有关的信息、财务、收入、统计等工作。

快运公司应加大终端客户开发力度,提高市场经营能力,不得直接外包高铁运力;持续改进高铁快运业务管理工作,明晰职责,完善制度,落实安全责任,确保高铁快运运输安全。

(二)业务管理

(1)高铁快运业务办理应统一业务标识、统一作业标准、统一作业流程。

(2)办理高铁快运业务的车站应满足下列条件:

①高铁车站应提供高铁快运运输生产基本服务设施。作业场地应满足高铁快运集散分拣、装卸作业、物品和集装容器暂存等作业要求,位置应选择方便、快捷进出车站和站台的地点。直辖市、省会城市和计划单列市高铁车站作业场地面积原则上应不小于150m²,其他车站原则上面积不小于50m²。

②高铁车站应提供运送高铁快运物品车辆停放场地,指定高铁快运物品进出车站、站台通道和安检通道。

在具备条件的车站,快运公司可在进站口外设置高铁快运业务办理点;条件困难的,可在候车区域设置高铁快运业务办理点。

(3)办理高铁快运业务的列车应满足下列条件:

①选用的列车应满足高铁快运产品的时效要求。

②原则上所有列车均允许装运高铁快运集装件。遇执行专运警卫任务时,由任务担当局专运办通知高铁快运作业相关单位和部门,任务列车及其待用车底全程停办高铁快运业务。遇其他特殊情况需要临时停装时,由发送局以调度命令方式下达。

(4)快运公司应对外公布高铁快运的办理范围,以下物品不能办理高铁快运:

①法律法规规定禁止或限制运输的物品。

②危险品及承运人不能判明性质的化工产品。

③动物、有异常气味及妨碍公共卫生的物品。

④可能损坏或污染车辆的物品。

⑤其他不符合高铁快运装载条件的物品。

(5)快运公司要根据市场需求、高铁快运办理站和列车运能等情况,综合考虑上门取送货时间、市内交通、站内作业时间等因素,确定不同城市可办理的服务产品,明确截止受理时间、送达时间及路由规划。

(6)高铁快运业务办理实行实名制。受理时,托运人为个人的,应查验其有效身份证件信息;托运人为单位的,应查验其单位名称及经办人有效身份证件信息。

快运公司应按国家有关规定采集托运人的身份证件等信息,并采取有效措施保证客户信息安全。

(7)快运公司应严格落实承运物品安全检查有关规定,上门取货实行先验视、后封箱,对承运物品逐件检查,核实办理条件,防止匿报、伪报品名和夹带禁运物品。承运物品封装成集装件后,快运公司应在装车前再组织集装件过机安检。集装件安检情况要认真登记,安检记录保存90天。

(8)高铁快运应使用专用箱、冷藏箱、集装袋等集装容器以集装件的形式在高铁车站间运输,集装容器式样要抄送铁路局,并报国铁集团运输局备案。

集装容器应满足下列条件:

①集装容器外部长、宽、高尺寸之和不大于160cm,最短边长不小于30cm,并采取防火、防水、防漏、防撞、防滑及内部捆绑、衬垫等必要防护措施,适宜在列车指定位置装载。集装

容器应有高铁快运标识、统一编号和条码,带锁闭装置。

②集装容器装货后形成的集装件总重量不超过 25kg。冷藏箱等特殊运输条件需求的,外部长宽高尺寸之和不大于 220cm,总重量不得超过 50kg。

③集装容器应保持整洁卫生,防止夹带鼠虫等病媒生物。

(9)高铁快运集装件要装在列车指定位置。载客动车组列车可将集装件装在大件行李存放处、二等车厢最后一排座椅后空档处、集装件专用存放柜、动卧列车预留包厢等位置。个别方向列车运能不足时,可利用二等座车预留座位处的空档装载集装件(不得码放在座椅上)。

(10)集装件装载要考虑旅客旅行需求,一节车厢内大件行李存放处和最后一排座椅后空档处应预留不少于三分之一的空间供旅客使用;集装件放置在最后一排座椅后空档处时,不得影响座椅靠背后倾;不得污损座椅或铺位。

列车中途停站作业时,一个车门上下的集装件总数每分钟不得超过 2 件。停时 1 分钟的经停车站每个车门仅单边作业,只装不卸或只卸不装。

确认列车上集装件还可码放在二等座车座椅间隔处等位置,但不得码放在座椅上。单节车厢装载的集装件总重量不得超过列车允许载重量(二等坐车车厢标记定员乘以 80 千克)。

(11)高铁快运集装件装卸时不得损坏列车车体及车厢内设施设备。集装件装载应稳固牢靠,码放整齐,不得堵塞通道,不得偏载、偏重。

(12)需在中途停站装卸高铁快运集装件的列车,快运公司应安排押运员跟车作业,并提前通知列车担当局;或与担当局协商由列车乘务员代办高铁快运列车相关作业。仅在始发、终到车站作业的列车,快运公司可不安排押运员随车作业。

押运员应统一着装、持押运证件上车作业(样式见附件 2),遵守列车相关规定,服从列车长指挥。列车长应对押运员的证件进行检查和登记。

快运公司车站作业人员和押运员证件由快运公司自行管理、发放,纳入客运管理信息系统,人员名单及编号抄铁路局备案,其中作业人员和押运人员为劳务派遣工或业务外包单位人员的,证件中"单位"栏应填写与其建立劳动关系的单位名称。押运折返、途中住宿按列车乘务员标准执行。

(13)高铁快运集装件在车站内搬运时,应使用平板推车等专用机具或人工搬运,专用机具应带止轮装置(制动为常态),采取防滑、防溜、防撞的措施,经指定通道进出站台,在指定位置存放。

(14)车站工作人员、列车乘务人员发现非快运公司作业人员搬运高铁快运集装件进出车站、列车时应予以制止。

(15)快运公司使用高铁快运面单对外核收高铁快运服务费用。快运公司利用高铁列车进行站间运输时,铁路局使用包裹票核收铁路运杂费,按站、日汇总制票,月度结算。

(16)高铁快运车站作业场地的治安、消防安全,由公安部门按照管辖权限依法管理。

(三)运输组织

(1)快运公司按照产品时限优先、用足能力的原则,分车次、到站编制集装件装车计划,形成高铁快件集装件装载清单。

(2)快运公司应根据集装件装车计划,安排统一着装、佩戴作业证的工作人员(样式见附件2),于列车到站前将集装件搬运至站台指定位置,列车停稳后按计划装车、堆码集装件。始发(折返)站应在旅客开始上车前完成装车,中途站应于开车铃响前完成装车。列车客运乘务人员发现集装件码放不符合规定的,应要求快运公司驻站装车人员当场纠正。装卸车作业过程应避免干扰旅客乘降。快运公司工作人员装车完毕后应向列车长汇报集装件装车位置及件数。

(3)无押运员跟车作业的列车,列车客运乘务人员应将集装件码放及外包装、施封等状况纳入途中巡视内容,发现集装件短少或外包装、施封破损应立即报告列车长。列车长到场确认后,应组织乘务人员在各车厢查找,必要时报警。上述异常情况列车长应开具客运记录,载明现有集装件数量、编号或内装物品的实际状况,到站时将客运记录交快运公司工作人员处理。

有押运员跟车作业的列车,押运员负责途中巡视、检查工作,自行处理有关事项,必要时报告列车长协助处理。

(4)运输途中临时更换车底或终止运行时,由列车长通知押运员;无押运员时,列车长报告被换乘车所在地铁路局高铁客服调度员(客运调度员),铁路局高铁客服调度员(客运调度员)通知所在地快运分公司。

集装件的换乘,有押运员时由押运员负责,原则上应于旅客换乘前完成;不具备换乘条件时,押运员要随集装件同行,负责途中集装件看管和交接。

无押运员时,集装件由原列乘务组临时看管。原列乘务组随热备(备用)车继续担当乘务的,在不影响热备(备用)车出动的情况下,快运公司应安排人员随热备(备用)车出动,与原列乘务组办理交接后,负责车上集装件的看管或换乘。快运公司人员无法及时登乘热备(备用)车或热备(备用)车底出发地无快运公司营业机构时,换乘地点在车站的,由车站协助原列乘务组完成集装件换乘,不具备换乘条件时,集装件可随原列回程或将集装件卸下交车站临时看管;换乘地点在区间的,集装件随原列回程。

集装件随原列回程时,由列车长在换乘前开具客运记录附于集装件上明显处;交车站临时看管时,由列车长开具客运记录与集装件一起交车站。

未换乘的集装件,由快运分公司与铁路局高铁客服调度员(客运调度员)联系在合适的车站接卸。车站临时看管的集装件,由车站通知所在地快运分公司到站接收。

利用确认列车装运集装件时,具体作业组织由快运公司与确认列车发、到铁路局协商确定。

(四)安全管理

(1)高铁快运运输应确保高铁安全,不得妨碍旅客乘降和旅行,不得影响车站、列车工作人员作业。

(2)快运公司和铁路局应按照分工制定高铁快运安全管理制度、明确工作职责,落实工作责任,签订结合部安全管理协议,明确各自的安全管理职责;强化人员培训,培训合格后方可上岗;爱护高铁列车设施,建立健全安全考核机制。

(3)快运公司要加强安全防范能力建设,逐步完善营业场所、处理场地的监控设备,设备确保24小时正常运转,监控资料按相关规定保存。

（4）快运公司应健全完善高铁快运安检制度，切实落实实名托运、收货验视、承运安检、监装监卸、站场卡控、途中控制、终到检查等安全防范措施，确保安检管理闭环。

（5）装载高铁快运集装件的列车发生事故时，按《铁路交通事故调查处理规则》等有关规定处理。需快运公司参加事故调查的，事故发生局应通知快运公司，快运公司要派员参加。

（6）高铁快运在站间运输期间发生物品丢失、损坏等货物损失时，由快运公司负责处理。

（五）信息管理

（1）快运公司应建立满足高铁快运作业、计费管理及客户服务需求的信息系统，建立完善信息系统运营维护和应急处理机制，确保信息系统平稳运行。

（2）高铁快运业务纳入国铁集团统计管理体系，快运公司应按规定时间及格式向国铁集团报送运量及收入情况，并按收入、统计等部门要求提供相应数据。

（3）快运公司应向高铁快运客户提供全程追踪信息服务，追踪信息应通过中国铁路12306、95306 网、快运公司 95572 客服平台提供客户查询服务。

（4）快运公司应按照"敞开受理"要求，提供电话、网络、移动终端等多服务渠道受理客户的咨询、查询、下单、投诉、理赔等业务。客户通过 12306、95306 客服电话和网站提出的相关业务需求，统一转接至快运公司 95572 客服平台处理。

三、国铁集团关于明确铁路行包业务统一对外经营有关事项的通知

各铁路局，快运公司：

按照铁路供给侧结构性改革要求，为加快铁路行包运输业务转型升级，发挥铁路局运力资源和快运公司经营网络优势，提高市场竞争力，实现行包运输业务提质增效，经国铁集团研究，决定将铁路行包对外经营业务统一交由快运公司负责。现就有关事项通知如下。

（一）明确业务界面

（1）铁路行包对外经营业务统一由快运公司负责，铁路局不再对外办理行包业务。快运公司可采取自营、代理、行李车仓位包租等多种形式对外开展市场营销。

（2）铁路局、快运公司业务界面和职责以安检仪前端为界划分，铁路局的车站行包窗口业务（含到达交付和损失理赔业务）全部移交快运公司，铁路局继续负责行包安检及装卸、站车交接等铁路内部运输组织工作。其中：

全部窗口已由快运公司经营的行包房维持现状。

快运公司与铁路局共设窗口的行包房，由快运公司接手全部行包窗口业务，车站现从事行包窗口业务的人员按照个人自愿、双向选择原则，由铁路局妥善安排或调入快运公司。

快运公司未设窗口的行包房，仍由车站从事行包窗口业务的人员代办快运公司的行包窗口业务，由快运公司按运费进款的 3% 向铁路局清算服务费。

（二）统一对外票据与价格

（1）保留铁路局行李票，取消对外使用包裹票，全部包裹业务统一使用快运公司的小件快运运单对外办理业务。

（2）对外办理铁路行李运输时，按既有行李运价规定执行。对外办理包裹业务时，快运

公司可根据市场情况自主定价,对一、二类包裹,按不高于国铁集团规定的既有运杂费标准执行。快运公司要制定包裹计价收费管理办法,并报国铁集团备案。

(3)快运公司经行李车运送的包裹,铁路局使用包裹票按既有运价规定收取运杂费。快运公司使用小件快运运单制票时,同时生成电子包裹票,按站、日汇总电子包裹票缴费信息,按月向铁路局缴纳运杂费。具体缴费项目、标准以及保价清算按国铁集团相关规定执行。

(4)铁路局现有行包大客户和代办点合同由快运公司承接,按合同依法继续执行至合同期满。稳定大批量包裹集中装、卸的,快运公司可与铁路局协商,采取自装卸方式组织。

(三)统一运力资源平台

(1)全路行李车运力统一交由快运公司支配使用。国铁集团统筹安排全路行李车挂运方案,公布直通旅客列车行包运输方案。铁路局提出增减行李车、车站行包业务开办与停办等调整事项时,需提前与快运公司协商,并报国铁集团批准后方可执行。

(2)快运公司应根据行包流量、流向和行李车运能情况,应用大数据构建全路行包方案规划管理和配载平台,合理分配行李车仓位,按产品时效提出行包运输精准路由方案,车站行包房按快运公司的行包路由方案组织装、卸车,实行订单式生产。

(四)统一升级信息系统

(1)快运公司要根据此次业务调整内容,调整行包运输管理信息系统中承运制票、到达交付、计费计价、装车计划等相关功能,实现行包统一对外报价、货件实时追踪等。

(2)针对目前行包管理信息系统硬件老化、系统结构不适应业务发展需要的问题,由快运公司负责提出行包信息系统整体升级、快运公司95572客服电话直连12306客服平台的建议方案报国铁集团履行审查程序。待方案审查后,由快运公司牵头组织实施。

(五)统一对外品牌形象

(1)发挥快运公司品牌优势,行包房统一使用快运公司CRE形象标志,行包相关的定位、导向、服务标识及图形符号执行客运车站标识技术条件。

(2)快运公司管理行包营业厅,提供引导、包装、搬运等服务。快运公司要制定统一的对外形象标准,整修粉刷门头、外立面,规范营业厅内部揭示,保持营业厅内外整洁有序,全面提升对外服务质量,打造"中铁快运"服务品牌。

(六)统一规范产品服务

(1)快运公司要综合利用行李车、高铁列车等运力,开发当日达、次日达、隔日达、标准快运等谱系化快件运输产品,明确运到时限和服务标准,将"站到站"行包运输升级成为小件物品"门到门"全程物流。

(2)快运公司要发挥行李车运输速度快、时效准、批量适中的特点,研究利用行包设施构建铁路医药及生鲜冷链快运网络,同时,加大对政府物资、军事物流、电商快递物流等市场开发力度,整体提高行李车货源等级。

(3)快运公司要完善95572客户服务平台功能,丰富业务受理和查询服务渠道,为客户提供方便快捷的快运产品服务、价格、运到时限以及货物实时追踪查询信息。

(七)加强监督考核

(1)国铁集团将年度行包运输经营指标(含行包保价收入)同时下达给铁路局和快运公

司,实行双挂双考。

(2)铁路局要保障行李车运力、车站行包作业设施设备条件和装卸劳力供给,加强安检、装卸等内部作业组织,卡控安全关键环节,提高行包作业质量和效率,确保行包运输安全有序。

快运公司要紧盯目标市场,加快推进行包快运产品转型升级,做精做优铁路行包快运业务,扩大市场份额。

铁路局、快运公司要按分工落实"强基达标、提质增效"要求,加强行包快运专业化管理,规范业务运作流程,坚持合作共赢,全面提升行包管理水平和经营效益。

(3)国铁集团相关部门要高度关注行包业务调整情况,加强对快运公司和铁路局的监督指导,对业务调整过渡及后续工作中遇到的问题及时组织研究修正,切实将支持快运公司做强做大做优的措施落到实处,促进铁路行包运输业务的良性发展。

(八)交接时间要求

自2017年3月31日18点起,快运公司接手全部行包窗口业务(快运公司未设窗口的行包房由车站代办)。业务调整过渡期一个月,对快运公司未设窗口的行包房、行包大客户及代办点,包裹票对外延用至4月30日过渡期结束。

各铁路局和快运公司要加强组织领导,按业务调整方案要求,明确一名分管领导亲自负责,并成立工作组,细化分工、明确责任,研究制订实施方案,确保业务调整工作。

四、行李、包裹包装的基本要求及其图示

1. 行李、包裹包装的基本要求

(1)行李、包裹运输包装(以下简称行包运输包装)必须保证内装物品的安全、完整,能抵抗各种运输环节的影响,完好地将行包运至目的地。

(2)行包运输包装件应完整、牢固、捆绑结实,便于装卸、堆码、点件、保管,适合运输。

(3)行包运输包装的包装材料、辅助材料和容器应符合国家有关标准及本标准的规定,不同品类的物品采用的包装类型、加固方法不得低于本标准的要求。

(4)为保证物品在运输过程中的安全、完整,根据其性质和需要选用防振、防压、防潮、防盗、防雨、防锈、防漏等防护包装。

(5)每件行包为一独立包装,外部不能附插其他物品,两件亦不能捆绑成一件;箱、包、袋必须加装能承受拉力的锁;多拉链的箱、包、袋,零散物品及外包装破损后缝合的物品都必须另加外包装或装入行包专用袋内,捆扎牢固。

(6)行包包装件必须有加固措施,其内装物应用泡沫、纸屑等填实充满,不得晃动。凡是使用旧包装的包装件,必须清除原有标记。

(7)行李应用麻袋、编织袋、布袋、木箱包装,使用不能承受压力的纸箱时必须外加编织袋、捆扎牢固。

(8)放射性物品包装必须经铁路防疫部门检验符合卫生安全要求,轻油样品必须符合《2000mL轻油样品包装箱》(TB/TN-3—87)。

(9)行包运输包装根据物品性质必须具有安全标志,且符合《铁路行李、包裹运输包装、标志、铁路运输行业标准》(TB 2337—93)的规定。

2. 行李、包裹包装示意图

行李、包裹的包装，如图 3-13 所示。

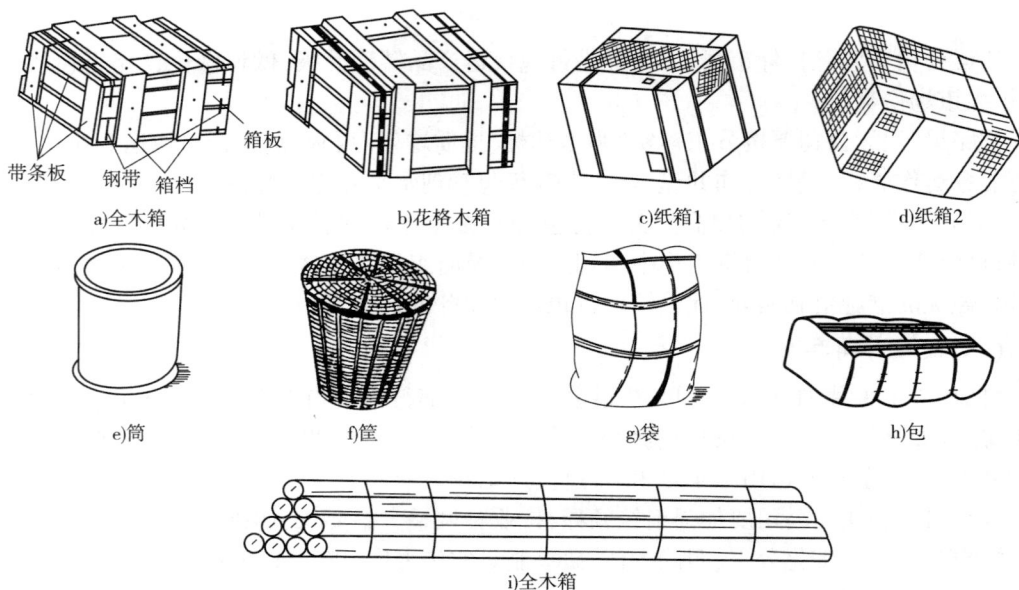

带条板　钢带　箱档　箱板

a)全木箱　　b)花格木箱　　c)纸箱1　　d)纸箱2

e)筒　　f)筐　　g)袋　　h)包

i)全木箱

图 3-13　行李、包裹包装示意图

复习思考题

1. 行李、包裹运输合同的含义及凭证是什么？

2. 行李、包裹票主要应载明哪些内容？

3. 托运人的基本权利和义务有哪些？

4. 承运人的基本权利和义务有哪些？

5. 行李和包裹的范围是怎样规定的？

6. 行李中不得夹带哪些物品？

7. 包裹是怎样分类的？

8. 哪些物品不能按包裹托运？

9. 行李、包裹票有几页？各为何颜色？具体作用是什么？

10. 行李、包裹的运送组织原则是什么？

11. 如何计算行包运到期限？

12. 旅客要求将逾期到达的行李运至新到站时应如何处理？

13. 行包免费保管天数是如何规定的？

14. 行李、包裹要求运输变更如何处理？

15. 凭传真件提取包裹应如何办理？

16. 行包票丢失如何进行交付？

17. 什么是无法交付物品？产生无法交付的物品应如何处理？

18. 行李、包裹违章运输有哪些？应如何处理？

实践训练

1. 练习正确填制行李票、包裹票。

2. 练习确定行李、包裹的运到期限。

3. 练习行李、包裹逾期到达的处理方法。

4. 练习办理行李、包裹的运输变更。

5. 练习处理行李、包裹的违章运输。

6. 练习填写各类票据。

项目四　特种运输

理论知识

单元一　路内运输

　　路内运输是铁路内部因工作、生活需要而产生的人员和物资运输。随着铁路运输管理体制改革的不断推进,为适应铁路运输生产发展的需要,国铁集团及时颁布、修改《铁路乘车证管理办法》,明确铁路乘车证的管理及使用规定。《铁路旅客运输管理规则》对路用品的携带和运送也做出了相应的规定。

一、铁路乘车证

(一)铁路乘车证的种类及颜色

乘车证共分9个票种,3种颜色。

(1)软席全年定期乘车证,浅粉色。

(2)软席乘车证(含单程、往返、临时定期),浅粉色。

(3)硬席全年定期乘车证,浅蓝色。

(4)硬席临时定期乘车证,浅蓝色。

(5)硬席乘车证(含单程、往返),浅蓝色。

(6)便乘证,浅蓝色。

(7)通勤乘车证(含通学、定期),浅黄色。

(8)就医乘车证(含往返,临时定期,全年定期),浅黄色。

(9)探亲乘车证(含单程、往返),浅黄色。

(二)使用乘车证的范围

(1)铁路职工。

(2)《铁路乘车证管理办法》中规定可以使用的其他人员。

(三)乘车证使用的有关规定

乘车证限乘车证上所填写的持用人,在有效期间和区间使用。除探亲、就医乘车证外,其他各种乘车证每张仅限填发一人使用,实行一人一票制。

各种乘车证(全年、临时定期乘车证外)每张只限填发一个到站。由始发站至到达站有直达列车的,一般应乘直达列车;因签证原因不能乘直达列车的,可在同一方向换乘站中转换乘(限换乘一次),经换乘站签证后,可继续乘车至到达站。

1.乘车席别的规定

(1)准乘软席人员的范围

①国铁集团正、副部级领导和相当职级的人员;

②正副司、局长和相当职级的人员;

③教授和相当专业技术职务的人员;

④经国家和国铁集团批准的"有突出贡献的专家";

⑤年满50周岁的正、副处长和相当职级的人员;

⑥年满50周岁的副教授和相当专业技术职务的人员;

⑦1937年7月6日前参加革命工作的干部;

⑧国铁集团副部级领导和相当职级以上人员,因工作需要准许随行人员一人填发软席乘车证;

⑨受处分降低职务、工资级别的人员,应按降低后的职务、工资级别确定其能否享受乘坐软席。

(2)准乘硬席的人员范围

除上述规定以外的其他铁路职工和符合规定的其他人员准乘硬席。

2.准乘列车的规定

(1)持用全年定期、临时定期、软席、硬席乘车证和便乘证,在正式或临时营业铁路上准乘各种旅客列车(国际列车除外)。

(2)持用探亲乘车证,准乘除国际、旅游列车以外的各种旅客列车。

（3）持用通勤乘车证，准乘各种旅客列车(国际列车除外)。

（4）持用就医乘车证，准乘快车和普通旅客列车。

（5）持用铁路全年定期、临时定期、软席、硬席乘车证均可乘坐空调可躺式客车。

（6）持有各种铁路乘车证的铁路职工允许乘坐动车组二等座席。

3. 乘车证明的规定

持用铁路各种乘车证的职工出入车站及在列车内须与旅客同样经过检验票证及有关证件。

（1）持用铁路乘车证乘车，应同时交验工作证、离休证、退休证、家属证或家属医疗证。

（2）职工持用探亲乘车证，应同时持贴有本人照片的工作证和探亲证明；职工配偶或父母、子女持贴有本人照片的家属证(医疗证)和探亲证明。

（3）出差、驻勤、开会、入学、调转、出校、赴任、搬家时，还必须交验相应证明(出差证明、人事调转命令、户口迁移证)。

机车乘务人员便乘时，必须携带机务段填发的司机报单。

机械保温车乘务员去外地换班乘坐旅客列车时，应交验保温段填发的交、接班证明。

4. 乘车站使用签证及加剪规定

（1）持用临时定期、软席、硬席乘车证、探亲乘车证乘车时，须由车站签证，其他乘车证免于签证。

（2）持有各种铁路乘车证的铁路职工乘坐动车组时，必须先签证后乘车。

（3）对持用的全年、临时定期、通勤、全年定期就医和临时定期就医乘车证免打查验标记；其他乘车证均经于始发站和返乘站予以剪口，列车内查验时也应打查验标记。

5. 免费使用卧铺的规定

（1）职工(含路外符合使用乘车证的人员)出差、驻勤、开会、调转、赴任、护送等，以本人开始乘坐本次列车开车时刻计算，从20:00时至次日7:00之间，在车上过夜6h(含6h)或连续乘车超过12h(含12h)以上的，准予免费使用卧铺。

（2）使用卧铺中途不应下车，若必须下车时，不足夜间乘车6h或连续乘车不足12h的，列车长应按章核收已乘区间的卧铺票价。

（3）持乘车证在列车上使用卧铺时，应将出差证明、卡片连同乘车证交列车员保管(下车前交还)，并办理签证。列车员应在出差证上加盖图章或签字，以作为职工单位不再发给卧铺票价补贴的凭证。持用全年定期出差证可不交给列车员保管。

（4）机车乘务员应按预留铺位便乘，旅客列车(挂有国际联运车厢的列车除外)应预留3个(上、中、下各一个)机车便乘铺。机务段开便乘证时，如超过3人应自第4人起，加盖无铺戳记，卧铺车厢的列车员对便乘证应及时登记并保管，下车前交还。凡不符合便乘规定者，列车长应收回便乘证，编制客运记录，上报所属铁路局收入部门，追补票价。

6. 其他有关规定

（1）持用定期通勤、通勤、通学、定期就医、就医、软席、硬席乘车证，除换乘外，中途下车无效。

（2）定期通勤乘车证，一个月只限使用一次，不能提前或移作下月使用。如节假日适逢月初或月末，乘车证的往返日期可跨及上月末或下月初，但起止时间不超过一周。

(3)持用铁路乘车证,均不能免费托运行李、搬家物品等。

（四）违章使用乘车证的处理

在票面上加添、涂改、转借、超过有效期或有效区间乘车,未持规定的有关证明、证件或持伪造证明、证件的均视为违章使用乘车证。

(1)发现违章使用乘车证时,均按无票处理。按所乘旅客列车的等级、席别、铺别、区间(单程或往返)及票面填写的人数补收票价,并核收应收票价50%的加收票款及手续费。同时查扣其乘车证及有关证件上交铁路局收入部门。上交时应编制客运记录,注明违章情况。

(2)下列乘车证除按规定补收票款外,还应按照票面记载的席别、区间加收罚款:

①定期通勤乘车证,按票面填写的乘车区间,自有效月份起至发现违章月份止,按每月一次往返的里程通算计收客票票价。

②全年定期乘车证、临时定期乘车证、通勤(通学)乘车证,自有效日期(过期的从有效期终了的次日)至发现违章日期止,票面填写的乘车区间在一个铁路局以内的,按每日乘车50km计算票价;乘车区间跨铁路局的,按每日乘车100km计算票价(含义同前),计算后低于50元的按50元核收。

③发现其他违章行为的,均按《铁路旅客运输规程》的相应规定处理。

(3)乘车证使用过程中,发现违章事项当时处理不了的,站、车应编制客运记录,连同查扣的乘车证及有关证件报本铁路局收入部门,由铁路局依据规定向违章职工单位发函,追补应收票款及罚款。

二、路用品的运送及携带

（一）利用客车车递文件及附件

1. 公文附件的规定

下列物品,无论是否随文递送,均作为附件处理,准予车递:

(1)表报(包括空白表报)、图纸。

(2)档案。

(3)公章、证章、证件、纪念章、奖状、锦旗。

(4)公款、有价证券、票据。

(5)规章(包括汇编)、铁路系统印发的供本系统公用的书籍、刊物、报纸。

(6)各种合同(协议)。

(7)物资申请计划书、物资分配和调拨单。

(8)客货运事故记录、国际联运清算单、财务会计账单和凭证。

(9)展览品、模型、样品、图片、电影片、幻灯片。

(10)供化验和研究用的物料样品等。

(11)车递文件和物品用的回空容器(如麻袋、布袋、票箱等)。

附件数量较多时,应分别包装,每包重量不得超过10kg,同一发送单位发往同一收受单位的附件不得超过5包,超过5包时,应到车站行包房办理托运手续,按包裹免费运送,但必

须符合包裹运送条件及要求。

利用车递传送的客票票据,每包不得超过20kg,同一发送单位发往同一收受单位不得超过20包。

2.利用客车车递文件、挂号递送规定

车递文件属下列性质者可以办理挂号:

(1)密件。

(2)公款、票据、有价证券。

(3)公章、证章、证件、纪念章、奖状、锦旗。

(4)各种合同(协议)。

(5)物资申请计划书、物资分配和调拨单。

(6)客货运事故记录及事故有关的重要文件。

(7)国际联运清算单、财务会计账单和凭证。

(8)重要统计报表、图表。

(9)重要车递电报。

(10)回空的公文袋、票袋。

挂号文件的封套或包装应坚固不易破损。密件、公款的封皮封口处要粘贴薄纸条,加盖单位公章或专用骑缝章(名章无效);封皮左侧上角标明挂号的"字号""密别"(即秘密、机密、绝密)或"贵重品"(指钱等),便于识别。装公款的布袋应用火漆或铅弹加封。

(二)免费运输物品的范围及办理规定

1.免费运输物品的范围

(1)中铁文工团演出用的服装、道具、布景准予免费运输。

(2)中铁文工团电视剧部凭中铁文工团书面证明,将摄像机、录像机、放像机免费带入客车,自行看管,重量不受20kg限制;监视器、投影机、录音机等附属品按规定办理托运手续,免费运输。

(3)中国铁道出版社音像厂录像所需器材,摄像机、录像机、放映机、灯具随身携带,自行看管;监视器、投影机、录音机等附属品按规定办理托运手续,免费运输。

2.免费运输的办理规定

(1)需托运的服装、道具、布景数量较大时,可以拨给行李车,如行李车不足,也可以拨给棚车代用。使用后,立即交还,不得停留占用。严禁用拨给的行李车或棚车装服装、道具和布景以外的物品。

(2)少量的服装、道具、布景可装在旅客列车编组中的行李车内运送,不必另拨车辆。

(3)办理此项免费运输时,必须凭"中国铁路文工团"开具的证明文件,到车站办理托运手续。如要求拨给行李车或棚车时,应凭上述证明文件到有关铁路局办理拨车手续。

(4)车站办理托运时,应填写包裹票,并在运价栏划斜线,在记事栏内注明"免费"字样,同时将证明文件收回,随同包裹票报告页一并报送铁路局。

(5)托运的服装、道具、布景、监视器、投影机、录音机等,由车站负责装卸时,车站可按规定核收装卸费。

（三）路内有关人员携带路用品的规定

1. 铁路电务维修人员

铁路电务等维修人员乘坐管内旅客列车到各站检查、维修设备，凭铁路局发给的携带器材乘车凭证，可携带蓄电池（6V）8 组，蓄电池和电池的电解液（装入特种容器）3 瓶，轨道焊接线火柴（铁盒密封）5 盒，焊药 40 包，防腐油 10kg，机油 1kg，煤油 1kg，变压器油 2kg，调和漆 5kg，汽油（密封）0.5kg。乘车时应服从列车长安排，将携带品放在尾部，保证安全，并不影响车内秩序和运转车长作业。

2. 铁路衡器管理所检修人员

铁路衡器管理所检修工作人员，持证明到各站检定、修理衡器时，准许随身携带小型配件、调和漆 5kg 和标准砝码 200kg；也可凭书面证明免费托运砝码和衡器配件。车站填发包裹票，在记事栏内注明"衡器检修"，收回书面证明报铁路局。

3. 钢轨探伤人员

为方便工务段钢轨探伤人员乘车需要，由各铁路局发给"携带钢轨探伤仪乘车证"，可携带 JGT-2 型钢轨探伤仪（体积为 1000mm×830mm×380mm）乘车，同时需出示铁路公用乘车证，准乘管内旅客列车，并按乘务员或列车长指定的地点放置，不得妨碍旅客乘降。

单元二　军事旅客运输

一、铁路军事旅客运输概述

（一）铁路军事旅客运输的意义及特点

铁路军事运输是国家运输的组成部分，组织好军事运输是保障部队行动的重要手段，也是铁路和军队各有关部门的共同任务。

铁路军事旅客运输具有时限紧急，组织工作复杂、保密要求高等特点，因此，铁路和军队各有关部门在组织实施军事旅客运输时必须做到：

（1）服从大局，确保重点，正确处理军事运输与国民经济运输的关系。

（2）严密组织、统筹安排，合理使用国家运输能力。

（3）统一指挥、严格纪律，正确贯彻军事意图。

（4）按级负责，加强协作，共同完成军事运输任务。

（5）总结经验，勇于创新，不断提高运输管理水平。

（二）军事旅客运输的等级和运输范围

1. 运输等级

根据任务性质和装备性能，铁路军事运输依次分为特殊运输、重点运输和一般运输三个等级。

2. 运输范围

（1）部（分）队（含预备役）调动、参战民兵（工）、民兵高炮分队打靶。

（2）军队机关、院校、医院、仓库、在编军工厂的搬迁。

（3）兵员补退，伤病员后送，战俘遣送。

（4）军级以上机关批准的执行其他军事任务的人员运输。

（三）军事事故

在军事运输过程中，发生非正常人员伤亡、物资损失和延误军事运输任务的事件，均构成军运事故。军运事故分以下3类：

（1）人员伤亡，系指乘车或押运人员当场死亡或重伤住院治疗者。

（2）物资损失，系指军运物质的丢失、损坏、不能使用或需入厂检查修理，军马等有生动物死亡。

（3）特殊运输发生迂回、越站、错到以及漏加装分卸等情况。

二、铁路军事旅客运输计费、付费

为统一铁路计算运输计费、付费办法，加强军运运价管理，根据国家有关政策规定，结合计算运输实际，制定铁路计算运输计费付费办法。

铁路计算运输产生的费用实行"后付"和"现付"两种付费方式。"后付"由运费主管部门定期向铁路部门清算；"现付"按国铁集团有关规定，实行同类物资的商运运价，由托运单位直接向车站支付。

（一）后付人员运输计费

凡按后付办理的人员运输，依据铁路计算运输计费办法附件的"军运人员票价表"，按下列规定计费：

（1）客车。整车按车辆定员的座别、铺别票价（硬卧按中铺，软卧按包房）分别计费。每批不够整车的剩余人员按实乘人数、座（铺）别票价计费。发生换乘时，均按首次乘坐旅客列车的种类、席别票价计费，不分段计算。

（2）公务车按18人（米轨按15人）定员软座票价和高级包房的卧铺票价计费。

（3）军用卫生列车（包括伤员车、手术车、行李车、餐车、硬座车），每车按75人（米轨按25人）定员的硬座票价计费。

（4）使用固定客车底运送新、老兵，每批按实际发、到站和实乘人数、座（铺）别的票价计费。

（5）棚车代用客车。不分车辆吨位大小与实际人数，每车按45人（米轨按30人）硬座票价计费。乘坐棚车代用客车一般不得换乘客车。遇特殊情况必须换乘时，军代处与铁路局协商认可后，可凭原票换乘，不另计费。

（二）后付的办理

1. 办理方法

"铁路军运费后付凭证"是办理后付运输和结算运费的凭据。军交运输部门归口结算的后付凭证（黑色印刷）由中国人民解放军总后勤部统一印制，并加盖"中国人民解放军总后勤部军运后付专用章"。托运单位使用时，除按《科学尖端保密产品、国防保密物资运输警卫工作规定》办理和上级有特殊要求的运输加盖部队负责人、经办人印章外，必须加盖托运单位公章和经办本人印章。

单独使用客车、自备客车的托运单位根据批准运输计划凭后付凭证到客运部门办理后付运费,并按下列规定填写后付凭证:

(1)一般运输填写日期、军运号码、付费号码、托运部队代号、收货部队代号、发站、车种、吨位、请求车数、物资实重等栏。

(2)重点、特殊运输,不填写到站和接收部队代号。以客车运送的整车人员,物资实重栏填写定员数,不够整车的剩余人员和使用固定客车底运送新、老兵时,物资实重栏填写实乘人数。

(3)对未填写发到站的后付凭证,车站报铁路局财务处(收入处)转驻局军代处填写,由铁路局财务处(收入处)计算运费。

(4)后付凭证必须用蓝、黑墨水笔填写。填写有误时,应在错处画两条红色横线予以更正,并加盖经办人印章。

2.铁路军运后付客票的填写

铁路军运后付客票以现行的代用票代替。后付客票由车站客运部门填写,始发站不办理客运或人员、物资一起运输时,后付客票由货运部门填写。其填写方法如下:

(1)后付用客票按批填写,每批一票。

(2)重点以上运输的后付客票,不填写到站和收货部队。

(3)按《科学、尖端保密产品、国防保密物资运输警卫工作规定》和上级有特殊要求的运输,后付客票不填写发、到站、发货部队、收货部队,不盖站名章,只盖不带站名的经办人印章。

(4)对未填写发到站的后付客票,由铁路局财务处(收入处)根据驻局军代处提供的发、到站填写。

后付客票只填乙丙两联,丙联发站按日汇总与后付凭证一起上报铁路局财务处(收入处)。旅客列车运送的人员,客票乙联由客运部门交乘车部队作为乘车凭证;非旅客列车运送人员时,后付客票乙联用票据封套签封后交车长携带至到站。

(三)现付办理、票据填写

1.现付的办理

军运现付证明是部队办理计算运输的凭据,由总后勤部军事交通运输部、军区后勤部军交运输都按规定样式印制,付费号码审批号码归口管理,部队凭军运计划提报介绍信领用。按现付办理的计算运输,托运单位根据月度军运计划,凭加盖团以上单位公章和经办人印章的军运现付证到客运部门办理要车手续。

2.现付有关票据的填写与计费

(1)现付证明的填写

托运部队填写军运号码、发站部队代号、收货部队代号、请求车种、车数、重(数)量栏填写实际乘车人数,记事栏注明有关要求,记明请车日期,加盖托运部队公章和经办人名章。

(2)军运现付的计费及票据填写

车站客运部门根据托运部队提供的"军运现付计费证明",按《铁路旅客运输规程》规定的计费条件和铁路旅客票价计费,托运单位直接向车站支付,并使用代用票制票。事由栏填写"军现",在记事栏注明军运号码、军运现付计费证明编号、车号,其他栏根据实际填写。

代用票甲联车站留存,乙联交部队作为乘车凭证,丙联与现付证明一同上报。

三、新老兵运输

(一)新老兵运输期限及组织原则

全国新老兵运输期间依照国务院、中央军委的命令和指示确定。在通常情况下,全国新老兵运输应当于每年11月25日开始,12月31日前结束。其中,老兵运输应当于11月25日开始,新兵运输应当于12月10日开始,至12月31日止。为此,每年11月下旬至12月下旬为新老兵运输期限。

新老兵运输工作应当遵循集中领导,归口管理,分级负责,统筹计划,优先安排,方便部队的原则。

(二)新老兵运输组织领导

新老兵运输工作涉及部门多、要求高、组织工作比较复杂。各有关部门应根据征兵命令和退伍工作要求,统筹全局、周密计划、合理安排、团结协作、严格按计划组织实施,保证安全及时地完成新老兵运输任务。新老兵运输期间,各级铁路、港、航和军交部门要会同有关部门组成新老兵运输办公室,在各级新老兵运输领导小组领导下统一组织指挥新老兵运输工作。领导小组组长由各级领导担当,客运、运输、机务、车辆、公安、房产、卫生部门领导参加。在新老兵运输开始前,领导小组要召开电话会议,全面部署检查各项准备工作。各部门要明确分工,加强岗位责任制,切实做好这项工作。

运量较大的车站应在当地人民政府统一领导下,成立临时中转接待机构,负责做好新老兵接待、中转、食宿、医疗卫生和行李托运等工作。

铁道、交通部门要教育职工关心热爱子弟兵,帮助解决旅途中遇到的困难,要派出执勤分队负责维持秩序,并热情为新老兵服务,使新老兵顺利到达目的地。

(三)新老兵运输方式

新老兵运输采取整批军运和零星购票相结合进行,主要有4种方式。一是组成专用客车底循环套用;二是选用部分旅客列车运送;三是在旅客列车中预留车厢;四是零星购票。

新兵和出新疆的老兵以组织军运为主,其他老兵以购票为主。新老兵全部乘坐客车。除国际旅客列车和市郊通勤车不能选用外其他旅客列车可均衡选用。选用时根据旅途的远近选用长途列车,并注意紧密衔接,减少中转。为方便新老兵,在保证安全、不影响铁路分界交出时分的前提下,可组织新老兵在旅客列车没有停站时分的车站上下。局管内列车经驻局军代处和铁路局批准,跨局列车则须在全国新老兵运输会议确定。

抽调客车组成新编列车循环使用时,新编列车开行军用车次,每列定员1400人左右。客运部门临时抽调专门的乘务人员担当乘务工作,在旅客列车中预留车厢,原则上在本局始发列车中预留(国际旅客列车除外)。预留车数由铁路局和驻局军代处商定。需在较大枢纽地区中转的,每个列车预留车数一般不要超过两辆。留车后,由驻局军代处根据管内部队提出的要车计划与铁路局商定后,逐级下达执行,安排列车时要尽量安排直通车次,减少中转换乘。

零星购票,指20人以上不足整车的新老兵集体乘车时,可由部队持介绍信于乘车5日前,到车站客运部门提报乘车计划。驻军较多、运量较大的车站,可由部队、军事代表和铁路客运部门共同协商研究,统筹安排,可按大单位划片,定时间、定车次、定票额纳入客运计划。组织均衡运输。有条件的车站应派人到部队驻地预售客票。团体新老兵购票时,车站应优先受理,并事先商定到达车站的时间,指定候车地点,提前检票,提前进站上车。零星老兵,可凭复员证到车站购买客票,车站应优先售票、优先乘车。

（四）乘车组织与管理

铁道、交通、民政部门和军交部门要按运输方案和运输通报,严密组织,加强管理,采取有效措施,保证完成新老兵运输组织计划。

1. 运行组织

接送兵单位应于起运日期 5 天前到始发局军代处或车站新老兵运输办公室（或客运部门）办理乘车手续。始发局军代处或车站新老兵运输办公室按运输方案与接送兵单位核对确认始发和中转计划。整批运输与运输方案有变化时,始发局军代处要提前通报中转站和到达局军代处;无变化时,按运输方案组织实施。乘坐新编客车的应认真掌握运行。铁水路联运中,先铁路后水路的,始发局军代处通报到达局军代处,到达局军代处通报到达港航务军代处;先水路后铁路的,始发港航务军代处通报到达港航务军代处、到达港航务军代处再通报换乘站所属局军代处。购买客票走的由始发站新老兵运输办公室在落实始发计划后,直接向中转站新老兵运输办公室联系通报。部队应严格按下达的中转换乘计划组织中转,不得擅自变更中转日期、地点和车次。部队应及时派出先遣联络人员按始发站新老兵运输办公室通知内容到中转换乘站联系中转换乘事宜,安排食宿和短途运输。

铁路要加强新老兵运输中的中转预报工作。当始发站确定了乘车日期、车次、人数后,即由发站以铁路电报通知中转站。预报内容有发站、到站、乘车部队代号、乘车日期、车次、人数、换乘站、军运号码和部队负责人姓名。中转站应尽量安排换乘就近直通旅客列车,以减少中转,方便乘车的新老兵。

2. 途中管理

部队或接送兵单位要指派责任心强、有一定组织能力的人员担任接送兵工作。接送兵人员要认真负责,严格管理,严禁携带无关人员搭乘。接送兵人员和新老兵要接受军事代表的指导,途中发生问题要及时向军事代表反映。接送兵人员要教育新老兵遵纪守法,开展精神文明活动。对途中违法乱纪者,沿途驻军、军事代表和接送兵干部会同铁路、交通部门妥善处置。对情节严重、触犯刑律的要予以扣留,上交公安部门处理。

军交部门和各级新老兵运输办公室要加强运输情况的掌握。中途人员上下车和进出站凭军事代表的通报办理。整批军运发生人员漏乘时,按军运有关规定办理。途中人员发生伤病不能继续乘车时,车站、军事代表应通知就近驻军或地方医院抢救治疗。其医疗费、伙食费按章办理。对危重伤病者接送兵单位要留人负责护理做好善后工作。新老兵运输期间,运量较大的车站,应在当地人民政府领导下,成立新老兵运输办公室,安排好中转换乘和饮食供应工作,热情为新老兵服务。有条件的车站应设立专门售票窗口和候车室。

3. 安全服务

新老兵运输期间,任务量较大、中转换乘较多的车站,应组成安全服务队,做好安全服务工作。要安排专门的候车室或候车地点,并要设置一定数量的保温桶、饮水杯等用具,保证

开水供应。对新老兵列车要安排接入基本站台。新老兵上下车、进出站时客运人员要做好引导,免得上错车或发生事故。天桥、道口、线路、大门等都要派人看守防护。禁止无关人员混杂在内,以免发生意外。列车前、后、下面、背面都要派人看守。劝阻送行人员不要上车、列车开动后不要和车上人员握手。特别要注意防止有人扒车,如发现有人扒车时,应及时采取措施,以免发生危险。新老兵列车要按旅客列车办理,并配备乘务人员,落实安全措施,确保安全正点。

(五)退伍战士行李托运

退伍战士托运的行李、物品等,车站应予优先受理,优先装车,及时中转,不得积压,力争人到行李到,到后免费保管。

(1)退伍战士随身携带的行李、物品、书籍等,铁、水路准予免费携带35kg。公路准予免费携带25kg。超过免费携带部分,按整批军运办理的凭部队团以上机关介绍信,购买客票走的凭退伍证,于乘车前3~5日到车站办理托运手续,50kg以内按行李计费,35kg以内凭托运费凭收据由原部队按实报销,超过此重量部分的托运费由老兵自理。在老兵退伍期间,有条件的车站应派人到部队驻地,集中为退伍战士办理托运,托运手续一人一票。部队要主动配合,提供方便。

(2)老兵乘车时,不准携带自行车、缝纫机、家具、木料等大件物品。随身携带的物品和托运的行李严禁夹带武器、弹药和其他易燃、易爆危险品。部队要对老兵行李进行点检。托运行李由部队负责检查,团以上机关盖章施封,车站可凭施封条免检承运。发现携带危险品,军队或公安部门要及时收缴,严肃处理。危及运输安全时,要追究部队和当事者责任。托运的行李除拴挂铁路货签外,在行李包装外面,标明发站、到站、发货人、收货人姓名和详细地址,并注明"老兵行李"字样。行李到后,老兵应尽快取走。

单元三　国际旅客联运

新中国铁路自1954年起开办国际旅客联运,长期以来,我国的国际旅客联运经历了从无到有、从少到多的过程,如今已经形成了一个完整的体系,为促进我国的对外开放,扩大同世界各国间的人员交往作出了巨大贡献。

一、概　　述

国际铁路旅客联运是指发、到站不在同一国内的旅客、行李和包裹铁路运输,包括海铁联运。参加国际旅客联运的铁路间具有连带责任。

这里所指的国际旅客联运,系指我国同其他国家铁路间办理的旅客、行李和包裹运输。

(一)参加国际联运的国家

在两个或两个以上国家铁路全程运送中,使用一份票据并以连带责任办理的运送,称为国际铁路联运。国际铁路联运分为旅客运输和货物运输两大类。

目前采用《国际客运运价规程》(简称《国际客价》)的国家铁路有下列国家的铁路:

白俄罗斯共和国铁路　　BC　(白铁);

越南社会主义共和国铁路　DSVN　（越铁）；

哈萨克斯坦共和国铁路　KZH　（哈铁）；

中华人民共和国铁路　KZD　（中铁）；

朝鲜民主主义人民共和国铁路　ZC　（朝铁）；

拉脱维亚共和国铁路　LDZ　（拉铁）；

立陶宛共和国铁路　LG　（立铁）；

蒙古铁路　MTZ　（蒙铁）；

俄罗斯联邦共和国铁路　RZD　（俄铁）；

吉尔吉斯斯坦共和国铁路　KRG　（吉铁）；

土库曼斯坦铁路　TRK　（土铁）；

塔吉克斯坦共和国铁路　TZD　（塔铁）；

爱沙尼亚共和国铁路　EVR　（爱铁）；

乌兹别克斯坦铁路　UTI　［乌（兹）铁］；

乌克兰铁路　UZ　［乌（克）铁］。

（二）国际旅客联运站

《国际铁路客运运价规程》中规定的办理旅客联运的车站称之为联运站。

我国铁路现有 30 个旅客联运站：北京、北京西、大同、天津、衡阳、长沙、汉口、郑州、呼和浩特、集宁、二连、沈阳、长春、丹东、哈尔滨、牡丹江、满洲里、绥芬河、桂林、南宁、崇左、凭祥、乌鲁木齐、阿拉山口、昆明北、河口、山海关、开远、宜良、昂昂溪。

我国铁路国际旅客联运示意图，如图 4-1 所示。

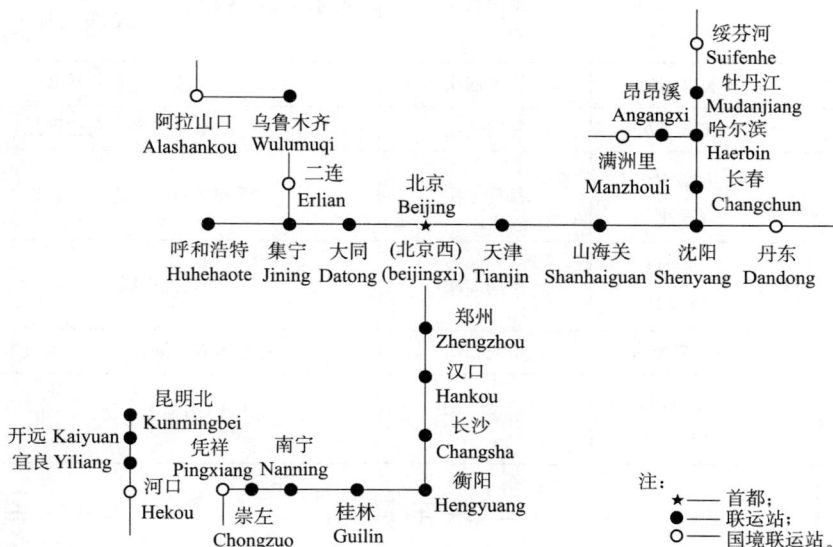

图 4-1　中国铁路国际旅客联运站示意图

（三）国境站及国际列车

各国铁路间办理行包运输而没有直通行李车，需在国境站或其他车站换装时，由铁路进

行换装,费用由铁路负担。

国与国之间邻接的车站称之为国境站,我国现有国境站见表4-1。

国 境 站 站 名   表4-1

路 别	文别	路 别	文别
	中文		中文
中铁 朝铁	丹东	中铁 俄铁	满洲里
	新义州		绥芬河
中铁 越铁	凭祥		后贝加尔
	河口		格罗迭科沃
	同登	中铁 哈铁	阿拉山口
	老街		德鲁日巴
中铁 蒙铁	二连		
	扎门乌德		

我国铁路与其他铁路之间有国际旅客列车,如表4-2所示。

国 际 旅 客 列 车   表4-2

路 别	车 次	开行次数	经 由
中、蒙、俄	K3/K4	每周一次	北京—乌兰巴托—莫斯科
中、俄	K19/K20	每周一次	北京—满洲里—莫斯科
中、俄	N23/N24	每周二次	哈尔滨东—绥芬河—{符拉迪沃斯托克(海参崴) / 哈巴罗夫斯克(伯力)}
中、朝	K27/K28	每周四次	北京—丹东—平壤
中、蒙	K23/K24	每周一次	北京—二连—乌兰巴托
中、蒙	4602/4603 4604/4601	每周二次	呼和浩特—二连—乌兰巴托
中、蒙	22/684 683/21	每周二次	乌兰巴托—二连
中、哈	N955/N956	每周二次	乌鲁木齐—阿拉山口—阿拉木图
中、越	T5/T905 T906/T6	每周二次	北京西—凭祥—河内

二、乘 车 票 据

《国际旅客联运协定》(简称《国际客协》)所规定的印有"MC"字母的旅客车票,是国际联运中凭以乘车的票据,有客票、卧铺票和补加费收据。相关资源见二维码4。

二维码4

目前《国际客协》范围内采用两种样式的乘车票据:一种是传统的乘车票据,称为人工票,主要在没有实现电子计算机联网的国家铁路发售;另一种是同西欧国家铁路样式基本统一的乘车票据,称为电子票,主要在独联体成员国波罗的海三国铁路发售。我国目前只发售前一种乘车票据,但同时承认其他国家铁路发售的电子票。

(一)册页票本

册页票本,由票皮和相应的乘车票据(册页客票、卧铺票、补加费收据)组成,并按照客、卧、补的顺序装订。

册页票本中可以没有卧铺票(当不乘坐卧车时)或补加费收据(当不发生补收费用时),但必须包括票皮和客票。缺少票皮或客票时乘车票据即视为无效,发现后铁路应予没收。册页票本样式如图 4-2 所示。

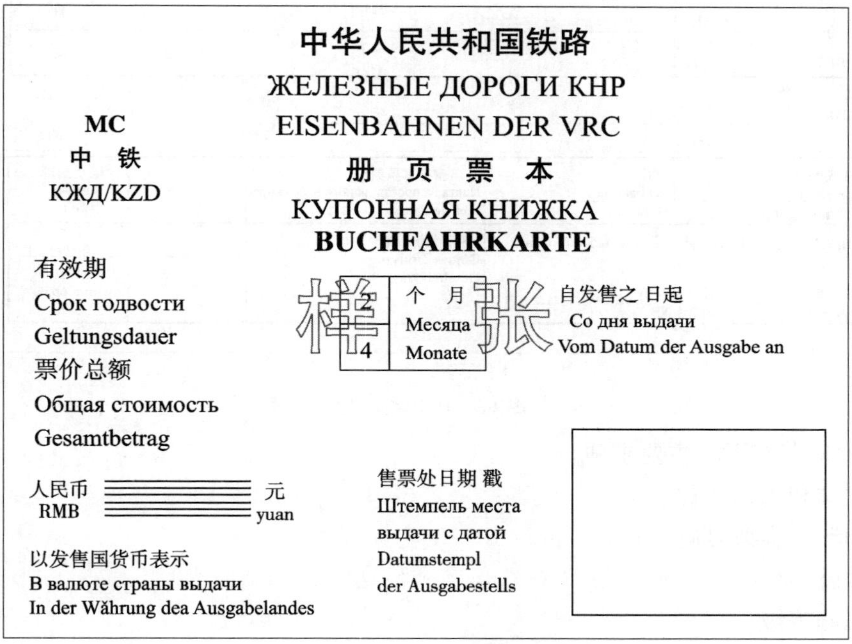
中华人民共和国铁路
ЖЕЛЕЗНЫЕ ДОРОГИ КНР
EISENBAHNEN DER VRC
册 页 票 本
КУПОННАЯ КНИЖКА
BUCHFAHRKARTE

MC
中 铁
КЖД/KZD

有效期
Срок годвости
Geltungsdauer

2 / 4	个 月 Месяца Monate

自发售之日起
Со дня выдачи
Vom Datum der Ausgabe an

票价总额
Общая стоимость
Gesamtbetrag

人民币 RMB ______ 元 yuan

以发售国货币表示
В валюте страны выдачи
In der Wǎhrung dea Ausgabelandes

售票处日期戳
Штемпель места
выдачи с датой
Datumstempl
der Ausgabestells

图 4-2 册页票本票皮

(二)册页客票

客票按填写方法可分为固定册页客票和补充册页客票。固定册页客票即常备票,上面有发到站名称、径路及其他事项,供在客流量大的车站间发售。补充册页客票即空白票,发售时需逐栏填写。

客票按等级可分为软席车(1 等)票和硬席车(2 等)票。

客票按乘车方向可分为单程客票和往返客票。单程客票又分为往程票和返程票。册页客票样式如图 4-3 所示。

(三)客票

《国际旅客联运协定》所规定的、用于本方法办理的印有“MC”字母的客票或用电子方法办理的客票,是国际客协范围内国际联运中有权凭以乘车的票据。客票是证明铁路旅客运输合同缔结的基本票据。

图 4-3 册页客票样式

客票上应载有下列主要事项。

(1)发站和到站名称。

(2)印制的客票号码。

(3)经路。

(4)车厢等级。

(5)客票票价。

(6)客票有效期。

(7)客票发售日期。

(8)发售客票的铁路名称。

凭客票可以在其有效期内按照票面所载的经路,乘坐时刻表中规定的所有列车。

客票的样式是册页票本,册页票本由票皮和册页客票组成。册页票本限于按册页客票上记载的经路,从册页客票上所记载的一国铁路发站乘车到另一国铁路到站时有效。个别铁路车站间的联运,如有协议,也可采用卡片客票。

客票上除《国际旅客联运协定》允许并经铁路核准的修改事项外,不得做其他修改。非法修改的客票应视为无效,并予以收回。

册页票本票皮和册页客票,用发送国文字以及中文、德文和俄文中的两种文字印制。对于有组织的、不少于6名的成人旅客团体乘车,可以发售一本带有补充册页客票的册页票本。对参加此种团体的每一旅客,除领队外,免费发给一张单独的团体旅客证,此证只限持有发售给团体旅客乘车的册页票本时方可乘车。团体旅客证可以证明旅客属于持团体旅客册页票本乘车的旅客应在乘车开始前购买客票,检查客票中所载事项是否正确,并在整个乘车期间予以保存。卧车和座卧车车厢内乘车票据存列车员处。

册页票本分为单程和往返两种。

供返程乘车用的册页票本,可办理为:

(1)自另一发站(即非原乘车方向的到站)返回。

(2)回到另一到站(即非原乘车方向的发站)。

旅客享受往返乘车减成的团体和单人客票,只能按同一经路发售,并应订入一本册页票本。客票票价和其他费用,应在乘车票据上用运价货币和本国货币注明,但在用电子方法办理的乘车票据上只注明本国货币。在册页票本票皮上,用发售国货币注明向旅客核收的订入册页票本票皮内各乘车票据的票价总额。

册页票本以及应有的其他乘车票据由铁路售票处和代售点发售,按照适用的运价规程所载的站名,可由一国任一站发售至他国任一站。

(四)卧铺票

当旅客乘坐卧车或座卧车时,除客票外,还应购买卧铺票,旅客凭卧铺票,不论夜间或白天,均有权使用卧铺,但乘坐座卧车时仅限在 21:00 ~ 次日 7:00 期间允许使用卧铺。旅客乘坐卧车、座卧车和座车时,如果这些车厢规定必须提前预留座位,则除客票外,每名旅客还应持有占用相应铺位的卧铺票。

(五)补加费收据

当变更经路、等级以及同一经路上分乘不同等级车厢等情况下,需开具补加费收据。客票和卧铺票差价应分别单独开具补加费收据,其他项目可开具同一张补加费收据。补加费收据为两联,复写填发。第一联为白色的存根,留在发售部门,随当月报表报送清算部门。第二联为浅蓝色底纹水印纸,填好后交给旅客。

补加费收据样式,如图 4-4 所示。

(六)卡片客票

卡片客票可只用发送国和到达国文字印制。

有关国家铁路间或两邻路直通联运中,根据协议,可发售卡片客票。

(七)儿童票

在座席车厢中,旅客有权携带不满 4 周岁且不单独占用席位的儿童 1 名。单独占用席位的儿童,必须购买儿童客票。如果旅客携带不满 4 周岁的儿童超过 1 名时,除 1 名儿童外,其他儿童购买儿童客票。1 名或数名 4 ~ 12 周岁的儿童乘车时,每个儿童均必须购买儿童客票。

(八)免费乘车证

国际旅客联运中允许使用的免费乘车证包括:铁组公用免费乘车证、铁组一次性私用免费乘车证和国际旅客列车(直通列车)国内段免费乘车证 3 种。

图 4-4　补加费收据样式

三、有 效 期

旅客持册页票本或卡片客票在票面所载有效期间内乘车均有效。有效期规定如下：

往程票——2 个月；

返程票和往返票——4 个月。

有效期自发售日起算,到 2 个月或 4 个月后的发售日同日的 24:00 终止。如有效期终止的月份没有该日,则客票有效期算至该月最后一天 24:00 终止。客票发售日以客票上规定位置加盖的售票处日期戳为准。

旅客因病或其他不得已的原因,不能在客票有效期内结束旅行,则在客票有效期终止前,可凭有关的书面证明(如医院诊断证明书等),向铁路提出延长有效期。如铁路确认旅客的理由正当,则应予以延长。一张客票延长有效期不得超过两次,不论是单程票还是往返票,每次延长不得超过 2 个月。

四、旅 客 票 价

1. 客票票价的计算

根据《国际客运运价规程》的规定,从发站至到站的客票票价,以瑞士法郎为计算单位,并根据其公布的各国费率和运价里程,分别对每一铁路的运价里程进行计算,然后加总得出从发站至到站的每一名旅客的客票票价乘以人数计算出票价总额。

2.卧铺费的计算

旅客乘坐卧铺车的卧铺费,按每一不换乘区段的总里程,根据各国公费率计算,不需要按铁路分界分段计算。

五、携 带 品

从我国铁路各站发出的国际列车和直通客车,旅客免费携带品重量限制为:每名成人旅客不得超过35kg,儿童不得超过15kg;对超重部分,要严格限制在10kg以内,由车站按手提行李办理,按照《国际客运运价规程》核收发站至到站包裹运费,给旅客开具国内客运杂费收据;超过10kg以上时,必须提前到车站办理托运手续。

实训项目及案例分析

实训项目一 违章使用铁路乘车证的处理方法

【任务 4-1】 2018 年 4 月 10 日,沈阳开往绥芬河的 2727 次列车(空调普快),到达哈尔滨站前验票发现一旅客持借用他人的硬席临时定期乘车证(公 YL_b 042017),有效期为 4 月 1 日至 7 月 1 日,有效区间为沈阳至哈尔滨、齐齐哈尔,要求在哈尔滨下车,列车应如何处理?

处理方法:

借用他人乘车证按无票处理并加收罚款,同时编制客运记录,查扣临时定期乘车证上交铁路局收入部门。

(1)应收票价:

沈阳—哈尔滨 549km

新空硬座票价:46.00 元

新空普快票价:9.00 元

新空空调票价:11.00 元

(2)加收票款:

$$66.00 \times 50\% = 33.00 \text{ 元}$$

(3)手续费:2.00 元。

(4)罚款:乘车区间跨及两个铁路局,按每日100km 计算,硬座客快票价7.50 元。

4 月 1 日至 4 月 10 日共 10d,票价:

$$7.50 \times 10 = 75.00 \text{ 元}$$

(5)合计:

$$46.00 + 9.00 + 11.00 + 33.00 + 2.00 + 75.00 = 176.00 \text{ 元}$$

代用票填写式样,如图4-5 所示。

图 4-5 代用票填写式样

【任务 4-2】 2018 年 4 月 20 日,K7341 次(山海关—沈阳,空调快速)到达大虎山站前发现硬座车厢一旅客持 1 月 15 日至 4 月 15 日硬席临时定期乘车证(公 YL_b042018),票面记载区间是山海关至沈阳,旅客要求大虎山下车,列车应如何处理?

处理方法:

使用过期乘车证按无票处理并加收罚款,同时编制客运记录,查扣临时定期乘车证上交铁路局收入部门。

(1)应收票价:

山海关—大虎山　290km

新空硬座票价:27.50 元
新空快速票价:10.00 元
新空空调票价:6.00 元

(2)加收票款:43.50×50% =22.00 元。

(3)手续费:2.00 元。

(4)罚款:乘车区间在沈阳铁路局管内,按每日乘车 50km 计算,硬座客快票价 4.00 元。

4 月 16 日至 4 月 20 日共 5d,票价:4.00×5 =20.00 元低于 50 元,应按 50 元核收。

(5)合计:

$$27.50 + 10.00 + 6.00 + 22.00 + 2.00 + 50.00 = 117.50 \text{ 元}$$

代用票填写式样,如图 4-6 所示。

图 4-6　代用票填写式样

【任务4-3】　2018 年 4 月 2 日,侯马站组织 1163 次(北京—韩城,空调普快)列车旅客出站,一旅客持榆次至介休 2018 年度通勤乘车证,侯马站如何处理?

处理方法：

超越区段按无票处理并加收罚款，同时编制客运记录，查扣通勤乘车证上报局收入部门。

(1)应收票价：

榆次—侯马　307km

$$新空硬座客快票价：40.50 元$$

(2)加收50%应补票款：20.50元。

(3)手续费：2.00元。

(4)罚款：榆次、介休的乘车区间在一个铁路局以内的，按每日乘车50km计算，硬座客快票价4.00元。1月1日~4月2日共92d，票价：

$$92 \times 4.00 = 368.00 元$$

(5)合计：

$$40.50 + 20.50 + 2.00 + 368.00 = 431.00 元$$

客运杂费收据填写式样，如图4-7所示。

丙

中国铁路太原局集团有限公司

客运运价杂费收据

2018年　12月　2日　　　(报告用)

原票据	种别	日期	2018.11–12.31	月　日　时到达、通知、变更
	通勤乘车证	号码	TXa626377	月　日　时　交　付
		发站	榆次	核收保管费　日
		到站	介休	

核收区间	核收费用 种别	件数	重量	款额
自 榆 次 站			新空客快票价	40.50
			加收50%票价	20.50
至 侯 马 站			手续费	2.00
经由(　　)			罚款	368.00
座别 硬 人数 壹				／
	合　计			431.00

记事	1163次下车，超越区段使用，收回通勤乘车证TX_b626377，随客运记录17号上报铁路局收入部门。

侯马 站经办人 ××× 印

图4-7　客运杂费收据填写式样

实训项目二　军事旅客运送后付票据填记方法

【任务4-4】　按铁路局新兵运输计划，根据要求按一般运输办理，沈阳站2018年12月1日4216次列

车挂硬卧、硬座各 2 辆,供 81352 部队使用,乘车人数硬座 240 人、硬座定员 118 人,硬卧乘车人数 130 人、硬卧定员 66 人(已知:军运号码 821000、付费号码 4216、硬座车号 35677、硬卧车号 643342)。每批按实际发、到站和实际乘车人数座、铺别票价计费,使用固定车底运送。请填写军运后付凭证、代用票。

军运后付凭证样式,如图 4-8 所示。

铁路军用费后付凭证

6078959   2018 年 12 月 1 日

军运号码	821000		托运部队代号	81352 部队		发站	沈阳
付费号码	4216		收货部队代号			到站	

车种	吨位(定员)	请求车数	物资实重(吨、辆、人)	实用车数	计费人(吨)数	里程	价率	运费
硬卧	66	2	130	2	130			
硬座	118	2	240	2	240			

承运日期	2018 年 12 月 1 日	合计金额	

托运单位

(负责人)   部队经办人 _____   发站站名日期戳   印   发站经办人 _____   印

a)正面

部队注意事项 一、粗线内各栏由托运部队填写; 二、【部队代号】栏填写规定的代号,无代号者填写单位名称; 三、【物资实重】栏一般物资按吨,车辆类按辆,人员按名; 四、除有特殊要求的运输加盖部队负责人印章外,其他运输均加盖托运单位公章。

	车种	吨位	车号	车种	吨位	车号	车种	吨位	车号	车种	吨位	车号
使用车辆记录栏	YW	66	643342									
	YZ	118	35677									
记事栏	挂 8 日 4216 次											

车站注意事项 一、细线内各栏由车站填写; 二、凭军交运输部门通话记录办理的事宜,必须在凭证记事栏内注明通话内容、单位、姓名及记录文号; 三、无付费号码的付费凭证无效。

b)背面

图 4-8 军用后付凭证样式

按一般办理后付客票,如图 4-9 所示。

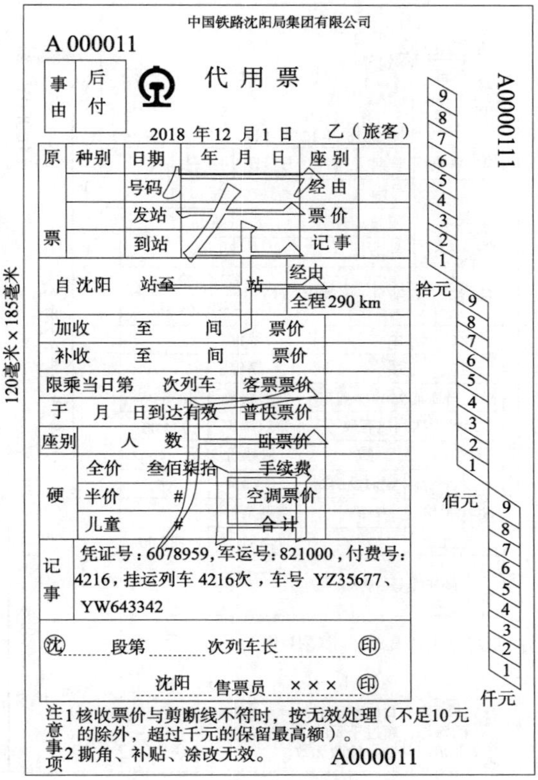

中国铁路沈阳局集团有限公司

A 000011

代 用 票

事由　后付

乙（旅客）

2018 年 12 月 1 日

A0000111

原票	种别	日期	年 月 日	座别
		号码		经由
		发站		票价
		到站		记事

自 沈阳 站至 　 站　经由　全程290 km

| 加收 | 至 | 间 | 票价 |
| 补收 | 至 | 间 | 票价 |

限乘当日第　次列车　客票票价

于　月　日到达有效　普快票价

座别　人　数　卧铺票价

硬

全价	叁佰柒拾	手续费
半价	#	空调票价
儿童		合计

记事：凭证号：6078959，军运号：821000，付费号：4216，挂运列车 4216次，车号 YZ35677、YW643342

沈　段第　次列车长　　印

沈阳　售票员 ×××　印

拾元　佰元　仟元

注意事项：
1 核收票价与剪断线不符时，按无效处理（不足10元的除外，超过千元的保留最高额）。
2 撕角、补贴、涂改无效。

A000011

120毫米×185毫米

图 4-9　代用票填写式样

实训项目三　军事旅客运送现付办理、票据填记方法

【任务4-5】 2018 年 12 月 10 日，81352 部队组织新兵 118 人，乘坐 2509 次（沈阳—齐齐哈尔）硬座 5 号车（定员 118 人）由沈阳到大庆，已知军运号码 628811，硬座车号 38666，按军运现付办理。

办理方法：

沈阳—大庆　708km

硬座票价：41.00 × 118 = 4838.00 元。

普快票价：8.00 × l18 = 944.00 元。

合计：5782.00 元。

军运现付计费证明，如表 4-3 所示；代用票填写，如图 4-10 所示。

军运现付计费正面　　　　　　　　　　　　　　　　表 4-3

No.000001　　　　　　　　　　　　　　　　　　　　　　　2018 年 12 月 1 日

军运号码	628811	发站(港)	沈阳	到站(港)	大庆
物资类别	人员	车数	硬座1	重(数)量	118 人
发货部队代号	81352 部队	收货部队代号		押运人数	
记事	定员 118 人，乘坐 12 月 1 日 2509 次				

发货部队(代号)公章：　　　　　　　　　　　　　　　　　经办人：李某

图 4-10 代用票填写式样

沈阳铁路局

A 000012

代 用 票

2018 年 12 月 1 日   乙(旅客)

原	种别	日期	年	月	日	座别	
	号码					经由	
	发站					票价	
票	到站					记事	

自 沈阳 站至	大庆 站	经由 哈
		全程708 km

加收	/	至	/	间	票价	
补收	/	至	/	间	票价	

限乘当日第2509次列车	客票票价	4838.00
于当日当次到达有效	普快票价	944.00

座别	人 数	卧票价	
硬	全价	壹佰壹拾捌	手续费	
	半价	#	空调票价	
	儿童	#	合 计	5782.00

记事	硬座车号 38666

沈   段第   次列车长 _____ 印

沈阳 售票员 × × × 印

注意事项 1 核收票价与剪断线不符时，按无效处理（不足10元的除外，超过千元的保留最高额）。

2 撕角、补贴、涂改无效。   A000012

（左侧竖排）120毫米×185毫米

（右侧竖排）A000012

拾元 9 8 7 6 5 4 3 2 1
9 8 7 6 5 4 3 2 1
佰元 9 8 7 6 5 4 3 2 1
9 8 7 6 5 4 3 2 1
仟元

![图4-10 代用票填写式样]

知识拓展

一、春运和暑期运输组织

（一）春运和暑运期间客流的变化特点

春节是我国传统文化中最重要的节日，因此，民工、学生和其他探亲客流是春运的主要对象。暑运期间，以运送学生和旅游客流为主，具有客流大、流向集中、时间性强的特点。概括起来，春运、暑期客流的变化特点如下：

（1）客流结构不均衡。与管内客流增长幅度相比，直通客流增长较大。

（2）客流地区分布和流向不均衡。春运期间的客流地区分布和流向受我国经济政策和经济发展状况及文化的影响较大。目前，春运期间客流集散量较大的是我国中南部地区，并集中于一些主要沿干线，如民工输出量较大的省份去广东、上海等东南沿海以及气候适宜、自然风光和传统文化景点集中的游览胜地客流比较集中。

（3）客流在时间上不均衡。春运的客流，集中在节前探亲和节后学生返校、民工返回原工作地点及其他旅客返回工作岗位的一段时间，而在春节期间客流相对较少。暑运的客流则集中在学生暑假期临近结束的两头，以学生客流和旅游客流为主，具有客流大、流向集中、时间性强、要求高的特点。

由于客流的地区分布和时间分布不均衡，往往造成客流在一定时期的增加是单方向的。

（二）春运、暑期运输组织

1. 根据客流变化及其特点，合理配置运力

要扩大列车编组，图定客车按规定满轴运行，该加挂回转车的必须加挂。客运量大的始发站或中转站要备车底。增加运输组织弹性，确保客流没有大的积压，并做到有流开车、无流停运。

2. 组织旅客均衡输送，严格控制列车超员率

由于春运、暑期客流的增加往往是单方向的，因此必须组织均衡运输，严格执行旅客计划运输的有关规定。各车站、列车要密切配合，坚持验票进站、上车，严格控制列车超员率。列车严重超员时，列车长必须及时拍发电报，并注明超售客票的车站。对造成列车严重超员的站、车，要通报批评，对酿成严重后果的，要追究其单位领导责任。

3. 改进售票方式，加强客运组织

按照强化市场营销的要求，解决旅客买票难的问题。增设售票网点，组织流动售票，把车票送到厂矿、机关、学校、工地、军营，延长售票时间，增加售票窗口，扩大发售往返票。同时做好学生流的调查，优先保证学生购票、候车、上车和行包托运。对乘车有计划的民工团体，铁路要优先安排运送。民工客流量大、方向集中的地区，可组织开行民工直达临时快车，发售客票不得超过本次列车终到站。

4. 加强调度指挥

（1）各级客运调度要认真掌握客流变化，及时组织开行临客。跨三局及其以上的临客和直达临客的开行日期，一律由国铁集团客调命令公布。跨两局临客的开行日期由两局商定后报国铁集团，以国铁集团客调命令下达。

春运、暑期临客图内的直通临客的开行应提早 5～7 天向国铁集团客调请令，图外的应提早 3 天向国铁集团客调请令。

在执行春运、暑期临客运行图前后，如因客流大量积压确需提早或延长开行日期的直通临客，须报国铁集团审批后，由国铁集团客调下达命令执行。

加开图外直通临客由国铁集团客调组织有关局定点并下达命令。开行临客所影响的货物列车由调度日班计划定点，按正点统计，分界口货物列车停运事宜由国铁集团行车调度命令布置，提前或延期开行的直通临客与施工有抵触时各局要尽早做出妥善安排。

（2）春运、暑运期间，车底套用及临客车底交路较紧时，各级调度要严格按列车等级组织会让，提高列车正点运行水平。暑运期间若因水害等因素影响线路中断行车时，要及时向客运主管部门请示、汇报，处理好列车的停运、途中保留、折返或迂回事宜，尽快恢复列车运行秩序。

（3）春节假日期间客车停运较多，要及时加开货车，抢运货物，具体车次、时刻由调度日班计划确定。

（4）各级调度要经济合理地使用机车，协调掌握好跨局机车运用，确保机车供应。

（三）临客运行组织

各铁路局应于春运前 4 个月，暑运前 3 个月，组织调查春运、暑运客流预测流量、流向，

分析客流变化情况并于春运前3个月、暑运前2个月将春运、暑运客运量预测和直通临客开行方案报国铁集团。

春、暑运临客开行方案应根据客流需要与线路通过能力情况确定。直通临客和影响能力的管内临客开行方案由国铁集团确定,其他管内临客开行方案由各铁路局确定。

春、暑运前一个半至两个月,国铁集团组织有关铁路局编制春、暑运临客列车运行图,落实国铁集团直通临客运行方案。在铺画临客运行线时,基本图定客车运行时刻原则上不得变动,严格遵守列车运行图规定的各项技术标准,尽量提高临客速度。各铁路局于春、暑运前15天将临客时刻表报国铁集团。

开行直通临客时,各铁路局间分界口的停运货物列车原则上单线区段按1:1停运,双线区段按1:1或1:2停运,铁路局间分界口停运货车对数由国铁集团确定。

直通临时快车编组,应比照图定直快列车编组辆数。管内临客列车编组由各铁路局确定。

(四)机车和车辆运用

春、暑运期间增开临客,应尽量使用客运或停运货车的内燃、电力机车担当,并贯彻先跨局客车后管内客车的机车担当原则,在暑运临客运行图中加以安排;严格掌握机车乘务员一次连续工作时间标准,采取相应措施防止图上和实际执行中出现"超劳"。

各局应在春、暑运开始前组织力量,对运用机车进行技术状态检查,针对存在问题,安排计划,认真整修,确保投入春、暑运的机车质量良好。

使用货运机车担当临客牵引任务,原则上按货运机车交路接运,并应提前确定临客区间运行时分等技术标准。增开图外直通临客时,原则上按货运机车交路接运,在日班计划中布置。

春运、暑期临客的牵引定数按现行运行图有关规定办理。

在车辆运用方面,要压缩检修车,增加运用车。对进行厂、段修竣的客车,要做好回送的组织工作,及时派人接车投入运用。

车辆段应在暑运开始前,做好常用配件及易损配件的储备工作,保证春、暑运客车整备的需要。对临客车底要提前编组整备,由车辆段逐辆进行验收。

凡由列车超员,造成车辆弹簧压死或走行部零件与车体发生顶抗、磨碰以及车钩钩差过限等危及行车安全时,列车长要会同车站及时采取疏散措施,消除后方准继续运行,以保证行车安全。

二、军事运输范围

军事旅客运输范围:凡中国人民解放军各部队、机关、院校、医院、仓库、工厂等办理铁路整车军事运输时,按下列范围掌握。

1. 人员运输

(1)部(分)队(含预备役)调动、参战民兵(工)、民兵高炮分队打靶。

(2)军队机关、院校、医院、仓库、在编军工厂的搬迁。

(3)兵员补退,伤病员后送,战俘遣送。

(4)军以上机关批准的执行其他军事任务的人员运输。

2. 物资运输

（1）军用的武器、弹药、油料、车辆、军需、器材、药材、机械设备、营（装）具、军马（犬）和保障前方作战的装备、物资。

（2）国防科研、援外、进口的军用物资和抢险救灾的物资。

（3）军队在编军工厂生产的军用成品和用于军工生产的机械设备、军需生产和军事装备维修的原材料。军办农场的农业机械。

（4）国防工程、营房的修建材料（普通砖、瓦、砂、石及国家或地方钢厂出厂的钢材除外）和配套装修材料。

（5）使用货车运输的军队干部转业、离休、退休和调动的搬家物资。

（6）总部、军区、军兵种、国防科工委在全军（区）范围内统一调剂和部队从生产基地运回驻地的粮食（含玉米、高粱米）、食油（含油菜籽、芝麻、花生）、大豆和肉类、鱼类等主要农副产品。总部调拨或军区、军兵种、国防科工委统一筹措运往边防和高原部队的主副食、水果。

（7）总部和国铁集团批准的其他物资。

复习思考题

1. 铁路乘车证有哪几种？
2. 持用铁路乘车证时有哪些规定？
3. 什么是违章使用铁路乘车证？站车发现违章使用时应如何处理？
4. 客车车递路用品的范围有哪些？
5. 免费运输路用品的范围有哪些？
6. 军事旅客运输的意义和特点是什么？
7. 铁路军事运输分为哪些等级？
8. 铁路军事旅客运输计费方式有哪些？如何办理？
9. 新老兵运输主要有哪几种运输方式？
10. 退伍老兵随身携带的行李重量是如何规定的？
11. 目前参加国际铁路联运采用国际客价的国家有哪些？
12. 我国铁路的旅客联运站及国境站有哪些？
13. 国际铁路联运乘车票据有哪些？
14. 国际联运票据的有效期如何确定？

实践训练

1. 熟练掌握各种情况下违章使用铁路乘车证的处理方法。
2. 熟练掌握军运后付、现付票据的填写方法。
3. 练习利用《国际旅客联运协定》《国际客运运价规程》查找运价里程及票价。

项目五　运输事故的处理

★ 知识重点

　　1. 线路中断对旅客、行包运输的安排。

　　2. 旅客人身伤害事故的处理。

★ 项目任务

　　1. 铁路电报的填写方法。

　　2. 线路中断后对旅客及行包的处理方法。

　　3. 旅客突发急病、死亡的应急处理方法。

　　4. 旅客发生人身伤害事故的处理方法。

★ 项目准备

　　1. 参考资料:《铁路旅客运输规程》《铁路客运运价规则》《铁路旅客运输办理细则》《铁路旅客运输管理规则》《铁路客运运价里程表》《旅客票价表》《行包运价表》全国铁路客运运价里程接算站示意图(见本书配套课件)、全国铁路局管辖线路示意图、《客运规章汇编》。

　　2. 所需票据、表报:代用票、退票报销凭证、铁路旅客人身伤害事故赔偿要求书、铁路旅客人身伤害事故最终处理协议书、铁路旅客人身伤害赔付通知书、客运记录、铁路电报。

　　3. 所需设备:干粉灭火器、二氧化碳灭火器、计算器(算盘)、剪刀。

理论知识

单元一　铁路电报

　　铁路电报是铁路部门之间处理铁路紧急公务的通信工具,也是铁路办理紧急事务所使用的一种公文表现形式。

一、铁路电报的等级

铁路电报的等级按电报的性质和急缓程度分为以下 6 种。

　　(1)特急电报(T)。指非常紧急的命令、指示,处理重大、大事故、人身伤亡事故、重大灾害及敌情的电报。

　　(2)急报(J)。指国铁集团、国铁集团所属公司、铁路局的紧急命令、指示,时间紧迫的会议通知、列车改点、变更到站和收货人、车辆甩挂、超限货物运行及行车设备施工、停用、开通、限速的电报、国际公务电报及其他时间紧迫的电报。

（3）限时电报（X）。指限定时间到达的电报。根据需要与可能，由用户与电报所商定，在附注栏内填记送交收电单位的时间，如限时 10:30，应写"XS10:30"。

（4）列车电报（L）。指处理列车业务，必须在列车到达以前或在列车到达当时送交用户的电报。

（5）银行汇款电报（K）。指银行办理铁路汇款业务，按急报处理。

（6）普通电报（P）。指上述 5 类以外的电报。

二、铁路电报的发报权限、范围和内容限制

1. 发报权限

原铁道部铁电务〔1991〕130 号文件规定，下列铁路单位和单位负责人（包括同级政工部门）有权拍发电报：

（1）铁道部、部属公司、局及其他部属单位（包括部内务局、司，局、院各处及同级单位）。

（2）基层单位的站、段、厂、场、院、校、队、所及同级单位和铁道部、铁路局的驻在单位。

（3）出差和执行各项列车乘务工作的负责人员。

（4）与运输有直接关系的基层单位所属部门需要拍发电报时，由铁路局批准。

2. 发报范围

拍发电报只限向全路有线电报通信网能够通达的范围内：

（1）国铁集团（包括部内各局级单位）及直属单位发报范围不限。

（2）国铁集团所属单位可发至全路各同级单位，但不得发全路各站段。

（3）其他单位只能发本局和外局有关单位。

（4）基层单位不得向所属车间、工区、班组拍发电报。特殊情况需要拍发时，由铁路局批准。

（5）发给路外单位和铁路出差、乘务人员的电报，必须指定能够代其负责收转的铁路单位，但不得指定电报所。

3. 电报内容限制

拍发电报时，电文涉及的事项必须是工作范围的内容。如遇下列情况，不准拍发电报：

（1）处理个人私事（由组织领导上处理个人问题不在此限）的电报。

（2）已经有文电的重复通知。

（3）挑战书、应战书、倡议书、感谢信的电报。

（4）公用乘车证丢失声明的电报。

（5）由于工作不协调，互相申告（执行列车乘务工作的负责人，在列车运行中向上级领导汇报列车运行中发生的问题不在此限）的电报。

（6）报捷、祝贺、吊唁（铁路局及以上单位或负责人不在此限）的电报。

（7）推销产品、书刊及广告类的电报。

执行列车乘务工作的负责人，在同一区段内，不得重复拍发同一内容的电报。

三、使用铁路电报注意事项

（1）拍发电报必须使用铁路电报纸，要注明发报地点、日期并加盖规定名章。

(2)编拟电报稿应使用规定的文字、符号、记号(即汉字及标点符号,汉语拼音字母,阿拉伯数字,规定有电报符号的记号和能用标准电码本译成四码的记号和字母),编拟时电文通顺,文字力求简练,标点符号完整,字体清晰、工整,不潦草,不造字,无错别字,并在原稿上填写拟稿人姓名和电话号码。

(3)电报稿左上角应有主送单位、抄送单位,右下角有发报单位本部门电报编号、日期,并应加盖公章、名章或签字。

(4)电报稿的主送单位、抄送单位要正确。

主送单位是指具体受理、承办本事件的单位,无论单位大小,都要列入主送单位。

抄送单位是指需要其督办、协办或需要其仲裁、备案的单位,一般都是主送单位和发报人(单位)的上级机关或主管业务部门。其顺序按上、下级或与该事件关系主次依次排列,发报人隶属单位排在最后。一般情况下抄送外局机关或有关业务主管部门,也应同时抄报本局的同级机关和相应的业务主管部门。

四、铁路电报的拍发范围

(一)列车电报拍发范围

旅客列车遇有下述情况时,列车长应拍发电报:

(1)列车超员,通知有关部门和前方停车站采取控制客流措施时。

(2)列车运行中因发生意外伤害,招致旅客重伤或死亡,应立即向有关铁路局、车务段(中心站)拍发事故速报时。

(3)遇有特殊情况,列车途中发生餐料不足,通知前方客运段补充餐料时。

(4)列车内发生运输收入现金、客票票据丢失、被盗和短少等事故,向铁路局收入部门和公安部门报案,通知有关单位协助查扣时。

(5)列车发生爆炸、火灾等突发事件或遇其他紧急情况,须迅速报告上级部门处理时。

(6)列车上发生旅客食物中毒,向所属铁路局或前方铁路疾控所报告时。

(7)餐车电冰箱发生故障,通知前方客运段或车站协助加冰时。

(8)列车在中途站因车辆发生故障甩车或空调车发生故障不能修复,通知前方各停车站并汇报有关上级部门时。

(9)列车广播设备中途发生故障,通知前方广播工区派员前来处理时。

(10)专运等列车在中途站临时需要补燃料(煤、油),通知前方客运段补煤时。

(11)因误售、误购车票而误运行李,行李又未在本列车装运,列车通知原到站向正当到站转运时。

(12)列车行包满载,通知前方有关停车营业站停止装运行包时。

(13)列车发生或发现重大行包事故后,应立即向国铁集团和有关铁路局拍发事故速报时。

(14)站、车之间办理行李、包裹交接时,接受方未按规定签收,但双方对装卸的件数、包装等情况产生异议,向当事站拍发电报声明时。

(15)遇其他紧急情况,需要迅速报告时。

（二）车站拍发铁路电报范围

（1）车站发现少收票款时。

（2）到站发现少收票款时。

（3）线路中断列车停止运行后，向上级汇报时。

（4）因发生意外伤害，招致旅客重伤或死亡时。

（5）发生票货分离、票货不符，需查找下落时。

（6）发生票货分离、顶件运输，需声明纠正时。

（7）行李、包裹装运后，托运人要求变更到站时。

（8）行李、包裹装运后，托运人要求运回发站取消托运时。

（9）中途站发现行李、包裹中有国家禁止或限制运输的物品和危险品时。

（10）到站发现伪报一般货物品名时。

（11）到站发现重量不符，补收运费差额后，发电报通知发站和主管铁路局时。

（12）到站发现重量不符，退还运费差额后，发电报通知发站和主管铁路局时。

（13）站、车对装卸的行李、包裹，因故未办理交接手续时。

（14）到站查询逾期未到的行李、包裹时。

（15）车站对查询逾期行李、包裹电报的复电。

（16）列车遇特殊情况在中途站向车站借票时，列车长与车站办理借票手续，出借票据的车站应发电报向有关收入部门、站段报告借票情况时。

单元二　线路中断的处理

一、旅客安全运输

旅客运输安全工作就是要保证旅客在车站和运输途中不发生人身伤害事故和财产损失，保证员工的自身安全。

1. 旅客安全运输的意义

旅行安全是旅客选择出行方式首先考虑的因素。确保旅客运输安全是树立好企业形象，提高企业在运输市场中竞争力的最有力的措施。

安全生产是我国的一项基本国策。它是保护劳动者安全健康和发展生产力的一项重要工作，是保证企业持续、稳定、协调发展和安定团结的基本条件，是企业文明生产的重要标志。

企业实现安全生产，不论对自身的经济效益或是对国家的经济发展、社会稳定都将产生积极的作用。铁路运输安全尤为重要，铁路运输生产中的每个岗位，每个工作人员，每个生产环节都与整个运输安全生产紧密相连、息息相关。一次失职、一个失误、一个不经意的疏忽，就会导致安全事故，打乱铁路运输秩序，使一条线、一大片运输中断，无论在政治上，还是在经济上，都会给国家和人民生命财产造成巨大损失，也会给职工本人健康及家庭带来不幸。铁路一起重大事故、大事故造成的经济损失可达数万元至上千万元，有的还有人员伤亡，对企业、对社会都会产生不利影响。可以说，事故是最大的浪费，安全是最大的节约。

铁路运输安全,长期以来一直备受党和政府的关心,中央领导经常过问铁路安全工作,对安全工作提出了严格要求。铁路企业也十分重视安全生产,一直把安全生产作为铁路企业的头等大事来抓,作为铁路工作的永恒主题,视为铁路企业的生命线。

安全是旅客出行旅游第一考虑的问题,而安全在交通运输市场的作用是至关重要的因素,它关系到铁路客货营销在市场的占有率。众所周知,铁路、公路、水运、航空这4种运输方式中,安全性高的运输方式,客运量就会上升。如果有一种运输方式发生重大事故或特大事故,且频繁发生,人们就会心有余悸,而选择另外一种运输方式外出旅行。例如,飞机出事往往是机毁人亡,一段时间里人们就不坐飞机而选择坐火车,虽慢一点但能感到安全。

铁路运输安全"责任重于泰山"。没有安全,就没有一切。铁路运输安全是搞好客运服务工作和获得经济效益的重要前提。铁路企业要求每一个铁路职工绝对服从生产指挥,要有安全意识,严格执行铁路规章制度和铁的纪律,遵守作业纪律、劳动纪律,做到标准化作业,确保旅客和货物运输安全。

铁路旅客运输作业是按照列车运行图要求的时间进行,要求做到分秒不差,准时运行,除了组织好旅客上下车,保证准时发车外,铁路列车客运人员还必须保证铁路旅客运输过程中的绝对安全,防止造成列车火灾、爆炸事故。这不仅是铁路工作和规章制度的要求,而且也是党和国家、社会对铁路企业的要求,也是铁路赢得交通运输市场份额的需要和保护职工自身利益的需要。

没有安全,就没有铁路的一切。安全是实现铁路经济效益和社会效益的最重要的关键因素。安全运输是铁路企业的生命线。因此,搞好旅客运输安全有着十分重要的现实意义。

2. 旅客安全运输的措施

(1)维护好站、车秩序。客运工作人员必须经常向旅客宣传铁路安全旅行常识,认真执行岗位责任制。车站要有秩序地组织旅客进出站、上下车,随时清理站内闲杂人员,严禁旅客钻车和横跨股道。除指定在车站作业的小型机动车辆(限速10km/h)外,其他车辆严禁进入站内。列车乘务员要加强车门管理,严禁旅客背面下车,认真执行"停开、动关、出站加锁、四门瞭望"等安全制度。

(2)车站建筑物和站、车一切为旅客服务的设备,应经常保持良好状态。夜间应有良好的照明,对于消防设施,必须定期检查,发现问题应尽快解决。

(3)站、车应加强禁带危险品的宣传,铁路公安人员和客运人员要密切配合,共同做好检查危险品工作。对查出的危险品,在车站应由旅客自行处理,在列车上交最近前方停车站处理。列车长应编制客运记录一式三份(一份交车站,一份交旅客,一份列车存查)。列车收缴的危险品除易燃、易爆品及放射性物品交公安机关处理外,其他物品交有关部门收购,所得款寄交旅客。

(4)车站发现无人护送的精神病患者,应严禁乘车;对有人护送的,应通知列车长注意,协助护送人员以防发生意外。

3. 高速铁路客运安全的基本要求

(1)时速300km及以上的客运专线动车组旅客列车和时速200~250km的直通动车组列车不得超员;铁路局管内200~250km的动车组列车一等座不得超员,二等座最高超员率为20%。

（2）动车组应当接入固定站台并停于固定位置。站车有关工种应当紧密配合,组织旅客按照车厢号在标明车门位置处排队等候,有序乘降。

（3）当站台邻靠正线,一侧有动车组通过时,站台另一侧应当停止组织旅客乘降或设防护栏进行防护。当一个站台两侧同时有动车组邻站台通过且设有防护措施时,除有人身安全防护措施的车站工作人员外,站台上不得再有候车旅客、其他工作人员和可移动物品。

（4）有动车组停靠或通过的车站,应当对跨线候车室窗户或天桥进行封闭管理并有"禁止抛物"等相应的安全提示。没有立体跨线设备的车站,平过道应当有专人管理。旅客或作业车辆需通过平过道时,应当有人引导。

（5）列车注水口处设有加锁式挡板门的动车组,上水人员在给列车注水结束后,应当锁闭挡板门并进行再确认。

（6）列车乘务人员在列车运行中应当注意对列车安全设备的管理,制止搬动、触碰安全设备等不安全行为。

（7）列车各部位均不得吸烟。列车乘务员发现吸烟旅客应予以制止。

（8）车站、动车段(所)对进站、段(所)的餐饮、保洁人员和车辆进行安全管理。餐饮、保洁人员出、退乘和进出上述场所时,应当着统一服装、列队、佩戴工牌。车站和动车段(所)制发出入证件时,只能收取工本费。

二、线路中断的处理

（一）造成线路中断的原因

（1）自然灾害,如水灾、雪害、冰雹、地震、泥石流等。

（2）旅客责任,如携带危险品、吸烟者乱扔烟头所引起的燃烧、爆炸等。

（3）铁路过失,如设备陈旧、失修、职工素质低、基础工作薄弱、劳动纪律松弛、列车严重超员等所引起的意外事故。

（4）其他原因,如坏人破坏、战争等。

（二）线路中断后对旅客的安排

线路中断,列车不能继续运行时,应妥善安排被阻旅客。车站应将停办营业和恢复营业的信息及时向旅客公告。

（1）线路中断,旅客可以要求在原地等候通车、返回发站、中途站退票或按照承运人的安排绕道旅行。

（2）在停运站或被阻列车上时,在旅客车票背面注明"原因、日期,返回××站",并加盖站名章或列车长名章,作为免费返回发站、中途站办理退票、换车或延长有效期的凭证。

（3）旅客持票等候通车后继续旅行,可凭原票在通车 10 日内恢复旅行。车站应予办理签证手续,通票还应根据旅客候车日数延长车票有效期。卧铺票应办理退票。

（4）铁路组织列车绕道运输,组织原列车绕道时,原票有效。组织换车绕道时,注明"因××原因绕道××站乘车",并加盖站名戳。绕道变座、变铺时(铁路责任按铁路原因变座、变铺),应及时补交变更区间票价差额,不足起码里程按起码里程计算;应退时退还变更区间票价差额,不足起码里程的票价不退。

绕道过程中,旅客中途下车时,则运输合同终止。

(5)在发站或由中途站返回发站停止旅行时,退还全部票价,但手续费、加收部分的票款、携带品超过规定范围补收的费用以及已使用至到站的车票票价不退。

(6)在停止旅行站或返回中途站退票时,退还已收票价与发站至停止旅行站间票价的差额,发站至停止旅行站不足起码里程按起码里程计算(铁路责任退全部票价)。

(7)线路中断后旅客自行绕道按变径办理,旅客买票绕道乘车时,按实际径路计算票价。

(8)旅客索取线路中断证明时,由车站出具文字证明,加盖站名戳。

(三)线路中断对行李、包裹的安排

线路中断后对已承运的行李、包裹按下列规定办理:

(1)未装运及由中途站返回发站的行李、包裹取消托运时,收回行李、包裹票,在旅客页和报单页记事栏注明"线路中断、取消托运",填写"退款证明书",退还全部运费,并将收回的行李、包裹票附在"退款证明书"报告页上报。

(2)旅客在发站停止旅行,行李已运至到站,要求将行李运回发站取消托运时,在行李票报销页加盖"交付讫"戳,在记事栏注明"线路中断,行李运至到站返回,运费不退",交旅客作为报销凭证。

(3)在中途站领取时,收回行李、包裹票,填写"退款证明书",退还已收运费与发站至领取站间运费差额。不足起码里程按起码里程计。并在行李、包裹票旅客页、报单页记事栏注明"线路中断,中途提取"附在"退款证明书"报告页上报。

(4)旅客在发站或中途站停止旅行,要求仍将行李运至原到站,补收全程或终止旅行站至到站的行李和包裹的运费差价。

(5)包裹在中途被阻,托运人要求变更到站,补收或退还已收运费与发站至新到站的运费差额,补收变更手续费,不足起码里程按起码里程计算。在"客杂"或"退款证明书"记事栏注明"因××线路中断,变更到站"。

(6)鲜活包裹在运输途中被阻,要求返回发站或变更到站按上述有关规定处理。要求承运人在中途处理时,退还已收运费与发站至处理站间(不足起码里程按起码里程计算)的运费差额和物品处理所得款。

(7)组织行、包绕道运输时,应在行李、包裹记事栏注明"线路中断,绕道运输、被阻×日"并加盖站名戳,原车绕道时加盖列车行李员名章,到站根据实际运输里程加上被阻日数计算运到期限。

(8)线路中断后承运包裹,经铁路局批准,按实际径路计算运费。

单元三　旅客人身伤害事故的处理

一、旅客发生急病、死亡的处理

(一)旅客发生急病时的处理(相关资源见二维码5)

二维码5

(1)持有车票的旅客在车站候车期间发生急病时,车站应立即送至医院急救。如系传染

病应送传染病医院(有同行人的由同行人处理,车站协助),送往医院抢救的同时尽快确认旅客身份,并及时通知家属或单位。

(2)旅客在列车上发生急病时,列车长通过广播找医生,确定病情和诊治,列车没有医生时,询问同行人或周围旅客症状,需要下车治疗时,应填写客运记录,送交市、县所在地的车站或较大车站,转送医院或传染病医院治疗。

车站接到调度的通知及时通知医院安排救护车到站接病人,指派专人到站前引导救护车进站,到指定车厢位置并做好接车准备。

(二)旅客发生死亡的处理

(1)持有车票的旅客在车站候车期间死亡时,车站站长应会同公安部门、卫生部门共同检验,并按规定处理,确认死者身份,公安照相备案,必要时还应做尸检。如因传染病死亡的应根据卫生部门的指示办理,及时通知防疫部门,并根据卫生部门的要求办理对旅客停留的地方要进行消毒处理,接触过的工作人员穿过的衣物也应进行消毒或处理。车站应通知其家属或工作单位前来认领。

(2)旅客在列车上死亡时,列车长应填写客运记录,会同铁路公安人员将尸体和死者遗物交给市、县所在地的车站或较大的车站,接收站按照在车站死亡时办理。

(3)对死者的遗物妥善保管,列好清单一式两份(检查死者遗物必须有公安人员在场),待死者家属或工作单位前来认领时一并交还。旅客死后处理所产生的费用,没有同行人时先由铁路部门垫付,事后向其家属或工作单位索还。

(三)无票人员发生急病或死亡时的处理

(1)没有车票的人员,在站台或列车上发生急病或死亡时,由铁路部门负责处理(确认身份通知家人或单位处理)。

(2)候车室、广场等地发生急病或死亡时,由车站通知地方有关部门处理。

(3)外籍旅客死亡由公安机关通知外事部门处理。

二、旅客人身伤害事故的处理

(一)定义

凡持有效车票的旅客,经检票口进站验票加剪开始,至到达目的地出站时止(中转和中途下车的旅客自出站至进站期间除外),在旅行中遭受到外来、剧烈及明显的意外伤害事故以及承运人的过错,致使旅客人身受到伤害以至死亡、残废或丧失身体机能者,均属旅客人身伤害事故。

货运的押运人按旅客办理。

(二)旅客人身伤害事故的种类及等级

1. 种类

旅客人身伤害按程度分为以下3种:

(1)轻伤:伤害程度不及重伤者。

(2)重伤:肢体残废、容貌毁损,视觉、听觉丧失及器官功能丧失。具体参照司法部颁发的《人体重伤鉴定标准》。

（3）死亡。

2.等级

旅客人身伤害事故分为以下6等：

（1）轻伤事故：是指只有轻伤没有重伤和死亡的事故。

（2）重伤事故：是指有重伤没有死亡的事故。

（3）一般伤亡事故：是指一次造成死亡1~2人的事故。

（4）重大伤亡事故：是指一次死亡3~9人的事故。

（5）特大伤亡事故：是指一次死亡10~29人的事故。

（6）特别重大伤亡事故：是指一次死亡30人以上的事故。

（三）旅客人身伤害事故的现场处理（相关资源见二维码6）

二维码6

1.处理程序

（1）查看旅客受伤程度，及时采取抢救措施。在站内或旅客列车上发生旅客人身伤害时，列车长或车站客运主任（三等以下车站为站长，以下同）、客运值班员应当会同铁路公安人员查看旅客受伤程度，及时采取抢救措施，稳定人员情绪，维护现场秩序。

列车上无乘警，列车长认为必要时，应及时向前方停车站铁路公安部门通报，并做好前期调查取证工作。

（2）及时勘验事故现场。发生旅客人身伤害事故时，列车长、车站客运主任应当会同铁路公安部门及时勘验事故现场，妥善保管旅客的财物，检查旅客所持车票的票种、票号、发到站、车次、有效期及加剪情况等。

（3）收集证实材料。旅客人身伤害事故发生后，为了给以后的事故调查处理提供更有利的证据，要求必须收集不少于两份同行人或见证人的证言和有关证据并保护好证据材料。

收集证人证言时，应当记录证人姓名、性别、年龄、地址、联系方式、身份证号码等内容。证言、证据应当准确、真实，并能够证明事故发生的过程和原因。

（4）编制客运记录。列车需将受伤旅客交车站处理时，编制客运记录一式两份（一份存查，一份办理站、车交接），连同车票、旅客随身携品清单、证据材料一起移交。

向车站办理移交手续时，应当将受伤旅客移交三等以上有医疗条件的停车站处理（在区间停车处理时为就近车站），并及时报告运行所在局客调，由客调通知车站做好救护准备工作。车站对本站发生、发现或列车移交的受伤旅客应当及时联系当地医疗急救机构或送就近医院抢救。

（5）拍发事故速报。

车站、列车发生旅客人身伤害事故时，应当立即向上级主管部门及有关铁路局主管部门拍发事故速报；条件允许时，应当先用电话报告事故概况。发生重大及以上伤亡事故时，应当逐级向上级主管部门报告。事故速报内容包括：

①事故种类；

②发生日期、时间、车次；

③发生地点、车站、区间里程；

④伤亡旅客姓名、性别、国籍、民族、年龄、职业、单位、住址，车票种类、发到站、票号、身份证号码；

⑤事故及伤亡简况。

旅客人身伤害事故处理程序,如图5-1所示。

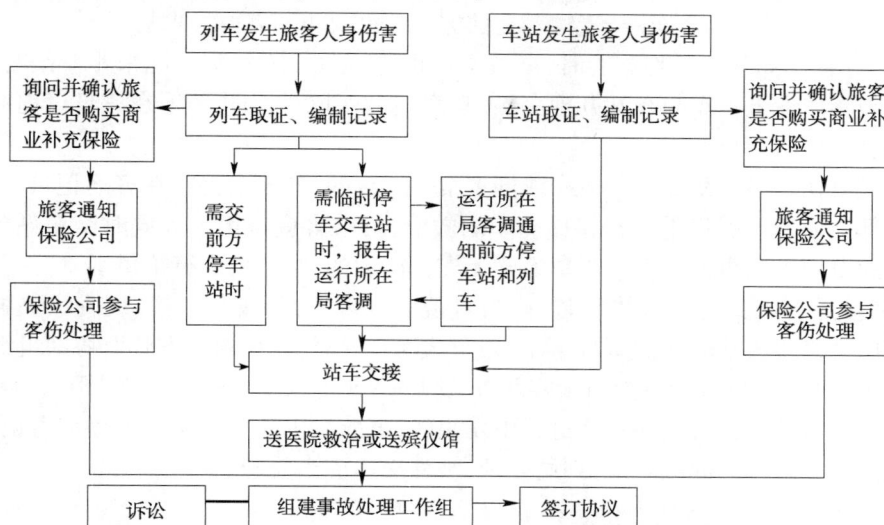

图5-1　旅客人身伤害事故处理程序

2. 处理办法

(1)列车上发生旅客人身伤害(包括区间坠车停车处理)时,受伤旅客抢救后尚能继续旅行时,可移交旅客到站治疗。伤势严重不能继续旅行时,应移交三等及其以上具有必要医疗条件的车站进行抢救。

移交车站前,旅客有特殊要求的,可按其要求交有医疗条件的停车站,并在客运记录中要求旅客写明"我自愿在×××车站下车治疗"等字样并签名。

因伤情严重需紧急停车处理的,应立即报告客调或通过司机报告列车调度员。接到报告后,客调或列车调度员应当立即处置。

需缴纳押金或者垫付医疗费用时,应当根据对事故责任的初步判断,由责任人垫付医疗费用,不能区分责任或责任人不明、无力承担的,车站可用站进款垫付。

动用站进款时,填写或补填"运输进款动支凭证"(财收-29),5日内由核算站或车务段财务拨款归还。

受伤旅客住院期间的生活费由旅客自理。旅客或其家属确有困难的,经事故处理站站长或车务段长批准,可用站进款垫付。

(2)在列车内经抢救无效死亡时,应搜集好旁证、物证,并将尸体、车票、财物等移交三等及其以上的车站处理。对列车移交或站内、区间发现的旅客尸体,经公安机关或医疗部门确认死亡后,车站应转送殡仪馆存放;并尽快通知其家属。尸体存放原则上不超过10天。

死者身份、地址不清,或者死亡原因系伤害致死需立案侦查的,可根据公安机关的意见处理死者尸体;必要时,应对尸体做法医鉴定。对死者的车票、衣物、随身携带物品等应当妥善保管,并于办理赔偿时一并转交其继承人;死者身份不明或者家属拒绝到车站处理的,按无法交付的物品处理。

(3)发现旅客在区间坠车应当立即停车处理。在不具备停车条件或延迟发现时,列车长

应当通过运转车长、检车乘务员或司机通知临近车站及铁路公安部门派人寻找,并及时向事故发生地和列车担当铁路局主管部门报告。在区间坠车造成死亡时,应通知就近车站处理。列车长将记录、旁证、物证、车票、遗物等在前方停车站交下,转送处理站。

(4)列车向车站移交受伤旅客时,车站不得拒绝接收。因特殊情况来不及编写记录的,列车长必须指派专人下车与车站办理交接(动车组列车除外),并必须在三日以内向事故处理站补交有关材料。

旅客人身伤害事故系斗殴等治安或刑事案件所致的,列车乘警应在客运记录上签字,由铁路公安部门处理。需将受伤旅客移交车站救治时,乘警应将第三人同时交车站处理。受伤人员治疗费用由当事人支付。当事人确无支付能力的,车站可先行垫付。

(5)发生旅客人身伤害事故后时,应当封锁事故现场,禁止与救援、调查无关的人员进入。发生旅客伤亡人数较多的事故车站、列车认为必要时,应请求地方政府协助组织抢救。

(6)当次列车因故未能将受伤旅客及有关材料及时移交,旅客在法定时限内向铁路运输企业索赔且能够证明伤害是在运输过程中发生的;事故发生列车应本着方便旅客的原则,移交旅客就医所在地车站或旅客发、到站处理,被移交站应当受理。

(四)旅客人身伤害事故责任划分

铁路旅客人身伤害事故责任分为旅客自身责任、铁路运输企业责任、第三人责任及其他责任。

1.旅客自身责任

旅客违反铁路安全规定,不听从铁路工作人员引导、劝阻等违法违章行为或其他自身原因造成的伤害,属于旅客自身责任。

2.铁路运输企业责任

由于铁路运输企业人员的职务行为和设施设备的原因给旅客造成的伤害,属于铁路运输企业责任。

铁路运输企业责任分为客运部门责任和行车等其他部门责任。客运部门责任分为车站责任和列车责任。

(1)有下列情形之一的,属于车站责任:

①旅客持票进站或下车后在检票口以内因组织不当造成伤害的;

②缺乏引导标志或有关引导标志不准确而误导旅客发生伤害的;

③车站设施、设备不良造成旅客伤害的;

④车站销售的食物造成旅客食物中毒的;

⑤因误售、误剪不停车造成旅客跳车的;

⑥在规定停止检票后继续检票放行或检票放行时间不足,致使旅客抢上列车造成伤害的;

⑦因违章操作、管理不善造成火灾、爆炸、发生旅客伤害的;

⑧事故处理工作组有理由认为属于车站责任的。

(2)有下列情形之一的,属于列车责任:

①由于车门未锁造成旅客跳车、坠车或站内背门下车造成旅客伤害的;

②因列车工作人员的过失,致使旅客在不办理乘降的车站(包括区间停车)下车造成人

身伤害的；

③由于组织不利,旅客下车挤、摔造成伤害的；

④车站误售、误剪车票,列车未能妥善处理造成旅客跳车伤害的；

⑤因列车报错站名致使旅客误下车造成伤害的；

⑥因列车工作人员的过失造成旅客挤伤、烫伤的；

⑦因餐车、售货销售的食物造成旅客食物中毒的；

⑧因违章操作、管理不善造成火灾、爆炸,发生旅客伤害的；

⑨因列车设备不良造成旅客人身伤害的；

⑩事故处理工作组有理由认为属于列车责任的。

（3）车辆部门责任：

①由于车辆技术状态或设备不良,如煤箱盖、天棚盖、门窗锁失效等而发生旅客伤亡时；

②因电气设备不良,取暖锅炉故障等原因,发生火灾,造成旅客伤亡时。

（4）房产部门责任：

为旅客服务的房舍、天桥、地道、风雨棚、厕所、门窗等属于房产部门的建筑设备,因技术状态不良所造成的旅客伤亡时（施工单位的列施工单位责任）。

（5）车务部门责任：

①旅客尚未乘降完毕,运转值班员或运转车长显示发车信号开车,造成旅客伤亡时,错办误办接车进路(闭塞)、吊车冲突造成旅客伤亡等；

②当货物列车在站内停在候车与停站旅客列车之间,妨碍旅客通行时,由于没将货物列车拉开道口,而发生旅客钻爬车底造成旅客伤亡事故时。

（6）机务部门责任：

①列车到站停车后,司机又擅自移动而发生旅客伤亡事故时；

②由于机车冒进信号造成列车冲突,发生旅客伤害时；

③列车运行时由于使用紧急不当造成紧急停车,而造成旅客伤亡事故时。

（7）工务部门责任。

（8）其他部门责任。

3. 第三人责任

由于旅客和铁路运输企业合同双方以外的人给旅客造成的伤害,属第三人责任。

4. 其他责任

非上述三种责任造成的伤害,属于其他责任。

（五）旅客人身伤害事故的调查结案

1. 事故处理委员会的组成

发生旅客人身伤害事故时,应当成立事故处理工作组。较大以下伤亡事故由事故发生地所在铁路局组织成立事故处理工作组,但对旅客同意现场调解的轻伤事故,车站可会同执勤公安人员、事故发生单位共同处理;重大伤亡事故由国铁集团组织成立事故处理工作组,特别重大伤亡事故由国务院或者国务院授权的部门组织成立事故处理工作组。

事故处理工作组组长一般情况下由事故处理站(车务段)的站长(段长)担任;发生重大伤亡事故时,事故发生地所在铁路局局长为组长。事故处理工作组由以下单位和人员组成:

（1）事故处理站(车务段)或其上级主管部门。

（2）事故责任单位或发生单位及其上级主管部门。

（3）事故处理站公安派出所。

（4）与事故处理有关的单位或人员。

2. 事故处理工作组组长单位负责的主要工作

（1）办理受伤旅客就医事宜。

（2）收集事故有关资料,建立案卷。事故案卷中应有:客运记录、证人证言、车票、医院证明、现场照片或图示、寻人启事、公安部门现场勘验笔录、鉴定结论和处理尸体意见等。

（3）查实伤亡旅客身份,通知伤亡旅客家属或发寻人启事。

（4）召开事故分析会,分析事故原因,确定责任单位。

（5）处理死亡旅客尸体。

（6）与旅客或其继承人、代理人协商办理赔付。

（7）其他与事故处理有关的事宜。

3. 事故分析会的召开

事故发生后,应当及时召开事故调查分析会。铁路局应派员参加重大伤亡事故调查分析会;铁路局应派员参加特大、特别重大事故调查分析会。

4. 明确处理费用

旅客受伤需治疗时,医疗费用按实际需要,凭治疗医院单据,由铁路运输企业承担,但其标准一般最高不超过赔偿金限额。如旅客人身伤害系法律、法规规定铁路运输企业免责的,其医疗费用由旅客承担。

旅客自身责任或第三人责任造成的人身伤害,医疗费用由责任人承担。第三人不明确或无力承担时,由铁路运输企业先行赔付后,向第三人追偿。

旅客受伤治疗后身体部分机能丧失,应当按照机能丧失程度给付部分赔偿金和保险金。旅客身体两处以上受伤并部分机能丧失的,应当累加给付,但不能超过赔偿金、保险金最高限额。旅客受伤治愈后无机能影响,在赔偿金、保险金最高限额的 5% 以内酌情给付。旅客死亡按最高限额给付。

如铁路运输企业能够证明旅客人身伤害是由铁路运输企业和旅客的共同过错造成的,应当相应减轻铁路运输企业的赔偿责任。

因处理事故需要发生的其他费用(如看尸、验尸、现场勘验、寻人启事等与事故处理直接有关的支出)一并在事故处理费中列支并在事故处理报告上列明。

因事故产生的保险金、赔偿金、医疗费用、其他费用,有责任单位(铁路运输企业其他部门责任时,转责任单位所属铁路局)的,由处理事故局将以上费用转账给责任单位,无责任单位的,转事故发生单位。

事故责任涉及两个以上单位时,其事故处理费用由责任单位共同分担,分担比例按责任轻重由事故处理工作组确定。

5. 事故赔付程序

对伤亡旅客的赔偿一般应当于治疗结束或尸体处理完毕后进行。由旅客或其继承人、代理人(代理人应当出具被代理人的书面授权书)提出"铁路旅客人身伤害事故赔偿要求书"如表5-1所示,并出具治疗医院的证明,作为事故处理站办理赔偿、确定给付赔偿金数额的依据。

铁路旅客人身伤害事故赔偿要求书

表5-1
No.＿＿＿＿＿＿

主送:　　车站
关于　　年　月　日由于　　次列车　　旅客　　造成伤害,根据《铁路旅客意外强制伤害保险条例》和《铁路旅客运输损害赔偿规定》,要求铁路企业予以赔偿。
要求人:
身份证号码:
工作单位(家庭居住地):
年　　月　　日

注:本要求书填写一式二份,向铁路运输企业提赔一份,本人留存一份。

　　事故处理工作组接到"铁路旅客人身伤害事故赔偿要求书"后,应当尽快与旅客或其继承人、代理人协商办理赔偿。办理赔偿应当编制"铁路旅客人身伤害事故最终处理协议书"如表5-2所示;事故处理各方对协议书所载内容无异议后签字并加盖"事故办理专用章"生效。同时,开具"铁路旅客人身伤害事故赔付通知书"如表5-3所示,及时将赔偿金、保险金支付给旅客或其继承人、代理人。

铁路旅客人身伤害事故最终处理协议书

表5-2
No.＿＿＿＿＿＿

一、旅客姓名:　性别:　年龄:　职业:　　单位或住址:
二、发生日期、时间、车次:
三、发生地点、车站、区间:
四、客票种类:　　自　　站至　　站票号
五、伤害简要概况:
六、事故经过和责任分析:
七、最终处理意见:
八、协议人签字:
九、上级主管部门意见:　　　　　　　　　　　　　年　　月　　日

注:①客票种类指全价,半价和乘车证。
　　②本协议由处理站(段)填写一式五份(一份报局主管部门,一份转局财务部门,其余事故处理单位、发生单位、旅客或家属各一份)。

铁路旅客人身伤害赔付通知书

表5-3

＿＿＿＿＿＿旅客:
对　　年　月　　日所发生事故,依据《铁路旅客意外伤害强制保险条例》和《铁路旅客运输损害赔偿规定》,经事故当事方共同协商同意,赔付旅客保险金人民币　　元、赔偿金人民币　　元,合计　　元。请您携带此通知,(如继承人、代理人领取时,携带与旅客有关的证明)于30日内到我站领取。
事故处理站(段)　　(章)
年　　月　　日

151

需向事故责任或发生单位转账时,由铁路局财务部门开具转账"通知书",连同"铁路旅客人身伤害事故最终处理协议书"转送事故责任或发生单位。事故责任或发生单位接到转账"通知书"等资料后,应当于10日内将费用转拨事故处理局;超过10日时,每超过1日,按应付费用的0.5%支付滞纳金。

事故案卷一案一卷,由事故处理站、段保管,案卷保存期为5年。

三、旅客携带品损失的处理

在铁路旅客运送期间发生旅客携带品毁损、灭失时,承运人有过错的,应当承担损害赔偿责任。旅客在车站发现携带品损失时,应当在离开车站前向发生站声明;在列车上发现时,应当在下车前声明,由列车长开具客运记录交到站处理。

旅客证明其确已携带进站乘车,且能够确定携带品价值的,按下列规定赔偿:

(1)旅客出具发票(或者其他有效证明)证明购买价格时,以扣除物品合理折旧、损耗后的净值赔偿。

(2)以处理单位所在地物价部门或价格评估机构确定的物品价值赔偿。

铁路运输企业对旅客的货币、金银、珠宝、有价证券或者其他贵重物品所发生灭失、损坏不负赔偿责任。

丢失的旅客携带品找到后,承运人应迅速通知旅客、托运人或收货人领取,撤销一切赔偿手续,收回全部赔款。如旅客不同意领取时,按无法交付物品处理。如发现有欺诈行为不肯退回赔款时,可通过行政或法律手段追索。

办理旅客自带行李损失赔偿时,由旅客或其继承人、代理人向铁路运输企业提出确认的证据。处理时使用"铁路旅客人身伤害事故最终处理协议书",由事故处理协商各方签字结案。

单元四　行李、包裹运输事故的处理

一、行李、包裹运输事故的种类和等级

(一)行李、包裹事故的种类

(1)火灾。

(2)被盗(有被盗痕迹的)。

(3)丢失(全部未到或部分短少,无被盗痕迹的)。

(4)损坏(破损、湿损、变形等)。

(5)误交付。

(6)货票分离,票货不符,误装卸或顶件运输。

(7)其他(污染、腐坏等)。

(二)行李、包裹事故的等级

行李、包裹事故按其性质和损失程度,分为重大事故、大事故和一般事故三个等级,以及

事故苗子。

1. 重大事故

(1)由于承运的行李、包裹发生火灾、爆炸造成人员死亡或重伤达 3 人的。

(2)物品损失(包括其他直接损失,以下同)价值超过 3 万元的。

(3)尖端保密物品、放射性物品灭失。

2. 大事故

(1)由于承运的行李、包裹发生火灾、爆炸造成人员重伤的。

(2)物品损失价值超过 1 万～3 万元的。

3. 一般事故

(1)由于承运的行李、包裹发生火灾、爆炸的。

(2)物品损失价值超过 200 元～1 万元的。

4. 事故苗子

在运输行李、包裹过程中(自承运时起至交付完毕时止)造成轻微损失及一般办理差错为事故苗子。

事故苗子包括:

(1)损失轻微其价值不超过 200 元(含 200 元)的。

(2)被盗在 30d 内破案并追回原物,损失轻微的。

(3)票货分离、票货不符、误装卸及时发现纠正,未造成损失的。

(4)误交付及时发现并取回,未造成损失的。

(5)未按规定办理交接手续的。

(6)违反营业办理限制的。

二、行李、包裹事故的立案和调查

(一)行李、包裹事故的立案

行李、包裹发生下列情况之一者,应立案处理:

(1)行李、包裹运输发生火灾、被盗、丢失、损坏、误交付、票货分离、票货不符、误装卸或顶件运输及其他事故时。

(2)行李、包裹超过运到期限 10d,鲜活包裹超过运到期限没有运到时。

(3)行李、包裹超过运到期限没有运到或发生票货分离、票货不符、误装卸时,车站向发站拍发电报查询行李、包裹的下落,查询无结果时。

事故立案和调查处理由到站办理。行李、包裹在发站装运前全部灭失、毁损时由发站办理。

事故立案时,车站应会同有关人员编制行李、包裹事故记录(用货运的)一式三份。一份留编制站存查;一份调查用;一份交旅客或货主作为提出赔偿要求的凭证。

行李、包裹事故记录是铁路内部调查分析责任和处理事故的基本资料,是旅客或货主向铁路提出赔偿要求的依据。因此,必须严肃认真、详细填写,如实记载事故现状,不得虚构、假想、臆测,用词必须具体、准确、明了,书写应清楚,如有涂改必须由涂改人在改正处盖章,对事故责任无确切依据时不做结论。编制事故记录时应根据事故性质会同有关人员共同编

制,如丢失、被盗事故应由车站负责人、公安人员、有关行李员及装卸人员共同编制。行李、包裹在发站或运输途中,发生行包事故时,有关站、车应编制客运记录一式两份,一份存查,一份随行李、包裹递送到站,作为站、车交接的凭证和到站编制事故记录的依据。如在途中全部丢失、被盗、毁损时,应将客运记录和运送票据车递挂号寄送到站。

（二）行李、包裹事故的调查

行李、包裹超过运到期限没有运到或发生票货分离时,到站必须立即向发站拍发电报查询并抄送有关铁路局。

（1）发站接到查询电报后,应立即查找核对,如不属于本站责任,应将装车日期、车次、签收情况电复到站,并抄知接收的列车主管段。列车主管段接到电报后,如不属于本段责任,应将卸车站和卸车日期、签收情况电复到站,并抄知卸车站。有关站、段按此顺序进行查找。

对用事故记录调查的,接受站、段应将调查结果电复到站,同时应填写事故查复书(用货运的)附在记录上,转送接收的站、段继续查找。如系本站、段责任,则直接填写事故查复书随同事故记录寄送到站。

查询电报或事故记录(包括复电和查复书)如发、收双方在同一铁路局管内的,应抄送主管铁路局;跨局时,应抄送有关铁路局。

（2）站、段在接到查询电报或事故记录后,车站必须在3d内,段必须在15d内答复到站,不得拖延;否则,由拖延站、段承担事故责任。但对用事故记录调查的,如逾期不答复,到站可再次电报催问,受调查站、段自接到催问电报日起,再超过5d不答复时,即视作责任单位。

（3）发生火灾、被盗事故,应及时向公安部门报案,并会同调查。

（4）发生和发现重大事故的车站及列车,应立即向国铁集团、铁路局拍发事故速报,并抄知有关单位。

三、行李、包裹事故的责任划分

（一）铁路与旅客、托运人、收货人责任的划分

承运人应当对承运的行李、包裹自接受承运时起到交付时止发生的灭失、短少、变质、污染或者损坏,承担赔偿责任。

因下列原因造成的行李、包裹损失,承运人不承担责任:

（1）不可抗力。

（2）物品本身的自然属性或合理损耗。

（3）包装方法或容器不良,从外部观察不能发现或无规定的安全标志时。

（4）托运人自己押运的包裹(因铁路责任除外)。

（5）托运人、收货人违反铁路规章或其他自身的过错。

由于旅客和托运人、收货人的责任给铁路造成财产损失时,应负赔偿责任。

（二）承运人内部站、车责任的划分

铁路运输行李、包裹过程中,涉及铁路内部的发送站、中转站、到达站及各次列车等单位,为了判明造成行李、包裹事故的责任者,以便追究赔偿责任,也必须进行责任划分。

（1）直接发生事故的车站和列车，应主动承担责任。

（2）在查询过程中，未按规定期限答复时（除已查明直接责任者外），事故责任列逾期答复站、段。

（3）由于违章承运行李、包裹造成事故时，事故责任列承运站。如承运不符合规定的包装技术条件的行李、包裹时，应派人押运的包裹无押运人时，或规章允许可不派人押运的包裹，但未按规定在包裹票和托运单上由托运人自行签注"包装完好、内部破损，铁路免责"字样等。

（4）中途站对包装破损未加整修继续运送，造成事故时，事故责任列应整修而未整修的车站。对符合规定包装要求的行李、包裹，能够证明直接造成包装破损的站、车，发生事故时，事故责任列直接造成破损的站、段。

（5）站、车交接时，接收方不盖规定名章或印章不清无法确认，以及接收方应签收而未签收或虽已签收但对件数、包装等情况站、车双方有异议时，而在开车后3h内（如区间列车运行超过3h不停时，为前方停车站）又未拍发电报确认的，发生事故时，责任列接收站、段。

（6）列车到达终点站后，超过1h不签收或虽未超过1h而列车入库，行李、包裹未卸完，发生事故时，列终点站责任。

（7）车站对无法运送的无主行李、包裹，逾期积压不报或顶件运送，应承担事故责任。

（8）由于装卸责任造成事故时，责任列装卸部门，但装卸与客运同属一个单位的除外。

（9）事故赔偿后又找到原来的行李、包裹，而旅客或收货人又不愿领取时（确有欺诈行为除外），事故责任仍定原单位。

（10）由于行车事故造成的行李、包裹事故，由行车安全监察部门确定的责任单位负责。

（11）由于下列原因造成的行李、包裹事故，责任单位列入"其他"。

①由于列车紧急制动，造成行李、包裹损失时；

②因托运人、收货人责任给第三者的行李、包裹造成损失时；

③其他无法判明责任单位的事故。

（12）事故处理站在核定事故责任单位时，如发生站、车各方意见不一致，可将事故记录连同附件逐级上报，由上级机关仲裁核定。若站、车属一个铁路局管辖的，报铁路局；跨铁路局的，报国铁集团。

丢失的行李、包裹找到后，承运人应迅速通知旅客、托运人或收货人领取，撤销一切赔偿手续，收回全部赔款。如旅客、托运人或收货人不同意领取时，按无法交付物品处理。如发现有欺诈行为不肯退回赔款时，可通过行政或法律手段追索。

实训项目及案例分析

实训项目一　线路中断后对旅客车票及行李的处理方法

【任务5-1】 2018年3月8日，乌兰浩特—周水子K7306次到达长春站，旅客王某持白城至蛟河的硬座客快速卧联合票（硬卧中、快速至长春）在长春站签证换乘，由于长春—延吉间水害，线路中断，旅客要求返回松原站退票，并要求把其6号托运的行李两件（旅行包、纸箱各一），重20kg，票号A023231，一并返回松原，经电话查询，该行李已运至蛟河站。请问各站如何处理？

处理方法：

（1）旅客车票

①长春站在车票背面注明："因长春—延吉间水害,2018年3月8日返回松原站",加盖站名戳,作为旅客至松原站办理退票的凭证(旅客签证 K7305 次大连—乌兰浩特列车返回)。

②松原站办理退票:退已收票价与发站白城至停止旅行站松原票价差额,白城—长春硬卧中、快速票已使用至到站,不退。

已收:77.00 元,其中,白城—长春 333km

硬卧中、快速票价:45.00 元

白城—松原 184km

硬座客票:11.50 元

退差:77.00 - 45.00 - 11.50 = 20.50 元

③填写退票报告、退票报销凭证,如图5-2 所示。

（2）旅客行李

①长春站告知旅客向松原站提出行李返运要求。松原站收回行李票旅客页,编制客运记录(图5-3)交旅客领取行李;电话查询后,向行李所在站蛟河站拍发行李返运电报,如图5-4 所示。

②5d 后通车,蛟河站编制客运记录(图5-5)附在运输报单上把行李优先返运松原站。

中国铁路沈阳局集团有限公司
退票报销凭证 A000004

松原站	2018 年 3 月 8 日
原 票	白城 站至 蛟河 站
已乘区间	白城 站至 松原 站
已乘区间票价	伍拾陆元伍角
退票费	／ 元
共 计	伍拾陆元伍角

（无经办人名章无效） 经办人 ×××印

图 5-2 退票报销凭证填写式样

③松原站3月15 日行李运到,次日王某凭客运记录领取,松原站在报销页上记事栏注明"因线路中断,行李运至到站返回,运费不退",不收变更手续费。

中国铁路沈阳局集团有限公司   客统一1
客 运 记 录
第 15 号

记录事由:线路中断,行李返运

松原站:

2018 年 3 月 8 日,旅客王某,由于长春—延吉间水害,线路中断,旅客返回松原站停止旅行,要求把其6号托运的行李两件(旅行包、纸箱各一),重20kg,票号A023231,一并返运松原站,经电话查询,该行李已运至站故运费不退,原行李票已收回,凭此记录领取。

注:
1.站、车需要编制记录时适用。
2.本记录不能作为乘车凭证。

松原 站 编制人员 ×××   (印)
段
站 签收人员   (印)
段
2018 年3月9日编制

图 5-3 客运记录填写式样

中国国家铁路集团有限公司
铁 路 电 报
第100号

发报所fbj	电报号码xo	组数zs	等级dj	日期rq	时分sf	附注fz

主送:蛟河站

抄送:沈阳局客运处

2018年3月8日,旅客王某由于长春—延吉间水害,线路中断,已返回松原站,停止旅行,要求将其3月6号K7306次白城发蛟河站的行李两件(旅行包、纸箱各一)重20kg,票号A023231,待线路恢复通车,请速返运松原站,以便交付。

松原站行李房 ×××(印)
2018年3月9日于松原站

图 5-4 铁路电报填写式样

【任务5-2】 2018 年 3 月 11 日,K367 次(汉口—大连,空调快速)列车因盘锦一带发生水害,在山海关站开始组织原列车绕道京哈线至大连,一旅客持山海关至大连的本次列车硬座客快速车票,找列车长要求山海关开车后改乘软卧下(有空余卧铺)。请问应如何处理?

处理方法:

(1)处理依据:组织原列车绕道运行,原票有效,旅行变更时补收变更区间的票价差额,核收手续费。

(2)计算票价:山海关—大连　788km

新空硬座票价:66.00 元

新空软座票价:126.00 元

软硬座票价差:60.00 元

新空软卧(下)票价:132.00 元

手续费:5.00 元

合计:60.00 + 132.00 + 5.00 = 197.00 元

(3)代用票填写式样,如图5-6所示。

图5-5　客运记录填写式样

图5-6　代用票填写式样

实训项目二　旅客突发急病、死亡的应急处理方法

【任务5-3】　2018 年9 月11 日,K388 次(沈阳北—成都)新型空调旅客列车,在邢台开车后,5 号车厢一旅客李某持沈阳北至郑州硬座客快速车票(A034560)突然发病,处于昏迷状态,同行人找到列车长,请问应如何处理?

处理方法:

(1)列车长要立即组织救治。通过广播找医生,并将医生单位、姓名、地址详细记录协助诊治病情;列

车上没有医生时,询问同行人旅客平时有什么病。

（2）列车长对发病的旅客、车票、身份证号码、工作单位、携带物品、同行人等情况认真调查,做好记录。

（3）乘务员不要随意给旅客用药,要在有医嘱的情况下,让旅客自己服用,防止旅客用药不当引起其他后果。

（4）列车上无医生时可尊重旅客本人意见,列车长协助治疗。确实病重需要抢救时,列车长通过运转车长电台、手机电话向所在局客调报告,联系前方站邯郸进行抢救。

（5）列车长应填写客运记录,如图5-7所示,交前方停车站邯郸站,并取得不少于两份知情旅客的旁证材料。

（6）列车终到后,向车队和段安全科汇报事件情况。

中国铁路沈阳局集团有限公司　　客统一1

客 运 记 录

第 30 号

记录事由:移交因病不能继续乘车旅客

邯郸站

2018 年 9 月 11 日,K388次 (沈阳北—成都) 新型空调旅客列车,在邢台开车后,乘坐在5号车厢旅客李某突发急病不能继续乘车,旅客要求终止旅行下车治疗,特此记录请按章处理。

附:沈阳北至郑州车票硬座客快速车票一张(A034560)

注:
1.站、车需要编制记录时适用。
2.本记录不能作为乘车凭证。

沈阳站段 编制人员 ×××　（印）
沈阳站段 签收人员　　　　（印）
2018年9月11日编制

图 5-7　客运记录填写式样

【任务5-4】　2018 年 9 月 11 日,K128 次（长春—西安）新型空调旅客列车,在唐山站开车后,乘坐10号车厢15号下铺一旅客头部突然剧痛,虽然经过旅客中的医生全力抢救无效 20min 后死亡。列车长会同乘警在清理旅客遗物时,发现旅客身份证,得知该旅客系郑州市郊区农民,程某,73 岁,持沈阳北至郑州硬座客快速卧车票(A034561),并携带黑色旅行包一件。请问应如何处理?

处理方法:

（1）列车长应会同乘警勘查现场,收集证人证言不少于两份。

（2）查看旅客所持车票的票种、票号、发到站、车次、有效期及加剪情况等。妥善保管旅客的财物,对死者遗物会同乘警列好清单。列车长根据有效证件确认死者姓名、住址、单位。

（3）旅客在列车上死亡时,列车长应填写客运记录,如图5-8所示。会同铁路公安人员将尸体和死者遗物交给天津车站处理,天津站按照在车站死亡时办理。

（4）对参加诊断抢救的医生姓名、性别、年龄、单位、联系电话进行登记,并动员写出诊断说明,内容不可缺少"听到列车寻找医生的广播"或列车工作人员寻找到的证人的证词。

中国铁路沈阳局集团有限公司　　客统一1

客 运 记 录

第31号

记录事由：移交死亡旅客

天津站：

　　2018年9月11日，K128次（长春—西安）新型空调旅客列车，唐山站开车后，乘坐10号车厢15号下铺一旅客头部突然剧痛，虽然经过旅客中的医生全力抢救无效20min后死亡。该旅客程某，男，73岁，系郑州市交区农民，持沈阳北至郑州硬座客快速卧车票（A034561），并携带黑色旅行包一件，列车取目击旅客旁证材料3份，编制客运记录并将死亡旅客移交你站，请按章处理，同时拍发电报声明。

注：
　　1.站、车需要编制记录时适用。
　　2.本记录不能作为乘车凭证。

长春　站段　编制人员　×××　　（印）

长春　站段　签收人员　　　　　（印）

2018年9月11日编制

图5-8　客运记录填写式样

（5）及时拍发电报如图5-9所示，报告相关领导和相关部门及天津卫生疾控中心上车消毒。

中国国家铁路集团有限公司

铁 路 电 报

第100号

发报所fbj	电报号码xo	组数zs	等级dj	日期rq	时分sf	附注fz

主送：天津站、天津派出所

抄送：北京、沈阳局客运处、公安局，天津、长春铁路公安处，长春客运段

　　2018年9月11日，K128次（长春—西安）新型空调旅客列车，在唐山站开车后，乘坐10号车厢15号下铺一旅客头部突然剧痛，经旅客中的医生（李某，男，48岁，中国军医大脑外科教授）初步诊断怀疑是急性脑出血，经过全力抢救无效，于13:50分死亡。该旅客程某，男，73岁，系郑州市郊区农民，持沈阳北至郑州硬座客快速卧车票（A034561），我车已编制第31号客运记录将死者的尸体及遗物另有3份证明移交天津站。特此记录，请按章处理。

长春客运段K128次列车长　×××于天津站

2018年9月11日

图5-9　铁路电报拍发式样

实训项目三　旅客发生意外伤害的处理方法

【任务 5-5】　2018 年 12 月 1 日,K7592 次(丹东—山海关)鞍山开车后,3 名旅客争抢座位发生争吵,旅客李某(男,35 岁,辽宁朝阳沟人)上前劝架,被旅客魏某(吉林安广村人)一刀捅伤小臂,流血不止,伤势较重,魏某伤人后去向不明。请问列车应如何处理?

处理方法:

(1)列车长会同公安人员检查旅客伤害情况,立即组织救治,进行紧急包扎。

(2)列车长会同铁路公安部门及时勘验事故现场,妥善保管旅客的财物,检查旅客所持车票的票种、票号、发到站、车次、有效期及加剪情况等。应提前通知车站做好救护准备工作。

(3)编制客运记录一式两份,如图 5-10 所示,将旅客交海城站转送医院治疗。

(4)列车长会同公安调查伤害事故发生具体情况,请争吵旅客及周围的旅客写出旁证材料(不少于两份),交前方停车站西柳站转海城站。

(5)向有关上级部门拍发事故速报,如图 5-11 所示。

(6)用电话向本段客运派班室及有关领导汇报。

图 5-10　客运记录填写式样

图 5-11　铁路电报拍发式样

【任务 5-6】　2018 年 12 月 1 日,4240 次(长春—山海关)列车进入锦州站二站台 9 股道,下车旅客金某(男,38 岁,锦州电信局职工),持长春至锦州硬座客快票,票号 A201452,他为了省时省力,慌张地横跨线路时,摔倒在 7 股道钢轨上,前额破口 5cm,流血不止并昏迷。锦州站应如何处理?

处理方法:

(1)旅客在车站发生意外伤害时,锦州站客运主任、客运值班员应会同公安人员检查旅客伤势情况,并进行紧急包扎。

(2)派人携带加盖车站公章(或客运室章)的客运记录,如图 5-12 所示,将受伤旅客急送当地合同医院抢救。

（3）锦州站客运主任会同公安部门及时勘验伤害事故现场,检查旅客所持车票等情况,请周围的旅客写出旁证材料不少于两份。

（4）送医院须先缴纳押金时,可用站进款垫付;动用进款时,填写"运输进款动支凭证",5日内归还。

（5）及时通知受伤旅客家属或单位。

（6）进行事故分析,确定赔偿金额。

中国铁路沈阳局集团有限公司　客统一1

客运记录

第6号

记录事由:旅客受伤,送往救治

锦州附属三院:

2018年12月1日4240次列车正点进入我站二站台9股道,下车旅客金某(男,38岁,锦州电信局职工,持长春至锦州硬座普快票,票号A201452),不按导向行走,自行横跨线路,摔倒在7股道钢轨上,前额破口5cm,并昏迷流血不止,经我站简单包扎抢救后,送你院抢救治疗,费用由我站担保。

注:
1.站、车需要编制记录时适用。
2.本记录不能作为乘车凭证。

锦州站段　编制人员　×××　（印）
　　站段　签收人员　　　　（印）
2018年12月1日编制

图5-12　客运记录填写式样

【任务5-7】 2018年12月1日T170次(广州—上海南)旅客列车,衡阳开车后,在3、4、6、7、11、12、14号硬卧车厢和16号硬座车厢有16名旅客出现头晕恶心、呕吐等现象,其中3名旅客比较严重。请问应如何处理?

旅客列车发生食物中毒的处理方法:

（1）列车上发生疑似食物中毒旅客时,列车长应立即赶赴现场,统一领导食物中毒事件的处理工作。

及时了解中毒旅客主要症状,掌握中毒旅客人数、发病时间等情况,准确判断毒物根源或确定怀疑导致食物中毒的食物,并迅速向段调度室报告。

（2）利用列车配备的医疗救护药箱,采取催吐、导泄等方法和应急救治措施,进行初步救治。同时通过广播寻找医生帮助抢救治疗,控制病情进一步发展。

遇有中毒旅客病情危重,必须临时停车送医院抢救时,列车长向列车调度员报告情况,请求临时停车;接到调度临时停车命令后,应编制客运记录,交接指定站救治。

（3）发生3人及以上具有疑似食物中毒症状时,除按上述要求救治外,列车长及时通知前方停车站和防疫部门,并向段调度室和铁路局车调报告;怀疑投毒导致食物中毒时,还应同时向铁路公安机关报告。

报告内容要简明、扼要、清楚,包括:日期、车次、运行区段、发病时间、地点、病人主要症状、发病人数(包括危重人数及死亡人数)、可能引起中毒的食物等,要求车站组织采取的措施,并做好相关记载,编写客运记录,做好向车站移交的准备工作。

（4）在抢救安置中毒旅客的同时,乘务人员要做好解释工作,稳定旅客情绪,防止造成混乱。

乘警负责保护好现场、维护秩序,搜集、保留、封存造成食物中毒或可能致食物中毒的食物及其原料、器具,将病人的呕吐物样品一并留存,等待卫生防疫人员进一步调查。

(5)如不能排除食物中毒是列车供应食品所致,应停止列车食品供应,立即采取措施追回已售出的可疑食物或通知旅客禁止继续食用,防止事态进一步扩大。

能确认导致食物中毒的食物是因配餐或某站出售的食物造成的,应及时报告铁路局客运调度员通知生产销售部门停止销售。

(6)列车长、乘警应及时调查发病的原因,搜集证据材料,了解旅客发病症状、进食史,并做记录,形成第一手资料。对中毒病人的基本情况做好登记,以便协助卫生防疫等部门最终调查确定诊断。

列车长及时将记录和有关材料移交车站,以便车站尽快做好善后处置。

列车长编写客运记录,如图5-13所示。

拍发电报,如图5-14所示。

图5-13 客运记录填写式样

图5-14 铁路电报拍发式样

【任务5-8】 2018年4月1日,大连站开往郑州的K715/8列车,运行至沟帮子至锦州间1km200m处,3号车厢6号坐席一位有人护送的精神病旅客王某(女,43岁,持大连至天津本次列车硬座车票,票号A339243),突然将玻璃窗击碎跳车,当场死亡。请问如何处理?

处理方法:

(1)列车在区间运行发生旅客坠车时,应按规定及时使用紧急制动阀停车(动车组、特快列车按有关规定处理)。如错过停车时机,列车长(单独执乘列车长可派专人)会同乘警在就近车站下车,配合车站共同查找跳车旅客。

(2)列车上发生旅客人身伤害事故时,列车长应会同乘警立即赶赴发生地点,按照下列程序处理:

①调查事故发生的原因,记载发生日期、时间、车次、地点、区间里程。

②搜集证人证言并记录好证人姓名、性别、年龄、地址、联系方式、身份证号码等内容(证言、证据应当准确、真实,并能够证明事故发生的过程和原因)。

③由列车乘警负责提取伤者本人询问笔录。

④列车长应会同乘警共同查验伤者客票、有效证件,并详细记载其姓名、性别、年龄、国籍、民族、家庭住址及单位、身份证号、联系方式及车票种类、发到站、车次、有效期及客票加剪情况等。

⑤询问旅客是否有同行人及随身携带品。

⑥列车上发生旅客人身伤害事故,列车长编制客运记录,如图5-15所示,并加盖列车长名章,将受伤旅客移交三等站以上车站(在区间停车处理时交就近车站)处理。

向车站办理移交手续时,客运记录、携带品清单一式两份(一份存查,一份办理站车交接),连同车票、证据材料一起移交(遇有受伤旅客,应通过运转车长无线电台,通知旅客移交车站做好接收、急救等准备工作),并要求车站在客运记录上签字。

⑦因特殊情况来不及编写记录的,列车长必须下车(单独执乘列车长可派专人)与车站办理交接,并在3日内向事故处理站补交有关材料。

⑧拍发事故速报,如图5-16所示。

图5-15　客运记录填写式样

图5-16　铁路电报拍发式样

知识拓展

一、发生行车中断车站对滞留旅客的组织处理

发生旅客列车大面积晚点、线路中断,直达特快列车晚点时间超过30min,其他旅客列车晚点时间超过1h致使旅客滞留车站、列车上或旅客反映强烈时,车站应做好客运组织工作。

(1)车站值班员应迅速报告车站站长。

(2)站长应迅速启动预案,组织全体人员迅速到岗,维持好秩序。

（3）站长应迅速将旅客滞留和列车滞留情况向上级报告，同时将滞留原因及时通告相关列车。情况紧急时，向地方政府报告，请求救援。

（4）要积极做好旅客的饮水及食品供应工作。对站内旅客大量集结的情况，要合理有序安排候车能力，留好通道。

（5）加强广播宣传及列车运行信息公告，积极有序地组织旅客按照《铁路旅客运输规程》的规定办理退票、车票改签工作。

（6）积极配合滞留站内的列车维持好车内秩序，必要时配合列车组织旅客疏散到车站安全地带候车。

（7）受阻旅客列车在站停留期间，车站主要负责人等有关人员要坚守岗位，加强与列车长和上级有关部门的联系，根据现场实际和上级有关部门联系，及时处理解决现场发生的一切问题。保证信息渠道畅通，做到上情下达，下情上传。

（8）旅客列车受阻不能进行运行或停运时，车站应向旅客公告，并做好宣传解释工作，取得旅客的谅解。对折返发站和停运的旅客列车，沿途停车站要增派人力，备足周转金，快速为旅客办理退票、改签等手续。

二、因天气不良或其他原因造成列车晚点时车站的应急处理

（1）因天气不良或其他原因造成动车组列车晚点，动车组候车室（或专用候车区）要利用广播做好解释和疏导工作。对晚点列车时间较长的，要安排好旅客。旅客列车晚点 1h 以内的，车站依据调度阶段计划、旅客列车依据实际情况，向旅客通报列车晚点时间。列车晚点超过 30min 的，站长应代表铁路向旅客道歉。向旅客通报时，车站广播每次间隔不超过 30min，有条件的车站应提供实时电子显示电话时查询。

通报内容：列车当前晚点时间、晚点原因。发生线路中断时，还应通报预计恢复通车（继续晚点）时间和列车退行、绕行、停运等调整列车运行方案信息。

（2）当晚点列车较多，动车组候车室（或专用候车区）放行有困难时，要组织专人带队到检票口放行，以确保动车组列车有序乘车。

（3）由于特殊原因造成动车组列车停运时，要向旅客做好宣传解释工作，组织旅客办理退票手续。售票部门要提前准备好退票窗口和零钱，方便旅客在最短时间内办理退票手续。

（4）车站广播室在列车晚点时，按照规定播放站长的道歉广播词。例如"列车晚点耽误了您的旅行，我代表列车全体工作人员向您表示诚挚的歉意！"车站各部门要积极协调，为乘坐动车组列车的旅客提供信息。

三、车站遇台风、暴雨等恶劣天气时的应急处理

（1）车站接到台风、暴雨等恶劣天气预报后，站长及时组织工作人员迅速到岗，加强站场巡视，检查客运服务场所的揭示牌、广告牌、挂钟等服务设施是否牢固，并安排人员准备沙袋等防洪设备。

（2）遇台风、暴雨等恶劣天气时，车站要及时向铁路局（集团公司）值班室、客运处汇报受灾情况以及旅客滞留情况。

（3）当候车室、地道等区域出现浸水时，车站组织力量及时采取堆垒沙袋设防等方式，防

止雨水灌入。保洁工作人员应及时清理积水,并在候车室、天桥、地道等区域设置防滑警示,加强宣传,防止旅客滑倒摔伤。

(4)暴雨天气导致候车室、地道内积水时,车站应及时启动积水强排措施。

(5)因台风、暴雨等恶劣天气造成列车停运、晚点时,车站应迅速将列车停运原因、恢复运行时间等信息及时通过广播、揭示向旅客宣传,安抚稳定旅客情绪,并备足现金,增开退票窗口,积极有序地组织旅客办理退票、改签手续。

(6)车站要积极做好旅客的食品、饮水供应工作。必要时,及时与地方交通部门联系,做好旅客分流疏散工作。

四、列车发生火灾、爆炸的应急处理

(1)立即停车。列车运行中发生爆炸或火灾,发现火情的列车乘务人员特别是本车厢或相邻车厢列车员应立即拉下紧急制动阀,迫使列车停在安全地带。

(2)疏散旅客。紧急制动后,列车乘务人员应迅速指挥旅客疏散到邻近车厢,同时向列车长、乘警长报告。

(3)迅速扑救。列车长、乘警长在接到报告后,应立即组织、指挥义务消防队和其他工作人员进行扑救,并通知各车厢乘务员封锁车厢,严禁旅客下车、跳车、串车,防止意外事故发生,为事后查明情况创造条件。

(4)切断火源。停车后,车辆、机车乘务员和运转车长要迅速将起火车厢与列车分离,切断火源,防止火势蔓延。

(5)设置防护。列车分解后,运转车长和机车乘务员要迅速设置防护。

(6)报告救援。列车长、运转车长和乘警长要尽快向行车调度员报告事故情况,请求救援。

(7)抢救伤员。在疏散旅客、迅速扑救的同时,要积极地抢救伤员。

(8)保护现场。在扑救火灾时,要注意保护好现场。列车乘务人员采取多种措施做好宣传工作,稳定群众情绪,维持秩序,以免发生混乱。

(9)协助查访。列车长、乘警长要积极协助公安机关了解情况,提供线索,帮助侦破。

(10)认真取证。公安乘务民警应尽可能了解事故情况,索取证据,以利于现场勘察、侦察线索和查明原因。

全体乘务人员在列车发生爆炸、火灾后,必须按照分工坚守岗位,不得擅离职守,要在列车长、乘警长的统一指挥下,根据实际情况灵活果断地采取得力措施,进行紧急处置。

上述10条40个字是应急方案的要点,在处理突发事故时可根据实际情况同步进行。

五、列车发生撞车、颠覆的应急处理

(1)设置防护。机车乘务人员和运转车长负责迅速设置防护。

(2)报告救援。尽快向行车调度员报告事故情况,请求救援,并应迅速向当地政府、公安机关和驻军请求支援。

(3)抢救伤员。抢救时要先重后轻、先伤后亡,会同乘警控制现场,为查明原因提供依据。

(4)保护现场。通过宣传稳定秩序和保护现场,可依靠旅客中的军、警、干部、工人等,防止坏人乘乱作案。

六、列车被洪水围困的应急处理

(1)列车立即退回安全地段。

(2)必要时有组织地疏散旅客上高地或小山。

(3)设法报告上级,请求救援。

(4)通过宣传稳定秩序,组织保卫,以免发生混乱。

(5)组织照顾老、弱、病、残、孕、幼等重点旅客。

(6)联系地方居民组织饮食供应。

七、列车被塌方阻挡的应急处理

(1)立即退回安全地带或后方车站。

(2)迅速报告上级,听候处理。

(3)坚守岗位,维持好车内秩序,禁止旅客擅自下车。

(4)必要时可利用其他交通工具有组织地绕道输送旅客,防止发生混乱。

八、站、车突然停电的应急处理

(一)车站候车室突然停电

(1)稳定情绪。车站突然停电,客运人员应及时赶到候车室,进行口头宣传,稳定旅客恐慌情绪,让旅客就地看管好自己所携带的物品,不要随便走动,防止混乱互相拥挤伤人及丢失物品。

(2)控制出入。全体客运人员要坚守岗位,门卫严禁旅客再行出入候车室,检票口要立即封闭,不准摸黑放行。

(3)及时报告。立即报告车站领导和车站公安,加强警力,防止坏人趁黑作案,同时以最快的速度通知房建电力工区值班人员进行抢修。

(4)另取照明。候车室如设有应急灯的,应迅速打开。若停电时间较长或电路损坏严重,一时不能修复,应另取其他照明使用。

(二)旅客列车在夜间运行中突然停电

(1)列车乘务员要立即通知车辆检车乘务员到现场处理。

(2)列车长、乘警要及时赶赴现场,稳定车内秩序,加强治安管理。

(3)停电车厢乘务员要坚守岗位,封闭两端车门,防止发生意外。

(4)严禁车厢内使用明火照明。

复习思考题

1. 铁路电报的用途有哪些?

2. 铁路电报的等级有哪些?

3. 遇到哪些情况需要列车拍发电报？

4. 遇到哪些情况需要车站拍发电报？

5. 造成线路中断的原因有哪些？

6. 线路中断后如何安排已购买车票的被阻旅客？

7. 线路中断后对行李、包裹如何安排？

8. 旅客在候车期间或在列车上发生急病、死亡应如何处理？

9. 什么是旅客人身伤害事故？

10. 旅客人身伤害事故的种类与等级如何划分？

11. 旅客发生人身伤害事故现场应如何处理？

12. 旅客人身伤害事故的责任是如何划分的？

13. 行李、包裹事故种类和等级是如何划分的？

实践训练

1. 熟悉线路中断后对被阻旅客行李和包裹的安排。

2. 练习处理线路中断后退票和行李、包裹的变更。

3. 分组演练站、车发生火灾、爆炸的应急处理。

4. 分组演练列车发生撞车、颠覆的应急处理。

5. 分组演练列车被洪水围困的应急处理。

6. 分组演练站、车发生急病、死亡的应急处理。

7. 练习旅客列车晚点的应急处置。

8. 练习旅客列车发生食物中毒的处理。

9. 练习列车在区间运行发生旅客坠车时的处理。

10. 演练列车严重超员时的应急处置预案。

11. 练习旅客列车发生行车重大、大事故后有旅客伤亡的应急处置。

12. 练习列车遇到石击后的应急处置。

项目六　旅客运输计划及组织

★ 知识重点
　　1. 客流的形成及分类。
　　2. 旅客列车的分类及车次的编定。
　　3. 客流调查的范围及方法。
　　4. 客运量预测方法。
　　5. 旅客列车运行区段及行车量的确定。
　　6. 旅客列车方案图的编制原则及方法。
　　7. 旅客输送日计划的编制、执行和考核。

★ 项目任务
　　1. 客运量预测的方法。
　　2. 管内客流图的编制方法。
　　3. 旅客列车运行区段及行车量的确定方法。
　　4. 旅客列车运行方案图的编制方法。
　　5. 票额分配方法。
　　6. 乘车人数通知单的填报方法。
　　7. 列车旅客密度表的填写方法。
　　8. 旅客列车定员的计算方法。

★ 项目准备
　　1. 参考资料：《铁路旅客运输规程》《铁路客运运价规则》《铁路旅客运输办理细则》《铁路旅客运输管理规则》《客运规章汇编》、模拟数据资料。
　　2. 所需票据、报表：硬座票额分配计划表、卧铺票额分配计划表、旅客输送日计划表、列车旅客密度表、乘车人数通知单、相关票据。
　　3. 所需设备：彩色绘图笔、计算机、CAD 绘图软件。

理论知识

单元一　旅客运输计划概述

　　旅客运输计划是铁路运输计划的主要内容之一，是铁路旅客运输工作的基础，是整个国民经济计划的重要组成部分。它不仅是确定旅客列车对数和客运机车车辆需要数及编制旅客列车运行图的基础，也是确定客运设备、客运机车车辆修造计划及客运运营支出计划的重要依据,同时也是旅客计划运输组织工作的前提。编制旅客运输计划是为了更好地挖掘运输潜力、组织旅客均衡运输、提高客运服务质量。因此,质量良好地编制旅客运输计划有着重要意义。

旅客运输计划编制要从全局出发,认真贯彻执行始发局(站)兼顾中间局(站)、大站兼顾小站,先中转、后始发,先长途、后短途及保证重点的运输原则,达到长短途列车合理分工,站、车密切配合,保证均衡运输。

一、旅客运输计划的种类

(1)旅客运输计划,根据执行期间的不同可分为下列 3 种:

①长远计划。一般为五年、十年或更长时期的规划,是铁路旅客运输的发展计划,通常根据国民经济计划的期间进行编制。主要是规定旅客运输的发展方向、技术政策、速度、重量及有关的主要指标。

②年度计划这是旅客运输的任务计划,根据长远计划的要求和当年具体情况制定的执行计划。它是确定旅客列车行车量和客运机车车辆需要量以及客运设备改建、扩建的主要依据。

③日常计划它是在年度计划指导下,进行旅客运输作业的月、旬、日、班计划,是作业计划。计划要正确反映客观经济规律的要求,切忌主观随意性。

旅客运输的长远计划和年度计划由计划部门负责编制,日常计划由客运部门编制。

(2)旅客运输计划,按其组织形式不同可分为:客流计划、技术计划、日常计划 3 种。

二、旅客运输计划的特点

旅客运输计划与货物运输计划相比较,具有以下特点:

(1)计划期内人们提出的旅行需要,运输部门不能拒绝,不能延期或提前,必须及时满足。

(2)旅客要求的乘车路径和到达地,不能向货流那样可以在全国范围内根据产供销合理联系的原则进行调整。

(3)铁路输送旅客的能力及客运机车车辆的工作量确定与旅客运输计划的时间并不一致,从而增加了综合平衡的复杂性。

(4)作为铁路运输主要产品之一的旅客运输(即人的位移),对质量的要求比货物运输更高更严。

三、客流及其主要特点

(一)客流的形成及分类

1.客流的形成

客流是指铁路某一方向上,一定时间内旅客的流量和流向。在我国,客流主要由广大人民在政治上、生产上和生活上的旅行需要所形成。

2.构成客流的要素

构成客流的要素,包括旅客的流量、流向、流程和流时。

3. 客流的分类

(1)按旅客的乘车距离和铁路局管辖范围,客流分为以下两种:

①直通客流:旅客乘车距离跨及两个及其以上铁路局的为直通客流。

②管内客流:旅客乘车距离在一个铁路局范围以内的为管内客流。

(2)按旅客选择的列车等级,客流可分为高速客流和普速客流。选择高速列车的客流时间价值较高,对列车的运行速度要求较高。而普速客流对列车运行速度要求相对较低,其考虑出行的主要因素是费用支出。

(3)按旅客的出行目的,客流分为开会、出差客流,探亲、访友客流,购、售物品客流,参观、旅游客流等。

目前,我国客流的表现,在一些城市和工业区所在的车站以出差、探亲客流为主;而在一些中、小城镇,一般农业区所在的车站以集市贸易、购售物品的客流亦占一定比例;至于参观旅游的客流,则多出现在大城市及风景区所在的车站。高速铁路的客流主要包括商务客流、公务客流、会议客流以及旅游休闲客流。随着我国经济的发展,旅游探亲客流在高速客流中的比例不断增加。这样的客流结构对时间和效率的关注度高,对乘车的舒适度要求高。

(4)按旅客的身份职业,客流分为工人、农民、干部、学生、军人、教师等。

由于列车编组、运输价格、旅客需求及旅客经济承受能力不同,造成了不同等级的列车旅客成分不同。等级较高的特快、快速列车中,干部、工人较多;管内慢车旅客中,农民相对增多。

(5)按旅客旅行的距离,客流分为短途客流、中短途客流、中长途客流、长途客流。

旅客旅行距离在200km以内的客流为短途客流;在200~500km之间的客流为中短途客流;在500~800km之间的客流为中长途客流;800km以上的客流为长途客流。

(6)按旅客是否换乘,客流分为以下两种:

①本线客流,是本线各大站间到发的客流和沿线小站间到发的沿线客流。

②跨线客流,是本线与相邻线或相邻线间交流而通过本线的客流。

(二)客流的主要特点

1. 客流增长迅速

1949年全国旅客发送量为10297万人,而2017年已经高达303837万人,增长近30倍。目前,我国经济结构发生变化,城市化进程加速,人民物质文化生活水平日益提高,人们出行的次数增多,国际交往愈加频繁,高速铁路网络迅速形成,这些都是我国铁路客流逐年增长的主要原因。

2. 客流具有一定的波动性

客流在时间上的不均衡,表现在假期、节日和市郊旅客上下班时间最为明显。

客流在时间上的不均衡程度,可用波动系数表示如下:

$$K_{波} = \frac{A_{发}^{时段}}{A_{发}^{平均}}$$

式中:$K_{波}$——波动系数;

$A_{发}^{时段}$——某时段(月、季)旅客发送人数;

$A_{发}^{平均}$——分析期内平均旅客发送人数。

为分析客流在全年各月、季的波动情况,绘制客流波动示意图,如图6-1所示。

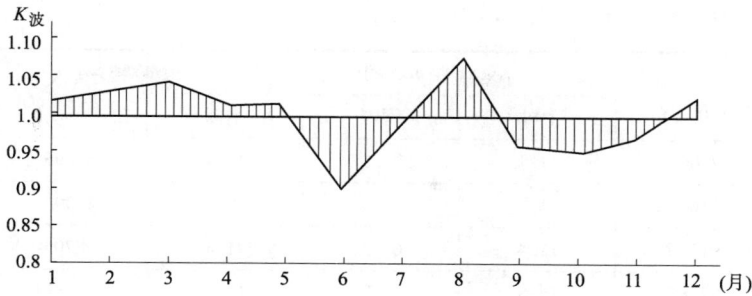

图 6-1　客流波动示意图

从图 6-1 可以看出,客流是在一年里最大的是春运及暑期运输。春运以春节为中心,前后一次高峰,并延续 40d。暑期以 8 月份为中心。一年里 6 月份客流量最小,成为客流低谷。

缓和客流在时间上的不均衡性比较明显,因为旅客对运输的需求是有时间性的,为了满足客流波动高峰时的要求,必须建立一定的后备客运能力。

3. 客流分布不均衡

我国铁路客流主要分布在经济比较发达、路网密度较大、人口比较稠密的东北、华北和中南地区。除了人口、经济、文化的发达程度等因素外,不同运输方式的分工与铁路网的密度,对铁路客流的地区分布有着重大影响。华北、华东地区铁路旅客运输量在全国的比重远低于东北地区。这两个地区公路和水运分担的客流量较大是一个很重要的原因。东北地区人口不到全国人口的 10%,但由于铁路发达,旅客运输量在全国占有的比重长期保持在 40% 左右。铁路网的发展对改变客流的地区分布最明显的是西南和西北地区。新中国成立以来,西南、西北地区的旅客运输量在全国占有的比重有着明显的增长。

客流在方向上的不均衡程度,可用回运系数表示。它是客流较小方向上的客流密度与同一线路客流较大方向客流密度的比值,即:

$$回运系数 = \frac{同一线路客流较小方向的客流密度}{同一线路客流较大方向的客流密度}$$

由于绝大多数旅客是在定点间往返乘车,所以不同线路年度的回运系数相差不大,上下行方向的客流密度大致相等。旅客在定点间的往返,形成旅客列车定点循环的组织特点。

4. 管内客流所占比重较大

根据我国历年统计资料,在每年完成的总客运量中,管内客流比重最大,占 60% ~ 70%,这与我国是个农业大国的性质分不开,我国农民旅客在总客流量中占相当大的比重,而农民旅客一般活动范围较小,旅行距离较短,反映在客流性质上即管内客流占有的比重最大。近些年来直通客流的比重增长很快,而市郊客流的比重逐年下降,这与高速铁路、城市公共交通工具迅速发展有着直接关系。历年来我国铁路客运发送量组成比例,见表 6-1 所示。

我国铁路客运发送量组成比例表　　　　　　　　　　　　　　表 6-1

年　份	全年发送 (万人)	组成比例(%)			全国人口 (万人)	乘车率
		直通	管内	市郊		
1949	10297	—			54167	0.19
1952	16352	11.9	88.1	—	57482	0.28

续上表

年 份	全年发送 （万人）	组成比例（%）			全国人口 （万人）	乘车率
		直通	管内	市郊		
1962	74067	11.1	75.5	13.4	67295	1.1
1970	51646	11.4	70.0	18.6	82992	0.63
1980	91246	11.4	67.2	21.4	98705	0.93
1990	94888	14.8	70.9	14.3	114 333	0.83
1995	102081	18.7	70.5	10.8	121 121	0.84
2000	101 847	28.7	66.89	4.4	126 583	0.80
2005	115 583	32.0	63.8	4.2	130 756	0.88
2008	146 193	33.1	63.2	3.7	132 802	1.10
2009	152141	33.4	63.2	3.4	133450	1.14
2010	167609	33.2	63.6	3.2	134091	1.25
2011	186226	33.8	61.9	4.3	134735	1.38
2012	189337	33.8	61.8	4.4	135404	1.40
2013	210597	34.2	65.8		136072	1.54
2014	230460	33.4	66.6		136782	1.68
2015	253484	33.1	66.9		137462	1.84
2016	277301	32.9	67.1		138271	2.01
2017	303837	32.5	67.5		139008	2.19

5. 客流行程比较短

近几年来,全国旅客的平均行程比过去有所缩短,旅客周转量平均每年的增长速度略低于旅客运输量。客流行程缩短比较明显的是管内客流,因为随着铁路网的扩大,高速铁路的发展,使得管内客流增长迅速。另一方面,城际铁路的客流增长以及航空运输的日益发展,也影响铁路旅客平均行程的缩短。为此,今后铁路旅客平均行程的变化,将取决于这两方面因素的增减。旅客平均运距数据,见表6-2所示。

旅 客 平 均 运 距   表6-2

年 份	里程（km）	年 份	里程（km）
2006	527	2011	516
2007	532	2012	518
2008	532	2013	503
2009	517	2014	488
2010	523	2015	472

因此,只有不断地分析研究历年客流统计资料,进行客流调查,才能正确掌握客流的特点及其规律性,为编制质量良好的旅客运输计划奠定基础。

四、旅客列车分类及车次的编定

1. 旅客列车分类(相关资源见二维码7)

二维码7

对客流的不同需求和铁路线路等技术设备条件,铁路开行了不同种类、不同等级的列车。目前,旅客列车分为以下几种:

(1)高速动车组旅客列车。动车组列车简称"动车组",是2008年4月18日以后开发的新型快速产品。高速动车组旅客列车是指运行速度250km/h及以上,在客运专线上运行的动车组列车。采用CRH系列或CR系列动车组车底,列车开行最高速度达到350～400km/h。

(2)城际动车组旅客列车。它是在城际客运专线上运行,以"公交化"模式组织的短途旅客列车,列车开行最高速度达到250～350km/h。

(3)动车组旅客列车。它是运行于既有铁路线的动车组列车,列车开行最高速度达到200km/h。

(4)直达特快旅客列车。这种列车采用先进的庞巴迪和25T型客车,车内设备、服务水准一流,列车运行速度一般保持在160km/h;主要安排在客流较大的城市所在站始发、终到,实现大城市间旅客快捷运输。

(5)特快旅客列车。这种列车也是目前国内速度较高,车内设备完善、服务质量较好的列车,在首都与各大城市及国际之间开行。有国际和国内两种特快列车。特快列车停站少,运行速度和直通速度都较其他旅客列车高。

(6)快速旅客列车。这种列车目前开行在经过既有线技术改造后具有提速条件的线路上,其中在相距800～1500km的大城市间开行了多对夕发朝至的快速列车,受到旅客的欢迎。

(7)普通旅客快车。它分为直通快车和管内快车。这种列车速度比快速列车慢,编组辆数和停站次数较多,运行于各大、中城市之间。

(8)普通旅客慢车。这种列车分直通旅客列车和管内旅客列车,其编组辆数多,定员多,速度较低,在营业站均有停点。

(9)通勤列车。它是指为方便沿线铁路职工上下班(就医、子女上学)而开行的旅客列车。

(10)临时旅客列车。一般在节假日、寒暑假、春运期间,为了满足临时增加的客流与运能之间的供需矛盾而临时增开的旅客列车。

(11)临时旅游列车。这种列车在名胜古迹、游览胜地所在站和大、中城市间开行,用于输送旅游观光旅客。旅游列车的速度、服务和设备都优于其他旅客列车。

(12)回送客车底的列车。这种列车是把客车配属站的空客车底事先调送至异地的列车始发站待用或把旅客运送至目的地后,把空客车底回送至原客车的配属站而运行的列车以及新出厂的车辆。

(13)因故折返旅客列车。这种列车是由于前方设备故障原因,致使旅客列车不能继续运行,而不得已按原路返回的旅客列车。

2. 旅客列车车次

全国有几千对各种不同种类、性质的旅客列车运行在神州大地的各条线路上。为了确

保列车车次的规范和统一,便于旅客能区别各种旅客列车的性质和种类,同时,考虑到铁路行车部门组织列车运行和进行作业的需要,铁路部门把各种旅客列车按其性质、种类和运行方向用一定数字编定车次。所以,车次是某一列车的简明代号,它能表示:列车的种类——是客车还是货车,如是客车还可判明是直通的还是管内的;列车的等级——是快车还是慢车,如是快车还可区分是特快、快速、普快等;列车的去向——是上行还是下行,在我国以向首都北京、支线向干线或指定方向为上行,车次编定为双数,反之为下行,车次编定为单数。

我国铁路旅客列车车次编号由国铁集团统一规定执行。客车车次编定,见表6-3所示。

旅客列车车次表   表6-3

序号	类别		序号	类别	
	列车种类	车次		列车种类	车次
1	高速动车组旅客列车	跨局 G1~G5998	9	通勤列车 管内	7601~8998
		管内 G6001~G9998	10	临时旅客列车 跨局	L1~L6998
2	城际动车组旅客列车	跨局 C1~C1998		管内	L7001~L9998
		管内 C2001~C9998	11	临时旅游列车 跨局	Y1~Y498
3	动车组旅客列车	跨局 D1~D3998		管内	Y501~Y998
		管内 D4001~D9998	12	动车组检测车、确认列车 时速300km/h	DJ1~DJ2000
4	直达特快旅客列车	跨局 Z1~Z9998		时速250km/h	DJ2001~DJ3000
				动车组确认列车	DJ5001~DJ9000
5	特快旅客列车	跨局 T1~T4998	13	动车组试运行列车 运行标尺按300km以上	SG1~2000
		管内 T5001~T9998		运行标尺按250km以下	SG2001~4000
6	快速旅客列车	跨局 K1~K6998	14	回送出入厂客车底列车 回送动车组车底	001~00298
		管内 K7001~K9998		回送普速客车底	00301~00498
7	普通旅客快车	跨三局以上 1001~1998	17	回送图定客车底	在车次前冠以"0"
		跨二局 2001~3998		因故折返旅客列车	原车次冠以"F"
		管内 4001~5998			
8	普通旅客慢车	跨局 6001~6198			
		管内 6201~7598			

各局管内划分的车次范围不足时,需向国铁集团申请车次,不得自行确定。

单元二　客流计划

一、客流调查

客流是运输组织工作的基础,是编制旅客运输计划的依据,而摸清客流又是一项比较复杂的工作,因为大部分客流是基于个人旅行需要而自然形成的,但它又受一系列社会因素的影响。因此,客流调查以影响客流发展与变化的主要因素为对象,客流调查的目的是为了掌握一定时期的客流数量和客流变化规律,正确编制旅客运输计划和客流计划,以不断提高旅客运输的计划性和管理的科学性。同时,客流调查本身也是客运量预测的一种方法。

（一）影响客流变化的主要因素

（1）社会政治、经济、文化的发展变化。

（2）国家或地区一定时期内方针政策的变化。

（3）生产布局的变化,经济区的开发,地方工业及乡镇企业的兴办和发展。

（4）人口的自然增长。

（5）人文、民俗及国家和地区性的大型团体活动。

（6）现有铁路的技术改造,新线的修建,客流吸引范围的扩大或缩小。

（7）各种交通运输工具的发展和分工情况。

（8）不同交通工具客运票价的变化。

（9）自然灾害和季节、气候变化。

（10）旅游业的发展变化。

以上因素中,国民经济的发展是最重要的因素。随着国民经济逐年稳步上升,人们收入增加,旅游、参观游览、探亲等逐渐成为人们生活中必要的组成部分。因此,调查和分析时,首先应研究国民经济的发展趋势,了解市场经济新形势的发展、变化规律,以此作为依据,再进行具体资料分析,使客流调查工作做得更好,更符合客观实际。

（二）客流调查范围的划定

客流调查可以在列车上进行,也可在车站及铁路沿线的吸引区内进行。车站的客流调查范围可分为直接吸引范围和间接吸引范围两种。

直接吸引范围是指车站所在地及其附近地区被车站直接吸引的城市和居民点的总区域。这个区域可用垂直平分法先画出大致范围,如图 6-2 所示。图中 FGHI 包围的区域就是 D 站的几何吸引范围。

用垂直平分线画出的吸引范围,还须根据地形、地貌条件,旅客由各工业点、经济区、居民地至 D 站的距离、旅费、在途时间、方便程度等因素进行综合分析,经过修正,最后确定吸引区的边界。

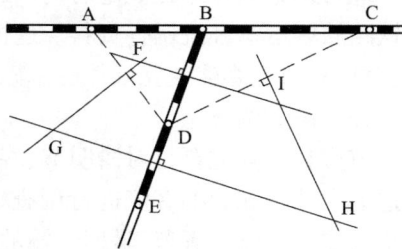

图 6-2　直接吸引区示意图

间接吸引区是指车站直接吸引范围以外,由其他交通工具的联系而被间接吸引的远地区的城市和居民点的总体区域。如位于机场、港口附近的客运站,经过航空和海运各航线来的客流,需要继续乘坐火车,即属间接吸引范围的客流。

（三）客流调查的方法

客流调查一般分为综合调查、节假日调查、日常调查 3 种形式,且以日常调查为主。

1. 综合调查

一般每年进行一次,主要调查吸引地区的政治、经济、文化发展所引起的客流变化情况,调查的主要内容有如下几项:

(1)吸引地区的一般情况。地区的自然条件(位置、地形、气候等);行政区域的划分;城市、农村人口的分布和增长情况;工矿企业、机关学校的分布和发展情况;工矿企业生产水平及与外地在供销上的联系;农业生产力和劳动力的安排及有组织的或自发的劳动外出情况;文教、卫生事业的发展和名胜古迹、医院、疗养院的分布,名胜古迹的分布及吸引旅客的情况;地区交通的发展简况。

根据以上调查资料,可编制客流调查综合分析表,内容包括:地区的自然条件;行政区域的划分;工矿企业、机关学校的分布;农业生产情况;文教卫生事业的发展;名胜古迹的分布及吸引旅客情况;地区交通简况。

(2)直接影响客流的各项因素。吸引地区的总人数;工矿企业、机关、学校等单位的人员及家属人数;休假制度,利用铁路旅行的人数、时间、去向及节假日探亲访友的情况,吸引范围内农村及农牧场的人口、生产情况及选择铁路探亲的情况;吸引范围内供外地人员疗养、休养的处所、开放时间、床位及其周转时间;吸引范围内名胜古迹,游览胜地及历年各月的旅游人数,通过铁路旅行的人数;历年特殊客流及大批人员主要到发区段、运输情况。

根据以上资料,可编制客流组成及运输情况,城镇人口分布情况,工矿企业人员分布情况,各大、中专院校人口分布情况,集市贸易情况,大批团体旅客输入输出情况等报表。

(3)各种交通工具能力供给情况。调查吸引范围内现有交通运输方式、运输能力、历年运量、客流在时间上的变化情况以及今后的发展;各种交通运输工具的运行线路,找出与铁路联运和铁路分担人数及其比重;铁路与各种交通工具在运行时间上的配合情况。

(4)铁路旅客运输资料。调查分析按运输类别的旅客发送、中转及到达人数,城际客运人数;客流月、季度的波动情况及原因;历年到达各区段的客流量及客流变化情况;分直通、管内、城际、市郊的旅客列车对数,运行区段、时间及平时和客运量最大时的运能与运量的适应情况;其他与编制客流计划,组织旅客运输有关的资料。

综合调查应每年在规定时间内进行,并将结果按客流分析说明表等汇总编制成各年度的铁路旅客运输客流调查资料。这样,逐年按期进行,可以系统地取得历年资料,在了解、分析、对比和研究客流变化规律的基础上,更好地编制旅客运输计划和客流计划。

2. 节假日调查

节假日调查主要是对清明节、端午节、"五一"劳动节、中秋节、"十一"国庆节、元旦、春节这七大节日和暑期客流进行调查。前六项主要是管内客流增长较大,一般在节日运输前一个月左右进行。春节、暑期运输的客流调查应在春节、暑期运输前3~4个月内进行。

节假日客流调查的目的是为了安排好节日旅客运输方案以及做好各项组织工作,其中包括制订节假日期间临时旅客列车开行方案,编制节日旅客运输计划和售票、服务组织工作等。

调查的主要内容如下:

(1)重点工矿企业、政府机关团体的休假制度,社会经济活动及外地人员乘坐火车的流量、流向。

(2)学生客流重点调查研究本地区大中专学校数量,在校学生和外地学生人数,乘坐火车的流量、流向,放假和开学日期。

(3)民工客流重点调查研究产生地的农业人口数量,乡镇企业发展情况和剩余劳动力数量及外出劳动力分布地区和数量;接纳地区用工部门,市场已经或预计接纳的用工数量;中转站应建立健全民工旅客的流量、流向资料台账,加强分析和预测。

(4)其他交通运输工具与铁路衔接运能、运量的变化情况。调查的方法可采取登门调查和召集会议等方式。

将调查的资料汇总编制出节假日客流调查统计表,如表6-4所示。

××铁路局××站　工矿、企业　机关、学校　节假日客流调查统计表　表6-4

所属部门:　局
(公司)单位名称

地址:　区　路　巷(弄)　号
(县)

联系人科室:　姓名:　电话:

全厂(校)人数:　人　其中职工(教职工)　人(学生)　人享受探亲假
职工(师生)人

发薪日期:　日　厂(校)休日、星期、春节及其他法定假期　自　月　日至　月　日止
(包括调休)

乘坐交通工具××年春节在××	乘坐火车××方向　人,往××方向　人,往××方向　人,小计　人
	乘坐长途汽车××方向　人,往××方向　人,往××方向　人,小计　人
	乘坐轮船××方向　人,往××方向　人,往××方向　人,小计　人
	乘坐火车至××站乘海轮往××方向　人,往××方向　人,往××方向　人,小计　人
	现有临时工使用到期××年×月底的往××方向　人,往××方向　人,往××方向　人,小计　人
对铁路客运服务工作和车次时间等方面的意见、要求	

填表单位:　填表人科室:　姓名:　电话:

3.日常调查

日常调查是车站有关客运计划人员与旅客在购票、候车、乘车过程的接触中,对旅客变化的各项因素进行调查了解。在售票厅,可利用旅客排队时间进行;在候车室,可利用旅客等车时间采取听、看、问的方式了解情况,或指定统一的登记表,见表6-5,发给旅客填写;在列车上,更是具有较为充裕的时间,旅客也愿意主动配合。一般调查旅客的旅行目的地、到达地点及返回日期,该单位人数及乘车旅行情况,以便随时掌握客流变化情况,分析客流增减数量、变化原因和持续时间。

对城际客流和市郊客流一般应进行单项调查。

全面的、较大规模的客流调查,一般以车站为单位,在车站吸引范围内进行。由于调查的范围广,涉及部门多,工作量较大,因此,必须成立调查小组,实行分工负责、分片包干,各

级有关客运人员应把调查工作作为自己日常工作的一部分。铁路局主要是做重点调查、汇总并分析各站上报的客流调查情况。

日常客流调查登记表 表6-5

各位旅客：

为了搞好客流调查，有计划地组织旅客运输，更好地为广大旅客服务，请您协助在以下调查项目中画"○"或填写。

一、本人职业：工人、农民、军人、学生、商人、机关干部(其他：＿＿＿＿)。

二、旅行目的：出差、开会、学习、参观、采购、游览、就医、探亲(其他：＿＿＿＿)。

三、建议或要求：＿＿＿＿＿＿＿＿＿＿＿＿＿＿＿＿＿＿＿＿＿＿＿＿＿＿＿

＿＿＿＿＿＿＿＿＿＿＿＿＿＿＿＿＿＿＿＿＿＿＿＿＿＿＿＿＿＿＿＿＿＿＿＿＿

＿＿＿＿＿＿＿＿＿＿＿＿＿＿＿＿＿＿＿＿＿＿＿＿＿＿＿＿＿＿＿＿＿＿＿＿＿

四、本人单位：＿＿＿＿＿＿＿＿＿＿＿＿＿＿＿＿＿＿＿＿＿＿＿＿＿＿＿＿＿

祝您旅途愉快！

×× 铁路局 ×× 站

年　月　日

二、旅客运输计划编制的依据

（一）客流调查资料

客流调查是编制旅客运输计划的基础。根据客流调查资料，可以掌握客运量的变化和发展情况。对于大批团体客流和节假日客流，可通过专门的客流调查确定旅客的流量和流向，为制订计划客流提供可靠的资料。

（二）旅客运输统计报告资料

旅客运输统计报告资料，是掌握旅客运输变化规律的重要资料。根据统计资料，可以分析历年来实际客流的流量、流向及其变化规律和增长率，可以查明旅客运输的季节性波动。通过分析各方向、各次列车乘车人数的统计资料，可以确定各区段列车的利用情况。旅客运输统计报告资料主要包括下列内容。

1. 旅客运输部门掌握的日常统计分析资料

车站和车务段根据售出客票记录，分别按直通、管内编制售出客票报告(月报)及退票报告(月报)及区段票、代用票等业务统计资料，报局收入检查室汇总报局统计部门，并根据各次列车上下车人数的统计按日、旬、月分别车次、去向统计发送旅客及中转旅客的流量。

2. 由统计部门编制的客流统计资料

车站和车务段根据售出客票记录，分别按直通、管内编制出客票报告(月报)、退票报告(月报)及区段票、代用票(包括乘降所上车票据)一起报局统计部门，再由统计部门根据各站的售出客票报告、退票报告和局间交换资料(输入和通过客流)编制下列有关报表：

（1）站别旅客发送统计表——客报1。该表是统计实际客流的重要资料，表明各站发送的直通、管内客流情况。

（2）旅客运输量及人公里统计报表——客报2。该表根据自局旅客发送资料和各局交换资料编制，表示各铁路局旅客运输量、人公里及旅客平均行程的完成情况。

（3）分界站旅客输出、输入及通过人数统计报表——客报3。该表表示铁路局间旅客去向及各局间分界站输出、输入和通过旅客人数。

（4）区段平均旅客密度统计表——客报 4。该表是为了考核铁路营业线上各区段的旅客密度。根据自局和外局的资料，按直通、管内，分上下行方向编制站间密度，再汇总成区段平均密度表。

（5）旅客运输距离统计表——客报 5。该表按照运行距离分段统计旅客运送量和人公里，用以了解和研究旅客行程情况。

通过客流调查，并结合客运统计报告资料的分析，即可了解吸引地区客流产生与变化的一般规律，也可为编制旅客运输计划提供一定的原始资料。这些情况不仅是编制客运长远计划、年度计划的重要依据，而且也是编制旅客列车运行图，掌握日常客流变化和改善客运设备，进行客运基本建设的必要资料。

三、客运量预测

预测是一种预计和推测，即人们利用已经掌握的信息资料和手段，预先推测和判断事物未来或未知状态的结果，预测过程是在调查研究和科学实验的基础上进行科学的分析和论证。

客运量预测是编制旅客运输计划不可缺少的前期步骤。预测方法根据资料来源基本上可以分为客流调查和旅客运输统计报告。各种预测方法无论其是否同类，都不是相互排斥的，而是可以结合运用、互相验证、互为补充的。

下面介绍 3 种预测方法。

1. 固定比例法（乘车系数法）

$$y(乘车系数) = \frac{Y(铁路客运发送量)}{N(吸引区居民人数)}$$

例如，某年某站吸引地区的居民人数为 100 万人，而铁路客运发送量为 70 万人，则：

$$y(乘车系数) = \frac{Y}{N} = \frac{70 万}{100 万} = 0.7$$

y 是随着客观形势的发展不断变化的，所以必须分析研究各项因素对 y 的影响程度，从而确定计划期的 y。如上例中，计划期 $y_计$ 为 0.75，计划期吸引区的居民人数为 105 万人，则计划客运发送量为：

$$Y_计 = N_计 \cdot y_计 = 105 \times 0.75 = 78.75 万人$$

2. 动态关系法（比例增减法）

按照各种因素的影响，推定铁路客运发送量的增长百分率。例如某站客运发送量最近三年的增长率为 10%、12%、14%，分析计划年度各项因素发展情况，加以研究并确定计划年度的增长百分率。如某站历年增长客流的基本原因是吸引区经济建设的迅速发展。车站附近中小学的建立，一批工厂的开办，在计划期间内还将有几座大工厂投产、兴建，确定计划年度的增长百分率为 17%。如上年度客运发送量完成 30 万人，则计划年度客运发送量应为 35.1 万人，计算公式如下：

$$Y_计 = Y(1 + \beta) = 30 \times (1 + 17\%) = 35.1 万人$$

式中：$Y_计$——计划年度客运发送量；

Y——上年度客运发送量；

β——计划年度增长百分率。

3. 时间序列法(趋势外延法)

将过去的历史资料和数据,按时间顺序排列起来的一组数字序列,如历年某铁路局或全路的客运发送量。其特点是假定预测的客运发送量过去的变化趋势会同样延续到未来,因而可以通过对过去的时间序列数据推算出事物的变化趋势做出预测。这种方法多适用于短期预测。同时应消除偶然性因素的影响。

预测公式为:

$$Y_{计} = a + bt$$

式中:t——年序数;

a、b——参数。

设一次移动平均数为 M_t^1,二次移动平均数为 M_t^2,取平均时距为 $n=3$,则:

$$a = 2M_t^1 - M_t^2$$
$$b = M_t^1 - M_t^2$$

式中,M_t^1、M_t^2 可按下列方法求解:

设各年的实际客运量为 $X_{(01)}$、$X_{(02)}$、$X_{(03)}$、$X_{(04)}$,则:

$$M_{(03)t}^1 = \frac{X_{(01)} + X_{(02)} + X_{(03)}}{3}$$

$$M_{(04)t}^1 = \frac{X_{(02)} + X_{(03)} + X_{(04)}}{3}$$

$$M_{(05)t}^2 = \frac{X_{(03)} + X_{(04)} + X_{(05)}}{3}$$

$$\cdots$$

二次移动平均数 M_t^2 不过是一次移动平均数 M_t^1 的再一次移动平均而已,即:

$$M_{(05)t}^2 = \frac{M_{(03)t}^1 + M_{(04)t}^1 + M_{(05)t}^1}{3}$$

四、客流计划的编制

客流计划是旅客运输计划的重要组成部分,既是实现旅客运输的技术计划,又是旅客运输能力的分配计划和旅客运输组织的工作计划。

客流调查只是为编制客流计划提供了一定的原始资料,还必须对调查数据进行科学分析,研究客流在各个时期与社会政治、经济、文化发展的关系。此外,还应依据历来实际客流和增长率及综合社会调查,加以科学推算。

客流计划的编制分为三个阶段:下达任务,准备资料;铁路局编制客流图和客流计划;国铁集团汇总直通客流图,编制客流计划。

(一)下达任务,准备资料

在编制新运行图确定旅客列车开行方案前,一般首先要编制客流计划。由国铁集团指定用某月份(称客流月)的客流统计资料,于客流月前下达编制客流计划和客流图的任务,同时公布全路直通客流区段(管内客流区段由路局自定)。这里所说的客流区段,不同于列车运行区段和机车牵引区段,而是指客流的到达区段,其长度按客流密度的变化情况而定。凡各大城市之间,客流密度大致相同的地点,衔接几个铁路方向的大型客运站,各铁路局间的分界站,都是划分客流区段的始发和终到站。

(二)铁路局编制客流图和客流计划

各铁路局统计部门按铁路客货运输统计规则的要求,提出客流月的直通、管内分客流区段的发送旅客流向统计资料。

各客运部门根据分客流区段的旅客流向资料,按日均数编制客流图。客流图或称客流区段图,是旅客由发送地至到达地所经过的客流区段的图解表示,如图6-3所示。编制客流图的目的,主要是为编制运行图提供确定旅客列车对数和运行区段所需的计划客流量。经常编制客流图,可以积累各个时期各铁路线客流的流向和流量变化情况,掌握客流变化规律,以便提供日常和节假日客流组织办法。客流图按客流性质,可分为直通客流图和管内客流图。

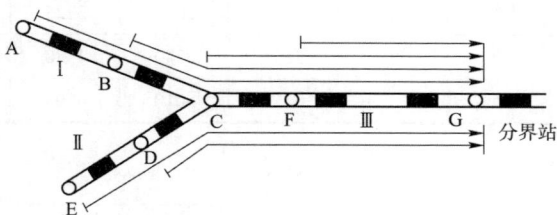

图6-3　客流(区段)图

1. 直通客流图

直通客流图是由一个铁路局所属各客流区段产生的客流,经过一个或几个铁路局间分界站到达全铁路局的各客流区段的客流图解表示。每个铁路局都有一条或几条铁路线作为编制客流图时的起始、终到或通过区段,每条铁路线根据客流密度的不同,又可分为一个或几个直通客流区段。各直通客流区段的直通客流都由三部分组成,即:

(1)输出客流,是由本局各直通客流区段内产生通过局间分界站交到外局的客流。

(2)输入客流,是由全路各铁路局的各直通客流区段内产生的直通客流,通过本局分界站到达本局各直通客流区段内的客流。

(3)通过客流,是由本局的一个局间分界站接入到另一个局间分界站交到外局的客流。各局和全路的直通客流图,只编制直通输出客流。

直通客流图的编制,是根据统计提供的各直通客流区段产生的输出客流量和流向,分线别、客流区段别进行的。将各个直流客流区段产生的直通输出客流量按区段顺序,填入各客流区段,即是本区段产生的直通输出客流加通过本区段的客流,这样,最后一个客流区段的直通客流量也就是本线所产生的直通输出客流量。

2. 管内客流图

管内客流图是由一个铁路局各管内客流区段产生,而又在本局管内各客流区段消失的客流图解表示。管内客流图的编制方法与直通客流图不同,一般是先作客流斜线表如表6-6所示,后编管内客流图。

表6-6中列出了各大站间到发旅客人数,其中,斜线以上为下行客流,斜线以下为上行客流。

为使管内客流斜线表所表示的客流计划更为明显、清晰,能反映出各客流区段的客流密度,以便于计算旅客运输指标和确定旅客列车运行区段与行车量,将斜线表上的各项数值按一定的格式,用图案的形式表示出来,即为管内客流图,如图6-4所示。在客流图上,用不同

的颜色或图案分别表示不同管内客流区段所产生的客流。

客流斜线表 表6-6

发站＼到站	距离	甲	乙	丙	丁	戊	下行	上行	总计
甲			1670	1375	1230	980	5255	—	5255
乙	180	1943		1850	930	291	3071	1943	5014
丙	250	1130	2000		1031	430	1461	3130	4591
丁	220	1212	910	980		1320	1320	3102	4422
戊	200	968	430	390	1230		—	3018	3018
下行		—	1670	3225	3191	3021			11107
上行		5253	3340	1370	1230	—	—		11193
总计		5253	5010	4595	4421	3021	11107	11193	22300

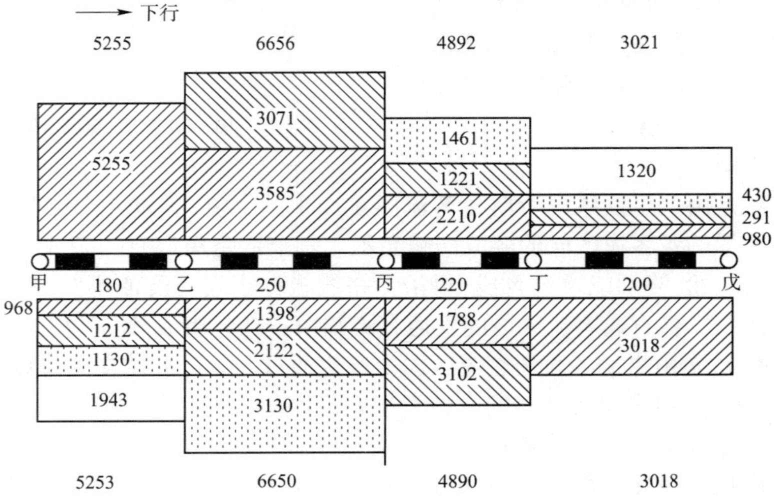

图6-4 管内客流密度图

区段客流密度包括同一客流区段内始发、到达和通过的客流。在同一客流区段内，各站间有不同的客流密度时，区段客流密度应按其中最大值计算。如图6-5所示，区段客流密度为1670人。

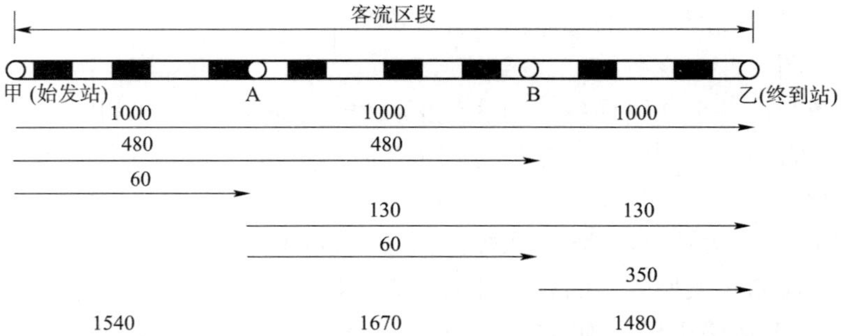

图6-5 区段内始发和到达客流图

编制管内客流图时,还应考虑直通客流在管内客流区段内到发时,往往需换乘管内列车,这部分客流除在直通客流图上作为通过全区段外,还必须加入管内客流图,以便在计划管内旅客列车开行对数时,将这部分客流计划在内。

(三)国铁集团汇总直通客流图,编制客流计划

国铁集团组织各铁路局将所编制的直通客流图资料进行交换,并汇总在按局别的全路直通客流汇总图上。各局根据交换的资料,计算出直通客流区段的客流密度,连同管内和市郊客流量一起,汇总在全国铁路区段客流密度图上。然后各局分析客流调查和统计资料,预计客观形势可能的发展,推算计划期间客流的增长率,从而编制全路客流计划。按干线、支线分客流区段汇总成直通客流计划表,编制计划客流密度与现行运行图规定的旅客列车能力比较表(表6-7),以提供编制列车运行图所需的资料。

运行图旅客密度与客车能力比较表 表6-7

线路区段	方向	年 月			年至 年计划			现行旅客列车能力				密度与能力比较			
		旅客密度	其中		旅客密度	其中		对数	总定员	其中:直通客车		与 月份		与 年	
			直通	管内		直通	管内			对数	定员	总计	直通	总计	直通
	上														
	下														
	上														
	下														
	上														
	下														

注:列车定员,按编组表中规定的定员计算(包括硬卧和硬座车),硬座车定员要扣除规定的儿童票数。

五、旅客运输计划的主要指标

(一)旅客发送人数

旅客发送人数又称旅客发送量,是指一定时期(日、旬、月、年)内,全路、铁路局、车站发送的旅客人数,分别按直通、管内计算,然后加总。

$$A_发 = A_发^{直通} + A_发^{管内} \quad (人)$$

式中: $A_发$——旅客发送人数;

$A_发^{直通}$、$A_发^{管内}$——分别为直通、管内旅客发送人数。

全路(局)发送旅客人数等于全路(局)内各站发送旅客人数之和。

$$A_发^{全路} = \sum A_发^{站} \quad (人)$$

式中:$A_发^{全路}$——全路旅客发送人数;

$\sum A_发^{站}$——全路各站旅客发送人数总和。

旅客发送人数是国家规定的旅客运输计划指标,是考核铁路完成任务情况的主要指标。

(二)旅客运送人数

旅客运输人数又称旅客运输量,简称客运量,是指在一定时期(日、旬、月、年)内,全路或

铁路局运送的全部旅客人数。

对路局而言，在长途旅客中，有购买直通车票的旅客在发送人数中没有完全反映，所以运送旅客人数应包括发送、接入到达、接入通过的旅客人数之和，即：

$$A_{局运} = A_{局发} + A_{通过}^{接入} + A_{到达}^{接入} \quad （人）$$

式中：$A_{局运}$——铁路局旅客运送人数；

$\quad\quad A_{局发}$——铁路局发送旅客人数；

$\quad\quad A_{通过}^{接入}$——接入通过的旅客人数；

$\quad\quad A_{到达}^{接入}$——接入到达的旅客人数。

全路的运送旅客人数还应包括国际联运、新建临管线接运的旅客，即：

$$A_{运} = A_{发} + A_{国际} + A_{临管} \quad （人）$$

就一个铁路局而言，$A_{发}$不能反映全部客运工作量，$A_{运}$才能反映总的旅客运输量。

（三）旅客周转量

旅客运送人数以人次计算，而与每位旅客的行程长短无关，它在一定程度上反映了客运企业的工作量大小，但还不能反映其运输的距离。用旅客周转量这一指标就包含了人次与运距这两个要素。

旅客周转量是指在一定时期（日、旬、月、年）内，全路或铁路局所完成的旅客人公里数，分别按直通、管内计算，然后加总。

由于发送旅客人数不能代表各铁路局的全部客运工作量，因此，计算旅客周转量应以运送旅客人数为准：

$$\sum AL = A_{运}^{直} L^{直} + A_{运}^{管} L^{管} \quad （人·km）$$

式中：$\sum AL$——旅客周转量；

$\quad\quad A_{运}^{直}$、$A_{运}^{管}$——分别为直通、管内旅客运送人数；

$\quad\quad L^{直}$、$L^{管}$——分别为直通、管内运输的旅客平均行程。

旅客周转量能较全面地反映铁路的情况，是铁路客运工作中最重要的产品产量指标，也是各铁路局间分配客运收入，计划和分析运输成本和劳动生产率的依据。

（四）旅客平均运输距离

旅客平均运输距离亦称旅客平均行程，是指平均运送每一旅客的距离，分别按直通、管内计算，然后再求得总的平均运输距离。

$$L_{平均} = \frac{\sum AL}{A_{运}} \quad （km）$$

式中：$L_{平均}$——平均运输距离。

旅客平均运输距离的大小，取决于地区之间的经济联系、旅客在工作上和生活上的需要，以及所提供的交通工具的方便程度。

（五）旅客运输密度

旅客运输密度简称客运密度，是指一定时期内（通常指一年），某一区段、铁路局或全路平均每公里线路上所承担的旅客周转量。

$$\varepsilon_{客}^{区段} = \frac{AL_{区段}}{L_{区段}} \quad （人·km/km）$$

式中：$AL_{区段}$——通过该区段的旅客周转量；

　　　$L_{区段}$——该区段线路长度；

　　　$\varepsilon_{客}^{区段}$——该区段客运密度，按下式计算：

$$\varepsilon_{客} = \frac{\sum AL}{L_{营业}} \quad （人·km/km）$$

式中：$\sum AL$——全路、铁路局旅客周转量；

　　　$\varepsilon_{客}$——全路、铁路局客运密度；

　　　$L_{营业}$——全路、铁路局营业里程。

客运密度能较全面地反映线路客运能力的利用情况和表明铁路客运工作的强度。

单元三　技术计划

旅客运输计划是保证质量良好地完成旅客运输任务，合理使用机车车辆和其他技术设备的具体生产计划。铁路是以列车方式进行运输生产活动的，为了完成旅客运输计划，必须将流向、流量、流程、流时各异的旅客组织到不同种类、不同发到站、不同到发时刻的旅客列车中去，才能安全、迅速、准确、便利、舒适地输送旅客到达目的地，并使客运技术设备得到经济、合理地运用。因此，旅客技术计划，是铁路旅客运输服务工作的重要组成部分。

旅客运输计划应以客流计划为依据，其主要内容有：

（1）合理地选择旅客列车的速度和重量。

（2）恰当地确定各种旅客列车的运行区段及行车量。

（3）正确地编制旅客列车运行图、时刻表和列车编组表。

（4）经济合理地确定客运机车、车辆的需要数。

旅客运输技术计划的编制，是一项复杂而细致的系统工程，主要是在国铁集团和铁路局两级机构中进行。需要在国铁集团、铁路局的统一领导下，在客运部门与车机工电辆各部门的密切配合、共同努力下，编制出质量良好的列车运行图。

一、旅客列车的速度和重量

选择合理的旅客列车速度和重量，是旅客运输组织工作的一个重要问题。因为列车的速度和重量决定机车的主要特征，提出对线路、列车制动以及延长站线和站台的要求，决定着旅客列车编成辆数及旅客在途时间的消耗，直接影响铁路的客运能力、服务质量和客运技术设备的使用效率。选择旅客列车最有利重量和速度的方法不同于货物列车，确定旅客列车重量标准时，应考虑的主要因素是提高旅客列车的直通速度，以缩减旅客列车的在途时间。选择旅客列车重量和速度的方法如下：

（一）拟定设计的直通速度

在某铁路方向上，先将直通速度确定在一定范围内，并对每个旅客列车按照最优的铺画方案进行调整。在牵引种类和机车功率一定的条件下，列车重量越大，其运行速度越低。确定旅客列车重量时，应以提高直通速度为主，其次应考虑站台和站线的有效长，并按列车的种类和等级，参照现行各项技术标准，按下式分别拟定其设计直通速度：

$$v_{设直} = \frac{L_{方向}}{\sum t_{区段} + \sum t_{技站}} \quad (km/h)$$

式中:$v_{设直}$——设计直通速度;

$L_{方向}$——列车在该方向上所行驶的距离(km);

$\sum t_{技站}$——列车在客运技术作业站(不包括始发、终到)的停站时分总和;

$\sum t_{区段}$——列车在各区段内旅行时间的总和,按下式计算:

$$\sum t_{区段} = \sum t_{运行} + \sum t_{停站} + \sum t_{加减} + \sum t_{慢行}$$

式中:$\sum t_{运行}$——区间运行时分总和;

$\sum t_{停站}$——列车在区段内停站时分总和;

$\sum t_{加减}$——起停车附加时分;

$\sum t_{慢行}$——慢行时分总和。

(二)审查修正直通速度

对初步拟定设计的直通速度,再按照旅客列车在始发站、终到站的发车及到达时刻对旅客是否方便的条件加以审查及修正。为方便旅客,长途直通旅客列车始发站发车的最佳时刻在 19:00 以后,但尽量不迟于 0:00,到达终点站的最佳时刻宜在白天 7:00 ~ 14:00 之间,如图 6-6 所示。按此条件,如果 D 代表列车在途中过夜天数(自始发站发车的当夜不计在内),则修正后的直通速度应规定在下列范围之内:

$$\frac{L_{方向}}{19 + 24D} \leqslant v_{修直} \leqslant \frac{L_{方向}}{7 + 24D}$$

式中:$v_{修直}$——修正直通速度(km/h);

$19 + 24D$——列车在旅途中时间的最大值;

$7 + 24D$——列车在旅途中时间的最小值。

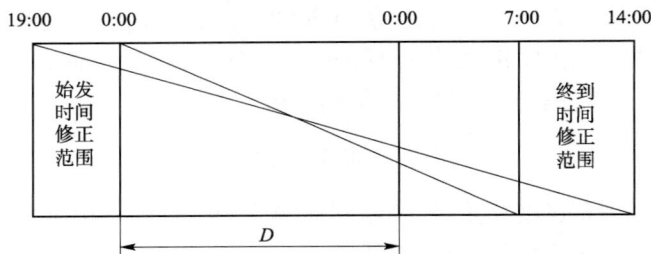

图 6-6　长途直通列车发到时间修正范围

对于目前开行的快速旅客列车及管内旅客列车,旅途中的时间小于 24h 的,也应考虑到发时刻是否对旅客方便并修正其直通速度。

(三)确定列车重量和编组数

修正直通速度时,应首先编制旅客列车速度分析表,将各次列车运行区段、列车公里、总时分(包括运行时分、停站时分、起停附加时分、慢行时分)填记在表上,计算其直通速度。提高直通速度可采取减少列车停站次数、停站时分、区段运行时分和慢行时分等措施。最后根据修正后的直通速度确定各区段的区间运行速度,通过牵引计算,求出列车重量理论上的允许值,并根据线路、站台长度、加挂预留吨位等因素分列车种类和等级,最后确定列车重量和编组数。

二、旅客列车的运行区段及行车量

旅客列车运行区段和行车量,基本上是决定于客流计划,"按流开车"是确定旅客列车运行区段和行车量的基本原则。

旅客列车运行区段的确定,先按整个方向上各客流区段的最小客流密度计算行车量,即为了最大限度地以直达运输吸收直通客流,一般将某个铁路方向的两端站定为旅客列车的始发站和终到站,然后再将客流密度变化较大的站间定为较短的旅客列车运行区段,并计算相应的行车量,要求整个方向上确定的旅客列车运行区段和行车量提供的客运能力与各客流区段的客流密度相适应。

现以甲—戊线路最大客流方向的总客流计划所绘制的客流图(图6-7)为例,从图中能清楚地看出旅客的流量、流向,以及客流的发生及消失地点,这就给划分直通和管内旅客列车运行区段的工作提供了有力帮助。

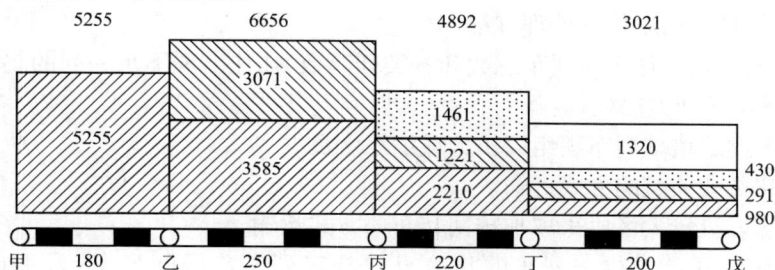

图6-7　最大客流方向的客流图

由图6-7可知,甲—戊线上客流显著变化的地点为乙、丙、丁、戊四站,则可按照甲—戊间、甲—丁间、乙—丙间的不同客流密度,确定旅客列车对数。

旅客列车确定是否合理,是衡量运行图编制质量的重要标志。列车对数定多了,浪费运能;定少了,造成旅客拥挤。所以正确地确定旅客列车对数是一项重要的工作。

1. 概算法

$$N = \frac{A}{\alpha_{列}^{均}} \quad (列)$$

式中:N——旅客列车行车量(列车对数);

　　A——日均计划总客流量;

　　$\alpha_{列}^{均}$——列车平均定员人数。

2. 公式计算法

由于旅客列车的种类及运行距离不同,其列车编组内容也不同,各种列车的平均定员人数也就不同。因此,在具体确定行车量时,应对各种旅客列车分别确定其行车量。

(1)特别旅客快车

$$N_{特快} = \frac{AK_{特快}}{\alpha_{特快}} \quad (列)$$

式中:$N_{特快}$——特别旅客快车行车量;

　　A——总客流量;

　　$K_{特快}$——由特别旅客快车运送的旅客占相应总客流量的百分比;

$\alpha_{特快}$——特快旅客列车定员人数。

（2）旅客快车

$$N_{快} = \frac{(A - \alpha_{特快} N_{特快}) K_{快}}{\alpha_{快}} \quad （列）$$

式中：$N_{快}$——旅客快车行车量；

$K_{快}$——由旅客快车运送的旅客占相应总客流量(特快运送旅客除外)的百分比；

$\alpha_{快}$——快车旅客列车定员人数。

（3）普通旅客列车

$$N_{普客} = \frac{A - \alpha_{特快} N_{特快} - \alpha_{快} N_{快}}{\alpha_{客}} \quad （列）$$

式中：$N_{普客}$——普通旅客列车行车量；

$\alpha_{客}$——普通旅客列车定员人数。

3. 行车量不足一列尾数的处理方法

通过概算或公式计算出的列车总数和各类列车数,往往出现不足一列的尾数,对此一般不予进整,应采用下列方法处理：

（1）调整车型或增减列车编组以扩大或缩小定员。

（2）利用超员或欠员的方式运输。

（3）对特殊客流较大区段采取加挂回转车的方式运输。

（4）对于不足每日开行一列车的长途直通旅客列车或国际列车,采用定期(每周两次……)或隔日开行的方式运输。

（5）跨局普通旅客快车,在定员有余的区段可适当增加停站次数,以吸收部分管内客流,充分利用运能。

在实际工作中,按现行运行图开行的客车对数,根据客流计划进行确定。

4. 直通旅客列车开行条件

直通旅客列车运行区段的确定,主要取决于各客流区段的直通客流量,其次是主要站所在地的政治、经济、文化情况及客运段设备条件。这种列车为方便旅客,应最大限度地以直达运输吸引直通客流。跨局列车的直通客流量需达到一定数量时方可报国铁集团审批开行直通列车。国铁集团规定：

（1）跨两个局的列车其直通客流量不少于600人。

（2）跨三个局的列车不少于500人。

（3）跨四个局及其以上的列车不少于400人。

在实际工作中,直通旅客列车由国铁集团根据客流量和有关铁路局的建议,经研究确定,报国铁集团批准。

三、旅客列车运行方案图的编制

(一)旅客列车运行方案图的编制步骤

旅客列车运行方案是以每一方向各技术站间小时格运行图的形式表示的,所以又叫旅客列车影响方案图,简称客车方案图,如图6-8所示。

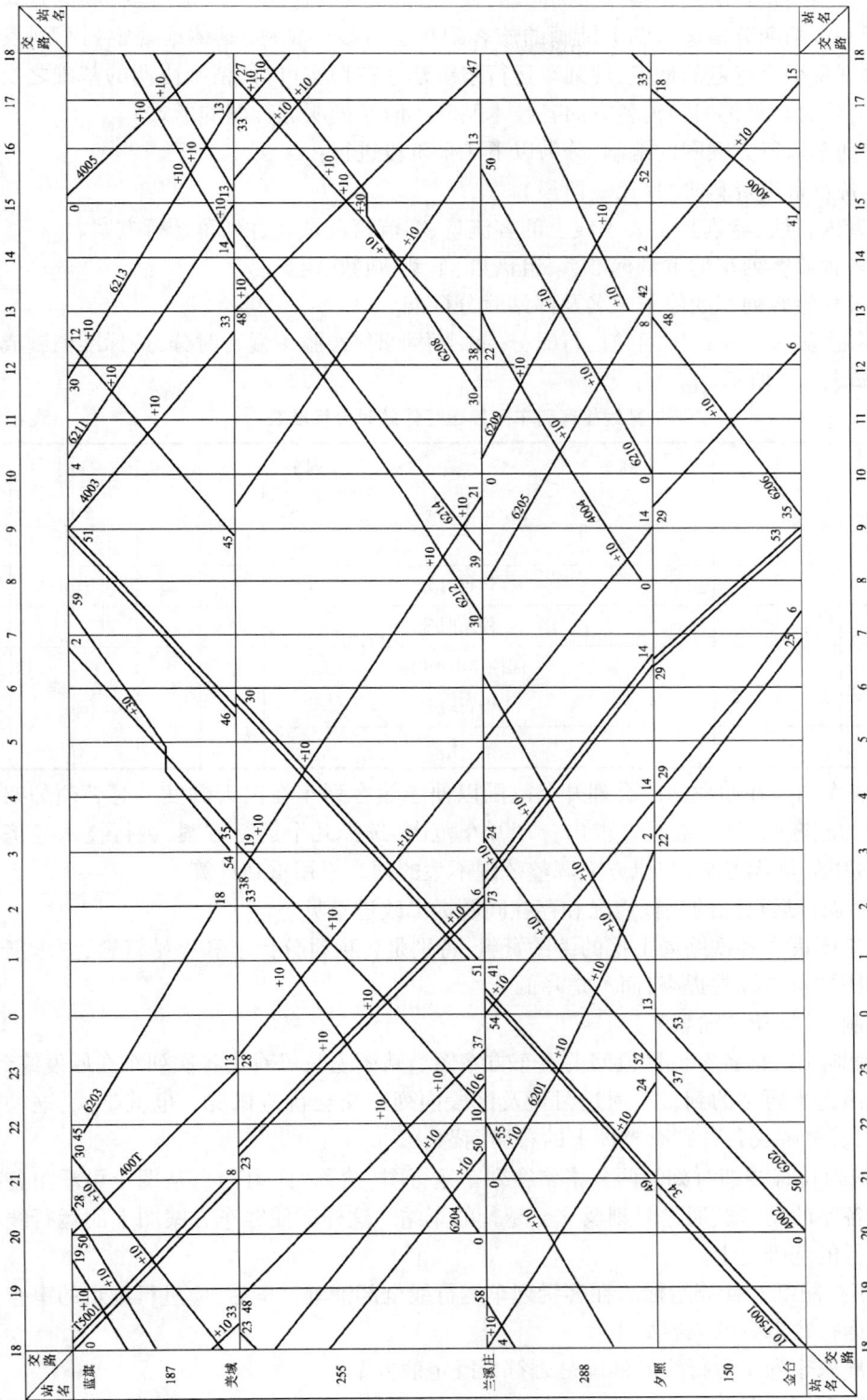

图 6-8　旅客列车方案图

由于它主要是解决列车整体布局问题,最先铺画,所以它是整个列车运行图的骨架和核心。而下一步的两分格运行图上铺画的旅客列车运行线则精确、具体地规定列车到发通过各站的时刻及交会待避的地点,使列车运行组织建立在切实可行、精确协调的基础之上。最后,按修正后的时刻再回归为各方向各技术站间小时格简明运行图的形式。

旅客列车运行方案图的编制,分为以下3个阶段进行:

1. 准备及审定资料阶段(第一阶段)

(1)管内各线,特别是主要干线上的客流量、客流密度及旅客列车开行方案。

(2)各种旅客列车的重量标准、编组辆数、车型、吨数、定员。

(3)各种旅客列车的停车站名及停站时分标准。

(4)各次旅客列车的区间纯运行时分、起停附加时分、施工慢行时分,按标准填制成专门的表格,如表6-8所示。

某线旅客列车区段运行停站时分标准表 表6-8

			列车 ╱‾‾‾╲ 列车 区 段				
			运行时分				
			停站时分				
			起停车附加时分				
			慢行时分				
			计				

(5)各次列车在始发站的合理开车范围以便于旅客列车在白天到发。对必须翻架子的和新增加的旅客列车,一般是先求出合理开车范围,选择几个运行方案,进行技术经济比较后,选取其中的最优方案,与原方案调整范围不大的列车不用重新计算。

(6)对现行运行图的执行情况和存在问题提出改进意见。

国铁集团审查各铁路局上报的编图资料,特别是各项时分标准和停站资料,要求新图要有利于新图质量指标的提高,而不是降低。

2. 编制阶段(第二阶段)

(1)铺画小时格各客流区段间的客车方案图。从图上只可看出各次列车在始发终到站、分界站及沿途主要站的到、发、通过时刻及区段内列车交会待避概况。也就是说,这种图是骨架式的,着重解决各种列车整体上的布局问题。

(2)铺画具有详细时刻的两分格旅客列车运行图(简称"详图")。从图上可看出各次列车在沿途各站的到、发、通过时刻及交会越行的车站。这样就使客车方案图上的运行线建立在切实可行的基础之上。

(3)审查图纸及计算指标。在客货列车运行线全部铺画完毕后,应进行细致的审查。对旅客列车运行线审查的内容如下:

①全部旅客列车运行线的铺画是否符合既定的方案;

②各次旅客列车的区间运行时分是否准确,停车站和停车时分是否符合规定的原则;

③旅客列车车底在始发站和折返站的停留时间是否符合规定的标准；

④旅客列车的会让是否合理，有无客车等会货车的不合理情况；

⑤主要客运设备能力的利用情况；

⑥客运机车及客车车底的运用是否经济合理，乘务组连续工作时间是否超过标准。

审查完毕后，应计算运行图的数量指标和质量指标，填记旅客列车指标计算表和旅客列车指标汇总表。

列车运行图编完后，报国铁集团批准。

3. 实行准备阶段(第三阶段)

在新图实行前，应着手以下几项准备工作：

(1)编制旅客列车新旧交替计划。在新图实行的当天，要求各主要干线的旅客列车都要按新时刻表运行，那么在实行前的过渡期间，有的列车需要调整到开时刻，有的列车需要变更编组，有的列车需要增减车底，一般不允许在中途变更车次、到开时刻或列车编组，为了不致因运行图交替而打乱整个运行秩序，需要编制 24h 格的旅客列车新旧运行时刻交替图。允许各种旅客列车在交替期间内可以停运。增开或提前按新时刻表运行。新旧交替计划要提前下达到各站段，并按此组织售票、乘降、列车运行调整等一系列工作，顺利过渡到新运行图全面实行。

(2)编制旅客列车时刻表。根据新运行图规定的车次、运行区段、停车地点、到开通过时刻及列车编组情况等事项，抄点制表，编制印刷成供旅客及行车部门日常使用的旅客列车时刻表。旅客列车时刻表的格式如表 6-9 所示。

旅客列车时刻表　　　　　　　　　　　　　　　　　　表 6-9

戊	戊	丙	戊	戊	开往			甲	甲	甲	甲	丙
6201 普客	4005 普快	4003 普快	4001 普快	T5001 特快	车次	站台	车次	T5002 特快	4002 普快	4004 普快	4006 普快	6202 普客
	15：00	09：00	19：50	18：00		甲		— 08：56	12：12	21：30	07：02	
	18：33 48	12：33 48	23：13 28	21：08 23		乙		54 05：39	37 08：22	35 17：20	15 03：00	
21：00	23：37 54	17：47 04	04：47 04	02：06 23		丙		57 00：41	40 03：24	38 12：22	22：10 21：55	— 06：23
3：02 22	04：14 29	22：24 —	09：14 29	06：14 19		丁		49 20：34	52 22：37	8：00	33 17：18	00：13 17：18
06：25 —	07：06		12：06	08：53		戊		18：00	20：00		14：40	20：50

时刻表中常用符号的含义如下：

"↓"或"……"表示列车在该站通过；

"＝"表示列车不经过该站;

"－"表示列车的终到站;

"※"表示该地点为旅客乘降所。

(3)编制旅客列车编组表。具体确定每对旅客列车的编组情况,包括列车的发到站、车辆和客运的担当段、编组辆数,车厢顺序号、编挂车种、定员、总重吨数、车底周转图、车底需要组数等事项,如表6-10所示。

旅客列车编组表 表6-10

	车辆	乘务	顺序	京开	1	2	3	4	5	6	7	8	9	10	11	12	13	14	15	16		计
北京				沈开	16	15	14	13	12	11	10	9	8	7	6	5	4	3	2	1		
		北京	车厢编号		1	2	3	4	5	6	7	8	9	10	11	12	13	14	15	16		16 16
沈阳北			车 种		ZY	ZE	ZE	ZE	ZE	ZE	ZE	ZY	ZY	ZE	ZE	ZE	ZE	ZE	ZE	ZY		
		客运段担当	定 员		56	90	90	90	90	40	74	56	56	90	90	90	90	40	74	56		1172
动车组	动车段		吨 数		54	51	52	52	44	53	51	54	54	51	52	52	44	53	51	54		825
D15 D16 次			附 注						酒	残								酒	残			CRH5A型

车底周转图:北京 7:31 D15 ... 19:34 D16;沈阳北 12:35 14:32

重联586+586定员,集便

旅客列车编组表的编制方法:

①列车发到站、车次栏。列车的发到站先填下行发站,后填下行到站,对改变运行方向的列车(即一对列车四个及其以上车次时),先填担当铁路局始发站。

列车性质按照动车组、特快、快速、普快、普客等分别填写。

车次一律先填下行,后填上行,一对列车有四个及其以上车次时,车次的填写必须和列车的发到站相对应。

②担当乘务栏。担当乘务的车辆、客运段,如名称相同,可只填写一个。

③车底编组栏。列车中车厢顺序号的编定,凡北京站和上海站始发的各次特快、快速及直通普快列车车厢顺序号均小号在前,大号在后(北京、上海间始发和到达的列车以北京站规定顺序为准)。非北京站和上海站到发的各次特快、快速及直通普快列车车厢顺序号,均以担当局始发站的发车方向为准,小号在前,大号在后。但对途中某个站由于车场进路关系必须掉头运行的列车,为便于确认,须在编组顺序项注明发站。

车种按统一的汉语拼音标记,定员按该种车辆的标记定员数(乘务员宿营车按发售给旅客的铺位数)填写,吨数填写该种车的总重,并根据车辆的用途及附属设备,在附注项内注明"行""邮""餐""宿""茶""播"等字样。

④车底周转图栏。车底周转图,表示需用车底组数和始发、终到时刻,并由此计算车底在始发站和终到站的停留时间。

周转图上填写的始发站名顺序须和填写列车种类车次的始发终到站栏相同,不得上下颠倒。一般先填下行始发站名,运行线从担当局的始发站开始,始发和终到时间填在车站中心线与运行线相交的钝角上。

(4)组织学习新运行图,为新运行图的顺利实行做好准备工作。

（二）客车运行方案图的编制原则

旅客列车运行方案所要解决的是每一方向旅客列车在运行图上的整体布局问题，它不仅对整个列车运行图的布局起着决定作用，而且对列车运行图的编制质量也有直接影响。为此，编制客车方案图时应遵循以下原则。

（1）减少停站次数及停站时间，提高旅客列车的直通速度。

旅客列车的直通速度是衡量铁路工作水平的标准之一，它对国内、国外都有影响。特别是快车的直通速度，关系到国家的声誉，具有政治和经济上的意义。提高直通速度的技术组织措施是减少站停次数，压缩站停时分，加速技术作业过程，延长客运机车牵引交路。对管内旅客列车，开行对数较多的区段，亦可采取分段服务的办法以提高直通速度，如图6-9所示。

（2）列车始发、终到、通过各主要站的时刻，应方便旅客旅行，并应对有优势、有竞争力的中距离列车给予最优先考虑。

图6-9　管内列车分段服务示意图

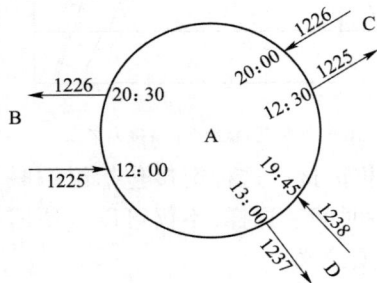

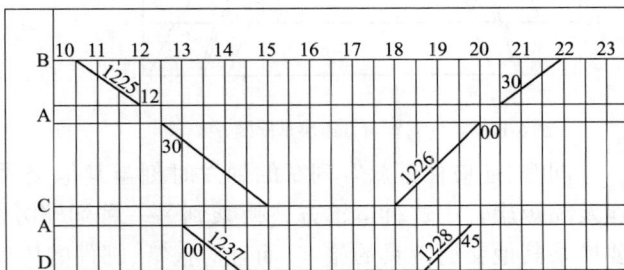

直通旅客快车最好晚间发车，但不迟于零点，终到时间在白天或早晨，但不宜早于7:00，通过沿途主要城市尽可能安排在白天。如有两对以上时，应考虑其间隔均衡，一般安排在早晚各一列，直通列车通过沿途各大站的时刻亦应力求方便旅客；若不能完全满足此项要求，则只能权衡轻重，尽可能予以照顾。由于一天中最合适旅客旅行的始发、终到时间有限，应对有优势、有竞争力的中距离列车给予优先考虑。特别是要把以北京及上海、广州、成都、郑州、武汉、西安、沈阳等大城市为中心的夕发朝至列车放在重中之重的位置，并且要保证用最好的机车、车辆，以最短的路径，给最优的运行线和最优的停点。

管内旅客列车以运送短途旅客为主，一般运行距离较短，故以白天运行为宜。对数较多时，个别列车亦可在夜间运行，但始发时刻不宜过晚，到达时刻不宜过早。由于在乘坐管内列车的旅客中，有很多要当天往返，为满足其要求，列车在折返站的到达与出发时刻之间，应有适当的间隔，以保证旅客有一定的活动时间。

其次，在连接几个铁路方向的大型客运站应尽量缩短旅客中转换乘的停留时间，使各方向旅客列车到发时刻有良好的衔接。如有困难时，应照顾主要的中转直通客流方向，如图6-10所示。

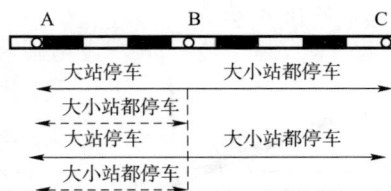

图6-10　直通客车在枢纽站相衔接的示意图之一

A站连接三个铁路方向，其中B—C间有较大的客流，规定开行1225/1226次直通旅客快车。因此,B—C 间在 A 站一般不产生中转直通客流,但 D—C、B—D 间在 A 站都有一定数量的中转直通客流。为减少这些中转直通客流在 A 站换乘的停留时间,应使从 D 方向开到 A 站的 1238 次列车的到达时刻与由 A 站分别开往 B、C 方向的 1226、1225 次列车的出发时刻相配合。同样,由 A 站开往 D 方向的 1237 次列车的出发时刻,应分别与由 B、C 方向到达 A 站的 1225/1226 次列车的到达时刻相衔接。如果这样做有困难,B—C 方向的中转直通客流又较大时,可使 1237 次列车在 A 站的出发时刻以照顾与 B 方向 1225 次列车到达时刻相衔接为主。

又如图 6-11 所示,由 B 到 C 及由 D 到 E 的直通旅客列车经过 A 站时,如果由 B 方向来的不少旅客是去 E 方向的,这些旅客需要在 A 站换车。因此,当铺画 B 站到 C 站的列车时,必须考虑列车到达 A 站的时刻要比 D 站到 E 站的旅客列车到达 A 站的时刻早 1h 左右,以便旅客在 A 站换车。

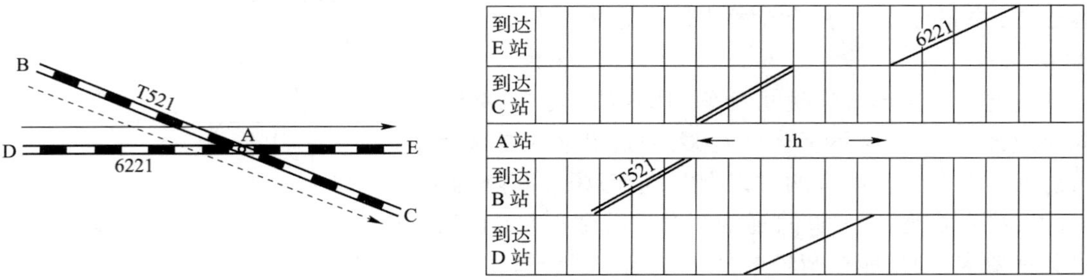

图 6-11 直通客车在枢纽站相衔接的示意图之二

区段内各中间站产生的直通客流,一般先由管内旅客列车运送到直通旅客快车停车站,然后再转由直通旅客快车运送。到达区段内中间站的直通客流则反之。为了减少这部分旅客在换乘站的停留时间,在管内旅客列车对数较多时,最好在直通旅客快车经过较大车站前后,各开行一次管内旅客列车,如图 6-12 所示。当管内旅客列车较少时,管内旅客列车与直通旅客快车的运行衔接配合,以照顾主要客流为原则,如图 6-13 所示。

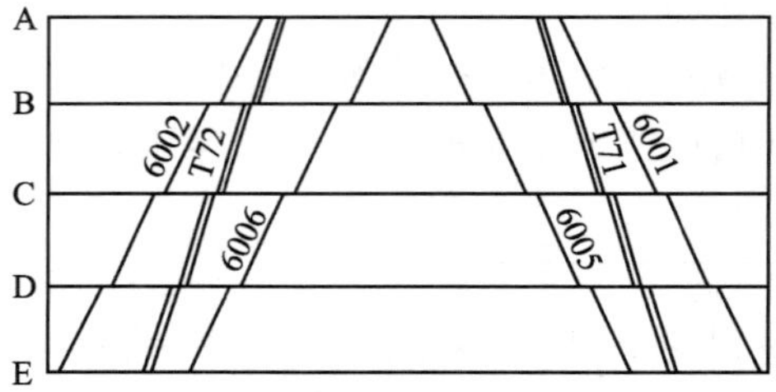

图 6-12 管内列车与直通快车衔接方案

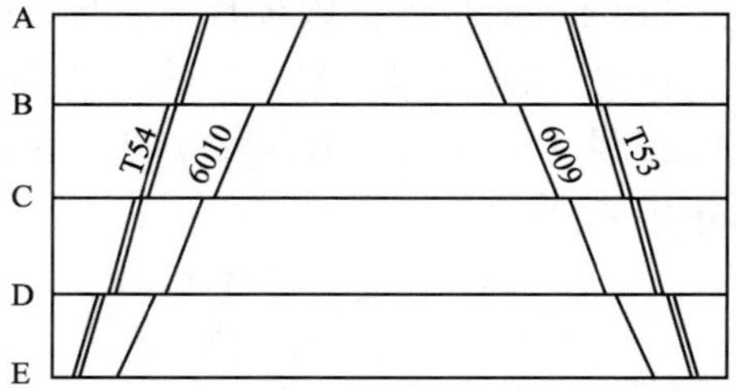

图 6-13 管内列车与直通快车衔接方案二

同时,还应保证旅客列车的到发时刻与其他交通工具互相衔接。这种衔接包括组织联运及缩短旅客由这种运输方式换乘到另一种运输方式的等待时间。这样,不仅可以方便需要换乘其他交通工具的旅客,而且对报纸、邮件的传递也有重要意义。

(3)经济合理地使用机车车辆。

加速机车和客车车底的周转是铁路运输组织工作的重要原则之一。在编制客车方案时,如果旅客列车运行时刻安排得好,往往可以减少车底的需要数,使车底得到更经济的使用,如图 6-14 所示,机车也得到节省。

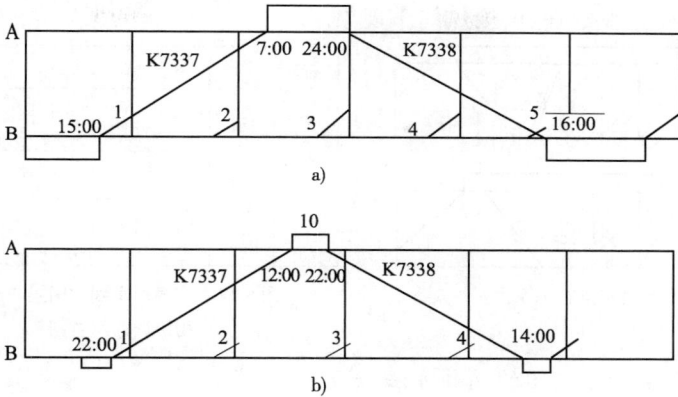

图 6-14　旅客列车到发时刻与车底周转关系图

适当调整列车的到发时刻也可以节省运行机车台数,如图 6-15 所示,由四台机车可减至三台。所以,在编制客车方案时,应同时考虑各区段客运机车的运用。编制客车方案图要求同时实现上述各项原则往往是有困难的。例如,为要选择旅客列车始发、终到的合适时刻,就要增加使用的车底数;各方向列车始发、终到的时刻合适,却往往不能配合大客运站的客流衔接等。在这种情况下,就必须根据具体情况,采取措施,通过协商解决主要矛盾,这样才能不断提高客车方案图的编制质量。

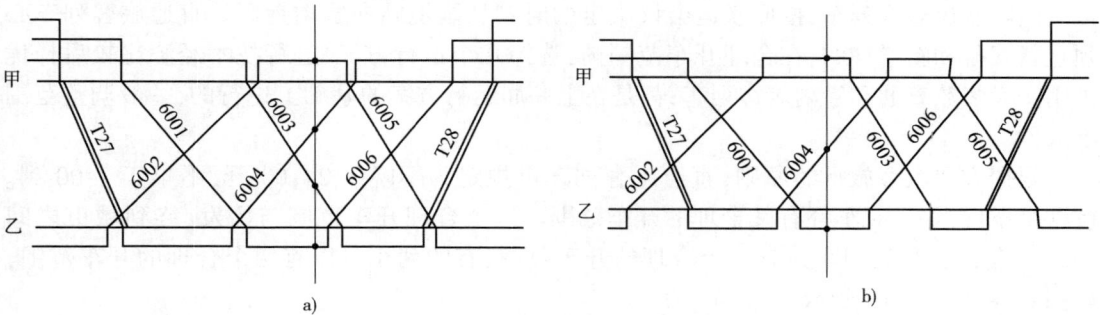

图 6-15　旅客列车运行线与机车交路关系图

(4)旅客列车与货物列车运行线应有良好的配合。

旅客列车在运行图上均衡铺画,不但对车站客运设备的运用有利,而且能保持旅客列车良好的运行秩序,并有利于货物列车密度的均衡,对加速机车车辆的周转是有利的,如图 6-16 所示,旅客列车运行线的安排应尽可能减少货物列车待避、停会旅客列车的次数,更不应使旅客列车待避和停会货物列车,以提高列车的旅行速度。

(5)旅客列车的运行与客运站技术作业过程相协调。

由于要求旅客列车在大城市有较合适的到发时刻,则可能出现密集到发的情况。此时,列车的到达(出发)间隔应与车站技术作业过程相协调,否则将使车站不能正常接发列车。图 6-17 中到达车次的虚线表示旅客列车运行线车站技术作业过程不相协调的情况。

同方向旅客列车的始发间隔,也应考虑与客运组织工作相配合的问题。同方向列车密集到发,会使客运站工作负荷过重,增加组织工作上的困难。

（6）处理好列车到开时间和列车密度、列车性质、客车车底运用、机车交路、施工封锁几方面的关系，避免和克服抢好点、抢热门车现象。

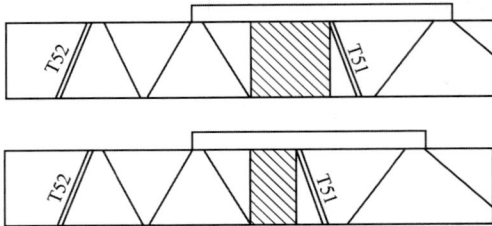

图6-16　客车与货车运行关系图

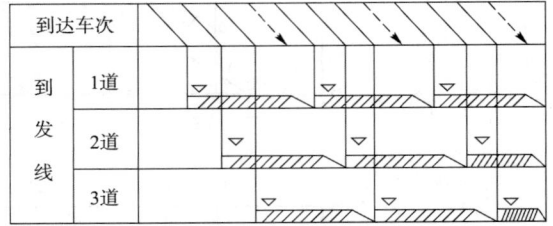

图6-17　旅客列车到达间隔与车站技术作业过程相协调的示意图

（三）旅客列车运行方案图的编制方法

全路列车运行图的编制工作，贯彻集中领导和分级负责相结合的原则。跨三个局的直通旅客列车，应在国铁集团统一领导下由各铁路局到国铁集团集中编制。跨两个局的直通旅客列车，由两个局共同协商编制。管内旅客列车，则由铁路局组织进行编制。在国铁集团的总体部署下，分片、分线、分工负责，各片、各线之间又密切配合，交叉并进地进行编制。

各局根据上述编制原则，按照先国际、后国内，先直通、后管内，先快车、后慢车的顺序铺画方案运行线。

国际联运旅客列车，按照联运会议决定的时刻从国境站向国内铺画。直通旅客列车必须重新安排和新增加的，在合理开车范围内，选择几个运行方案，进行技术经济比较后择优采用。大多数直通和管内旅客列车，都是在上一届运行方案的基础上进行的，一般调整范围不大。

根据方便旅客旅行的原则，直通旅客列车可规定为不晚于24:00开，不早于7:00到。按这个条件，每一对车都有其合理的开车范围。这个合理开车范围与始发、终到城市之间的距离有关。有的列车只有一个合理的开车范围，有的列车可以有两个合理的开车范围，如图6-18和图6-19所示。

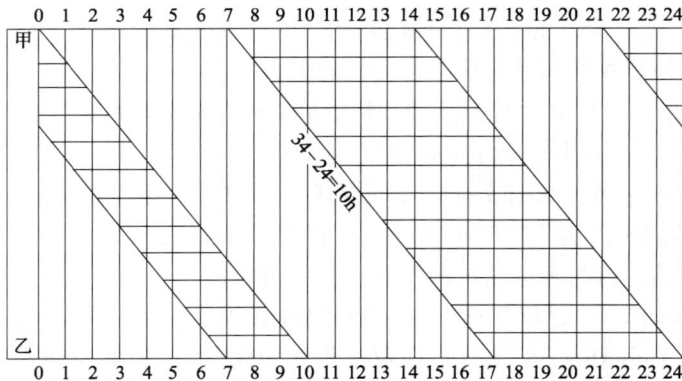

图6-18　合理开车范围图一

设直通列车的单程运行时间 $T = x + 24D$，则其合理开车范围 t 可用下列分析式确定：

当 $0 + 24D \leq T < 7 + 24D$ 时，$t = 7 \sim (24 - x)$

当 $7+24D \leq T \leq 17+24D$ 时，$t = 7 \sim (24-x)$，$t = (24-x+7) \sim 24$

当 $17+24D < T \leq 24+24D$ 时，$t = (24-x+7) \sim 24$

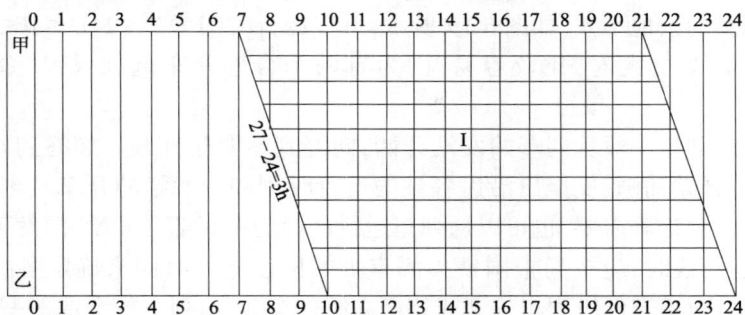

图 6-19　合理开车范围图二

根据上述分析式，可将不同的单程运行时间及其相对应的合理开车范围列于表 6-11 中。

根据表 6-11 的计算结果，直通列车的合理开车范围与单程运行时间的相互关系可归纳为表 6-12。

合理开车范围表　　　　　　　　　　　　　表 6-11

T	合理开车范围	T	合理开车范围
$0+24D$	$7 \sim 24$	$13+24D$	$7 \sim 11$　$18 \sim 24$
$1+24D$	$7 \sim 23$	$14+24D$	$7 \sim 10$　$17 \sim 24$
$2+24D$	$7 \sim 22$	$15+24D$	$7 \sim 9$　　$16 \sim 24$
$3+24D$	$7 \sim 21$	$16+24D$	$7 \sim 8$　　$15 \sim 24$
$4+24D$	$7 \sim 20$	$17+24D$	7　　　$14 \sim 24$
$5+24D$	$7 \sim 19$	$18+24D$	$13 \sim 24$
$6+24D$	$7 \sim 18$	$19+24D$	$12 \sim 24$
$7+24D$	$7 \sim 17$　　24	$20+24D$	$11 \sim 24$
$8+24D$	$7 \sim 16$　$23 \sim 24$	$21+24D$	$10 \sim 24$
$9+24D$	$7 \sim 15$　$22 \sim 24$	$22+24D$	$9 \sim 24$
$10+24D$	$7 \sim 14$　$21 \sim 24$	$23+24D$	$8 \sim 24$
$11+24D$	$7 \sim 13$　$20 \sim 24$	$24+24D$	$7 \sim 24$
$12+24D$	$7 \sim 12$　$19 \sim 24$		

单程运行时间与合理开车范围关系表　　　　　　　　　　　表 6-12

项　　目		单程运行时间		
		$17+24D < T \leq 24+24D$	$0+24D \leq T < 7+24D$	$7+24D \leq T \leq 17+24D$
合理开车范围	个数	一个 (7:00 ~ 24:00)	两个 (7:00 ~ 17:00) (14:00 ~ 24:00)	一个 (7:00 ~ 24:00)
	比例关系	反比例	一个成反比例， 另一个成正比例	正比例

从表6-11可看出,单程运行时间为 $7+24D$ 或接近这个时间的直通列车以及单程运行时间为 $17+24D$ 或略超过这个时间的直通列车,在铺画客车方案时,难度较大。因其合理范围只有一个,调整的余地不大,如图6-19所示;单程运行时间为 $7+24D \leqslant T \leqslant 17+24D$ 的直通列车,在铺画客车方案时,比较容易,因为有两个合理开车范围,活动余地比较大,如图6-18所示。

编制客车方案时,一般从列车始发站开始,向终到站顺序铺画。如终到站的能力紧张,也可以从终到站开始铺画,反推出沿途各站的运行时刻和始发站的开车时刻。有时为了满足某站的接续、会让等需要,也可以从列车运行区段的中间部分开始,向发到站两端铺画。

铺画方案运行线时,应按局报国铁集团审批的区段旅行时间来确定各技术站的开点。遇到列车会让时,应遵守低级列车等会或待避高级列车,短途列车等会或等避长途列车的原则,并为等会或等避的列车增加区段旅行时间。这额外的附加时分随单双线及信联闭设备条件而异,一般会车附加 $10 \sim 12min$,待避附加 $30 \sim 40min$。

为了经济合理地使用客运机车车辆,在编制客车方案图的同时应编制车底周转图和机车周转图。

(四)旅客列车运行详图的编制方法

根据旅客列车方案图和有关资料对每一区段进行编制,应在两分格运行图上精确地铺画每一条运行线,确定每一趟旅客列车在每个车站的到、发、通过时刻和在区间内的运行时分。

两分格运行图由车务人员铺画。本着客货兼顾、统筹安排的原则,必要时对个别旅客列车的运行线可稍加调整。

一般情况下,两分格运行图上列车的到、发时刻与客车方案运行图比较,总是有差异的。在双线上差别不是很大,在单线上有时出入较大。各次列车在各技术站的到、开、通过时刻,应按两分格运行图上的时刻进行修正,最后形成旅客列车简明运行图。

列车运行图编完后报国铁集团批准。

四、旅客列车车底需要数的确定

为正确计算客车需要辆数,在编制旅客列车运行方案图的同时,应绘制客车车底周转图,以确定各次列车车底的需要数。根据车底编成数即可求得车辆数。

旅客列车车底需要组数的计算方法有图解法和分析计算法两种。

1.图解法

图解法是根据客车方案图绘制客车车底周转图,从周转图上直接查得需要的车底数。一种是从周转图上的箭头直接查出,如图6-20a)所示;一种是在周转图的任何一部分截取,截取线和运行线或车底停留线的交点数,如图6-20b)所示。

2.分析计算法

分析计算法是分析一定到站和一定种类列车的车底周转时间,计算在该周转时间内发出的某种旅客列车的总数。

车底周转时间是自始发站出发时起至下次再由始发站出发时止,车底所经过的时间。

其计算公式为:

$$T_{车底} = \sum t = t_1 + t_2 + t_3 + t_4 \quad (h)$$

式中：$T_{车底}$——车底周转时间；

　　　t_1——车底自发站至折返站所走行的时间；

　　　t_2——在折返站的停留时间；

　　　t_3——从折返站返回发站的走行时间；

　　　t_4——在始发站的停留时间。

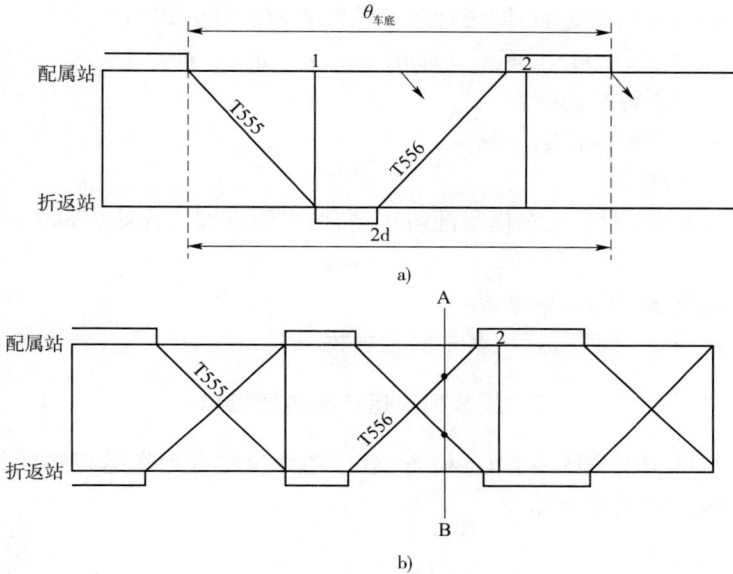

图 6-20　客车车底周转图

车底周转时间除以 24，即得车底的周转天数（$\theta_{车底}$）。

$$\theta_{车底} = T_{车底}/24 \quad （d）$$

设某到站某种旅客列车的车底周转天数为 $\theta_{车底}$，在一个周转时间内平均每天发出的列车数为 K，则该到站该种旅客列车的车底需要数 $n_{车底}$ 为：

$$n_{车底} = \theta_{车底} \cdot K \quad （组）$$

由于 $K = N/\theta_{车底}$，上式也可写成：

$$n_{车底} = \theta_{车底} \cdot N/\theta_{车底} = N$$

式中：N——车底周转时间内发出的该到站该种旅客列车总数。

公式表明，一定到站和种类的旅客列车车底需要数等于车底周转时间内发出的该到站该种旅客列车总数。如图 6-21 所示车底周转时间为 4d，每天开行一列，该次列车共需 4 组车底。

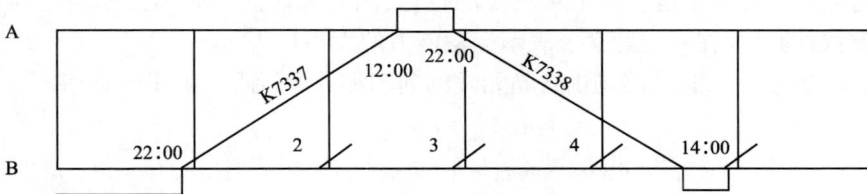

图 6-21　车底周转时间

由此可见,车底数是由车底周转天数和平均每天发出列车数决定的。因此,节省车底的途径有两方面,即压缩 $\theta_{车底}$,或缩小 K 值。必须根据具体情况做具体分析。缩小 K 值是有条件的,必须客流小,可以隔日开行或数日开行才行。缩减车底需要数可采取压缩站停时间,提高技术速度,采用先进牵引力及加强运输组织工作等措施,这是挖掘运输潜力的有效途径,也是编制技术计划必须遵循的。

各区段需要的车底数确定后,即可计算车辆需要数。其公式如下:

$$m_运 = m_1 n_1 + m_2 n_2 + \cdots + m_n n_n \quad (辆)$$

式中: $m_运$——运用客车辆数;

m_1、m_2、$\cdots$、m_n——列车中编挂的车数;

n_1、n_2、$\cdots$、n_n——车底数。

以运用客车为基础,对于某车辆段配属车辆时,需用下列公式计算客车总数:

$$m_总 = m_运 \times (1 + \gamma) \quad (辆)$$

式中:$m_总$——配属车辆段的客车总数;

γ——检修、备用车所占运用客车的百分数。

五、旅客列车运行图主要指标

旅客列车运行图编制完毕后,为了检查、分析和评价旅客列车运行图的编制质量,应计算运行图的数量指标和质量指标。

1. 数量指标

(1)运输能力。运行图规定的全路、铁路局在一定时期内(日、月、年)始发和运行的各种旅客列车的总定员数,即:

$$A_总 = A_直 + A_管 \quad (人)$$

式中:$A_总$——各种旅客列车的总定员数;

$A_直$、$A_管$——分别为直通、管内等旅客列车的定员数。

运输能力是考核铁路完成国家规定的旅客运输任务情况的指标之一,运输能力的大小,反映一个路局和全路的客运工作量。

(2)列车对数。全路、铁路局由各站始发列车的总和,应分别直通、管内列车统计并加总计算,即:

$$n_总 = n_直 + n_管 \quad (对)$$

式中:$n_总$——各种旅客列车开行的总对数;

$n_直$、$n_管$——分别为直通、管内等旅客列车的开行对数。

列车对数是旅客列车运行图中很重要的指标,因为运输能力必须由相应的列车对数来保证,列车对数的多少在一定意义上表示运输能力的大小。

(3)列车公里。全路、铁路局由各站始发的列车和其运行距离乘积的总和。

$$n_L = n_直 L_直 + n_管 L_管$$
$$n_直 L_直 = n_{直1} L_{直1} + n_{直2} L_{直2} + \cdots + n_{直n} L_{直n}$$

式中: n_L——列车公里;

$n_直 L_直$、$n_管 L_管$——分别为直通、管内等客车的列车公里;

$n_{直1}$、$n_{直2}$、…、$n_{直n}$——各种不同运行区段的直通列车数；

$L_{直1}$、$L_{直2}$、…、$L_{直n}$——各种不同运行区段的里程数。

管内客车的列车公里可按直通客车列车公里同理求得。

在有几种牵引方式时，还应对内燃、电力牵引等分别计算列车公里。

列车公里是表示全路或各铁路局客运机车车辆工作量的指标。在客运机车车辆类型、数量一定的条件下，列车公里越大，表明客运机车车辆的运用效率越高。

（4）车底在配属站的停留时间。车底在列车由折返站返回到达配属站之时起，至车底下一次由配属站出发之时止的全部时间，即：

$$t_{配站}^{客} = t_{到}^{客} + t_{送}^{客} + t_{作}^{客} + t_{取}^{客} + t_{发}^{客} + t_{等}^{客} \quad (h)$$

式中：$t_{配站}^{客}$——车底在配属站停留时间；

$t_{到}^{客}$、$t_{发}^{客}$、$t_{等}^{客}$——列车在配属站的到达作业、出发作业、等待出发的时间；

$t_{送}^{客}$、$t_{取}^{客}$——向客车配属段调送、调取车底的时间；

$t_{作}^{客}$——车底在配属段的作业时间。

有些管内旅客列车车底到达配属站后不送配属段时，则上述公式将简化。

（5）车底在折返站的停留时间。车底在列车中从到达折返站时起，至车底在列车中从折返站出发返回之时止的全部时间。

车底在折返站的停留时间所包含的各项因素和计算公式与上述配属站停留时间相同，只不过是各项因素的内容繁简和时间长短有所不同而已，故不另列。

（6）旅客列车停站次数，平均停站时分，平均停站距离。该三项数值应分别不同列车种类进行统计，其计算公式如下：

$$n_{停}^{总} = \sum n_{停} \quad (次)$$
$$t_{停}^{平均} = \frac{\sum t_{停}}{\sum n_{停}} \quad (min)$$
$$L_{停}^{平均} = \frac{\sum L_{运}}{\sum n_{停}} \quad (km)$$

式中：$n_{停}^{总}$——停站总次数；

$t_{停}^{平均}$——平均停站时分；

$L_{停}^{平均}$——平均停站距离；

$\sum n_{停}$——停站次数总和；

$\sum t_{停}$——停站时分总和；

$\sum L_{运}$——运行距离总和。

2. 质量指标

（1）旅客列车直通速度。旅客列车平均每小时所运行的公里数，应将直通、管内旅客列车两项分别计算。

旅客列车直通速度：

$$v_{直} = \frac{L}{\sum t_{运行} + \sum t_{停站} + \sum t_{起停} + \sum t_{慢行}} \quad (km/h)$$

路局旅客列车平均直通速度：

$$v_{直}^{局} = \frac{\sum nL}{\sum nt_{运行} + \sum nt_{停站} + \sum nt_{起停} + \sum nt_{慢行}} \quad (km/h)$$

式中：$\quad L$——旅客列车运行距离；

$\sum nL$——旅客列车公里总和；

$t_{运行}、t_{停站}、t_{起停}、t_{慢行}$——分别为旅客列车的运行时分、停站时分、起停附加时分和慢行时分。

旅客列车的直通速度越大越好，提高直通速度的途径主要是压缩旅客列车在途运行、停站、起停附加和慢行时间。

（2）旅客列车技术速度。不包括停站时分在内的速度列车平均每小时的运行公里数，应和直通速度一样分别进行计算。

旅客列车技术速度：

$$v_{技} = \frac{L}{\sum t_{运行} + \sum t_{起停} + \sum t_{慢行}} \quad (km/h)$$

路局旅客列车平均技术速度：

$$v_{技}^{局} = \frac{\sum nL}{\sum nt_{运行} + \sum nt_{起停} + \sum nt_{慢行}} \quad (km/h)$$

旅客列车的技术速度越大越好。提高旅客列车技术速度的主要途径是压缩列车在各大区间的运行时间，加强运输组织工作和调度指挥水平。

（3）直通速度系数。直通速度和技术速度的比值。

$$\beta = \frac{v_{直}}{v_{技}}$$

从上述对直通速度和技术速度的分析说明可知，在一般情况下，列车的直通速度总是小于技术速度的，即速度系数小于1。但应当通过加强运输组织工作来缩小两者之间的差距，比值越接近1，说明旅客运输效率越高。

（4）列车车底日车公里。某一车底或平均每一车底在一昼夜内所运行的公里数，即：

$$S_{车底} = \frac{2L}{\theta_{车底}} \quad [km/(车底 \cdot d)]$$

$$S_{车底} = \frac{\sum NL}{\sum N_{车底}} \quad [km/(车底 \cdot d)]$$

式中：$S_{车底}$——列车车底日车公里；

L——列车运行区段里程；

$\theta_{车底}$——车底周转天数；

$\sum NL$——全部车底运行公里总和；

$\sum N_{车底}$——车底总数。

列车车底日车公里是表示全路或各铁路局客车车底运用的工作量指标。列车车底日车公里和车底的全程运行里程成正比，和车底周转天数或车底数成反比，即无论是一个车底的车底日车公里，还是全部运用车底的平均日车公里，当车底周转越慢或运用车底总数越多时，车底日车公里就越低，表明车底的运用效率就越低；反之，车底周转越快或运用车底总数越少时，车底日车公里就越高，表明车底的运用效率越高。因此，加速车底周转和压缩运用车底总数是提高列车车底公里的重要途径。

单元四　日　常　计　划

旅客运输日常组织工作是旅客计划运输组织工作的重要组成部分,它是为保证计划年度任务的完成而编制的。由于旅客运输在节假日、季节及日常时有波动,同时旅客列车也有可能晚点或加开列车,车底中车辆定期检修或临时故障等特殊情况,都会影响到发线的使用、机车交路及旅客乘车组织工作的变更。为指导日常运输工作、保证合理运用技术设备和及时输送旅客,使站车互相配合、组织好均衡运输以提高服务质量,必须编制旅客运输日常计划。

一、票 额 分 配

票额分配在每次新运行图实行前编制一次,根据客流变化情况每年定期进行调整。直通旅客列车的票额分配方案由国铁集团与有关铁路局集团公司共同编制(跨三个局以上的旅客列车由国铁集团负责,跨两个铁路局的旅客列车由两局协商解决),管内旅客列车由铁路局组织编制。在目前的售票组织工作中,已经没有严格的票额分配定义,票额分配只是车票预售期外的票额初始状态,各车次的共用策略、复用定义以及席位智能预分方案均会影响售票组织方案的执行结果;在车票预售期内,各铁路局客票管理部门制定的售票组织策略会对列车的票额分配进行再次调整,往往日常与节假日会有所区别。

(一)分配依据

(1)指定月份的管内、直通客流图及主要站间旅客交流表等资料。

(2)列车的旅客密度表,应分车次整理的软卧、硬卧和软座、硬座数字,并分析各次列车超员和虚糜情况。

(3)主要站分车次、区段的上车人数和分车次的下车人数。

(二)分配原则

高铁、动车组列车所有票额初始归属给始发站,中途停车站利用客票系统的共用、复用、智能预分等功能组织售票,可提前共用发售的时间、票额数量由路局根据列车总体售票情况确定及调整。普速列车的票额分配基本遵循以下原则:

(1)首先满足始发局(站)到达最后一个区段长途旅客的需要。

(2)适当分配给中途局(站),特别是对省、市、自治区所在地(包括铁路局所在地)和外宾、华侨旅行集中地,开放城市的车站应予照顾。

(3)最后一个铁路局原则上不分配,各停车站可利用共用、复用以及客票系统智能预分的票额组织售票。

(三)列车定员的计算

(1)列车硬座标记定员:各硬座车厢标记定员的总和,即:

$$A_{标记}^{YZ} = \sum a_{标记} \quad （人）$$

(2)列车硬座实际定员:硬座总标记定员减10个座位(办公席等占用,新型车标记定员不包含办公席在内者,其实际定员即为标记定员)。

$$A_{实}^{YZ} = A_{标记}^{YZ} - 10 \quad （人）$$

（3）列车卧铺定员：软座和软卧车定员均按标记定员计算；硬卧定员（宿营车除外）为硬卧车厢标记定员的总和减去机班便乘铺位（3个）。软卧车代用座车时，软卧每一下铺按3人计算定员，硬卧车代用硬座车时，硬卧每一下铺按4人计算。

（4）列车硬座超成定员

①动车组列车

a.时速300km动车组列车不超员；

b.时速200~250km动车组列车商务座、特等座、一等座不超员，其他二等座超员不大于15%。

②普速列车

a.非空硬座车（22型、25B型）每车厢载客不超过200人；

b.双层硬座车每车厢载客不超过200人；

c.空调硬座车（25G型、25K型、25T型）每车厢载客不超过180人；

d.25T型硬卧车不代座，其他硬卧车代硬座每车厢载客不超过160人。

（四）残疾人专用票额预留原则

（1）残疾人专用票额所在车厢应临近餐车或软卧（硬座车优先预留办公席所在车厢，动车组列车预留残疾人厕所所在车厢），硬卧、硬座自临近车厢厕所和洗手间端开始预留，动车组列车自残疾人专用席位开始预留，遇有特殊情况时顺延。

（2）残疾人专用票额均供始发站发售。

（3）普通列车预留硬卧下铺1张（编组中硬卧大于5节车厢时预留下铺2张），硬座2张，动车组预留二等座2张（遇一等座有残疾人专用席时，先预留残疾人专用席位，后补充二等座）。

（五）票额分配方法

（1）由直通旅客列车担当乘务的铁路局负责，列车始发和通过局参加，共同研究确定分配量，并进行综合平衡。

（2）各铁路局根据整理的实际旅客密度表数字，首先剔除各区段超员的短途客流（超成幅度以外的），然后参考各停车站提供的资料和列车旅客密度表中各停车站的上下车人数相对照，反复平衡各停车站长短途客流数，编制分配票额计划分配表。

（3）平衡时，如果直通能力大于直通客流时，对富裕的直通能力部分应分配短途票额，组织区段利用。如果直通能力与直通客流处于饱和或不足状态时，计划数字要以直通票额为主，沿途车站不再分配短途客流套用票额。对中途沿线各站预留的计划票额，除特殊规定外，可由始发站加以利用。

（4）个别开通了金融IC卡、中铁银通卡业务如京津城际、广深城际、长吉城际等线路开行的列车，指定固定的席位或规定的数量预留给持卡旅客刷卡进站乘车使用。

（5）列车旅客密度表形式推算的计划数字确定后，再按表6-13格式编制票额分配计划，并指定残疾人专用票额给车站售票创造一定的工作条件。

列车票额分配计划表

表6-13

T12次列车票额分配表（永春—东江）

软卧1辆定员:32　硬卧9辆定员:582　硬座5辆定员582　总计定员1196

东江开机次

车厢号	1	2	3	4	5	6	7	8	9	10	11	12	13	14	15	16	17	18	19	20
车种	KD	YZ	YZ	YZ	YZ	YZ	CA	RZ	YW	YW	YW	YW	YW	YW	YW	YW	YW	YW	XL	
定员		118	118	118	112	118		32	60	66	66	66	66	66	66	66	66			
备注					办				广											

站名	软卧			硬卧			硬座		
	数量	车号	铺号	数量	车号	铺号	数量	车号	座号
乘务员				63	18	1~21			
运转车长							2	2	1~2
机班便乘				3	18	22			
永春	24	8	9~32	549	9	1~20	552	2	33~118
					10	12~22		3~4	1~118
					11~16	1~22		5	1~112
					17	1~20		6	1~118
红阳									
新庄									
青鸟									
蓝旗	8	8	1~8	24	10	4~11	17	2	16~32
美域				9	10	1~3	13	2	3~15
兰溪庄									
夕照									
金台									
永清									
夏湾									
翠澜									
水城									
松雨									
景山									
安顺									
江龙									
东江									

二、旅客输送日计划

随着客票系统的升级发展,以及互联网售票(含手机订票)、电话订票等新的售票手段的广泛使用,已经实现了全路联网售票、退票,所有的售票计划(含超员率的控制)均由铁路局客票管理部门统一制定以及调整,在售票组织方面车站计划员对于客票系统的操作权限大多仅限于查询、核对,或者通过铁路局客运营销辅助决策系统分析各次列车的历史售票情况、实时售票情况以及列车密度等,向铁路局客票管理部门提出建议,由铁路局统一调整。

由于实现了联网售票,全路通退,铁路可通过互联网、车站窗口办理退票、改签,而办理了退票、改签的票额实时返库,可再次对外发售,全部由系统自动完成,人工难以控制。在这种售票环境下,传统的旅客输送日计划的编制、执行已经被计算机所取代,实现了日计划自动调整。

三、站车客流信息传报工作

站、车客流信息传报工作是指办理客运业务的车站按规定区段或停车站,正确、及时地向旅客列车提报确切的乘车人数。同时,旅客列车如遇客流高峰,造成严重超员时,列车长应及时向有关车站拍发超员电报的相互通报工作。

建立站、车客流信息传报制度,是合理组织旅客乘车,控制列车严重超员,实现旅客运输计划的主要措施之一,同时也是实现车站旅客输送日计划的重要环节。站、车客流信息传报工作和车站旅客输送日计划的结合,可使客调及时了解和掌握各次列车的旅客密度,使始发站、中间停车站的客流得到及时输送,列车前方停车站能有预见地组织旅客乘车,以保证旅客的均衡运输。通过站、车客流信息传报,还可为列车提供良好的服务条件,对车站组织售票,维护站、车秩序,保证旅客列车安全、正点运行起着重要作用。

目前乘车人数通知单(见表6-14)以及列车旅客密度表(见表6-15)均由站车交互系统自动完成车站与列车之间的信息交接,列车到站前由系统自动接收停车站的相关售票信息。

乘车人数通知单　　　　　**客统—3**　　　　　　表6-14

车站:　　　　　　年　　月　　日　　　　　　　　次车

到站	软卧	硬卧	软座	硬　座			
				始发	中转	乘车证	合计
总计							
上车总人数:				总进款:			元

第　次列车长签收

列车旅客密度表

列车旅客密度表　　客统4

表 6-15

1. 站车客运信息无线交互系统组成

站车客运信息无线交互系统构建了一套为铁路客运站和列车之间提供实时信息交互的无线信息传输平台,实现地面和车上乘车人数通知单、席位发售及剩余等信息的自动交互,使车上随时掌握最新的列车席位发售情况,方便车上工作人员对旅客管理及办理补票等工作;同时客运段管理人员可以及时了解列车上的相关信息,并能够向列车工作人员传达相关业务信息。

站车客运信息无线交互系统由列车便携式移动终端(配备双模无线通信手持终端或便携式计算机),客运段系统,通过 GSMA 无线网络与客运信息无线交互平台进行信息交互,如图 6-22 所示。

(1)系统由地面系统、无线传输平台及移动系统组成。

(2)地面系统由下列设备组成:信息发布服务器、GPRS 接口服务器、安全隔离系统、路由器及防火墙。地面系统设置在国铁集团,负责从客票系统获取乘车人数通知单、列车席位等信息,并通过无线传输通道,推送给指定站车移动终端设备。

(3)无线传输平台是利用中国移动 GSM、GPRS 网络构建的无线传输通道,用以完成列车(客运段)与地面之间的信息传递。

(4)移动系统是指配备专用 SIM 卡、具备接收指定无线信息功能的手持设备或笔记本电脑,在列车上和客运段使用。列车终端设备主要提供乘车人数通知单统计、列车席位查询及车票查验等功能;客运段终端设备主要提供列车密度表查询、监控列车移动终端设备使用情况等功能。

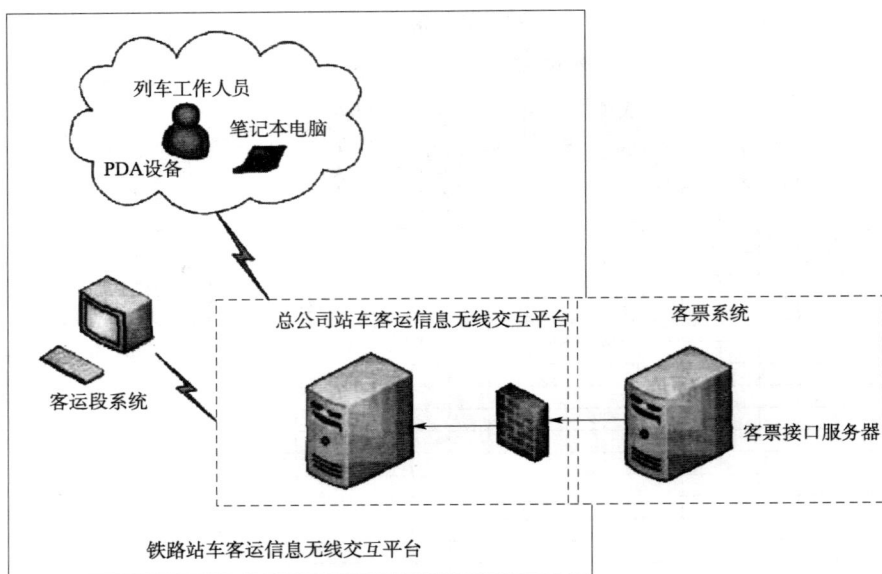

图 6-22　站车客运信息无线交互系统结构图

2. 站车客运信息无线交互系统业务流程

（1）列车配置手持设备或便携式计算机作为接收终端，乘务人员在本趟列车始发 30min 前启动系统，完成身份注册和本次列车基础信息下载，用户名为列车在始发站的车次，登录密码为列车图定始发日期。

（2）客运段配置专用的 PC 机作为接收终端，维护本段担当列车车次目录等相关信息，以确保及时接收地面系统发送的信息。

（3）车站设专人做好乘车人数通知单的发送工作，至少在列车开车前 5min 点击客票系统计划管理模块"乘车人数通知单"中"打印"按钮，统计该列车在本站的售票情况及剩余席位；客票系统自动将信息发送给指定的移动终端，点击按钮后车站不得继续发售该次列车的车票；遇有列车晚点，车站应在客票系统中做"晚点"调度命令。

（4）列车运行中，列车乘务人员应于到站前 10min，激活处于休眠状态的系统，以使自动接收信息；如开车后 5min 仍未收到相关信息，列车乘务人员应启动移动终端设备上的信息下载程序，进行手动下载。

（5）列车乘务人员接收信息后可进行列车补票，查验车票真伪。

（6）到达本次列车终点站后，列车工作人员须注销身份，退出系统。

（7）客运段可查询各次担当列车的密度表，并结合列车补票信息编制相关报表。

3. 站车客运信息无线交互系统应急处置

（1）当终端设备在始发站发生故障时，列车应及时启用备用终端设备。

（2）当网络通道、地面系统或列车运行途中终端设备发生故障时，列车长应向故障发生地所属铁路局客运处报告；由该局客运处顺序通报列车运行前方各局，通知前方各停靠站打印并递交"乘车人数通知单"。

（3）由于调试通道或地面系统等需中断系统的正常运行时，相关部门必须提前 5d 报国铁集团批准后方可实施；调试期间相关车站将临时恢复打印和递交"乘车人数通知单"。

实训项目及案例分析

实训项目一 客运量的预测方法

【任务6-1】 根据统计,九龙站2011~2018年的铁路客运发送量（Y）R的动态数列,如表6-16所示。其趋势近乎直线,预计今后的铁路客运发送量仍将保持线性的增长趋势。试用时间序列法(趋势外延法)分别预测第2019年、2020年、2021年的客运发送量。

九龙站铁路客运发送量 表6-16

年份(年)	2011	2012	2013	2014	2015	2016	2017	2018
发送量(Y)（百万人次）	151.04	160.10	167.95	176.68	184.65	191.91	199.73	208.55

预测步骤:用时间序列法预测的公式为:

$$Y_{计} = a + bt$$

式中:t——年序数;

a、b——参数。

设一次移动平均数为M_t^1,二次移动平均数为M_t^2,取平均时距为$n = 3$。

$$a = 2M_t^1 - M_t^2$$
$$b = M_t^1 - M_t^2$$

式中,M_t^1、M_t^2可按下列方法求解:

设各年的实际客运量为X_{11}、X_{12}、……X_{18}。

$$M_{(13)t}^1 = \frac{X_{(11)} + X_{(12)} + X_{(13)}}{3} = \frac{151.04 + 160.10 + 167.95}{3} = 159.70$$

$$M_{(14)t}^1 = \frac{X_{(12)} + X_{(13)} + X_{(14)}}{3} = \frac{160.10 + 167.95 + 176.68}{3} = 168.24$$

$$M_{(15)t}^1 = \frac{X_{(13)} + X_{(14)} + X_{(15)}}{3} = \frac{167.95 + 176.68 + 184.65}{3} = 176.43$$

...

二次移动平均数M_t^2不过是一次移动平均数M_t^1的再一次移动平均而已,即:

$$M_{(15)t}^2 = \frac{M_{t(13)}^1 + M_{t(14)}^1 + M_{t(15)}^1}{3} = \frac{159.70 + 168.24 + 176.43}{3} = 168.12$$

...

其余依此类推,并将计算数据填入表6-17。

预测第2021年客运发送量:

$$Y_{(18+t)} = a + bt = 207.93 + 7.87t$$

因$t = 1$,则:

$$Y_{(19)} = 207.93 + 7.87 \times 1 = 215.80 \text{ 百万人次}$$

同理:

预测第2020年客运发送量:

$$Y_{(20)} = 207.93 + 7.87 \times 2 = 223.67 \text{ 百万人次}$$

预测第2021年客运发送量:

$$Y_{(21)} = 207.93 + 7.87 \times 3 = 231.54 \text{ 百万人次}$$

客运量动态数列表　　　　　　　　　表 6-17

年份	Y（百万人次）	M_t^1（$n=3$）	M_t^2（$n=3$）	a	b	$Y_{计}$	$\dfrac{Y_{计}-Y}{Y}$
2011	151.04						
2012	160.10						
2013	167.95	159.70					
2014	176.68	168.24					
2015	184.65	176.43	168.12	184.74	8.31		
2016	191.91	184.41	176.36	192.46	8.05	193.05	+0.006
2017	199.73	192.10	184.31	199.89	7.79	200.51	+0.004
2018	208.55	200.06	192.19	207.93	7.87	207.68	-0.004
2019						215.80	
2020						223.67	
2021						231.54	

实训项目二　管内客流图的编制方法

【任务 6-2】　甲至戊间有四个客流区段,其营业里程如图 6-23 所示。其管内旅客发送量如下,请根据各站的客运发送量编制客流斜线表,并绘制甲至戊间管内客流图。

戊站发送	到达	丁站	3461 人
		丙站	1061 人
		乙站	801 人
		甲站	589 人
丁站发送	到达	戊站	1299 人
		丙站	2971 人
		乙站	1865 人
		甲站	1097 人
丙站发送	到达	戊站	951 人
		丁站	396 人
		乙站	3404 人
		甲站	1936 人
乙站发送	到达	戊站	1445 人
		丁站	1355 人
		丙站	1076 人
		甲站	4759 人
甲站发送	到达	戊站	2116 人
		丁站	2022 人
		丙站	1476 人
		乙站	2599 人

(1)斜线表的编制方法

表 6-18 是甲—戊间客流斜线表,表中斜线以上表示下行,斜线以下表示上行,并将甲至戊间各站发送的上、下行客流总量表示在斜线表上,如表 6-18 所示。

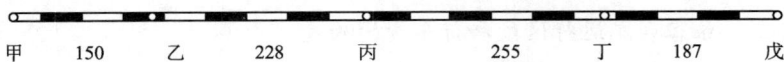

甲　　150　　乙　　228　　丙　　255　　丁　　187　　戊

图 6-23　营业里程示意图

客 流 斜 线 表　　　　　　　　　　　表 6-18

发站\到站	距离	甲	乙	丙	丁	戊	下行	上行	总计
甲	150		2599	1476	2022	2116	8213	—	8213
乙	228	4759		1076	1355	1445	3876	4759	8635
丙	255	1936	3404		396	951	1347	5340	6687
丁	187	1097	1865	2971		1299	1299	5933	7232
戊		589	801	1061	3461		—	5912	5912
下行		—	2599	2552	3773	5811			14735
上行		8381	6070	4032	3461	—			21944
总计		8381	8669	6584	7234	5811	14735	21944	36679

从表 6-18 可见,斜线表只能反映站间(始发终到)的客流情况而不能直观反映站间各个区段的客流,因此要制作管内客流图,即根据管内斜线表绘制管内客流图。

（2）管内客流图的编制方法

从上面的客流斜线表可以看出,下行方向,甲—乙区段的客流量包括以下部分:

从甲站到乙站的旅客(2599 人),从甲站到丙站的旅客(1476 人),从甲站到丁站的旅客(2022 人),从甲站到戊站的旅客(2116 人),所以甲—乙区段总的客流量为 8213 人;同理,乙—丙区段总的客流量为 9490 人,丙—丁区段总的客流量为 8285 人,丁—戊区段总的客流量为 5811 人。

上行方向,戊—丁区段的客流量为 5912 人,丁—丙区段的客流量为 8384 人,丙—乙区段的客流量为 9692 人,乙—甲区段的客流量为 8381 人。

即得管内客流图,如图 6-24 所示。

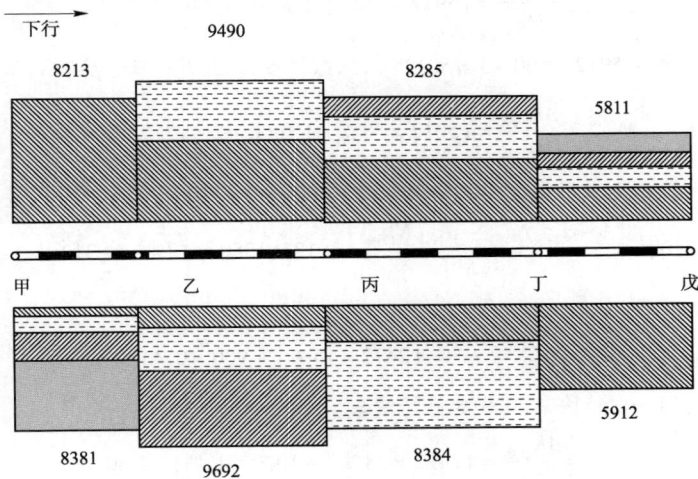

图 6-24　管内客流图

实训项目三　旅客列车运行区段和行车量的确定

【任务6-3】　甲至戊间管内客流图,如图6-24所示。请根据此客流图确定甲至戊间的运行区段。

确定方法:现以甲至乙间最大客流方向(下行)的总客流计划所绘制的客流图(图6-24)为例,如图6-25所示,从图中不仅能很清楚、直观地看出各方向上各客流区段旅客的流量、流向,而且可以看出客流大量发生、消失和变化较大的地点,这就为划分各种旅客列车运行区段、确定列车种类、计算开行对数的工作提供了帮助。

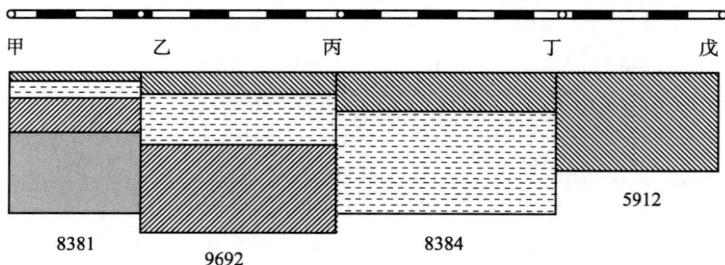

图6-25　最大客流方向的客流图

根据甲—戊线上客流显著变化的地点,可按照甲—戊间、甲—丁、乙—丙之间的不同客流密度,确定运行区段。

甲—戊区段,客流5912人;

甲—丁区段,客流8384 – 5912 = 2472人;

乙—丙区段,客流9692 – 5912 – 2472 = 1308人。

【任务6-4】　根据客流调查,甲—戊区段需要用特别快车输送的客流占总客流的15%,用快车输送的客流占剩余客流的38%,其余客流以普通旅客慢车输送。各种旅客列车的容量:特快为900人或1000人,快车为1000人或1100人,普通旅客慢车为1300人或1350人。请计算各区段的行车量。

首先确定各区段行车量。

(1)甲—戊区段

$$N_{特快} = \frac{AK_特}{\alpha_{特快}} = (5912 \times 15\%) \div 900 \approx 1 \text{ 列···欠 13 人}$$

开行特快列车后剩余5912 – 900 × 1 = 5012人,人数很多,因此开行快速旅客列车。

$$N_{快速} = \frac{AK_{快速}}{\alpha_{快速}} = (5012 \times 38\%) \div 1000 \approx 2 \text{ 列···欠 95 人}$$

开行特快列车和快速列车后剩余5912 – 900 × 1 – 1000 × 2 = 3012人,因此开行慢车。

$$N_{客} = \frac{A - \alpha_{特快} N_{特快} - \alpha_{快速} N_{快速}}{\alpha_{客}} = 3012 \div 1350 \approx 2 \text{ 列···余 312 人}$$

(2)甲—丁区段

$$N_{特快} = \frac{AK_特}{\alpha_{特快}} = (2472 \times 15\%) \div 900 = 0.41$$

即车流不足以开行一对特快车,可考虑开行快车。

$$N_{快速} = \frac{AK_{快速}}{\alpha_{快速}} = (2472 \times 38\%) \div 1000 \approx 1 \text{ 列···欠 60 人}$$

即开行一对快车。

开行特快列车和快速列车后剩余 $2472 - 1000 \times 1 = 1472$ 人,因此开行慢车。

$$N_{客} = \frac{A - \alpha_{特快} N_{特快} - \alpha_{快速} N_{快速}}{\alpha_{客}} = 1472 \div 1350 \approx 1 \cdots 余 122 \text{ 人}$$

即开行一对慢车。

（3）乙—丙区段

客流为 1308,可直接考虑开行慢车,则

$$N_{客} = 1308 \div 1300 \approx 1 \cdots 余 8 \text{ 人}$$

即开行一对慢车。

对上述行车量汇总,如表 6-19 所示。

金台（甲）—蓝旗（戊）区段旅客列车行车量汇总表　　　表 6-19

运 行 区 段	各区段行车量（列）			合计（列）	输送能力（人）
	特快	快速	慢车		
甲—戊	1-(900)	2-(1000)	2-(1400)	5	5700
甲—丁		1-(1000)	1-(1400)	2	2400
乙—丙			1-(1300)	1	1300
合计	1	3	4	8	9400

实训项目四　列车旅客密度表的填写

【任务6-5】　2017 年 12 月 9 日,由永春站开往东江站的 1247 次旅客列车编组 14 辆,东江客运段担当乘务组,硬座标记定员为 680 人,各站硬座到站人数及票额分配如表 6-20 所示,请编制列车密度表（表 6-21）。

实训项目五　旅客列车定员的计算方法

【任务6-6】　2018 年 12 月 9 日,1437 次新型空调旅客列车编组 18 辆。其中,硬座车 7 辆（定员 118 人 5 辆、128 人 2 辆）、9 辆硬卧（其中 60 定员 2 辆、66 定员 5 辆、60 定员代硬座 1 辆、宿营车 1 辆）、1 辆餐车、1 辆行李车。请计算列车的标记定员、实际定员和超成定员人数。

（1）硬座标记定员:各车厢标记定员的总和。

$$118 \times 5 + 128 \times 2 = 846（人）$$

（2）硬卧代硬座:每一下铺按 4 人计算。

$$60 \div 3 \times 4 = 80（人）$$

（3）硬座车总标记定员:

$$846 + 80 = 926（人）$$

（4）硬卧车标记定员:

$$60 \times 2 + 66 \times 5 = 450（人）$$

（5）列车标记定员:

$$926 + 60 \times 2 + 66 \times 5 = 1376（人）$$

（6）列车实际定员:新型车其实际定员即为标记定员 1376（人）

（7）列车超成定员:

硬座车超成定员:$180 \times 7 = 1260（人）$

硬卧代硬座超成定员:$160 \times 1 = 160（人）$

合计:$1260 + 160 + 450 = 1870（人）$

表6-20

各站硬座到站人数及票额分配表

路局管界	发站	到站人数																			分配票额
		永春	武安	高阳	城川	新庄	红阳	青鸟	蓝旗	美域	兰溪庄	夕照	金台	永清	夏湾	翠澜	水城	松雨	景山	安顺	江龙	
永春局	永春																					670
	武安																					36
	高阳																					105
	城川																					12
	新庄	5																				27
	红阳	16																				20
	青鸟	8																				30
	蓝旗	5																				12
	美域	10																				4
	兰溪庄	12																				12
金台局	夕照	25					2	1														16
	金台	8	3	2		15		2		1	2											35
	永清	5	8	5	1																	25
	夏湾	7		5				3														10
	翠澜	5		2																		16
	水城	67		3	2		1	2	2	2		3	2	7	3							30
东江局	松雨	13		12	3	1	3	2	2		3	2	4	5		3	1					130
	景山	15		6													1					25
	安顺	10		15	1	1		4						2				5	10			60
	江龙			6			1	3	2			3		2		2	1	5		10		25
	东江	457	12	33	3	12	10	10	8	3	3	12	28	9	5	12	23	120	13	49	25	

列车旅客密度表

表6-21

1247次列车 2010年12月1日自永春站始发
2010年12月1日终到东江站
列车编组14辆　硬座标记定员680人　东江客运段
实际定员670人
超载定员871人　列车长李某
软座定员　人
硬卧定员177人
软卧定员32人

到站＼发站	春	核实(调整)	武	高	城	新	红	核	青	蓝	美	兰	夕	金	永	夏	翠	水	核	松	景	安	江	下车数
核实(武)																								
武安																								
高阳																								
城川																								
新庄	5	2																						
红阳		3	2																					
核乌			3																					15
青乌	16	15							1															10
蓝城	8	10	6					2	2															6
美城	5	6	10	2			1		10															10
兰溪庄	10	10	10	5	1	1	3	2																15
夕照	12	15	17	3	2	1		2	3	3	3	3	7	2	3	3								17
金台	25	25	31	2	12	27	20	22	30	12	4	16	16	35	5	30	1							115
永清	8	8	22	5	6	29	20	14	27	14	6	10	17	34	2	27	20	55						18
夏湾	5	5	10	5	5		3	3	3	2		3	3	2	3	2	5	2	1					42
翠澜	7	7	9	2	2	1	1	3	2	2	2	2						1	24					19
水城	5	5	11	3	3	12	10	10	8	10	3	12	12	28	9	5	23	633	120					520
核实																								
松山	67	73	115	105	36		3	30	27	30	12	4	16	16	35	10	16	30	139	130	5	10	13	25
景台	13	12	18	104	37			27	14	6	4	10	17	34	8	17	17	30	20	135	5	5	23	
安顺	15	17	42	805							6								55	120	25	24	60	
江龙	10	10	19					10	8	3	12	12	5	28	9	12	23	30	24	5	10	1	59	
东江	457	456	520				10											633	120	25	49	13	25	
固定票额	670																			139				
上车人数	668	679	716	805	815	842	859	855	867	871	871	871	870	870	866	871	870	869	871	867	864	840		
车内人数	668	679	716	805	815	842	859	855	867	871	871	871	870	870	866	871	870	869	871	867	865	864	840	

输送量

	硬座	软座	硬卧	软卧	计
人	840	49	25	25	840

知识拓展

一、旅客列车实行票额共用、席位复用的执行办法

(一) 票额共用

所谓"票额共用"是指某个车站的票额,允许被列车运行径路前方多个车站使用,旅客根据需要选择乘车站购票,并按票面指定乘车站乘车。

票额共用分3种形式:管内票额共用;全程票额共用;指定车次、指定车站票额共用。

(1)管内票额共用是指在路局管内规定的车站,在规定的时间内可发售本次列车的票额。如果管内有票额的车站票额未发售完,列车对剩余票额在列车驶出本局后根据《乘车人数通知单》的附表可以发售剩余的席位。

(2)全程票额共用是指在国铁集团规定时间内沿途车站可发售本次列车的票额。这种情况下列车上全程不允许发售空余的席位。

(3)指定车次、指定车站票额共用是指路局对指定车次、指定车站实行的票额共用。

(二) 席位复用

所谓"席位复用"是指客票系统席位售出后,再次生成从售到站至原限售站的新席位,使列车能力再次利用。可分为一次复用(售出席位只裂解一次)和全程复用(售出席位可裂解多次)。换句话说,全程席位复用就是指一个席位可以全程多个车站多次重复使用。只有是复用站的车站才有席位复用的权利,不是复用站的车站席位不能复用。复用站是指始发和有票额的车站发售至旅客的到站,该站就是复用站。列车可在复用站席位没有复用的情况下凭《乘车人数通知单》的附表确认后可以发售。

(三) 实行席位复用的列车补票注意事项

(1)列车长及列车值班员必须掌握本次列车各站的票额分配及调整变化情况。

(2)未实行共用的列车,比如全程席位复用列车可根据车站《乘车人数通知单》的附表办理有座席补票。

(3)实行全程共用的列车只办理无座席的补票。

(4)实行管内共用的列车,在列车驶出剩余席位所在局分界口后,根据《乘车人数通知单》的附表对剩余席位进行确认,可以办理有席补票,但管内不允许办理有席补票。

二、开行旅游专列的有关规定

开行旅游专列应以方便用户、协调统一、合理利用、利益共享、发挥路网整体效益为原则,确保安全、舒适、有序。

(一) 开行条件

开行旅游专列编组不少于12辆,载客车辆不少于10辆,宿营车只能使用1辆,原则上不得使用软卧车。

车站接到批复后,要按照《铁路旅客运输规程》对包车的规定,与包车人签订包车合同,并收取相当于运费 20% 的定金,当日售票的可不收定金。

（二）运输费用

（1）包用普通旅游专列（载客车辆为硬座、硬卧,如混挂软座、软卧时,软座、软卧不超过载客车辆 1/3）时,票价按不低于标记定员 90% 核收。编组中软座、软卧辆数超过 1/3 时,按全列标记定员核收票价。

产生空驶和编挂 1 辆餐车时,不收空驶费和餐车使用费。编挂餐车超过 1 辆时,超过的辆数核收餐车使用费。

使用全列新型空调车时,票价可在规定的上浮幅度内浮动。旅游专列的旅游团体享受折扣优惠票价的同时,还可以按实际乘车人数享受 20 人中免费 1 人,超过 20 人时,每增加 10 人免费 1 人的优惠待遇。

上述优惠条件可由铁路局在此范围内自行掌握。

（2）包用全列软座（卧）或豪华列车时,按《铁路客运运价规则》规定的定员核收票价和服务费;餐车、娱乐车核收使用费。

编组中餐车、娱乐车合计超过 2 辆时,超过的辆数按新型空调硬卧车标记定员收费。包车人对车辆设备、服务设施等另有需求时,可另议价格,但每辆车不得低于新型空调硬卧标记定员的收入。

（3）旅游专列编组不足规定辆数时,所欠辆数每辆按普通硬卧车（60 人）标记定员票价的 60% 核收欠编费;中途站停留超过 24h、折返站停留超过 48h,自超过日起,按日核收停留费。不足 12h 按半日核收。

（4）旅游专列单程里程通算计算票价,运行径路涉及国铁、地铁、合资铁路或特殊运价区段时,分段（国铁段加总）计算,加总核收。

（5）旅游专列包车合同签订后,因不可抗力原因无法履行合同时,各方均不负违约责任。因非不可抗力原因,承运人违约时,双倍返还定金;包车人违约时,定金不退或按《铁路客运运价规则》标准,核收延期使用费或停止使用费。收取定金时,填写"客运运价杂费收据",返还定金时,加倍部分填写"退款证明书"。

（三）运输管理

（1）发站接到开车命令后,应立即通知包车人到站办理制票手续,定金冲抵运输费用。旅游专列的运输费用由始发站使用代用票一次收清,其他站、车不得再另外收取任何费用。填写代用票时,发到站栏填写如:"北京—广州""广州—北京"。

旅游专列从原径路返回时,按实际径路计算,以距始发站最远的停车站作为折返站填写票据。

（2）代用票交包车人持有,并另复印 1 张交折返站。其余乘车旅客每人发给 1 张团体旅客证,团体旅客证随代用票使用有效。

（3）旅游专列发车后,车票不办理中途改签、分乘、变径或退票。旅客自己要求中途下车出站时,凭团体旅客证出站,未乘区间车票失效,恢复旅行时应另行购票。

（4）旅游专列不得超员运输,不得使用铁路公用乘车证。

（5）乘坐旅游专列的旅客在运输中发生伤、病时,由列车长编制客运记录,载明系旅游专

列旅客并记录代用票票号,车站按照一般旅客发生伤、病的规定处理。

（6）旅游专列按票面记载人数分别统计始发局和折返局发送人数。

（7）旅游专列始发局对每趟专列应向包车人发放旅游专列开行意见反馈表,返回后由包车人将意见电传国铁集团。

（8）各铁路局于每月 10 日前将上月旅游专列(分直通与管内)开行情况统计表统计后电传报国铁集团。

复习思考题

1. 旅客运输计划按执行期限不同分哪几种?

2. 旅客运输计划的特点是什么?

3. 什么叫客流? 客流是如何分类的?

4. 客流的构成要素有哪些?

5. 客流的主要特点是什么?

6. 试说明旅客列车的分类及其车次编定的情况。

7. 影响客流变化的主要因素有哪些?

8. 什么是车站进行客流调查的直接吸引区和间接吸引区? 如何确定?

9. 客流调查有哪些方法?

10. 什么是客运量预测? 预测分哪几种?

11. 什么是客流区段? 客流区段如何确定?

12. 什么是客流图? 为什么要编制客流图? 客流图分哪几种?

13. 旅客运输计划的主要指标有哪些?

14. 如何合理地选择旅客列车的重量与速度?

15. 旅客列车的运行区段和行车量是怎样确定的?

16. 行车量不足一列的尾数应如何调整?

17. 如何确定旅客列车车底需要数? 如何绘制车底周转图?

18. 旅客列车运行图的主要指标有哪些?

19. 什么是票额分配? 票额分配如何进行?

20. 旅客输送日计划编制的依据是什么? 如何考核旅客输送日计划的兑现率?

21. 客统—3、客统—4 有何作用?

实践训练

1. 利用业余时间到车站进行客流调查,以掌握客流的流量和流向以及乘坐各种旅客列车所占的比例。

2. 练习用不同的预测方法进行客运量预测。

3. 练习绘制客流斜表及管内客流图。

4. 准确确定旅客列车的运行区段及行车量。

5. 练习确定旅客列车车底需要数及客车需要数量。

6. 练习编制旅客列车运行方案图。

7. 熟练编制旅客列车时刻表。

8. 掌握旅客列车编组表的编制方法。

9. 熟练掌握票额分配方法。

10. 掌握旅客输送日计划的编制方法。

11. 练习填写乘车人数通知单。

12. 练习填写列车旅客密度表。

13. 熟练掌握列车定员的确定方法。

项目七　客运站工作组织

理论知识

单元一　客运站的作业与主要设备

　　客运站是指专门办理大量客运业务的车站,客运站一般设置在具有特殊意义的大城市及客流比较集中的中小城市。

　　客运站是铁路与旅客之间联系的纽带,因为这里是旅客与铁路最先和最后接触的场所,双方当事人之间的权利义务关系在此产生或消失。客运站是铁路旅客运输的基层生产单位,是铁路的"窗口",一系列旅行手续均在此办理。客运站又是城市的大门,是城市建设的有机组成部分。因此,客运站的工作水平影响旅客、铁路、城市三方面。

　　客运站的主要任务是:安全、迅速、有秩序地组织旅客上下车,便于旅客办理一切旅行手续,提供旅客舒适的候车条件,保证铁路与市内交通联系便捷,使旅客迅速疏散。为完成上述任务客运站必须有完善的设备及正确的工作组织方法。

一、客运站的作业与主要设备

1.客运站的主要作业

(1)客运服务作业,包括旅客进出站、安检、候车、问讯、小件行李寄存以及为改善候车环境而针对旅客文化生活、饮水、卫生等方面提供的服务。

(2)客运业务,包括车票发售、行包的承运、装卸、保管和交付、邮件装卸等。

(3)技术作业,包括列车接发、机车摘挂、车列技术检查、车底取送、客车上水及餐饮供应等。

2.高速铁路车站作业特点

(1)高速铁路车站服务系统覆盖旅客旅行服务的全过程,最大限度地满足不同层次的旅客出行需求。高速铁路车站运输服务的对象就是旅客,从客票预订、售票服务、站车信息服务、旅客换乘服务等方面均应满足旅客对服务质量、方便快捷的高要求,最后能够安全、迅速、准确、舒适地将旅客送到目的地。

(2)车站作业单一,仅办理客运作业。我国高速铁路绝大部分是客运专线,因此,车站只办理客运作业,不办理货运作业,即使是客货混跑线的车站也基本上不办理货运作业,也不办理行包和邮件运输业务。主要原因:一是开行货运列车问题复杂,投资大、运输组织和货物装卸困难,涉及问题多;二是高速列车和跨线快速列车,牵引力小、定员少、运输成本较高,为办理行包邮件装卸而延长旅客列车在站停留时间不符合高速铁路追求最短旅行时间的需要,列车中挂邮政车和行包车不经济。

(3)高速车站作业必须突出"安全第一"的思想。不停站的高速列车通过车站的速度按设计要求应与区间相同,停站的列车进入咽喉区的速度也将达到80km/h。

在车站,旅客人身安全、列车运行安全、车站员工的安全以及高速列车养护维修、动车组列车调车作业的安全,都必须加以注意。

(4)高速铁路车站作业组织要充分体现"以人为本、方便旅客"的宗旨。车站是聚集大量旅客的场所,必须做到快速集散客流、尽量减少旅客步行距离、减少滞留时间,提供安全方便的通道。

(5)高速车站的客运和行车工作组织要适应高效率快速作业要求。高速列车停站作业时间很短,列车停站时间最短1min,立即折返的列车停站时间从国外经验看在15~25min之间,必须提高车站客运和行车组织工作水平,适应高速列车的高效、快速的作业要求。

客运组织方面,应设置自进站至站台候车全程醒目清晰的旅客引导电子设备和列车电子信息告示牌,消除为乘客在站台上寻找车厢门的时间,使旅客能以最短的时间上车。车站应设置多个自动售检票设备,消除售票和进出站的排队现象。

3.客运站的主要设备

客运站的设备主要由站房、站场及站前广场组成,并拥有行车指挥、运营管理、生活服务等方面的设施设备。

(1)站房。站房是客运站的主体,包括为旅客服务的各种房屋、运营管理工作所需要的各种技术办公房屋及办理行包、邮件的房屋。

(2)站场。站场是进行客运技术作业的场所,包括线路(到发线、机走线、机待线、车辆

停留线)、站台、雨棚、跨线设备等。

(3)站前广场。站前广场是客运站与城市联系的"纽带",它包括车行道、停车场和旅客活动地带等。

二、客运站站房

(一)站房的布置要求

站房是直接为旅客服务的房舍,是城市的大门。它的布置是否合理,对提高服务质量,保证车站有良好秩序,提高车站运输能力是十分重要的。因此,站房必须满足下列要求:

(1)旅客站房的位置要和城市交通运输及城市的发展规划有机地结合起来。通过式客运站旅客站房一般设在线路靠居民区一侧。尽头式客运站,旅客站房一般设于站台线尽端。站房与站前广场及城市交通工具停车点之间,应有便捷、安全的通路,方便旅客顺利地进出站。

(2)各种流线应保证畅通无阻、行程便捷,避免交叉干扰;旅客、行包和各种车辆在站能安全、迅速地集散和通行。

(3)站房的建筑面积应与旅客数量相适应,并留有发展余地。

(4)站房应力求适用、经济、美观,并显示出城市的建筑风格和地理环境的特点,还要求有良好的通风和采光条件,有良好的取暖设备和可靠的空调设备。

(5)站房及跨线设备的平面布置,应按旅客的需要设置,便利旅客办理各种旅行手续,便于员工作业和管理,并有一定的灵活性。尽可能避免不必要的上下坡,以免通行困难及影响客运设备的通过能力。

(6)根据客流量的大小,尽可能使到达与始发客流、短途与长途客流分开。在站房内站台上应将行包、邮件的搬运与旅客上、下车的通路分开。

(二)站房建筑规模

客运站站房的建筑规模,根据车站的旅客最高聚集人数来确定。

旅客最高聚集人数是指客运站全年最高月份中,日均一昼夜内旅客同时在候车室的最高候车人数,包括客运站发送旅客、中转旅客及送客者,通勤、通学旅客除外。

影响旅客最高聚集人数的主要因素是旅客上车人数及其在车站聚集时间的长短。这和客运站与居民区距离的远近、交通条件、旅客列车到发间隔时间是否均衡,预售车票组织水平及对入座的安排,车站附近文化设施等条件有关。旅客最高聚集人数直接反映对车站用房和设施大小的要求,并据此确定客运站房规模。目前,我国客运站房规模可分为小型、中型、大型和特大型四类,具体如表7-1所示。

客运站房建筑规模分类 表7-1

类　　型	最高聚集人数(人)	类　　型	最高聚集人数(人)
小型	400 以下	大型	2000~10000
中型	400~2000	特大型	10000 以上

(三)旅客站房内各种用房的设置

旅客站房所具有的房舍及其布置,应根据站房等级、类型,服务于旅客的种类,车站工作量及工作性质等因素确定。

1. 站房房屋类型

大、中型站房一般具有三类房屋：

（1）客运用房，由综合大厅、候车室、各种营业厅（售票厅、行包房、检票口、旅客物品寄存处、问讯处、服务处等）组成。

（2）技术办公用房，包括运转室及信号楼、站长室、办公室、会议室、公安室及有关辅助房屋、建筑设备所需要的房屋等。

（3）职工生活用房，指为职工生活服务的各种用房，如职工休息室、食堂等。

2. 各种房室及其设置条件

（1）综合大厅

综合大厅起着通过和分配人流的作用，同时分配各旅客列车的旅客上车，在去往站台前即行分开，可在站台线上空设置高架候车室，通往各站台都有出入口，分配客流极为方便。综合大厅还集多功能为一体，在保证旅客通过的前提下，可设置售票、寄存、邮电、银行、商务中心、商业、报刊、休息等多种功能，大大提高了空间的使用效率，是车站建筑的核心。旅客在综合大厅可以选择快速通过，也可以办理手续和进行商务活动和休闲购物。车站不仅对旅客，而且对城市开放商业活动，成为城市空间与车站空间的结合体。

①进站广厅。中、小型客运站在进站广厅内设有售票处，如图7-1所示。有时将行包房、问讯处也设在里面。它是客运站的通道，也是旅客办理旅行手续的地点。在进站广厅的入口处设置安全检查设备，高铁客运站还应设置一定数量的自动售票机、充值机、自助发票打印机及自助查询机，以满足旅客自助购票的需要。

②分配广厅。在大型客运站为了同时分配各旅客列车的旅客上车需要，在去往站台前即行分开，如图7-2所示。它也可在站台线上空设置即高架候车室，通往各站台都有出入口，分配客流极为方便。

图7-1　进站广厅实景图

图7-2　分配广厅连接站台的各出入口实景图

③出站广厅。一般设在大型客运站，是旅客出站的必经之地，如图7-3所示。在出站广厅内设有问讯处、补票处、旅客服务处，为出站旅客服务。中、小型客运站可不设出站广厅，而由站房旁边的检票口直接出站。也有的大型客运站只设一个中央厅，供进出旅客共用。广厅的一侧设置城市至站房及广厅到站台的入口。广厅的另一侧设置由站台至广厅及站房至城市的出口。广厅的中央部分办理旅客业务，供到达和出发旅客共用。

（2）候车室

候车室是旅客候车、休息、排队进站的场所，如图7-4所示。候车室要为旅客候车创造

舒适的环境,要有良好的通风、采光、采暖、防暑、休息等设备,与其他站房的主要出入口有密切的联系,并尽可能靠近站台,减少旅客检票上车的行程。候车室的面积除特殊规定外,一般根据一昼夜内在候车室旅客最高集结量,按每一旅客占用 $1.1 \sim 1.2 m^2$ 计算。

图 7-3　出站广厅实景图

图 7-4　候车室大厅实景图

高速铁路客运站候车室由于与城市交通衔接便利,旅客可把握到达车站的时间,等候时间较短,因此,高速铁路车站候车功能以"通过式"为主、"等候式"为辅,候车室的面积除特殊规定外,一般根据客流的顺利通过和按最高集结人数的一定比例两个因素确定。

候车室根据候车、营业、交通联系三部分的不同组合分以下 3 种:

①综合候车室。将与旅客关系最密切的候车、营业、交通联系三部分组织在一个空间中形成具有综合功能的候车室。其优点是使用机动灵活,利用率高。但当客流较大时,候车秩序乱,影响服务质量。

②候车、营业、交通联系三部分分开。以交通联系部分为枢纽,将候车、营业部分联通形成按旅客方向、性质或列车种类分别设置。如普通候车室、母婴候车室、贵宾候车室、软席候车室等。这种候车室,候车条件好,便于组织客流,服务质量高。

③候车、营业、交通联系三部分既分又联的布置形式。将候车部分与交通联系部分集中设置,将旅客活动较频繁的营业部分单独设置,并设于进站通路的两侧。这种候车室旅客候车安静、方便,但候车旅客多时各种旅客互相干扰,秩序紊乱。

(3)行包房

行包房包括行李、包裹的托运、提取处和行包仓库两部分。行包房的位置应与旅客托运、提取行包的流线密切结合,尽量减少与客流、车流的交叉干扰,并与客运用房、站台、广场取得有机联系,与跨线设备及运输方式取得密切配合。行包房的布置形式有下列几种。

①设一个行包房兼办行包的托运和提取业务。这种布置的优点是对行包仓库的利用、管理人员的安排和行包的搬运等方便灵活。缺点是托运、提取流线易发生干扰,行包业务容易产生差错。

根据行包房位置不同又可分为下列几种形式:

a.行包房设在旅客进出站流线之间,如图 7-5a)所示。

b.行包房设在站房左侧或右侧,如图 7-5b)、c)所示。

②分别设置发送和到达行包房,设于站房的左侧或右侧,如图 7-5d)所示。这种布置能方便进出站旅客托运和领取,又可避免行包流线与旅客流线彼此影响,但与一个行包房相比对行包仓库的利用及管理人员的安排均不够灵活。

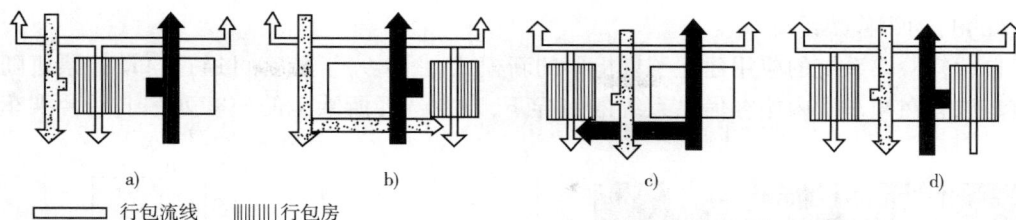

a)　　　　　　　b)　　　　　　　c)　　　　　　　d)

▭ 行包流线　　▥ 行包房

图 7-5　行包房在站房中的位置

（4）售票处（厅）

售票处的位置及布置方式应根据客运站的性质、规模及旅客进站办理作业的程序等因素决定。中、小型客运站的售票处设在广厅内进站口一侧，高铁车站在其旁边依次设置若干台自动供旅客自助购票的自动售票机，这样可使进、出站旅客不发生交叉，如图 7-6 所示。大型客运站的售票处应设在进站流线的前端，直通站前广场和广厅，与候车室要联系方便。在站房之外另设售票处时必须通过走廊与站房连接，减少旅客的露天行程。在中转旅客多的车站，可在站台内或出口附近设中转签字处。售票处应根据旅客发送量开设售票窗口。

为方便旅客售票，减轻车站售票处负担，大城市根据市内人口及交通情况设置市内售票所和车票代理发售处以及网络订票、电话订票。

（5）检票口

检票口是站房与站台之间的分界点，是旅客进出站的必经之路，也是旅客流线组织的重要一环。检票口的布置应力求缩短旅客检票后的步行距离，数量应根据通过该处检票进站（出站）的乘客人数及检票口的通过能力来确定。

检票口宜集中设置，便于管理和互相调剂使用，但对大型或特大型客运站，客流复杂，故多采用分别设置进站检票口和出站检票口。进、出站检票口设置地点应与城市公交站点相配合，以免不必要的人流交叉。

高速铁路客运站检票口目前采用自动检票和人工检票相结合的方式完成检票过程（图 7-7），目的是加快检票的速度，提高检票口的通过能力。随着高速铁路的发展，自动检票方式将成为今后的主要检票方式。

图 7-6　售票处实景图

图 7-7　自动检票和人工检票结合的实景图

我国客运专线将采用的自动检票机有进站检票机、出站检票机和宽道检票机。自动检票机的形式，主要有双开门式检票机和翼式检票机，可支持储值卡、非接触式 IC 卡或磁卡等车票的检票作业，达到迅速安全疏散人流的目的，如图 7-8 所示。其最大特点是人性化，但由此也使旅客停滞时间相对较长，往往还会使一些不自觉的旅客在进出闸时漏刷或逃票。

（6）自动售检票系统

自动售检票系统的应用建立了售检票的新模式（图7-9）。旅客可通过自动检票机随到随检。旅客在候车厅内旅客信息系统的引导下,自主选择所乘坐的旅客列车上站台乘车或出站。

图7-8 自动检票机实景图

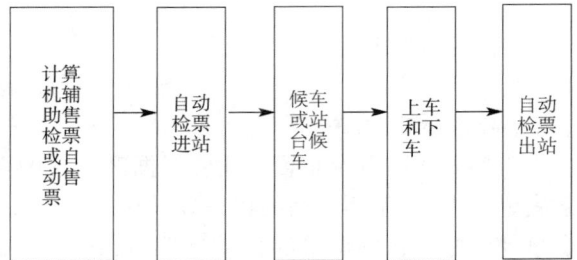

图7-9 售检票机新模式结构图

①自动售票系统。

自动售票系统主要是通过自动售票机(TVM,如图7-10所示)完成,旅客通过自动售票机,自助选择发站、到站、乘车日期、车次、席位、票种、张数等购票信息。自动售票机确认旅客通过现金或银行卡支付成功后,根据旅客购买的张数制出磁票。

通过自动售票机进行购票的流程主要包括旅客选票、支付、自动售票机制票、找零、出票一个完整的流程,如图7-11所示。

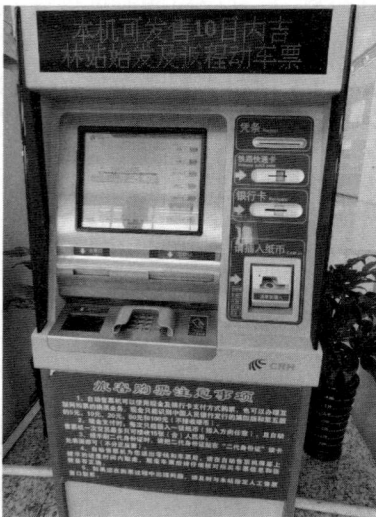

图7-10 自动售票机实物图

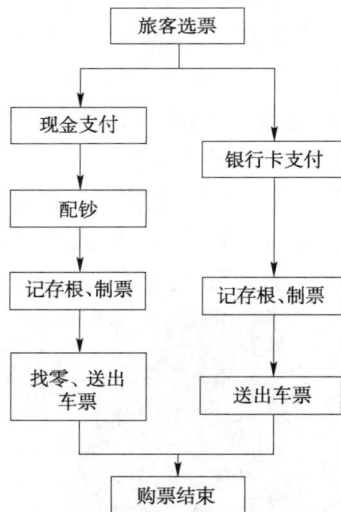

图7-11 用自动售票购票的流程图

②自动检票系统。

自动检票系统主要是通过自动检票机来完成。自动检票机通过自动检票服务器获取检票计划,读取旅客插入的磁票背面上的磁数据,通过安全存取模块(SAM)判断真伪,然后解密,再根据检票计划对磁票进行自动判读,允许合法旅客通过,对非法旅客进行拦截。当旅客所乘坐的车次开始检票时,旅客将磁票插入自动检票机,自动检票机根据检票规则自动完成检票。

自动检票机的检票流程主要包括吸票、读磁、解密、根据检票规则判读、设置检票标志、加密、写磁、吐票、开门一个完整流程,如图7-12所示。

(7)问讯处

问讯处是解答旅客问讯的处所,如旅客列车发到时刻、购票、托运、提取行包手续等问题。三等以上车站应设置专门的问事处。其位置应在站内较明显的地方,并靠近售票处。在客流比较集中的大站可设几个问事处或设电视、电话问讯设备及电子信息显示系统,如图7-13所示。

(8)旅客物品寄存处

寄存处是旅客暂时存放携带品和小件行李的场所。小型客运站可将小件寄存处附设在问事处或行包房内。大、中型客运站应单独设置,其位置最好能供进出站旅客共用。高铁客运站配备一定数量和型号的寄存箱(有联控自动、半自动或人工控制等管理方式)。其位置最好能供进出站旅客共用或设在旅客顺路办理的地点,其最佳设置地点应在综合大厅。其数量应以旅客的总体需求、物品重量(或体积)及寄存时间来确定,客流量大的车站可在进站大厅、出站口附近分设几处,方便旅客就近存取,如图7-14所示。

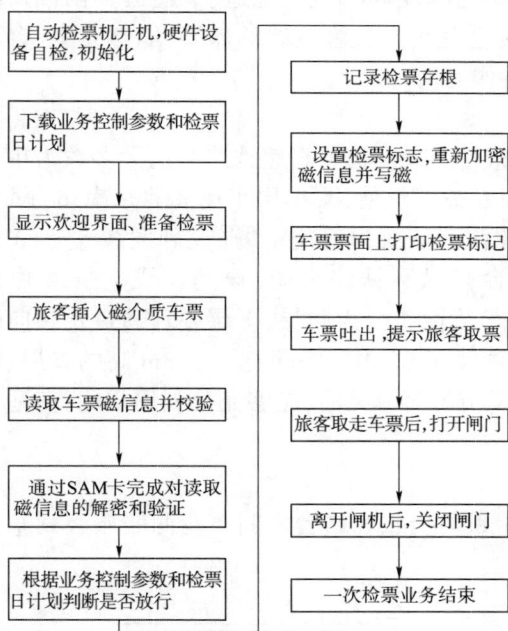
图7-12 检票流程图

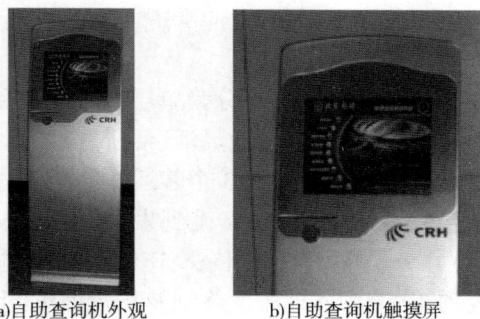
a)自助查询机外观　　b)自助查询机触摸屏
图7-13 自助查询机实物图

图7-14 旅客物品寄存箱实物图

三、站前广场及站场

(一)站前广场

站前广场是客流、车流的集散地点,是车站组织旅客室外休息的场所,站前广场还可作为临时迎宾和集会的地方,应使地面公交、地铁、磁悬浮等各种交通运输方式与站前广场、旅客站房的进、出口取得有机联系,以实现零距离换乘的目的。站前广场的作用是集散铁路旅

客和部分城市交通车辆,运行和停放各种交通车辆,布置各种服务设施。

为保证旅客和车辆能安全、迅速、便利地通行,站前广场的修建应与城市规划密切配合,应妥善安排,避免旅客流线、行包流线、车辆流线之间的交叉干扰,并尽量缩短进、出站旅客的步行距离,减少车流、人流的交叉和干扰;各种车辆停车站应尽量靠近站房出入口,旅客活动地带应设人行通道,客流量大、交通组织较复杂的广场可设地下人行通道,广场周围布置旅客服务设施,使站前广场成为与城市规划密切配合的完整空间。

站前广场由3部分组成:

(1)各种车辆停车场,包括公共车辆停留场、出租车、社会车辆、行包邮件专用车及非机动车辆停留场。

(2)旅客活动地带,包括人行通道、交通安全岛、乘降岛、旅客活动平台以及观景区。

(3)旅客服务设施,包括旅馆、饭店、超市、话吧、邮局、汽车站、厕所等。

(二)站场

客运站站场布置众多专门用途的线路,用于接发、停靠列车,进行客运作业和技术作业等。站场内应设有车场、各种用途的线路、站台和跨越设备(天桥、地道、平过道)、雨棚及给水设备。站场内各种设施的布置形式,应能满足合理组织旅客流线的需要,能够安全、合理地组织旅客上下车,并应考虑方便站内工作人员作业。

1.车场

我国铁路车场可分为单层布置形式和分层布置形式。我国高速铁路车场大多数为单层布置形式,它具有作业灵活、便于管理等优点,因而被广泛使用,单层车场如北京南站,设13座站台,24条到发线,3个客运车场。其中,从北往南依次为普速车场(设到发线5条,3座站台)、客运专线车场(设到发线12条,6座站台)、城际铁路车场(设到发线7条,4座站台)。分层车场如郑州东高速铁路客运站,根据车流性质分为两层,下层办理通过及顺向跨线列车,上层办理始发终到及折角列车,上下行轨面高差14m,中间有一层3m高的夹层,作为旅客进出车站的通道。这种布置的最大优点是疏解简单灵活,能够充分利用空间,多适用于衔接方向较多的车站。

2.旅客列车到发线

旅客列车到发线应设置在站台两侧,并在相邻两个旅客站台之间布置两股旅客列车到发线,如图7-15所示。

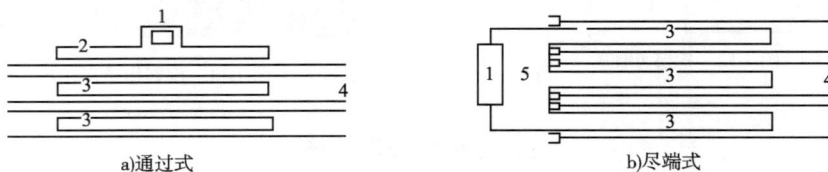

图7-15 到发线的布置
1-站房;2-基本站台;3-中间站台;4-到发线;5-分配站台

中间站旅客列车到发线的进路,一般应按方向固定线路。客车始发、终点站应按列车固定进路。这样的安排,既便利旅客的乘降,也便于客运(站、车)作业。

228

客运站除旅客列车到发线外,还应设有货物列车运行线、机车走行线、客车停留线等。

3.旅客站台

站台是旅客乘降的必需设备。为保证旅客安全,便利上下车,提高旅客的乘降速度和车站的通过能力,在办理旅客乘降的车站均应设置旅客站台,如图7-16所示。旅客站台的数量与位置应与旅客列车到发线的数量相适应,随着客运站类型不同而有所不同。当客运站为通过式时,应设基本站台和中间站台;当客运站为尽端式时,应设分配站台和中间站台。

旅客站台应硬面化,以保证雨季也能正常使用。按站台与线路钢轨顶面的高差值,可分为三种:低站台高差为300mm,设在邻靠正线及通过超限货物列车到发线的旅客站台;高站台高差为1250mm,站台平面和旅客车厢车底平面相同,便于旅客乘降和行包装卸,但不能通过超限货物列车;一般站台高差为500mm,站台平面和客车车厢最低的阶梯踏板大致等高,这种站台也较便于旅客乘降和行包装卸,但邻靠这种站台的线路不能通过超限货物列车。

4.雨棚和跨线设备

(1)雨棚。

在客车的始发、终点站和其他客流量、行包量大的站台上,应设置站台雨棚。雨棚用于遮阳和避风雨,给旅客乘降和行包、邮件装卸带来便利,同时也是保证向旅客提供优质服务的需要。大型车站的雨棚其长度、宽度应分别与站台的长度、宽度相同。站台宽度超过10m或站台上建有天桥地道等,宜采用双柱雨棚,其他站台可采用单柱雨棚,高铁车站的雨棚形式主要为无站台柱雨棚,如图7-17所示。

图7-16　高速铁路车站站台实景图

图7-17　无站台柱雨棚效果图

(2)跨线设备。

跨线设备是站房与站台之间或站台与站台之间来往的道路。它对于保证旅客安全、便利地通行,保证行包、邮件安全便利地运送和上下车,并迅速集散起着重要的作用。跨线设备按其与站内线路交叉关系可分为平过道及立体跨线设备。高速铁路车站主要采用立体跨线设备,即天桥和地道。

①平过道是最简便的跨线设备。在通过式车站,站台端部的坡底一般设置平过道,供运送行包和邮件的车辆跨越线路。在较小的客运站,一般在站房进出口之间和中间站台适中的地方设置平过道。

②立体跨线设备中最常见的有天桥和地道。中型站一般应设立跨线设备,大型以上的客运站,为避免进出站人流对流阻塞,需设置两个立体跨线设备。

高速铁路车站,为避免进出站人流对流而造成阻塞,需设置两个立体跨线设备。立体跨线设备主要为高架通廊和地道。一般来说,高速铁路车站建一个高架通廊(进站)、一个地道(出站)。

5. 给水设备

旅客列车始发站、技术作业站和折返站应设有客车给水设备。客车给水设备包括水井、水栓和胶管。每两股旅客列车到发线之间应设置一组水井,每组水井的数量同列车编组相同,一般线路不少于16个。水栓应设置为一井双栓、一栓一管,便于给两列车上水。上水胶管的长度一般为25m(一辆车厢长度)为宜。

单元二　客运站流线组织

一、客运站内流线分析

在客运站内,旅客、行包、交通车辆的集散活动,产生一定的流动过程和路线,简称为流线。流线组织是否合理,不但影响客运站的作业效率和能力,同时也直接关系到客运设备的运用及旅客服务质量。

车站流线按流动方向不同,可分为进站和出站两大流线,按流动实体不同,可分为旅客流线(简称人流)、行包流线(简称货流)、车辆流线(简称车流),如图7-18所示。国铁集团明确规定,行包的运送应以速度在140km/h以内旅客列车运送,这就使得高速铁路车站一般情况下不办理行包托运。

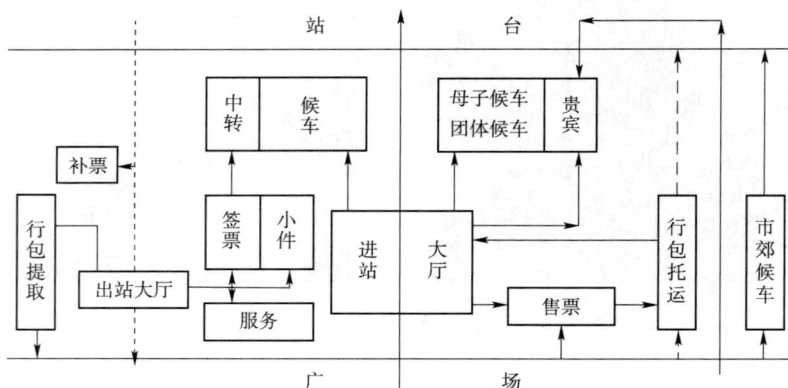

图7-18　大型客运站流线关系图

(一)进站流线

1. 旅客流线

车站的进站人流在检票前比较分散,不同旅客在不同时间内进站办理各种旅行手续,并在不同地点候车。进站旅客流线性质不同,其流线也略有不同。

(1)普通旅客流线。这是进站人流中的主要流线,人数最多,候车时间较长。多数客流进站的流程如图7-19所示。

部分已预购车票的旅客和不托运行李的旅客,不全按照上述流程进行。

（2）特殊旅客流线。特殊旅客包括母婴及老、弱、病、残旅客，其流程顺序与普通旅客流程相同，考虑其特殊性，应与普通旅客流线分开，设专用通道，使他们经便捷的通路，优先、就近进站上车。此外，对团体旅客，在大的客运站也应另设候车室，最好与普通旅客流线分开，以免延长进站时间。

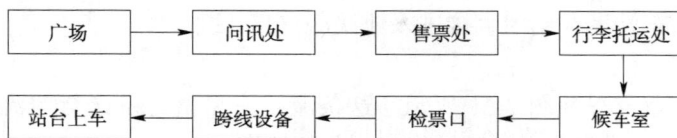

图 7-19　普通旅客流线流程图

（3）动车组旅客流线。较大车站应设置动车组旅客专用候车室，有动车组停靠的中间站应设专用候车区。动车组旅客的候车室（区）设备设施和服务应符合软席候车室标准。动车组车门验票由车站负责，通道和站台专用的车站可以不实行车门验票。无法实现站台和进站通道固定的车站，须根据实际情况制定细化组织措施，出、入流线应与普通旅客流线分开，"实行一人一门"制，做好查验票证、扶老携幼工作，确保旅客乘降组织安全有序。

（4）城际旅客流线。城际旅客大多在早晚乘车，多数持通勤（学）月、季票，不需临时购票，一般到站后立即检票上车。客流量较大的车站，可单独设置绿色通道，方便旅客快捷乘降，以免与其他旅客流线互相干扰。

（5）贵宾流线。在贵宾来往频繁的客运站，为保证贵宾的安全和便利，应设贵宾室。除设专用通道连通基本站台外，还应设置汽车直接驶入基本站台上车的通道。他们的出、入流线应与普通旅客流线分开。

（6）中转旅客流线。中转旅客根据换乘时间的长短，有的办理签票后即在候车室休息，随普通旅客检票进站，有的不出站在相应的站台上即可换乘列车。

在进站旅客流线中，如旅客事先买好了预售车票或事先托运好行李，就可在临开车前进入候车室或直接进站上车，这样可简化旅客进站手续，减少客流交叉，减少站内旅客最高聚集人数。因此扩大预售车票和办理行包接取、送达业务，将有利于客运站的客运组织工作。

2.行包流线

（1）发送行包流线。发送行包流程如图 7-20 所示。这条流线应与到达行包流线分开。

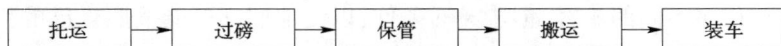

图 7-20　发送行包作业流程图

（2）中转行包流线。根据中转车次衔接情况、中转作业量的大小和有无中转行包库房等情况而不同。有时行包到达后暂存放在站台上并在相应的站台上直接换装，在某些情况下则需预先搬运至发送仓库或中转行包仓库，再按发送行包处理。

（3）行包托运处要接近售票房和候车室，与停车场要有方便的通道联系。大型客运站应设专门的行包地道，将客流与行包流完全分开。

（二）出站流线

1.旅客流线

出站旅客流线的特点是人流集中、密度大、走行速度快。在平面布置上应考虑通畅便

利,使出站旅客迅速出站或换乘,并在站前广场迅速疏散。

出站旅客流线比进站旅客流线简单,旅客办理手续少,使用站房时间短。一般情况下,普通、中转旅客均在一个出站口出站。

高速铁路旅客下车后,经站台通道、出站通道到出站检票口,通过出站大厅直接出站。有条件的高速铁路车站可在站内直接进入地铁、公交车站。

2. 行包流线

到达行包的作业流程如图 7-21 所示。这条流线应尽量与发送行包流线分开。行包提取处应靠近旅客出口,大型客运站应设置专用行包地道。

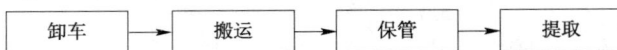

```
┌──────┐    ┌──────┐    ┌──────┐    ┌──────┐
│ 卸车 │ →  │ 搬运 │ →  │ 保管 │ →  │ 提取 │
└──────┘    └──────┘    └──────┘    └──────┘
```

图 7-21　到达行包作业流程图

(三) 车辆流线

车辆流线是指站前广场上的公共交通车辆流线,出租汽车、社会车辆、邮政、行包专用车辆流线及非机动车辆等流线。在站前广场上应合理组织各种车辆的交通流程,妥善规划各种车辆停靠位置和场所,使各种车辆流线交叉干扰最少。按市内交通靠右侧行车习惯,宜将车辆到达场安排在站房右侧,车辆出发场安排在站房左侧;采用地下停车场时,入口设在右侧,出口设在左侧。原则是尽量避免和减少各种流线的相互交叉干扰,确保旅客安全、迅速地疏散。

二、流线组织原则和流线疏解的基本方式

(一) 流线组织原则

1. 各种流线避免互相交叉干扰

尽量将到、发客流分开,将长途与短途客流分开,将客流与行包、邮政流分开,将到达行包与发送行包流线分开。在通勤职工较多的车站还应考虑将通勤职工出入口与旅客出入口分开。

2. 最大限度地缩短旅客走行距离,避免流线迂回

首先应缩短多数旅客的进站流线,尽量把站房入口与检票入口之间的距离缩短;其次,也要给其他活动程序不同的旅客,创造灵活条件,以便他们都可能按照自己的程序以较短的路线进站。

(二) 流线疏解的基本方式

(1)在平面上错开流线,即在同一平面上,站房及各种客运设备的布局使各种流线在同一平面左右错开自成系统,达到疏解的目的。为配合站前广场的车流组织,通常将进站客流安排在站房的右侧,出站客流安排在站房的左侧。这种方式适用于中、小型或单层的客运站,如图 7-22 所示。

(2)在空间上错开流线,即进出站流线在空间上错开,进站客流走上层,出站客流走下层,达到疏解目的。这种方式适用于大型双层客运站,如图 7-23 所示。

(3)在平面和空间上同时错开流线,即流线既在平面上错开又在空间上错开,如图 7-24 所示。进站客流由站房右侧下层入站,经扶梯上层候车,然后经天桥或高架交通厅(检票厅)

检票上车。出站客流经地道由站房左侧下层出站。这种方式不但流线明显分开,而且流线距离也缩短,适合于大型双层客运站。特大客运站北京、上海等站则采用这种方式达到疏解流线的目的。

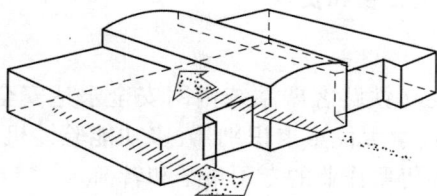

图7-22 在平面上错开流线示意图

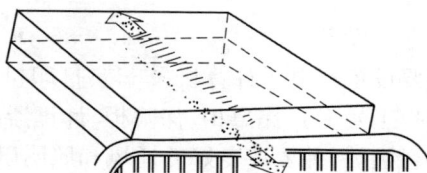

图7-23 在空间上错开流线示意图

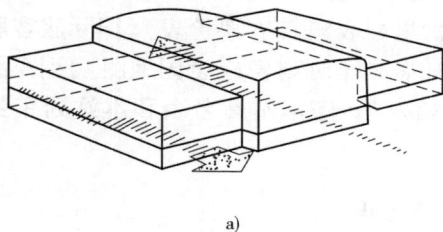

a)

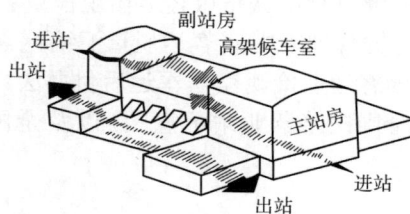

b)

图7-24 在平面和空间上同时错开流线示意图

单元三 售票工作组织

客运站工作,包括售票、旅客乘降、客运服务以及行包运输工作。由于客运站的设备、条件、工作量及客流性质各有不同,因此,具体的组织方法应根据实际情况来确定。

售票工作是客运站工作的重要组成部分。它的具体任务是正确和迅速地将车票发售给旅客。客运站通过售票把广大旅客按方向、车次有条不紊地组织起来并纳入运送计划。为保证旅客及时方便地买到车票,客运站必须做好售票工作。

一、售票处的种类

1. 车站售票处

车站售票处售票范围比较全面,以发售当日车票为主,同时也预售车票,办理电话订票、互联网售票的取票、退票以及送票等业务。

车站售票处应根据设备条件,旅客的流向、流量,合理划分各售票窗口的售票范围。如有发售某方向或某列车的窗口,还有专门发售军人票的窗口及中转、加快窗口等。各售票窗口均可发售全国各站的各种车票。客运量较大的车站,各售票窗口应昼夜不间断地发售车票,同时还应配备足够数量的自动售票、取票机。

2. 市内售票所

市内售票所主要办理预售车票,一般设在市内交通便利、人口集中、商业繁华的地点。

3. 临时售票处

在节假日服务于突然增大的客流而深入厂矿、企业、机关、学校临时设置的售票场所,发

售当日车票或预售车票,以减轻车站和市内售票所的负担。

另外,与厂矿、企业、金融及事业单位签订协议,开辟车票代理发售点等。

二、售票处、售票窗口的设备和资料

1. 主要设备

主要设备有电子计算机及车票打印机、USBkey(铁路客票系统内网安全永达安全管控代理用户工号卡)、储票柜、保险柜、计算器(算盘)、学生优惠卡识别器、多功能验钞机、双向对讲扩音机等,并要有良好的通风和照明以及便于售票作业的专用桌子和转椅。

2. 业务资料

业务资料有:《铁路旅客运输规程》《铁路客运运价规则》《铁路旅客运输办理细则》《铁路旅客运输管理规则》《客运规章汇编》《客运运价里程表》《旅客票价表》《国际旅客联运协定》《国际客运运价规程》《军运后付办法》《全国旅客列车时刻表》《全国地图》《列车编组顺序表》《全国铁路营业站示意图》以及全国快车始发站、停车站站名表和本站列车到发时刻等。

三、售票处工作组织

售票处的工作是合理组织客流,实现计划运输的重要环节。为保证旅客迅速、正确地办理乘车手续,售票处必须有周密的售票计划和良好的工作组织。

(一)售票计划

根据国铁集团关于售票组织的管理规定,按照统一管理、逐级负责的原则,实行铁路局和车站(车务段)两级管理;根据旅客购票需求及客流变化情况,组织站车相关单位,通过席位复用、票额共用、票额调整等售票组织方式和手段,实现运输能力的充分利用。

旅客列车票额的管理原则上由票额所属铁路局负责,特殊情况由国铁集团指定。按照规定铁路局负责客票系统权限范围内客运业务基础数据的维护与管理、编制票额基本计划、监控席位的生成、压票、转票、订票等情况;车站(车务段)负责对售票情况进行统计、分析,做好客流吸引区域的客流调整工作,及时向铁路局提报售票组织、能力调整建议,并按规定向相关部门提供统计报表;客运段完成与车站相关信息的交互和传递,掌握列车席位利用情况,按规定做好票额动态调整、席位复用、票额共用等售票组织方式实施后的列车补票工作。

(二)售票工作

售票是一项细致的工作,既要有较快的速度,又要保证票款准确;同时还要解答旅客问询。因此,售票员应有熟练的售票技术和良好的工作态度,文明礼貌地为旅客服务,做到热情、细致、准确、迅捷,消灭责任误售。为适应铁路改革与发展的需要,原铁道部于1995年首先在全路主要干线和大站率先实现电子售票,继而建立了一个覆盖全国铁路的电子售票网络。2006年开通了电话订票,2010年开通了互联网售票等,开办了旅程规划、发售异地票、联程票、往返票、储值票等业务,从而铁路售票工作走向了客票管理和发售工作现代化,提高了铁路客运经营水平和服务质量,向"便民便利"的工作逐步迈进。

1. 发售车票的基本流程

发售车票的基本流程,如图7-25所示。

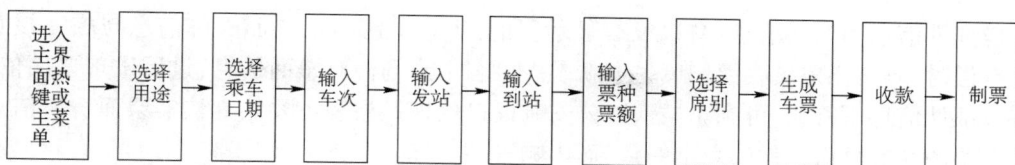

图 7-25　发售车票的基本流程

2. 售票具体操作过程

售票具体操作过程，如图 7-26 所示。

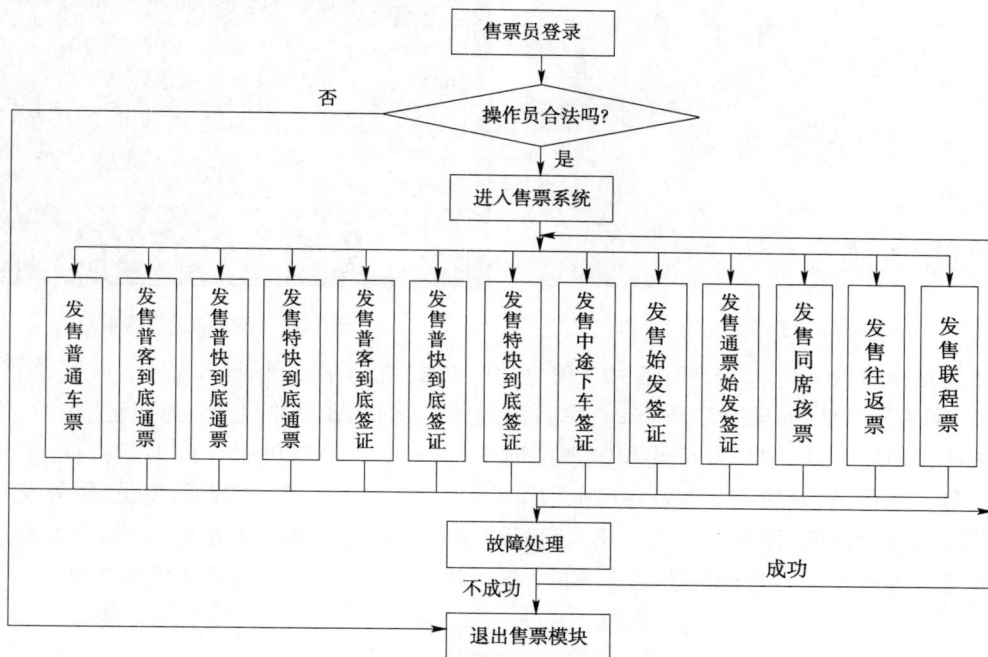

图 7-26　售票作业的流程

（1）开机。

先插入 USBkey，开制票机、学生证购票防伪识别器，再开显示器，最后开主机。屏幕显示"永达安全管控代理"界面，输入登录密码后进入售票程序。操作时注意：要选对班次；进入售票状态后，售票前仔细核对制票机票号与微机屏幕下方显示的票号是否一致，若不一致应停止售票。

（2）发售车票。

登录售票系统售票程序，进入售票界面，如发售普通电子车票，如图 7-27 所示。如发售 CRH 动车组车票，用"Alt + D"进入有"CRH"字样的售票界面，按售普通票程序发售 CRH 动车组车票，如图 7-28 所示。

售票时，要求购票人出示有效身份证件，报需要购买车票的日期、车次、发站、到站以及席位；售票员根据旅客需求进行查询，如显示有票，则录入身份信息。使用二代居民身份证购票时（在配备有二代身份证识别器的售票窗口），系统自动读取身份信息；使用其他有效证件购票时，由售票员录入旅客身份信息。售票员制票前，将提示旅客认真核对显示屏上的有

效身份证件信息和票面信息;窗口没有显示屏的,售票员将口述票面身份信息与旅客核对。发现有误时,应交售票员收回作废另发新票。旅客未当场核对票面信息,过后发现票面信息与有效证件信息不符的,可到车站铁路公安制证口处理。旅客也要认真核实票面身份信息,避免车票和有效身份证件信息不一致,而影响进站上车。

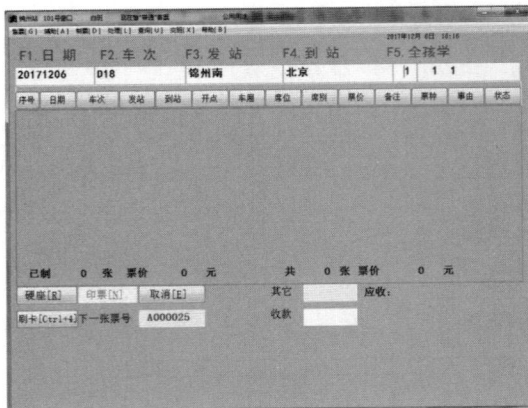

图 7-27 售普通车票界面

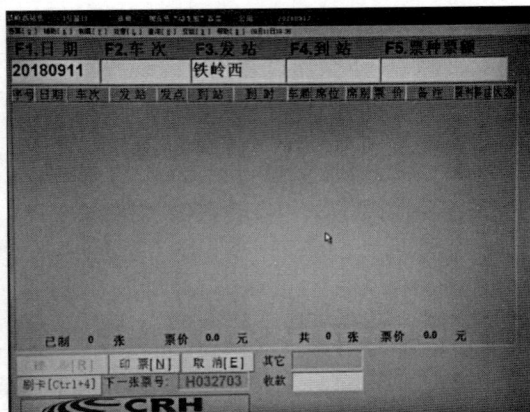

图 7-28 售动车组车票界面

使用其他有效证件有 25 种:临时身份证、户口簿、机动车驾驶证、军官证、武警警官证、士兵证、军队学员证、军队文职干部证、军队离退休干部证、军队职工证、退伍证、护照、港澳居民来往内地通行证、中华人民共和国来往港澳通行证、台湾居民来往内地通行证、内地居民来往台湾通行证、外国人居留证、外国人出入境证、外交官证、领事馆证、海员证、外交部开具的外国人身份证明、地方公安机关出入境管理部门开具的护照报失证明、铁路公安部门填发的乘坐旅客列车临时身份证明以及身高 1.5m 以上、16 岁以下未成年人的学生证。

需要运用"六字"售票法进行售票。

问:问清到站、日期、车次、座别、张数,告诉旅客是否停车。

输:输入日期、车次,发站、到站、票种、张数及旅客购票款。

收:收取票款,确认币面,清点确认真假钞,将票款放于桌面上。

做:再次与旅客确认购票信息,按制票键,打印车票。

核:核对票号上下是否一致、复核票面、张数及找零款。

交:将车票和找零款一起递交给旅客,同时唱报到站、张数、找零款。

3. 退票

(1)"五字"退票法。

看:看清票面是否有效。

输:用扫描仪进行认证,输入票号。

核:核对票面记载项目,确认应退票款。

盖:加盖"退"字戳记,收回已退车票。

交:将应退票款和报销凭证一并递交旅客,并进行复唱,按功能键恢复退票状态等待下一位旅客。

(2)退票作业流程,如图 7-29 所示。

（3）退票具体操作过程。

操作员开机后或在待机界面,登录退票程序后进入退票主界面,如图 7-30 所示检查退票窗口标题栏中的退票理由和票额返回的用途是否正确;条码票扫描条码,磁卡票读取磁记录信息,还原票面信息;核对票面信息;确认或取消退票,点击主菜单的"退出"离开退票界面。

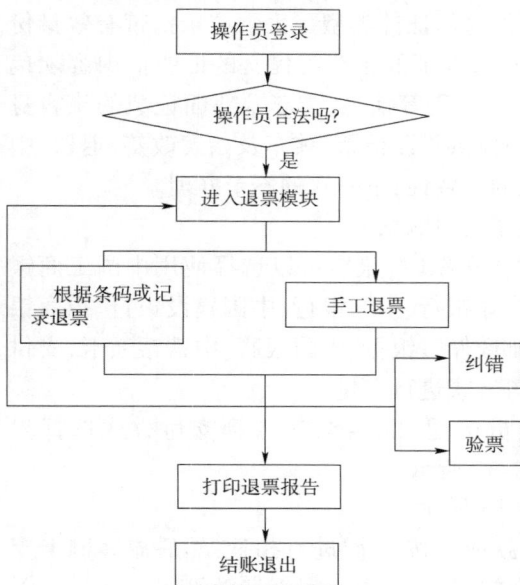

图 7-29　退票作业的流程

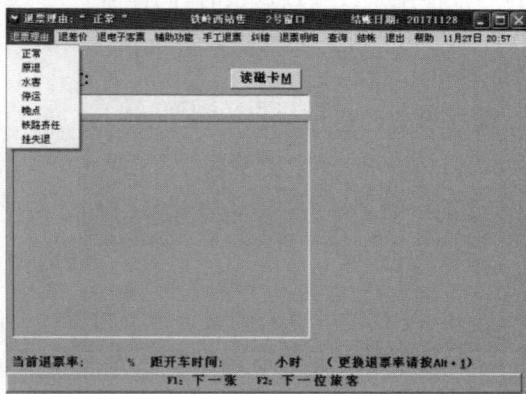

图 7-30　退票界面

（4）提高售票速度的措施。

对于电子售票,可采取下列措施提高售票速度:

①售票厅内设揭示牌,公布本站各次旅客列车到开时刻、主要换乘站时刻、全国主要站票价、全国铁路客运接算站示意图、旅客须知、儿童标高线、客运杂费收费标准、公告、余票信息等。

②旅客购票应针对不同服务对象,可设专用窗口售票。

③为准确地发售车票,提高售票速度,售票窗口应备有票价速算表、全国快车始发站名表、限制办理营业站站名表和由本站开出的各次快车停车站、慢车不停车站站名表等。

④为拓宽售票渠道,采取了电话订票、互联网售票、电子支付售票、支付宝购票等形式,完善售票手段,方便旅客购票,提高售票速度和服务质量。

（三）铁路实名制售票新方式

1. 自动售票机售票

使用自动售票机购买实名制车票时,仅受理二代居民身份证的购取票。自动售票机显示可以使用三种方式购票,自动售票机显示可以使用现金、银行卡、支付宝、微信、中铁银通卡等方式购票。在自动售票机下方的蓝色区域,上面写着"二代身份证"的中英文,如图 7-31 所示,是二代身份证识读仪,购买实名制车票先将身份证在此处刷一下,待机器识别

图 7-31　自动售票机的二代身份证识读仪实物图

237

后,再按自动售票流程进行购票。

需要注意的是:持一张有效身份证件在同一乘车日期和同一乘车站,只允许购买一张实名制车票,旅客可以持他人有效身份证件原件代购车票。买票后身份证件丢了,可以办理临时身份证明,然后进站乘车。团体票则由订票企业在确认受理计划阶段,通过订票网站逐一对应提交乘车员工的姓名、居民身份证件号码、居民身份证件类型。丢失或未携带有效身份证件的持票旅客,须凭临时身份证明验证进站。临时办证的旅客需提交的证明信内容须包括旅客的姓名、性别、出生年月、籍贯、有效身份证件号码等信息,与车票票面记载的旅客身份信息一致,并加盖证明单位公章。临时身份证明仅供验证检票、乘车及始发改签、退票、中转签证使用。改签或退票时,同样需要核实票、证的一致性,不一致的不予办理。

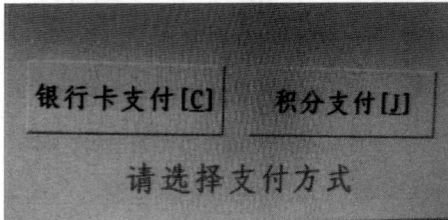

图 7-32　支付方式选择界面

2. 电子支付购票

在发售车票时,旅客可以选择使用中国工商银行、中国农业银行、中国银行、中国建设银行、招商银行、中国邮政储蓄银行、中国银联、中铁银通卡、支付宝、微信等方式进行支付。

售票员按键 Ctrl + 4,进入到支付方式选择界面,如图 7-32 所示。

(1)按 C 键可进入到银行卡支付界面,如图 7-33 所示。

①所有银行卡 POS 类型默认为工行,点击扣款或者按 K 键进行扣款,然后旅客刷卡支付,支付成功后 POS 机打印两份 POS 单据,一份交旅客,一份由旅客签字后留存。

②使用微信、支付宝进行电子支付时,在 POS 类型中选择微信或者支付宝,再点击扣款或者按 K 键,进入到支付环节;旅客使用微信和支付宝支付时均需要提供付款码,对准扫码器扫描扣款,支付成功后 POS 机打印两份 POS 单据,一份交旅客,一份由旅客签字后留存。

(2)按 J 键进入积分支付界面,读取身份信息后,再按 J 键,使用积分支付车票。需要注意的是,只有部分指定车次才能够使用积分支付车票。非积分支付车次是进不到积分支付界面的。

3. 电话订票

电话订票仅受理居民身份证、港澳居民来往内地通行证、台湾居民来往内地通行证、按规定可使用的有效护照四种证件。电话订票可以购买直达票,但学生票、残疾军人票等需减价优待凭证购票的除外,订票人通过电话订票系统预订车票时,根据系统语音提示输入乘车人的居民身份证号码(儿童票不实行实名制,购买儿童票无须输入证件号码);订票成功后,取票人须凭订单号和该乘车人居民身份证(证件号码须与订票时输入的一致)到取票窗口取票,每个取票人限取一个订单,售票员凭取票人提供的居民身份证制票及收款。

(1)电话订票流程,如图 7-34 所示。

普通列车订票和学生票订票都有两种方式:一种为按发到站订票;另一种为按车次订票。

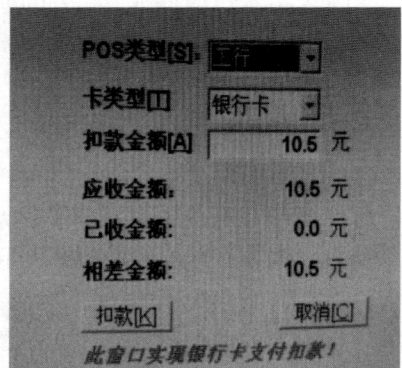

图 7-33　银行卡支付扣款界面

拨号	①	拨打订票电话区号+95105105			
选功能	②	按"1"预定车票	按"2"取消或查询订单	按"3"信息查询	
选择车票类型	③	按"1"订票须知	按"2"动车票	按"2"普通列车	按"6"学生票	按"7"不限车次
输资料	④	输入乘车站电话区号—输入验证码—输入乘车日期—输入到站电话区号—输入乘车时间范围			
选席别	⑤	选席别			

普通车
按"1"硬座 | 按"2"软座 | 按"3"硬卧 | 按"4"软卧

动车组
按"1"一等座 | 按"2"二等座 | 按"3"软卧

输资料	⑥	输入购票张数—输入小孩张数—选择车次—确认乘车信息—选择并输入证件号—确认证件号
订票成功	⑦	订票成功

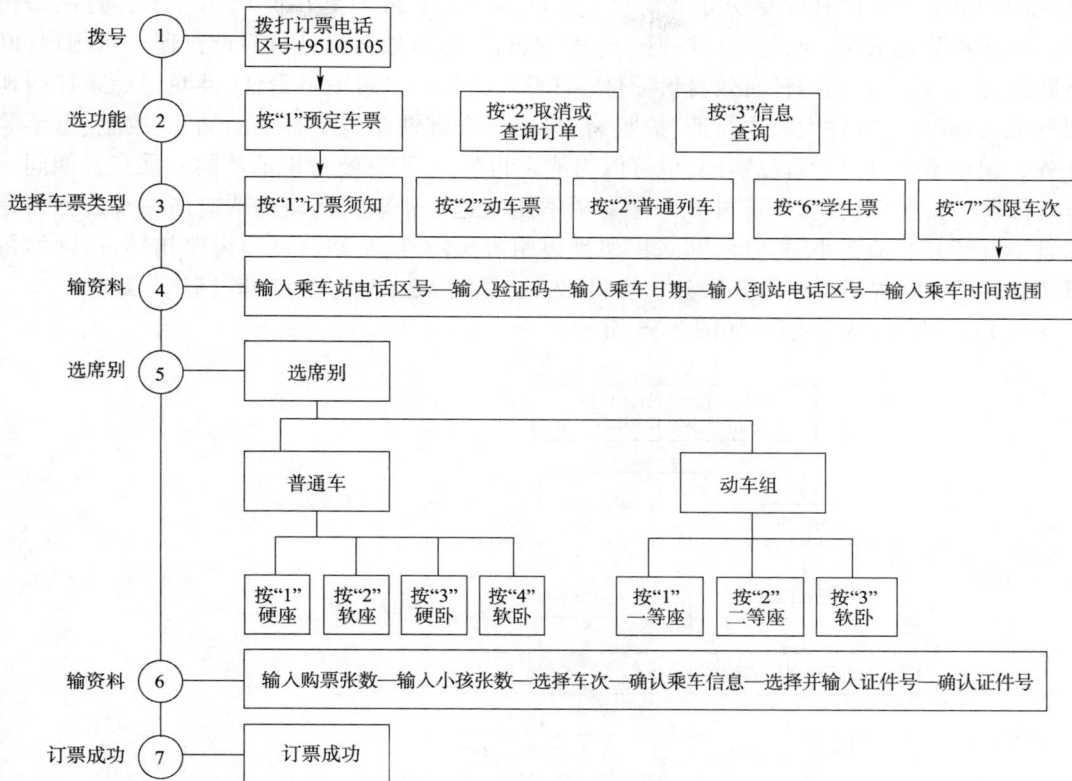

图 7-34 电话订票的流程

（2）电话订票取票方法

电话订票取票须凭有效身份证件、订单号,其操作方法有两种:

①读取二代身份证取票:通过热键"Alt + Y"或主菜单进入主界面→热键"Ctrl + W",切换至"取普通订票"→读取二代身份证(F7)→收款→印票(Alt + N)。

②输入流水号 + 证件号取票:通过热键"Alt + Y"或主菜单进入主界面→热键"Ctrl + W"切换至"取普通订票"→输入流水号(订单号)→输入证件号码→选择取票批次→印票(Alt + N)。

4. 手机购票

铁路 12306 手机订票客户端上线,成为购买车票最新的一种方式。在购票付款环节,除了工行、建行等几个银行和中国银联外,还有一个支付宝选项,用户选择后可以用余额、余额宝、快捷支付 3 种方式付款。支付宝付款成功一次后,12306 客户端可自动保存旅客的支付宝账户信息,以后不需要重复登录,直接在页面选择已保存的支付宝账户即可实现付款。除此之外,于 2017 年 11 月铁路 12306 又新增了微信支付功能,持有微信账户的旅客在 12306 网站及手机客户端购买车票时,可在支付页面选择"微信支付"按钮进入微信支付页面进行支付。

5. 互联网售票

互联网售票,就是通过网络工具——计算机,在网上购买和销售车票,属于一种网上购

物的方式。2011年6月12日京津城际铁路开始实行网络售票。旅客使用互联网购票时,应当准确提供乘车人的有效身份证件信息。2011年12月24日起所有列车开始实行网络售票。旅客需要在12306网站实名注册一个账户,且一张有效身份证件只能注册一个用户,网络购票时,凭乘车人的四种有效身份证件(中华人民共和国居民身份证、港澳居民来往内地通行证、台湾居民来往大陆通行证、护照)信息便可办理铁路电子客票的购买、改签、退票等业务。用户不仅可以为自己购票,也可以为他人购票,一张有效身份证件同一乘车日期同一车次限购一张车票(儿童票除外),一笔订单不能超过5张票。网络购票应当在车票预售期内且不晚于开车前2小时办理,网络售票预售期与代售点、车站窗口预售期相同,该网站每日7:00~23:00提供网络售票服务。使用12306手机APP规定与12306网站一致。

(1)互联网购票的流程,如图7-35所示。

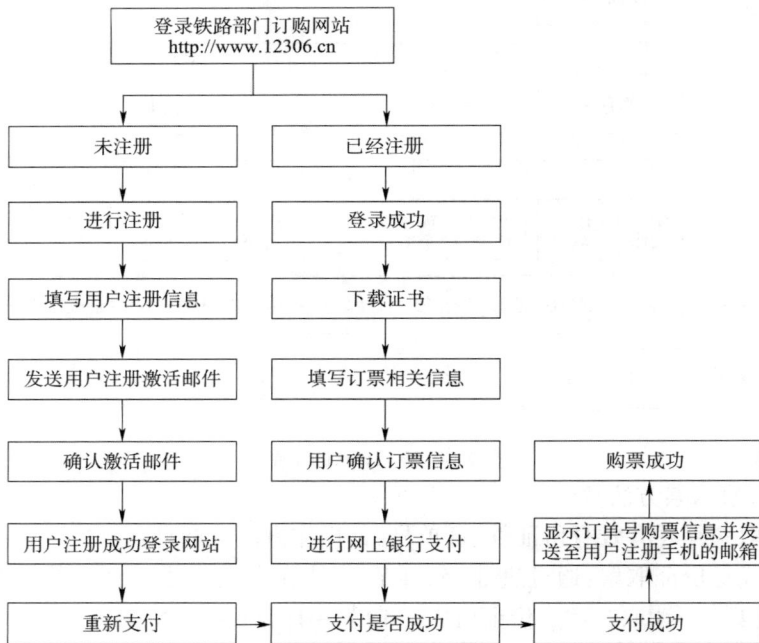

图7-35 互联网购票的流程

(2)互联网购票换票。

互联网购票换票凭有效身份证件原件和订单号。其操作方法有如下两种:

①读取二代身份证换票:通过热键"Alt + Y"或主菜单进入主界面→读取二代身份证(F7)→印票(Alt + N)。

②输入流水号 + 证件号换票:通过热键"Alt + Y"或主菜单进入主界面→输入流水号(订单号)→输入证件号码→选择取票批次→印票。

(3)互联网售票新功能。

①选座功能。系统支持C、D、G字头的动车组列车选座,此功能仅提供座位相对关系选择,如果剩余车票不能满足需求,系统将自动分配席位。如不选择座席关系,直接点击"确定",系统将自动分配席位。

②换乘接续功能。在没有符合出行需求的车票时,可使用接续换乘功能,查询途中换乘一次的部分列车余票情况。选定合适的车次后,点击"预订"系统将再次进行提示,选择对应车次所需席别及对应乘车人等信息后提交订单,后续按系统提示完成支付即可。

③购票通知及行程提醒服务。为了进一步丰富信息通知渠道,12306 网站将新增微信通知方式。选择微信通知后,购票、退票及改签等通知信息将通过"铁路 12306"微信公众号发送,列车运行调整和手机号码核验仍通过短信发送。如未关注"铁路 12306"微信公众号,仍可通过短信发送。可通过"账号安全"中的"通知设置"修改接收信息服务的方式。

④会员服务。年满 12 周岁的自然人可申请成为"铁路畅行"旅客会员,登录网站进入个人中心,点击成为会员即可加入,可以参加积分累积奖励活动。申请人信息必须由本人提供,信息须真实、准确。每名会员仅可拥有一个会员账户,以申请时所使用的有效身份证件为依据,不接受同一人重复申请,也不接受法人或其他非法人组织的申请。会员乘车或参与铁路活动可获得积分,积分可用于兑换铁路指定列车车票、铁路部门提供的其他服务或产品(具体以铁路公告为准)。

⑤提供列车途中订餐服务。通过 12306 网站、手机 APP 等方式预订餐食,不仅可以选餐车盒饭,也可以预订沿途社会品牌的餐食,使得 G、D 字头的动车组列车上餐饮品种大为丰富。高铁订餐的过程其实和平时订餐是一样的,类似日常点外卖的方式,只不过增加了一步添加高铁车次信息。

⑥车票快递服务。为进一步完善铁路客户服务中心网站(以下简称"网站")购票服务,铁路局与快递(物流)企业在网站试行开展车票快递服务;网站已注册用户(以下简称"客户")在网站购票时,可自愿选择车票快递服务。

⑦铁路候补购票服务。候补购票服务是指旅客通过 12306 网站和手机客户端购票,如遇所需车次、席别无票时,可自愿按日期、车次、席别因退票、改签等业务产生可供发售的车票时,系统自动兑现车票,并将购票结果通知购票人,购票优先级和成功率都领先于抢票软件。

(四)铁路乘意险

铁路旅客人身意外伤害保险简称"铁路乘意险"。它是指由中国铁路财产保险自保有限公司经中国银保监会核准经营的,保障旅客在保险期间内持有效乘车凭证合法乘坐境内列车遭受意外伤害致使旅客本人身故、伤残或治疗的,铁路保险公司按照约定给付保险金的一种保险产品。铁路乘意险自愿投保,每张车票限定购买一份指定行车乘意险。投保时应准确提供被保险人(乘车人)的有效身份证件信息。有效身份证件有中华人民共和国二代居民身份证、港澳居民来往内地通行证、台湾居民来往身份证、按规定可使用的有效护照等。保险服务具有如下特点:

1. 购买渠道多

铁路乘意险可通过中国铁路客户服务中心(www.12306.cn)、铁路售票窗口等渠道购买。

2. 购买费用少

铁路乘意险只需花 3 元钱(未成年人花 1 元),即可获得保险期间内的人身意外保险保障。

3. 保障额度高

成年人最高保障 30 万元意外身故、伤残保险金和 3 万元意外医疗费用,未成年人最高保障 10 万元意外身故、伤残保险金和 1 万元意外医疗费用。

4. 保障范围广

铁路乘意险将保险责任扩展到旅客自持有效乘车凭证实名制验证或检票进站时起,至旅客到达所持乘车凭证载明的到站检票出站时止,即由"车上"扩展到"车上和站内"。

5. 网站优惠大

在中国铁路客户服务中心(www.12306.cn)购买铁路乘意险的成人父母,其免费携带的一名身高不足 1.2m 且不满 10 周岁的乘车子女(经二代身份证核验)可免费领取一份铁路乘意险。

6. 出险报案便利

发生保险事故后,可直接向现场铁路客运工作人员报案,提供便利的解决渠道。

(五)交接班工作

1. 手工售票的交班工作

售票员交班时,清点封缴售票进款,核对售票箱中未售起号(本班止号),填写"售出车票登记表",见表 7-2 所示。整理代用票、区段票存根,然后进行结账;清点备品,查对有关文电、命令等,与接班售票员办理签字交接。

售出客票记录表

第　页　　　　年　月　日　　　　(二号表)(财收1之④)　表 7-2

未售第一张	合计张数	其中				应缴票价	记事
		作废张数	售出张数				
			全价	儿童	半价		

售票员_____

"售出车票登记表"是售票员交接班和统计当日(班)售出各种车票张数、核对票款的依据。由当班售票员按售票箱票档的顺序将本班发售车票的止号抄在未售第一张栏内,交班时接班售票员核对此号,值班后再与本班下班时的止号相减计算当日(班)发售张数和票款。

对发售的代用票、区段票,交班时应填写票据整理报告(见表 7-3)。同时,对退票的车票应填写退票报告(见表 7-4),经车站总账整理,编制收支进款报告,报铁路局收入部门。如发生赔溢款按有关规定处理。

代用票、区段票整理报告   表 7-3

中国国家铁路集团有限公司   财收—4

_____局   (   )票据整理报告

_____车站   年 月 日

票据名称	票 号			张数	其中作废	货物实重	金 额	附注
	符号	起号	止号					
合计								

进款项目

顺号	项目	金额	顺号	项目	金额
1	旅客票价		10	行包搬运费	
2	卧铺订票费		11		
3	车站候车室空调费		12		
4	客票系统发展金		13		
5	包车停留费		14		
6	行李运费		15		
7	包裹运费		16		
8	行包保价费		17		
9	行包装卸费		18	合计	

站长   经办人

退 票 报 告   表 7-4

中国国家铁路集团有限公司   财收—2

_____局

_____车站   退票报告

售票处   窗口   结账日期   班次   售票员

序号	退票时间	原客票									人数	总票价	应退票价	退票费	净退款	退票理由	过点退票标志	退款标志	备注
		票符	票号	日期	车次	发站	到站	售票日期	售票车站	售票处	售票窗口								
页计：																			

总计	应退票价	核收退票费	其中			净退款	其中			随缴附件		电子客票		
			现金	储值卡	银行卡		现金	储值卡	银行卡	原客票(张)	客运记录(份)	张数	储值卡	银行卡

2.电子售票的交班工作

(1)交班售票员应确认、登记软票未售起号及窗口票卷、碳带实存数量。

(2)清点票款,留足备用金。

(3)输入封款金额,退出售票系统,关闭窗口机电源,拔出 USBkey;整理登记作废软票,按规定手续交款;对电子售票设备进行维护保养,整理工具、备品等。

(4)接班售票员确认软票未售起号,认真登记;结清窗口备用碳带和票卷数量,清点备用金;检查电子售票设备、资料及工具、备品,签字交接。

(六)电子售票统计工作

车站电子售票统计工作,由后台微机操作人员进行统计。

统计流程:售票员窗口日结账(退票窗口日结账)→班财收汇总→售票员始发改签日处理→退票窗口退票报告→废票统计→出站口到补二号票→财收—4(日、旬、月)→财收—4(日、旬、月)。

(七)车票的请领和保管

客运站的各种车票、票据应有一定的储备量。电子客票应有 2~4 个月储备量,填报"票据请领单"由车站票据库统一请领、保管和发放。

1.票据的请领

请领车票必须根据年度客流动态及节假日客流情况,结合全年运量确定全年用量。填写票据请领单,见表7-5所示,向铁路局收入部门请领车票。车票请领按季度办理,各站在 3、6、9、12 月的 1~15 日提报客票及票据请领单。

票 据 请 领 单　　　　　　　　　　　　　　表 7-5

中国国家铁路集团有限公司　　　　　　　　　　　　　　财收—12

_____局　　　　　　　　　　客货票据请领单

_____站(段)(盖章)　　　　　年　月　日　站编号____局编号____

票据名称	窗口	单位	请领时库存	每月平均使用量	请领数量	实 发				记事
						符号	起号	止号	数量	

上列票据已于　月　日寄出;于　月　日收到。

发票单位_____　站、段长____㊞　经办人____㊞

请领单均一式四联,甲联蓝色印刷,乙联红色印刷,丙联绿色印刷,丁联黑色印刷。甲联请领单留存,乙、丙、丁三联寄送铁路局收入部门,经审批后,乙联由铁路局收入部门登记在"收发领单备查簿"上后退回印刷厂留存,丙联由印刷厂随同印好的车票直接寄给请领单位。

请领单位收到印刷厂寄来的车票后,应按丙联所列车票号码、数量进行清点,并在收到后30d内全部点完,将请领单丙联加盖公章及点收人名章,注明收到及点完日期,寄回铁路局收入部门。同时将收、点完、寄回日期填注在甲联上以备核查。

在点收中如发现数量不符或印刷错误时,应将实际收到的车票符号、号码、数量和差错情况做成记录,加盖单位和点收人名章,连同原捆车票及请领单丙联一并寄回铁路局收入部门处理。

2. 车票的保管

车票为有价证券,必须妥善保管。铁路局、车站、客运段须设有票据库,由专人负责建账保管。售票室、票据库要有安全、消防、报警设施,严禁闲杂人员出入。票据管理人员变动时,要认真交接;发生票账不符,应查清后移交人方可离职。

车站售票处的窗口,要备足一日发售的各类车票,不足时售票员应按规定填写票据领发单一式两份,见表7-6所示,向票据库请领。票据库按窗口票据领发单配发。配发的车票要进行清点,核对无误后盖章签收,妥善保管。

班组领导人领到客票票据后,必须当时按规定逐张检查清点,经点收无误后,由领票人签章后1份留存,按月装订成册妥善保管;1份交管票人作为发出客票票据的依据。

票据领发单　　　　　　　　　　表7-6

中国国家铁路集团有限公司　　　　　　　　　　财收—12—1
　　　　　　　局

客货票据领发单

_____车站(段)　　年　月　日　　　　　　编号_____

营业窗口	票据名称	符　号	起　号	止　号	实发数量	记　事	领票人签收

管账人员_____　　管库人员_____

(八)售票室日常工作管理

(1)严格按国铁集团规定票额分配计划售票,遇特殊情况经上级部门同意需增加票额时,售票室还必须向客运室通报,以便加强组织。

(2)售票室要根据客流情况及时加开窗口,减少旅客的排队时间。

(3)发售一张车票不超过2min,废票立即处理,加盖戳记,入柜保管。废票率不超过售

票张数3‰。填写票据、报表规范、清晰,内容准确,字迹工整,不使用错字、不规范的简化字,代用票剪断线不错剪,按规定加盖站名戳和名章。

(4)对团体旅客票额要提前预证,并将客流变化情况及时向上级部门汇报,以便及时调整票额。

(5)经常深入各大院校、疗养院走访,组织团体客流努力增收。

四、行包运送工作组织

客运站的行包运输工作分为发送作业、到达作业、中转作业和服务工作。

(一)行包发送作业

行包发送作业包括承运→保管→装车作业,一环紧扣一环,不可分割,否则将影响行包运输的输送速度和质量。

1.承运

承运是铁路承担运输责任的开始,行包的品名、包装、标签和票据必须符合规定要求。承运过程如下:

(1)旅客将托运物品交过磅处,提出有效客票或行包托运单。

(2)装卸员检查包装、物品及检斤并将到站、件数、包装及重量报告行李员。

(3)行李员填写行李票(包裹票),确认磅码,核算运价并加盖戳记,将行李票交收款行李员。

(4)收款行李员核检行李票面事项,复检运价,向旅客收款并将票据交旅客。

(5)装卸员检斤后,将票签挂在物品两端,核对行包运送报单与物品的到站、票号、件数,最后将票、货送仓库保管。

2.保管

承运以后,将行李按方向、区段、到站或车次运至发送仓库货位。仓库保管应建立责任制,货票对照的班组交接制度,防止丢失及混乱,应特别注意防火、防湿、防盗、防爆,保证行包的安全。

3.装车

车站对行包装运数量应于前一日上报铁路局客调,由客调平衡后,再按车次编制下达客运站和区段的行包装运计划,各站按装运计划及列车预报组织装车。

车站在装车前应根据行包运输报单按到站顺序、票据号码、件数、重量编制装车清单,清点货签及件数后,将行包运至站台待装,然后填写"行包装卸交接单"(见表7-7)。装车时,应注意防止误装误卸、货票分离、标签脱落、包装破损、物品损坏等现象。

(二)行包到达作业

行包到达作业包括卸车→保管→交付作业。

1.卸车

行李员于列车到达前应了解行李预报情况,组织劳动力至车站站台。列车到达后,检查清点运输报单总数与交接证相符后,按票卸车。

2.保管

行包入库后,业务量小的车站可按仓库具体情况堆放。业务量大的车站可采用不同形式堆放。

行李、包裹装卸交接单　　　　　　　　　表 7-7

年　　月　　日

自_____站　　　　　　自_____次列车

交第_____列车　　　　交第_____站

站行李员_____　　　　列车行李员_____

发　站	到　站	行或包	票据号码	件　数	重　量	记　事
⋮						
预报事项			合计			

以上件数收讫_____㊞　　　　　　　　　　190×130（420）

（列车行李员或车站行李员）

（1）按线分区。按铁路线别划分上行线区、下行线区，并分别以票据尾号再划分货位。

（2）按件分区。按运输报单尾号为标准，再按尾号分为一件区、二件区、三件区……十件区。十一件以上为多件区，适用于面积较大的仓库。

（3）按运输报单尾号分区。按运输报单尾号划分货位，不分级别、件数及到达日期。

（4）按到达日期分区。按行包到达日期，划分当日区、次日区等。行包运至仓库后，按运输报单填写行包到达登记簿，注明堆放货位，交值班行李员。交付是行包运输的结束，应建立交付制度，防止交付错误。办理交付的行李员应按票核对行包的货签、号码、发到站、姓名、品名、件数；相符后加盖交付戳记，并将行包交付旅客及收货人。

（三）行包中转作业

中转作业是指行包在中转站卸下后，装入另外的旅客列车行李车继续运送的作业。中转站应根据站、车预报做好快速中转工作，使中转行包随最近列车装运，不得积压。当行包运量突增时，可以组织扩大列车编组和整车直通运输，减少行包中转次数及中转站的负担。

（四）行包房的服务工作

1. 行李、包裹的接取和送达

车站应以"人民铁路为人民"为宗旨，全面开展文明服务，礼貌待客，并扩大服务项目，办理行李、包裹的接取送达业务，做到"接货上门、送货到家"。这样，可使旅客和收货人节省办理托运或领取手续的时间，免除自找运输工具的麻烦，同时也为铁路实行计划运输提供了有利条件，减少行包房的拥挤，提高了行包仓库的使用效率。

行李、包裹的接取和送达,是根据旅客或托运人、收货人的委托来办理的。车站接到旅客或托运人、收货人的委托后,即行组织接取或送达,但行包托运人凭接取证亲自到站办理。送达时应收回行包票,另行填发行李、包裹送达票,交旅客或收货人作为送达后领取的凭证,并按规定核收手续费和搬运费。

办理接取、送达所使用的交通工具,有的车站自行配备,有的则由车站和市内运输部门采取联合运输的方式办理。搬运费根据规定的标准核收。

2. 包装服务

为确保行包在运输过程中的安全、完整,方便旅客和托运人,行李房应设立包装组,为旅客或托运人托运行包进行包装服务,真正做到方便旅客托运。

五、高速铁路客运售票系统

售票系统的结构,如图 7-36 所示;信息处理流程,如图 7-37 所示。

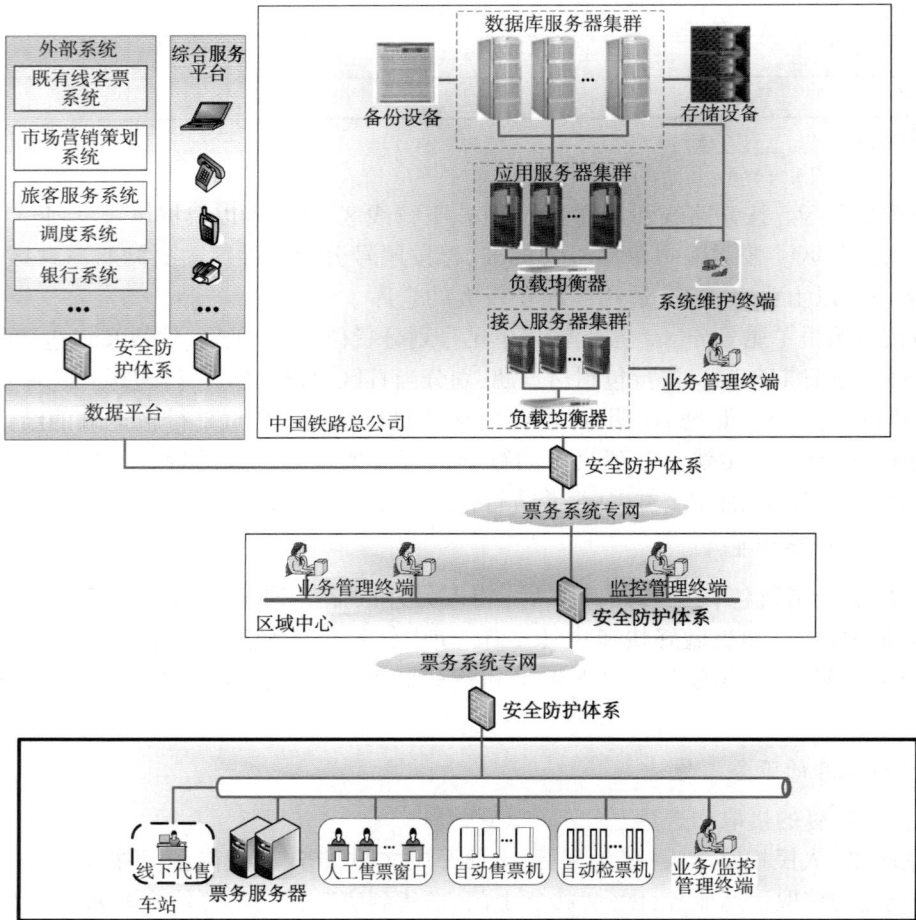

图 7-36 售票系统的结构

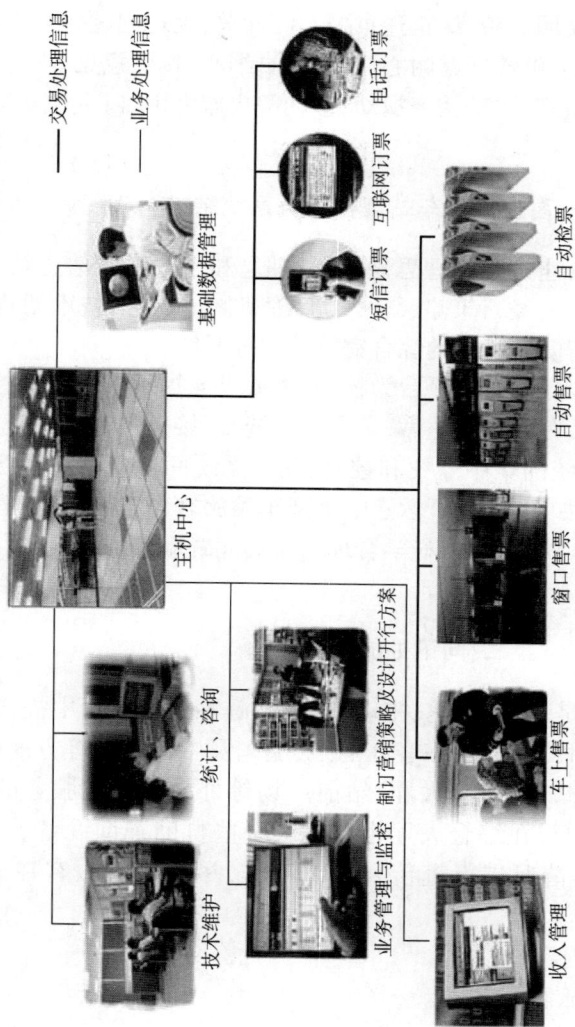

图 7-37 售票系统信息处理的流程

单元四　客运站旅客服务工作组织

旅客服务工作要树立"全心全意为人民服务"的思想,坚持"全面服务、重点照顾"的原则。要坚持"人民铁路为人民"的宗旨,做到"三要""四心""五主动"的优质服务,对重点旅客要做到"三知三有"(知座席、知到站、知困难,有登记、有服务、有交接),重点服务,使人民放心,使人民满意。

"三要"是指对待旅客要文明礼貌,纠正违章要态度和蔼,处理问题要实事求是。

"四心"是指接待旅客热心,解答问题耐心,工作认真细心,接受意见虚心。

"五主动"是指主动迎送旅客,主动扶老携幼,主动解决旅客困难,主动介绍旅行常识,主动征求旅客意见。

一、高速铁路车站旅客服务系统结构

客运服务系统是在现代高速铁路管理思想、服务理念和当今最新信息技术系统的基础上,按照统一的服务标准、统一的经营策略、统一的管理机制、统一的技术架构,建立的信息高度共享、资源高效利用、运行安全可靠的综合完整的服务系统。

大型车站旅客服务系统以集成管理平台为核心,集成导向揭示、广播、监控、时钟、投诉、查询、求助、站台票发售、无线、呼叫中心座席、寄存子系统,连接火灾报警和楼宇自控等外部系统,实现对本站旅客服务系统的集中监视和控制,完成系统间信息共享和功能联动,紧急情况下接受区域中心代管等,如图7-38所示。中小型车站旅客服务系统根据线路情况由区域中心集中管控或者由邻近大站代管,以科学合理的布局配置服务终端设备,为旅客提供导向、投诉、查询、人工服务等各种服务。

二、问讯处的服务工作

车站问讯处的基本任务是正确、迅速、主动、热情地解答旅客旅行中提出的有关购票、乘降、中转、集散等方面的各种问题,使旅客在购票、上车及中转换乘等方面得到便利。问讯处应设在旅客集中的进出站口、综合大厅、站前广场等处。为加强服务的亲和力,一般应以人工服务为主的形式进行,在综合大厅也可设置一些自助查询设备。人工问讯服务应根据客流动态及车站具体情况进行宣传和组织工作,尽可能使旅客在旅行中不发生错误。

1.问讯处服务工作作业内容

(1)面向旅客,热情接待旅客问讯;

(2)接听电话,解答旅客问讯;

(3)定时与广播、售票、计划、客运值班室联系,掌握列车运行、客运计划、售票组织、旅客乘降和车票票价等有关情况;

(4)及时更新自动查询系统有关信息;

(5)规章文电齐全,修改及时。

2.作业质量标准

(1)有问即答,答必正确,对答有礼,态度和蔼,做到"不怠慢,不粗鲁、不急躁、不厌烦",

不说"大概、可能、也许、好像、差不多、自己看"等语言。

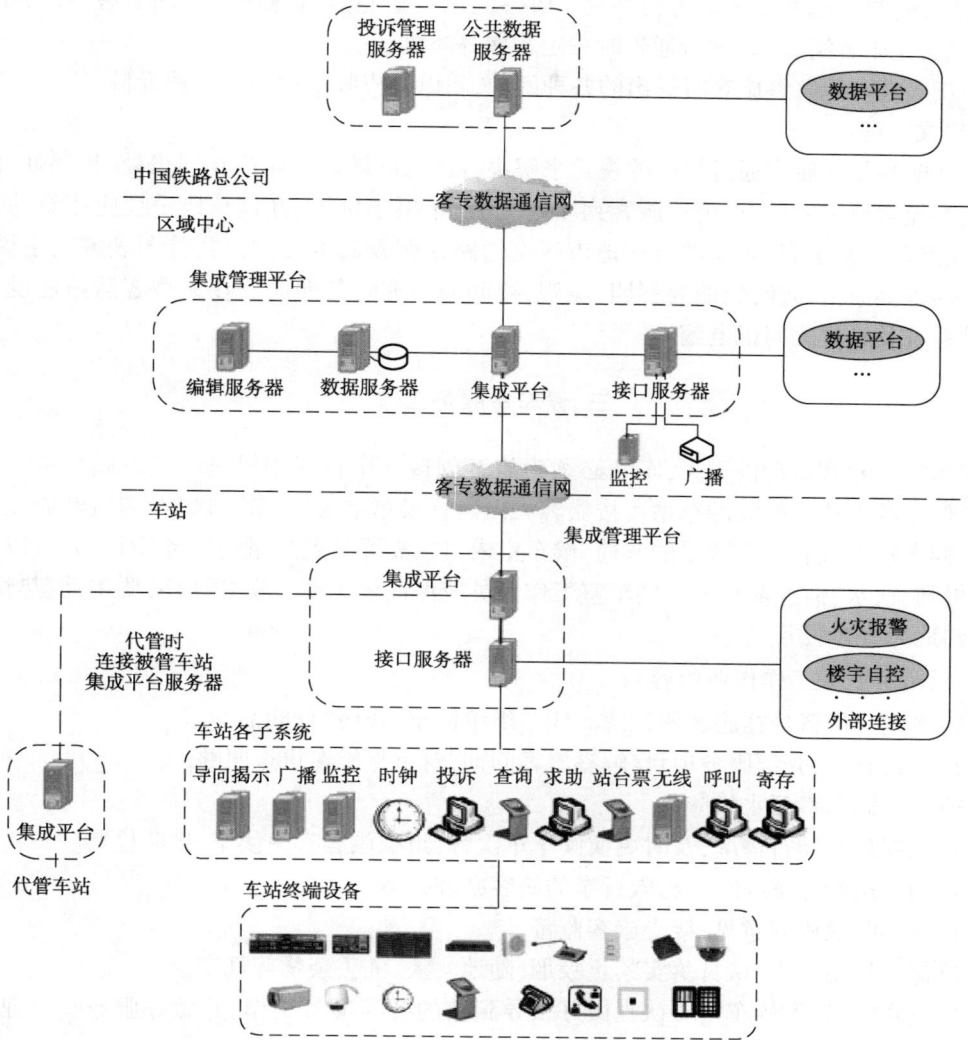

图 7-38 车站旅客服务系统结构示意图

(2)接听电话及时,铃响不得超过三声。

(3)业务资料完整、齐全、整洁,修改及时正确;分册装订,定位摆放,有编号、有目录,方便查阅。

3. 解答旅客问讯的方法

(1)口头解答

通过问讯处的直接口头、电话、广播解答,口头通告回答旅客的问题。在大的客运站还设有电视问询设备。

口头解答有很大的灵活性,它可针对当时的实际情况随时解决问题,效果较好。在列车到、发前后或列车晚点、满员时旅客问讯较多,问事处可用广播来解答旅客中带有普遍性的问题,使有同类问题的旅客都得到答复。解答问讯要耐心热情,做到"有问必答,答必正确,百问不烦,让旅客满意"。进行通告时一定掌握好时机。

为正确及时地解答旅客所提出的各种问题,问讯处应收集和积累各种资料。

(2)文字解答

文字解答是让旅客通过自己的视觉来解决自己的问题。车站应在问讯处、售票处、候车室等旅客经常逗留的地方,公示旅客列车时刻表、车票票价表、办理车票手续应注意的事项说明、铁路营业站示意图、车站所在地市区交通路线图及其他临时公告等图表或文字说明。图表的内容要通俗易懂,版面要鲜明、美观,夜间应有充足的照明。在大型客运站还设有电脑示导系统及触摸式问讯电脑。

三、候车室服务工作

候车室的旅客流动性很大,车站必须为旅客创造一个良好的候车环境。候车室一般实行凭票候车的方法。较大的车站可按旅客去向设置候车室或按车次、席别、客流性质设置候车室。候车室应设有一定数量的座椅,候车室内可按需要设置少量的服务项目,如可以提供电视、报刊、饮水、信息发布等。候车室工作人员应保证候车室有良好秩序,要主动、热情、诚恳、周到地为旅客服务。

1.候车室服务工作作业内容

(1)在规定位置悬挂旅客留言簿。凭票组织候车,查堵"危险品"。

(2)走访旅客,介绍服务项目,解答旅客问询,对重点旅客重点照顾。

(3)保证候车室开水供应。

(4)根据列车运行情况,及时更换候车车次牌,组织旅客有序候车、排队检票。

(5)动员携带超重、超大、超限行李的旅客办理托运。

(6)虚心听取旅客意见,接受旅客监督。

(7)保持环境卫生,认真落实禁止吸烟、随地吐痰、乱丢杂物等规定。

(8)贵宾室、软席候车室要认真做好领导到前的各项准备工作,并做好服务。合理安排使用房间。

(9)对持软席票旅客要问明情况,检验车票,认真进行登记,同时主动做好服务,引导上车。

2.作业质量标准

(1)使用普通话,热情为旅客服务。做到"四勤",即勤宣传、勤访问、勤整理、勤观察。

(2)全面服务,做到"三要、四心、五主动",对重点旅客做到"三知三有"。

(3)候车室无闲杂人员,整洁卫生,禁烟落实,备品定位,候车车次更换及时。

(4)开水卫生,供应充足,桶(器)加锁。积极开展送水到座位活动。

(5)实行首诉负责制,虚心接受旅客意见,准确解答旅客问询。

252

（6）涉外服务,热情友好,不卑不亢,遇到问题,请示报告,尊重外宾的风俗习惯和宗教信仰。

（7）执行安全保密制度,不该说的话不说,不该知道的事不问,保守机密。

（8）文明礼貌地做好领导、外宾、旅客服务工作,防止无关人员进入软席候车室(贵宾室)。

（9）台账资料齐全。

四、旅客乘降工作

旅客乘降工作组织的主要内容包括:正确引导旅客上下车和站台候车组织等。

（一）引导旅客上下车

正确引导旅客主要依靠自动化的旅客导向指示设备。导向指示设备主要应从站外、站内、车上及网上四个方面为旅客进行信息服务,以便乘客能清楚地了解各次列车的发到时间、始发站/经停站/终到站、列车编组、客票发售、列车运行等列车运行信息。旅客导向指示设备应广泛设在各个进出站口、综合大厅、售票厅、地上地下电梯处,各种固定引导标记和电子显示应十分醒目、清晰。每个进站、出站闸口,要设置摄像机,密切监视旅客的情况,一旦发现特殊情况,工作人员能立即出动,快速处置。

站台上通过设备以不同的颜色标区分不同线路的列车,以鲜艳的颜色标出候车安全线,在站台地面上设置明显的各种车型门位标记,设置排队标志等,引导旅客排队上车。在车站的地点处所、旅客的行进路线均应设置固定导向标示(图7-39),车站站前广场进站口前、站台上应设置动态导向标示(图7-40)。

图7-39　固定导向标实物图

图 7-40　车站动态导向标实物图

(二)检票服务

为维护站车秩序,保证旅客安全,防止旅客乘错车,车站对进站人员持有的车票要检验和加剪。

1. 检票服务作业内容

(1)显示检票车次、车厢序号指引电子牌(图 7-41)。

图 7-41　车厢序号指引电子牌效果图

(2)进行检票通告,通报检票车次、开车时间、列车停靠站台及列车途经站。

(3)组织旅客排队检票进站,在站台排队等候上车。

(4)检票做到"一确认、二下剪"。

(5)按车站规定停止检票时间,显示停检标识及停检作业。

(6)车开后及时清扫检票口卫生。

2. 检票作业质量标准

(1)按规定时间检票,始发车提前 40min,中间站提前 20min 开始检票,做到不晚剪、不早停。

(2)检票应做到先重点(老、弱、病、残、孕、带婴儿的旅客)、后团体、再一般。代用票、软纸票在右上方空白处加剪,定期票、卧铺票不加剪。

(3)杜绝无票人员(车站同意上车补票的除外)及闲杂人员进站,做到"六不放""两消灭",即携带危险品不放,携带品超重不放,携带品超限不放,减价不符不放,儿童单独旅行不放(经铁路认可除外),精神病患者无人护送不放;消灭误检、漏检。

（4）卫生符合标准。

（三）站台服务

1.站台服务作业内容

做好接送列车、旅客宣传、乘降组织、清理站台等工作，文明礼貌地为旅客服务。

（1）按列车预告上岗，检查站台有无障碍物，清理闲杂人员。

（2）显示列车停靠站台、开车时刻、车厢方向等有关信息（图7-42）。

图7-42 站台电子显示屏效果图

（3）候车室放行旅客后，引导旅客安全通过天桥、地道，组织旅客站在站台安全线内排队等候上车，及时正确引导旅客按票面标明的车厢乘车。

（4）做好安全宣传，随时注意旅客动态，防止旅客钻车、爬车及横越股道；加强站台的巡视、检查，重点检查站台、股道内是否有障碍物和闲杂人员，是否有物品侵线，电梯、软隔离带、站台面及栏杆有无损坏。

（5）加强宣传，利用电子设备引导下车旅客安全通过出站通道出站，防止旅客对流。

（6）列车开车铃响后，及时清理侵入安全白线的送行人员和其他人员，防止人员伤亡。列车出站后，及时清洁站台卫生。

2.作业质量标准

（1）上岗及时，站内无闲杂人员，秩序良好。

（2）列车信息显示及时、正确。

（3）重点旅客做到送上车，送出站。

（4）迎送列车做到姿势端正，间距适当，足踏白线，目迎目送，以列车进入站台开始至开出站台为止。

（5）旅客乘降秩序好，天桥、地道不对流，达到"四无"（无旅客伤亡事故、无责任晚点、无旅客漏乘误乘、无旅客跨越股道钻爬车底）。

（6）卫生达到"站台无纸屑、无烟头，股道内无垃圾"，符合国铁集团有关卫生标准。

站台客运员应坚守检票口、天桥口、地道口及进站通路交叉地点，按最短、交叉最少的进出站流线组织旅客进出站、上下车。随时做到扶老携幼，组织中转换乘的旅客在适当地点候车、换乘，保证乘降工作安全、迅速、不乱、不错。

（四）出站口服务

1.出站口服务作业内容

（1）根据列车运行情况，对外公布列车正晚点信息。

（2）按列车预告上岗，做好收票、验票准备工作。

(3)组织出站旅客排队,认真查验车票,收回终到车票,及时投入废票箱。需报销的车票撕角后交旅客。

(4)查堵无票、车票不符及携带品超重的旅客,补收票款、运费。

(5)及时修改有关业务资料。

2.作业质量标准

(1)做好宣传,组织旅客排队出站,做到秩序井然,不挤不乱。

(2)纠正违章做到实事求是,态度和蔼,耐心宣传,文明执行规章制度,不搜身、扣压物品。

(3)检斤准确,计费准确,票据填制规范,加盖规定名章,不误收漏收、乱补乱罚。

(4)消灭误撕车票。

(5)废票箱按规定加锁,定时缴毁废票。

(6)业务资料修改正确、及时。

五、广播宣传工作

广播系统可与旅客进行最直接的交流,实施实时的公告。它包括广播铁路时刻表信息、列车运行时刻、票务、站内设施说明、旅客乘车、广播紧急公告、广播背景音乐、安全提示及旅行相关信息等。广播信息要统一、易懂、完整、简洁、准确。客运站的广播对客运工作人员起着指挥生产的作用,对旅客起着向导作用。通过广播,可将车站的接发车准备、检票、清扫及整顿秩序等工作及时传达给工作人员,以便按照统一的作业过程,有条不紊地完成各项工作。通过广播,将列车的到达、出发时刻及其他有关事项通知候车室、广场和站台上的旅客,以便组织旅客及时进出站和上下车。

1.广播宣传工作作业内容

(1)掌握广播设备性能,认真执行操作过程。

(2)介绍服务班组,服务处所及服务项目。

(3)与运转部门联系列车正晚点、车体到站、股道运用情况。

(4)进行列车预告,通知各岗位做好接车准备。

(5)配合服务作业,根据广播计划,宣传安全、卫生、旅行常识,旅客须知等有关事项。

(6)做好候车服务、检票作业、站台接送车、出站验票的宣传组织工作。

(7)列车晚点及时通告,晚点30min应播放致歉词。

2.作业质量标准

(1)二等以上车站采用语音自动合成系统播音。

(2)广播应有针对性、计划性、艺术性、思想性,常播内容录音化。

(3)播音时,使用普通话,有条件的车站同时使用外语和方言。

(4)用语规范,内容准确,播音清晰,音量适宜,时间适当。

(5)不漏播、不晚播、不错播,不得擅自播放未经审核的内容。

(6)消灭责任机械损坏事故。

六、旅客物品寄存处工作

寄存处是为旅客临时保管随身携带品的场所。做好寄存工作能给上车前、下车后的旅客创造便利条件。寄存物品体积小，重量轻，存取时间集中、紧迫。为安全、正确、迅速地做好寄存工作，应设置带格的物架，对寄存物品实行分区、分堆、分线保管。寄存可分别采用自动化设备(密码箱等)与人工服务的方式，方便旅客选择。

对笨重的大件或集体旅客寄存的大批物品可堆放一起分堆保管，易碎品应固定货位存放。在大的客运站现已采用电子技术控制的双控编码锁小件寄存柜，旅客可自己选定号码开柜，既安全又方便，为车站服务人员的管理工作创造了良好条件。

1. 小件寄存处作业内容

(1)按规定公布收费标准和寄存须知。

(2)严格执行查危工作，防止夹带危险品及国家禁止运输的物品。

(3)按规定填写暂存票，注明品名、包装、日期、件数等。

(4)根据寄存日期、重量，核收暂存费；在暂存票上加盖"交付讫"戳记后，将行李交旅客。

2. 作业质量标准

(1)收费标准有批准执行文号。

(2)暂存物品包装良好、顺号摆放整齐，以便查找，票据填写认真准确。

(3)无闲杂人员入内，自找自取，暂存品中无禁止暂存的物品。

(4)认真办理领取手续，无误交付。

(5)逾期未取的物品按无法交付物品办理。

七、其他服务工作

1. 环境美化

客运站是旅客聚集的地点，做好车站的清洁卫生、站容整顿和绿化工作，既可美化站容、净化空气，又为旅客旅行提供良好的环境。

(1)车站站容要求达到庄重整洁，美观大方，设备齐全，标志明显，搞好绿化。栽种树木以常青树为宜，并采取乔木和灌木、花树和花卉相结合的绿化方法，有规划地绿化车站。合理安排站前广场上各种车辆的停靠位置和走行通道，统一布置大型宣传广告和标语。

(2)车站卫生要求达到窗明地净，四壁无尘，内外清洁，消灭四害。为此，要保持车站的卫生，必须建立日常清扫与定期突击相结合的管理制度，按班组划分清洁区，分片包干和专人负责相结合，执行检查评比制度并定期公布。

2. 文化生活

大站设置的旅客文化生活服务设施有：

(1)书报阅览室。设置在候车室或广厅内。室内布置整洁、明亮，备有足够数量的桌椅、书报、杂志并按期及时调换，旅客可借用报刊和文娱用品。

（2）电视厅、电影院。在较大的客运站上设有电视厅、电影院，放映时间应根据车次、客流情况而定。

（3）餐厅、茶室。为满足旅客在饮食方面的需要应设置餐厅，条件许可的，可增设茶室。在候车室内，应经常保持足够的供旅客饮用的开水。茶杯应消毒。

（4）售货部。候车室内应设有小卖部，在大型客运站还可开设商场，供应旅客在旅行生活中所需的商品，从而使车站转变为多功能的服务场所。

3. 应急处理

此项工作在高速铁路客运服务工作中不能忽视，在发生旅客拥堵、突发疾病、服务纠纷、特殊群体事件、自然灾害、发生刑事犯罪案件等问题时，必须尽快化解。应急反应工作的重点一是要制订预案，对各种情况处理做到心中有数或有章可循；二是要明确各部门的岗位责任。为了保证旅客安全，能及时处理站内突发的紧急事件，维护站内良好的秩序，车站应配备应急求助设备，包括应急电话、应急售票窗、医药箱、应急中心、求助电话、信息终端、失物招领处、求助台、服务台等。

八、客运自动化系统使用与管理

客运自动化系统包括到发通告系统、客运广播系统、电视监视系统、旅客引导系统。

设备的使用、保管及日常数据的修改由车站负责，故障维修由电务部门负责。

电务部门负责每年对设备使用人员进行一次培训，车站系统操作人员必须经过培训合格后方可上岗。

车站指定专人负责对设备运用状态定期进行检查，并对相关数据及时进行修改维护。数据更改、广播室内设备的检查由广播员负责。候车室内、站台设备（引导屏、时钟、喇叭及摄像头外观）运用状态由车站客运当班值班员负责检查，室内设备每天早晚要检查两次，室外设备在接车时检查，并逐班对号交接。情况汇集到负责人处，及时报告车站和中心客管，由铁通公司的有关人员处理。

实训项目及案例分析

实训项目一　旅客进出站流线分析

【任务 7-1】　锦州南站平面示意图，如图 7-43 所示。2018 年 1 月 17 日 15：57 沈阳北至北京 D16 次正点到达锦州南站，该次旅客进出站的旅客流线是怎样的？

2018 年 1 月 17 日锦州南站一旅客要求乘坐 D16 次到北京站，该旅客在锦州南站的流线如图 7-44 所示。先到售票厅购买 1 月 17 日 D16 次锦州南至北京二等座车票→经进站口过安检仪→进入候车大厅→客运员检验车票→专人引导经专用通道→进入三站台→按车厢号上车。

该次动车组列车下车旅客由专人引导经地道口出站。

实训项目二　客运站服务工作案例分析

【任务 7-2】　2012 年 5 月 4 日 16：28，旅客李某（男，62 岁）乘坐 2006 次列车到达德惠，下车后由后部向前行走，当行走到旅客天桥前 10m 左右时，反身与 6226 次检票的人流一起走过天桥，沿二站台向长春方向行走至 6 道停留的 6226 次机车头部后,横越 6 道、4 道、跨越 2 道时被通过的 1304 次列车撞死。

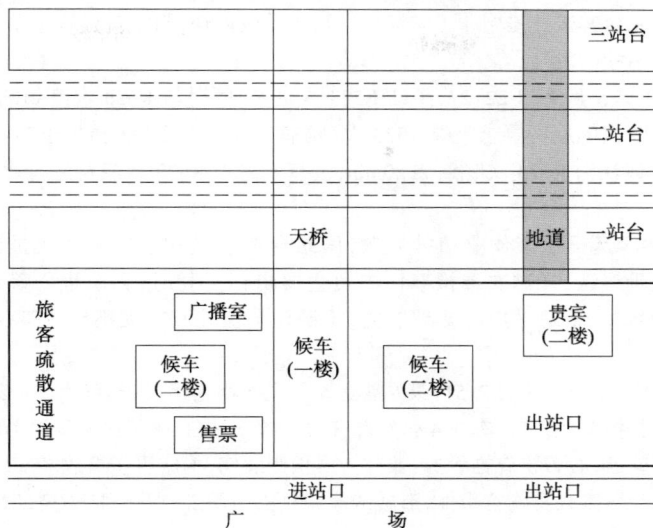

图 7-43 锦州南站平面示意图

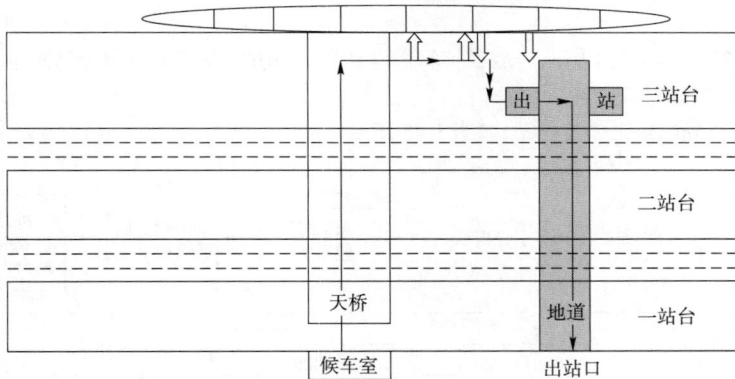

图 7-44 锦州南站旅客乘降线路图

原因分析:站台客运员严重失职,在站台栅栏到机车间只有 5m 的宽度的距离下,未发现死者在自己的身边走过,根本未起到应有的防护作用;客运值班员工作不负责,6226 次检票时间安排不当提前检票为此次事故埋下了隐患,也是死者误上天桥的诱发原因,特别在 2006 次列车开车后,也未按规定及时到二站台组织客运人员做好 6226 次旅客上车组织和防护工作。

【任务7-3】 2005 年 3 月 21 日 13:25,原大连公司瓦房店车务段熊岳城站客运值班员李某(男)在维持站台秩序过程中,一名旅客抢过站内平交过道时,李某未能认真做好防护,致使一名旅客侵入线路,李某上前拦阻不及,二人一同被通过列车当场撞死。

原因分析:直接原因是李某在维持站台秩序作业中,未能认真做好防护,致使一名旅客侵入线路,采取补救措施不及。间接原因为熊岳城站对站内的平交道口管理不善,未设置防护设施,防护手段单一,日常安全教育不够。

【任务7-4】 2012 年 3 月 14 日凌晨 2:47,某车务段管内某站,旅客李某在进站时,下错站台至二站台,当发现站内停靠的不是所乘列车时,转身向二站台另一方奔跑,当跑到停靠列车车头前方时,该旅客跳下站台横越线路欲想抢上三站台,但此时正遇北京开往哈尔滨的 Z15 次列车通过,当场被撞死。

259

原因分析:死亡旅客严重违反了铁路相关安全规定,跳下站台横越线路撞上通过列车,是造成这起人身死亡事故的直接原因,站台客运员接到非正常情况告知时反应迟钝,判断有误错过了非正常处理的最佳时机,未能及时防止这起事故的发生。

【任务7-5】 2009 年 5 月 7 日 22:27,某站 K523 次进站,同时与 K523 次终到站相同的 K525 次晚点 2h20min,由于乘坐 K525 次的旅客要求改乘 K523 次,候车室值班和工作人员忙于劝解和疏导,而候车室客运员于某精力不集中,误认为 K523 次晚点 2h20min,没有及时对 K523 次旅客进行检票,造成了部分 K523 次旅客漏检。

原因分析:候车室客运员于某作业精神涣散,同站台值班员和候车室值班员的联控、互控制度形同虚设,盲目应答,误听误认,在这次漏检事件中负主要责任。同时,列车进入确认、检票作业时卡控不到位,在晚点列车的情况下缺乏应急处理能力,干部现场监控和督促不到位等都构成了事件发生的次要原因。

【任务7-6】 2010 年 10 月 15 日 7:51,某站客运车间动车组客运员张某(女)在该站 2 站台送 D168 次列车时,由于身体突然失控前倾,从该车 3、4 号车厢连接处掉下站台,被已经起动的 D168 次列车轧伤,造成右腿膝上轧断,左小腿轧断,右臂粉碎性骨折、头部大面积撕裂伤,构成重伤事故。

原因分析:本案例为职工人身伤害事件,造成的原因是由于职工自我防护失控,工作中缺乏自身安全的警惕性,班前安全预想和应急措施培训不足。

实训项目三 旅客乘降工作组织

【任务7-7】 2018 年 1 月 17 日,一旅客持锦州南至北京 D16 次车票到锦州南站乘车,锦州南站的动车组旅客的乘降组织工作如何进行?

D16 次旅客的乘降组织工作流程图,如图 7-45 所示。

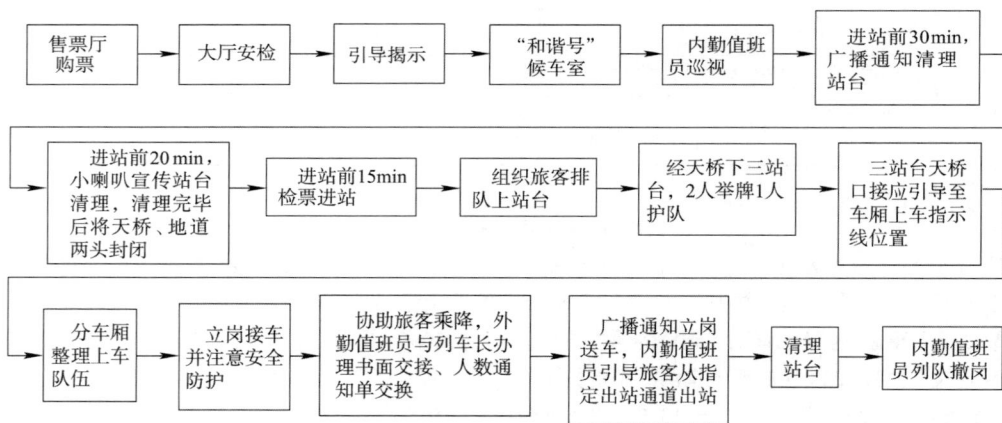

图 7-45 锦州南站动车组旅客乘降组织工作的流程

知识拓展

一、售票系统故障时车站应急处理

(1)车站在遇到售票系统突然发生故障导致中断售票业务时,车站站长(副站长)要立即到达现场,负责指挥客运组织及故障处置工作,车站要利用各种渠道及方式,做好旅客解释、疏导工作,指派专人在售票厅等旅客主要聚集地维持秩序。

(2)车站立即开启应急动车组售票专用窗口,使用代用票发售当日各次列车无座席位。根据售票及客流情况,可安排乘坐本局列车的旅客直接上车补票。

(3)车站安排专人负责及时通知当日本局担当的各次列车长,通报车站售票系统故障及采取的相应措施。列车长接到通知后,立即到岗到位,与车站配合,确保旅客乘降安全,及时安排旅客办理补票业务。

(4)车站售票系统发生故障后,要立即通知车站技术保障部门采取排障措施,并及时向路局信息处、客票管理所汇报。车站技术保障及路局各级信息管理部门要本着"快速处置、及时恢复"的原则,迅速查明故障原因和故障点,排除故障,最大限度地缩短故障延时。

(5)售票系统故障排除后要立即首先恢复发售动车组车票业务,确保乘坐动车组的旅客顺利购票乘车。

二、车站客运服务系统故障的应急处置程序

(1)车站发生客票系统故障,窗口不能售票时,售票(客运)值班员应立即通知车站客票系统维护人员,并向站长汇报;车站应及时调配岗位客运作业人员,加强售票室的秩序维护工作,做好对旅客的宣传和解释,稳定旅客情绪;车站客票系统维护人员要立即到现场确认故障程度,对不能独立处理的故障要立即向局信息技术处报告;故障时间超过10min时,应立即向车站(车务段)应急领导小组和局客运处、信息技术所报告;对预计30min内不能恢复的客票系统故障,车站(车务段)应急领导小组应立即向局客运处申请启用售票应急系统;客运处长批准启用售票应急系统后,局客票管理所立即下发应急售票系统启动密码,车站确定启用应急售票窗口,按步骤启动应急售票程序,发售距开车3h之内的无座席车票。故障排除后,按步骤上传应急售票存根,确认无误方可恢复联网售票;当开车前未购到车票的旅客较多时,车站应立即向局客运处申请开通绿色通道,允许旅客上车补票。经批准后实施;车站采取绿色通道应急措施时,应向列车和相关前方停车站通报情况。列车要做好上车旅客的补票工作。相关前方停车站,要加强出口处查验车票力量,并认真做好旅客补票工作。

(2)综控室集成管理平台与代管站旅客服务系统中断联系时的应急处置程序。综控室操作人员发现集成管理平台与代管站旅客服务系统中断联系时,应立即通知各代管站站长和车站领导,并通知技术维护人员,进行系统抢修;各代管站接到综控室通知后,应立即指定专人负责启用简易集成平台,做好对本站各旅客服务系统的操作和控制;综控室操作人员应加强对各代管站列车运行情况的监控,及时向各代管站站长通报列车运行情况,确保各代管站旅客运输组织秩序平稳。各代管站站长必须通过CTC复视终端进行确认。

(3)车站引导系统故障时的应急处置程序。客运人员应立即报告车站综控室,由综控室向车站领导报告,并通知维修部门进行维修;综控室应立即通知各代管站站长,告知影响的车次,列车进路的安排。同时加强远程监控,将现场信息通知相关岗位,加强对旅客的广播

宣传,正确引导旅客购票、进出站、上下车;车站应及时抽调人力(人员不足时,由车站、车间干部)在候车大厅设立引导岗位,引导旅客候车,加强检票进站的引导宣传。在地道或天桥处设置临时引导标志,在检票口、天桥、站台等增加引导力量引导旅客进站上车;车站候车室、进站口、进站厅、天桥口、地道口、站台处应使用其他形式的车次揭示牌做好引导工作,确保旅客正常候车和乘降秩序。

(4)车站广播系统故障时的应急处置程序。遇车站广播系统故障时,客运人员应立即报告车站综控室,由综控室向车站领导报告,并通知维修部门进行维修。同时,综控室操作人员应将广播切换至人工模式,按照广播内容顺序进行人工广播,做到不缺项、不遗漏、不错播;车站要充分利用客运导向揭示、手提喇叭等工具,及时向旅客通报列车到开时刻、候车室及站台安排情况。综控室、候车室、站台、地道口等关键部位客运人员要随时保持联系,互通信息,做到按时检票和停止检票;车站领导要现场把控,客运人员要坚守岗位,同时抽调人力对进站大厅、旅客集散区、售票厅、候车室、进出站口、通道、站台等处加强宣传,确保旅客正确候车、有序乘降。

三、车站自动检票系统故障的应急处理程序

(1)客运人员立即报告车站综控室,车站综控室在接到报告后,要立即向车站领导报告,并通知维修部门进行维修。

(2)车站领导要现场把控,根据客流情况,合理调配客运人员加开进出站检票口,调整检票时间,实施人工检票。

(3)车站要及时将本站自动检票闸机故障的情况向列车前方各停车站进行通报,方便各前方停车站对到站旅客的组织。

四、旅客列车未进入站台停车时的应急处理预案

因机车设备故障或司机操纵不当,造成旅客列车在站内未进入站台或未全部进入站台停车时,车站应采取如下应急预案妥善处置:

(1)由站台客运接车人员及时向应急值守员报告,由应急值守员负责向司机及运转车长了解情况,采取响应组织指挥手段,如列车能继续运行时,指挥列车驶入站台固定停车位置,以便于旅客乘降。同时,通知站台接车人员注意监控;如列车不能继续运行时,通知客运值班员与列车长联系,组织旅客及时乘降。

(2)客运值班员带领客运人员立即分布到列车各车门口进行监控,掌握车上旅客动态,同时安排客运员负责维持好站台旅客秩序,并通知广播员进行安全秩序广播宣传。

(3)客运值班员接到应急值守员通知后,如列车继续运行驶入站台固定停车位置时,组织客运人员做好站台旅客组织及安全防护工作;如列车不能继续运行时,由站台客运接车人员负责将站台旅客组织到列车停车位置,客运人员应配合列车员做好旅客乘降组织工作,防止旅客摔伤等事故发生。

(4)发生旅客列车未进入站台停车时,要严格按照上述预案处理,站长、客运主任(值班干部)要到站台负责组织指挥。严禁因组织不当,造成旅客越站情况发生。

五、导向揭示、广播、检票、站台安全门（屏蔽门）等系统严重故障,不能正常使用时的应急处理

1. 车站导向揭示故障时的应急处置程序

（1）客运人员要立即报告综合控制室,由综合控制室向相关维修部门、站长汇报,相关维修部门要立即组织维修。

（2）车站要加强广播宣传,在候车室、地道、天桥等安全关键位置设立活动揭示牌,加强组织力量,确保旅客乘降安全。

2. 车站广播系统故障时的应急处置程序

（1）客运人员应立即报告综合控制室,由综合控制室向相关维修部门、站长汇报,相关维修部门要立即组织维修。

（2）充分利用客运导向揭示、手提喇叭等工具,及时向旅客宣传列车运行、到发及候车室、站台安排等情况。

（3）客运人员坚守岗位,在候车室、进出站口、站台等安全关键位置加强组织力量,确保旅客乘降安全、有序。

3. 车站自动检票系统故障的应急处置程序

（1）客运人员应立即报告综合控制室,由综合控制室向相关维修部门、站长汇报,相关维修部门要立即组织维修。

（2）客运人员立即加强力量实施人工验票。同时,停止持铁路乘车卡的旅客直接进站,并组织持铁路乘车卡出站的旅客办理扣款或补票等手续。

4. 车站安全门（屏蔽门）系统故障时的处置程序

（1）客运人员应立即报告综合控制室,由综合控制室向相关维修部门、站长汇报,相关维修部门要立即组织维修。

（2）当安全门（屏蔽门）发生故障,滑动门不能正常打开时,客运人员应立即用钥匙解锁,或由列车乘务人员操作滑动门开门把手,迅速打开滑动门。

（3）当滑动门不能手动开启时,客运人员立即用钥匙打开应急门,或由列车乘务人员推压开门推杆打开应急门。

（4）当安全门（屏蔽门）故障未修复时,要在故障滑动门上张贴提示标志;安全门（屏蔽门）玻璃破裂时,应采取加固、围蔽等防护措施,同时客运人员做好安全防护。

六、预防扒车应急处理预案

（1）客运人员要加强站台巡视,搞好站序管理,在列车进站前和开出站后,及时清理站台,禁止闲散人员（包括中转换乘旅客）在站内停留。

（2）对列车移交的无票人员,车站客运值班员接收后,要安排专人重点看护（补票后）送出站外,防止返回扒车。

（3）对患有精神病的旅客乘车,要协助其家属重点看护送上车;发现无人护送的精神病人严禁进站,并及时通知当地民政部门所属"救助站"负责妥善处理。

（4）对在车站附近讨要、拾拣人员,禁止进入站内,并通知当地民政部门所属"救助站"

负责妥善处理。

（5）对旅客、路内通勤职工要加强安全乘车宣传，防止因扒乘发生伤亡事故。

（6）车站接车人员要严格落实标准化作业，在接、送列车时认真瞭望，重点观察车辆连接处、车梯、车窗、列车尾部是否有人扒车。

（7）发现有人扒车时，要及时制止，如列车起动后，要由客运值班员（计划员）及时通知应急值守员，应急值守员要及时向列车调度员报告，按列车调度员指示办理。

（8）客运、运转、公安要紧密配合，及时妥善处理突发情况。

七、防止旅客漏乘应急预案

（1）准确掌握旅客列车运行情况，严格按规定时间检票。

（2）做好检票前的预检，检票员接到列车检票的指示后，组织旅客在检票口排队进行预检，并用手提喇叭在候车室内和候车广场处进行检票宣传，提醒旅客及时检票。

（3）设有广播机的车站要及时广播列车运行情况，通知列车检票或晚点，使旅客掌握列车信息。

（4）检票员检票前后，都要用手提喇叭，不间断地进行检票宣传。

（5）售票员、检票员要按本站规定时间停止售检票，以免造成旅客检票后上不去车漏乘。

（6）站台客运人员要确认站台、天桥、地道售货摊点等处所，无旅客乘车时，再用手持电台告知运转外勤人员"旅客乘降完毕"，严禁未经确认而盲目"呼叫"。

八、车站因列车晚点造成中转旅客不能换乘接续列车时的应急处理程序

（1）遇有列车严重晚点（超过30min）时，该站站长、主管站长、客运主任、售票主任等必须亲临现场，组织干部职工向旅客做好道歉和解释工作，并组织好候车、售票、退票等一系列相关工作，正确劝导、安抚旅客，稳定旅客情绪，以减少不良反应。

（2）由于列车晚点造成中转旅客（异地购票旅客）不能换乘接续列车及旅客坐过站时，站长、值班干部（客运值班员）应立即到场积极组织，将旅客安排到合适场所，认真解答好旅客提出的要求，按客运规章妥善处理，并耐心做好解释工作。对有特殊要求的旅客，在车站无法达到旅客要求的情况下，及时向上级领导请示解决办法，并按照上级领导的指示进行处理。

九、车站客流暴涨时的应急处理程序

车站客流猛增时，候车室值班员立即向站长（值班干部）汇报，站长（值班干部）应立即通知各相关人员到达现场，积极组织旅客，做好疏散工作。同时，通知公安人员增派警力维持秩序，确保安全。

（1）视客流情况及车次合理划分候车区域，全员进区服务，排好旅客行李、包裹，清理旅客座席，做到人物分开。维护检票秩序，防止挤口、乱排，提前预检，专人带队，分批乘降工作。

（2）指派专人疏导候车室进出口秩序，防止对流，保证无旅客滞留。"三品"检查人员要认真宣传引导，不漏一包一件，候车室、站台工作人员要提高警惕，加强对进站旅客携带品的

巡视与检查,防止"三品"进站上车。

（3）合理利用候车区域,候车室服务人员检票前的宣传一定要到位,大部分旅客检票后,检票员要进区内宣传,避免旅客漏乘。站台工作人员要注意防止旅客抢上抢下。

（4）合理安排检票时间,始发列车提前40min检票。特殊情况下及时与列车联系,提前检票上车,缓解候车旅客猛增的压力。对中转列车或始发列车晚到时,经客运主任同意可提前检票,组织旅客到站台候车。

（5）遇列车集中到达,旅客较多,要做好下车旅客的疏导工作。站台人员要加强组织,保证秩序,冬季还要在站台增派人员,防止旅客滑倒摔伤。出站口多开出口,尽快让旅客出站,避免旅客在出站口滞留时间过长,避免拥挤、踩踏事件的发生。

十、站内有滞留旅客需要疏散时的应急处理程序

旅客不出站、不上车,在站内聚集、滞留,可能影响到发车或其他列车进站后旅客的出站时,或遇其他特殊情况影响旅客出站,应迅速启动疏散应急预案。

（1）车站站长应立即组织有关人员到场做好旅客安全和疏散组织工作,并通知车站公安人员到场。

（2）车站客运人员应按职责分工做好旅客宣传和引导工作,有序引导旅客尽快上车、出站或到车站指定的场所,特殊情况站长可决定开通出站口,确保站台和列车无滞留人员。

（3）车站广播室要加大宣传力度,配合工作人员积极引导旅客上车、出站或到指定场所。

（4）车站公安人员要会同客运人员共同做好宣传、劝导和解释工作,及时采取有效措施,积极维护旅客安全和站车秩序。

复习思考题

1. 客运站的主要作业和主要设备有哪些?

2. 客运站站房布置要求有哪些?

3. 旅客站房内各种用房的设置条件有哪些?

4. 客运站流线分哪几种? 流线组织原则是什么?

5. 客运站流线疏解方式有哪些?

6. 电子售票"六字"售票法是什么?

7. 电子退票"五字"退票法是什么?

8. 售票工作组织主要包括哪些具体内容?

9. 铁路实名制售票方式有哪些?

10. 什么是铁路乘意险? 铁路乘意险有哪些特点?

11. 旅客可凭哪些证件购买实名制车票?

12. 旅客服务工作"三要""四心""五主动"是指什么?

13. 旅客服务工作"三知三有"是指什么?

实践训练

1. 练习发售车票的操作基本流程。

2. 练习退票的操作基本流程。

3. 练习"电话订票"的方式购买车票。

4. 练习使用自动售票机的方式购买车票。

5. 分组演练问讯处的服务工作内容和作业质量标准。

6. 分组演练候车室的服务工作内容和作业质量标准。

7. 分组演练旅客乘降工作的服务工作内容和作业质量标准。

8. 分组演练广播室的服务工作内容和作业质量标准。

项目八　旅客列车乘务工作组织

理论知识

单元一　旅客列车乘务工作组织

　　旅客的旅行生活大部分时间是在列车运行中度过的,因此做好列车乘务工作,对保障旅客安全、便利、舒适的旅行具有十分重要的意义。

一、乘务组的组成及主要工作

(一)旅客列车乘务组

　　旅客列车乘务组由客运人员、公安乘警和车辆乘务员组成。列车的乘务工作在列车长统一领导下,充分发挥"三乘一体"的作用,分工负责,共同搞好乘务工作。

　　客运乘务人员包括列车长、列车值班员、列车行李员、广播员、列车员及餐茶供应人员,负责旅客列车的服务工作。

　　车辆乘务人员包括检车长、检车员、发电车乘务员、车辆电工,负责列车车辆设备检修工作。

　　公安乘务员包括乘警长和乘警,负责维护列车的治安工作。

根据劳动计划岗位人员编制标准,长途客车单程运行18h以上者,旅客列车乘务人员编制如下:列车长(正、副)2人;列车值班员每列2人;列车员(包括宿营车)每辆2人;行李员每列2人;广播员每列2人;餐车人员:每日一餐者7人,每日二餐者8人;每日三餐者9人,单程22h以上者10人;供水人员:每辆茶炉车1人。

旅客列车乘务组是旅客运输的基层单位,其主要任务是输送旅客直接为旅客服务,使旅客安全、正点、舒适、便利地到达目的地。

(二)动车组旅客列车乘务组

动车组列车乘务组由客运乘务人员、随车机械师、司机、公安乘警、随车保洁和餐饮服务人员组成,简称"六乘人员"。六乘人员必须在列车长的统一领导下(除行车救援指挥外),分工负责,各司其职,共同做好旅客服务工作。

客运乘务人员包括列车长、列车员,负责旅客列车的服务工作。

动车组司机负责有关型号的车门集控开关和动车组列车运行工作。

随车机械师负责有关型号的车门集控开关和动车组设备检修工作。

公安乘务员负责维护列车的治安工作。

餐饮人员包括服务组长和服务员,负责动车组列车餐饮服务和商品销售工作。

保洁人员包括保洁组长和保洁员,负责动车组列车的卫生保洁工作。

客运乘务组由1名列车长和2名列车员组成。动车组重联时,按两个乘务组安排人员;编组16辆的动车组按1名列车长和4名列车员配备。对运行时间较长的动车组可适当增加客运乘务人员。动车组司机实行单司机值乘制,随车机械师按每组1人配备。

(三)乘务组的主要工作

(1)使车内经常保持整齐清洁,设备良好,温度适宜,照明充足。

(2)对老、幼、病、残、孕、首长、外宾等重点旅客,通过访问做到心中有数,主动迎送,重点照顾。

(3)通告站名,照顾旅客上下车,及时妥善安排旅客座席、铺位。

(4)维护车内秩序,保证安全正点。

(5)搞好饮食供应。

(四)动车组旅客列车乘务组工作制度

1.工作协调制度

(1)动车组列车出库后,列车长要及时了解六乘人员工作准备情况,重点对卫生保洁质量、配餐数量以及各岗位人员到岗情况进行掌握,遇有重点任务,及时布置。

(2)列车长每趟组织召开随车机械师、公安乘警、餐饮组长、保洁组长参加的工作协调会,沟通信息,提出本趟工作重点和要求。

(3)遇有设备故障、列车晚点等情况,司机或随车机械师要主动向列车长通报故障情况、晚点或停车原因。列车长要及时逐级汇报,按指示向旅客通告,组织客运乘务员、餐饮、保洁人员做好服务和解释工作。

(4)客运段应每月组织六乘人员召开动车组一体化管理联席会议,总结工作,加强协调,统一步调,提高效率。

2.信息传递制度

(1)动车组列车六乘人员要掌握列车运行、设备状况、旅客服务和餐饮供应等信息,及时相互通报。

(2)动车组列车运行中遇有各类非正常情况,六乘人员应按照各自职责逐级汇报,列车长应积极协调处理。

(3)六乘单位之间应建立日常联络机制,加强相互之间的信息沟通。

3.其他制度

(1)动车组列车实行"首问首诉负责制",六乘人员必须及时解答旅客问询、受理旅客投诉、解决旅客困难。

(2)动车组列车进站前,六乘人员必须按规定提前到岗,做好旅客乘降的准备工作。

(3)六乘人员必须严格遵守国铁集团、铁路局(集团公司)有关规定,严禁私带无票人员上车;如需要安排重点旅客乘坐餐车、多功能室、乘务员室等位置时,必须经列车长同意。

(4)动车组列车餐饮、保洁人员不服从列车长管理,影响正常工作及铁路形象时,列车长应向有关部门及时汇报,必要时,可立即停止其工作;餐饮、保洁公司对上述违纪人员要按照公司的管理制度进行严肃处理,并向有关部门反馈处理结果。

(5)动车组公安乘警、随车机械师不服从列车长的管理,影响正常工作及铁路形象时,列车长应向上级有关部门及时汇报。

二、乘务组织形式及制度

(一)乘务组织形式

旅客列车乘务组的乘务形式,按照既有利保养车辆又合理使用劳力的原则,根据列车种类和运行距离,分别采用包乘制和轮乘制。

1.包乘制

包乘制是指按列车行驶区段和车次由固定的列车乘务组包乘。根据车底使用情况不同可分为包车底制和包车次制。

(1)包车底制指乘务组不仅固定区段、车次而且固定包乘某一车底(长途列车乘务组分成两班轮流服务)。这种形式有利于车辆设备及备品的保养,可以熟悉该列车的运行情况,掌握沿途乘车旅客的性质和乘降规律,以便更好地安排自己的工作,从而有利于提高服务质量。缺点是长途旅客列车需挂宿营车,乘务工时一般难以保证。

(2)包车次制指一个车次(通常叫线路)几个乘务组包干值乘,但不包车底。其优点是便于管理,可保证服务质量。缺点是交接手续复杂,不利于车底保养。

2.轮乘制

轮乘制是指在旅客列车密度较大,且列车种类和编组又基本相同的区段,为了紧凑地组织乘务交路和班次,采用乘务组互相套用,不固定乘务组服务于某一列车。其优点是乘务员单班作业,一般在本铁路局内值乘,对线路、客流及交通地理等情况熟悉,联系工作方便,乘务中也不需宿营车,从而节省了运能。缺点是增加了交接手续,不利于车辆保养,对服务质量有所影响。

目前,大部分实行包车底制,并采取乘务员套跑短途列车或长途车底跑短途(一车底多车次),充分利用运能满足运送旅客的需求。

(二)乘务组织制度

1.出退勤制

列车乘务员在本段出乘时,要按规定时间由列车长带队到派班室报到,听取派班员传达有关事项。列车长应摘抄有关电报、命令,接受指示。

每趟乘务终了,列车长应召开班组会议,总结工作,表扬好人好事,向派班室汇报往返乘务工作情况,提交乘务报告。

2.趟计划制

列车长每次出乘前应编制趟计划,趟计划在乘务报告中显示,其主要内容有:

(1)本次乘务工作中的重点工作安排。

(2)对贯彻上级规章、命令、指示、通知的具体措施。

(3)上次乘务工作中的优缺点及改进措施。

(4)针对接车所发现的问题及采取的措施。

3.验票制

为保证旅客安全、准确的旅行,维护铁路运输秩序和铁路收入,在列车内还应检验车票。验票由列车长负责,乘警、列车员协助,并根据客规规定决定验票次数,检验过的车票应用列车专用票剪加剪(对检验的车票除另有规定者外)。发现违章乘车时,按规定补收运输费用。

4.统一作业制

作业程序是根据各次旅客列车的运行时刻、线路特点、客流状况、餐车供应、服务工作质量要求等情况统一编制的一趟车的作业过程,也就是整个乘务工作期间,某个区段或某个时刻须做的事情。

列车长按作业程序组织乘务员进行作业,为旅客提供服务。

单元二　旅客列车乘务安全工作

安全运送旅客是乘务组的首要任务,坚持"安全第一"的原则,是任何单位和个人在任何时候都要牢记的一项原则,并把它放在首位。确保旅客运输的安全正点,是承运人必须履行的义务,因此必须遵守各项安全规章制度,在保证旅客安全和自身安全的前提下做好旅客服务工作。

一、乘务工作安全

(一)乘务前的安全工作

乘务员出乘前必须充分休息,严禁在出乘前和工作中饮酒。

站内、车库内行走通过线路时应走天桥、地道、平交道,通过平交道口时严格执行"一停、二看、三通过"制度,严禁钻车底,跨越车钩。必须横越有机车车辆停留的线路时,应在机车车辆较远处通过,并随时注意邻线有无机车车辆通过。严禁在运行中的机车车辆前面抢越,通过时严禁接打手机。在顺线路行走时应走路肩,不走轨心、轨面、轨枕头,并随时警觉前后列车,不抢越线路。不扒乘机车、车辆。

出乘前列车长应到派班室听取指示,了解重点照顾的旅客,并在出乘会上作出安排。列车出库前,列车长应会同乘警长、检车长对车内的设备设施进行"三乘联检",并做好记录,发现问题要及时维修,保证设备设施的良好使用。

(二)旅客列车停站前后的安全工作

始发站旅客进站时列车长应在旅客进入站台处立岗,引导组织旅客上车;列车员在车门口立岗,组织旅客排队验票上车,并做好安全宣传。运行中途站时,到站前列车进入站台时,要先试开边门,待车停稳后再打开,组织旅客先下后上,防止拥挤和混乱。对重点旅客应在到站前先安排到车门口,列车停稳后及时下车。遇到下雪天,到站应及时清除扶手和车梯的冰雪,保证旅客上下车安全。

列车乘务员要加强车门管理,认真执行"停开、动关锁、出站台四门检查瞭望"制度,严禁旅客从反边门上下车;锁闭车门时,做到一关二锁三拉四销(上下两道锁),有作业需求的车门不加销。列车前、后部车厢端门,餐车厨房边门有防护栏,并加锁。前、后部车厢端门、行李车端门加锁。列车途中临时停车时,广播员应向旅客通报,列车员应坚守岗位,加强巡视,确保车门锁闭,不让旅客上下车。

(三)旅客列车运行中的安全工作

列车运行中,乘务员要做到:

(1)及时通报站名,防止旅客坐过站或下错车。

(2)列车运行时要经常进行宣传安全,劝阻旅客不要站在车辆连接处,不要手扶门框、风挡,不要将头、手伸出窗外,不要向车外抛物。需要吸烟时,应到车厢连接处去,连接处设有烟灰盒,烟头熄灭后放入烟灰盒内。列车通过大桥、隧道时,应锁闭厕所,打开全夜灯,动员旅客关闭车窗,并巡视车厢,严禁旅客向窗外扔杂物。进入夜间行车时,提醒旅客看管好自己的财物,加强车厢巡视,负责卧车的列车员应坐在车厢的边凳上,密切注意车厢动态。加强禁带危险品的宣传,铁路公安人员和客运人员要密切配合,共同做好危险品检查工作。列车员应能通过"宣、看、闻、问、摸、查"的方法查堵危险品,发现危险品及时交列车长、乘警处理。

(3)整理好行李架,防止压断或行李坠落砸伤旅客,行李架上的物品应摆放平稳、牢固,做到大不压小,重不压轻,长顺短横,较重物品、锐器、杆状物品、玻璃制品、易滑物品应放置座位下面。取送开水时,应有相应安全措施,防止烫伤旅客;给旅客倒水时,要做到站稳、接杯、不倒满。送水壶有套,壶嘴有帽,保温桶加锁。

(4)作业中做到:上下车时紧握扶手,不飞乘飞降;列车运行中不开车门乘凉、扫倒垃圾和摘挂方向牌;不准用水冲刷门头、连接处;电气化铁路区段严禁登高作业和用水冲车皮。背面作业时,做到"一看、二下、三瞭望"。

(5)列车乘务组人员会使用列车上的各种服务设施和安全器材。对紧急制动阀和手制动机、灭火机做到"两知一会",即:知位置,知性能,会使用。

(6)燃煤取暖锅炉、茶炉、电磁炉由持有合格证的人员严格按规定程序操作,锅炉、茶炉室内严禁堆放易燃物品,严禁缺水、少水点火;清除炉灰时,应先用水浸灭冷却后再装袋,在指定的垃圾投放站投放。锅炉室、茶炉室内保持干净,无杂物,离人加锁(电茶炉不锁),非取暖期锅炉室封闭。配电室(箱)加锁,保持清洁干净,严禁放置物品。

二、旅客列车安全设备

(一)紧急停车装置

1. 紧急制动阀

紧急制动阀(图8-1)位于车厢乘务间对面的墙壁上或出门的左边墙壁上或通过门的后面。手把上有铅封,旁边有压力表。列车需要紧急停车时使用。

使用方法:使用时,不必先行破封,立即将阀手把向全开位置拉动直到全开为止,不得停顿和关闭。遇弹簧手把时,在列车完全停车以前不得松手。在长大下坡道上,必须先看压力表,如压力表指针已由定压下降100kPa时,不得再行使用紧急制动阀(遇折角塞门关闭时除外)。

发现下列危及行车和人身安全情形时应使用紧急制动阀停车:

(1)车辆燃轴或重要部件损坏。

(2)列车发生火灾。

(3)有人从列车坠落或线路内有人死伤(特快旅客列车不危及列

图8-1 紧急制动阀 车运行安全时除外)。

(4)能判明司机不顾停车信号,列车继续运行。

(5)列车无任何信号指示,进入不应进入的地段或车站。

(6)其他危及行车和人身安全必须紧急停车时。

不能使用紧急制动阀的情况:

(1)列车运行在桥梁上或隧道内时。

(2)列车发生火灾运行在居民稠密区、厂矿、草垛、易燃易爆等危险品存放区时。

(3)在长大下坡道上如风表指针由定压下降100kPa时(遇折角塞门关闭时除外)。

2. 列车手制动机

客车常用的手制动机为螺旋式(图8-2所示),安装在客车通过台端墙板上。手制动手轮为摇把形,平时手把可缩入端板内。这种制动机主要是在车厢无动力(无机车牵引或机车故障)时使用。如车厢在编组甩挂作业时或列车遇到风暴、火灾、塌方等自然灾害而又失去动力时,就需要将制动机旋紧,以防车厢溜动。

乘务员听到机车鸣示三短声时,应将手制动机的手把用手拉出并依顺时针方向转动,嵌入式的要先拔出手把,再将手制动机旋紧。机车鸣示二短声时,则反转缓解。

(二)消防设施

1. 灭火机

列车上常用的灭火器如图8-3所示。主要有干粉灭火器、水雾灭火器。

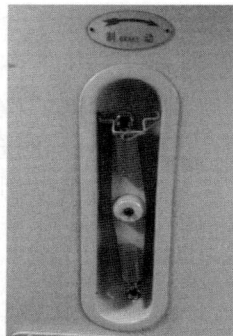

图8-2 列车手制动机

适用范围:可燃固体、可燃液体、可燃气体,带电设备初起火灾。

干粉灭火器:使用前先摇匀,拉出保险销,对准火焰根部按下压把即喷,注意灭火时要站在上风位置。

水雾灭火器:使用前先摇匀,拉出保险销,不可倒置使用,对准火焰根部按下压把即喷。

2. 灭火毯(又称防火麻袋)

餐车配备灭火毯2条,放在灭火毯专用箱中,如图8-4所示。灭火毯专用箱置于餐车厨房的门口处。主要用于扑救餐车厨房内的火灾。

3. 消防锤(又称紧急破窗锤)

空调客车硬座车配备消防锤,如图8-5所示,仅限紧急逃生时使用。

使用方法:使用时握住紧急破窗锤把手,用力向外侧拔出,然后敲击车窗动车组敲击紧急逃生红色圆圈提示位置后,利用把手外侧保护框将未完全脱落的玻璃推向车体外侧。

图8-3　灭火器

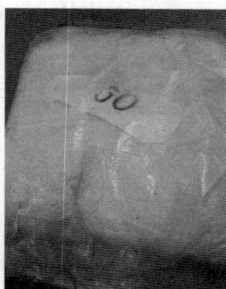
图8-4　防火毯

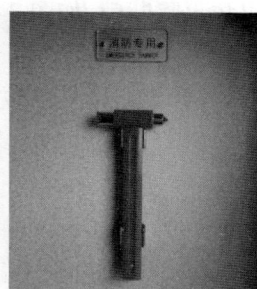
图8-5　紧急破窗锤

(三)其他安全装置

1. 轴温报警器

轴温报警器,如图8-6所示。位于乘务间配电箱内,用于检测车轴的温度,当轴温高于车外气温40℃时,轴温报警器发出"嘟、嘟……"声音报警,屏幕闪烁,客运乘务员要及时通知车辆乘务员处理,严禁乱动或关闭轴温报警器。

2. 安全渡板

每个车厢配有一块安全渡板,如图8-7所示。当列车停在高站台处时,在列车停稳开门后,置于车门与站台之间,用以补充站台与车体之间的空隙,防止旅客上下车时因踩空发生意外。

图8-6　轴温报警器

图8-7　安全渡板

3. 列车上的电器

旅客列车上除停车、消防设备外，还有很多用电设备，如配电柜、电源开关、电磁炉、电热水器等，这些电器设备都禁止乱动、乱接电源线；禁止超负荷使用；禁止湿手、摸黑开关电器；出现故障立即停用；出现火情，立即断电，禁止用水扑救。

（四）动车组安全设备

1. 紧急制动装置

动车组紧急制动装置，如图 8-8 所示。紧急情况需要制动时使用，如司机判明可继续行车时，司机可操作将紧急制动复位，列车缓解后可继续运行。

使用方法：使用时不必先行破封，直接将阀手柄向下拉动至底部，即可松手，列车停车后用钥匙将紧急制动阀复位。

2. 防火隔断门

动车组防火隔断门，如图 8-9 所示。发生火灾时，防火隔断门可阻止或延缓火势蔓延，最长阻燃时间为 15min。

使用方法：使用钥匙打开防火隔断门上侧门锁，拉动防火隔断门，直至两边门合闭，然后锁闭防火隔断门。

图 8-8　紧急制动装置实物图

图 8-9　防火隔断门实物图

3. 紧急逃生窗

动车组紧急逃生窗，如图 8-10 所示。利用手柄开启。仅限紧急逃生时使用。

使用方法：使用紧急破窗锤击破紧急逃生窗玻璃组织旅客按顺序逃生。

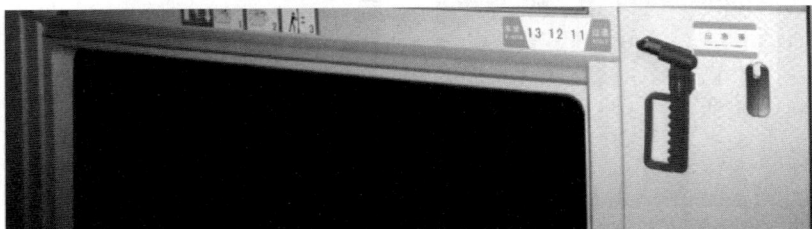

图 8-10　逃生窗实物图

4. 疏散舷梯

动车组疏散舷梯，如图 8-11 所示。在动车组运行中途因故障不能继续运行时，疏散舷梯可将乘客从故障动车组上转移至相邻线路的列车上。疏散舷梯使乘客可以在必要时从列车上下到站台上。疏散舷梯既可作为一个桥来连接停靠在旁边的列车，也可作为一个梯子使用下到地面上。

使用方法：梯身自带扶手，向上拉起，用套管将扶手固定即可。

5. 乘降梯

动车组乘降梯（均为拼装式），如图 8-12 所示。位于 4 车二位端逃生梯室内。在动车组运行中发生紧急情况，停车后需将乘客从动车组上转移到地面时使用。乘客下车时，要确保地面上的安全。

使用方法：将梯身拼装好，即可使用。

图 8-11　紧急疏散舷梯实物图　　　　图 8-12　乘降梯实物图

6. 车厢内车门控制装置

动车组车厢内车门控制装置，位于车厢内车门一侧电控挡罩上。由上至下分别为：上解锁、蜂鸣器、紧急开门按钮（外侧有保护罩，是旅客在紧急情况下使用的紧急开门装置）、绿色开门按钮（为触摸式开门装置）、红色关门按钮（为触摸式关门装置）、下解锁、红色手动扳手，用于车厢内操作开、关车门。

使用方法：上解锁为开门锁，使用钥匙向任意一侧拧动，向上扳动红色手动扳手至 90°位置后拉动车门即可打开；紧急开门按钮使用时，直接将按钮外部防护罩按破后，按下按钮，将红色手动扳手向上扳动至 90°位置后拉动车门即可打开；绿色开门按钮和红色关门按钮必须由司机释放后方可使用，司机释放后开关门按钮内部灯呈点亮状态，未释放为灭灯状态；下解锁为关门锁，用钥匙向内侧拧动则关闭除当前操作的车门以外的一侧其他车门。注意在操作之前，必须先确认车门右侧下方的手动车门锁未被锁闭，若锁闭，用钥匙解锁后方可操作。

7. 车厢外车门控制装置

动车组车厢外车门控制装置，位于车厢外车门面板右侧，包括手动开门扳手、触摸式开

门按钮、手动车门锁，用于在车厢外操作开启车门。

使用方法：在车厢外开门时，将手动开门扳手扳至90°位置不要松手，同时拉动车门即可开启车门；车门中间的触摸式开门按钮，应由司机释放后才可使用，司机释放后按钮内部灯呈点亮状态，未释放为灭灯状态。注意在操作之前，必须先确认手动车门锁未被锁闭；若锁闭，用钥匙解锁后方可操作。

8. 站台补偿器

动车组站台补偿器，位于车门地板边缘。在列车停稳开门后站台补偿器自动落下，补充站台与车体之间的空隙，防止旅客下车时因踩空发生意外。使用方法：站台补偿器应随车门开启和关闭自动落下或收起，自动装置故障时应使用手动开关。手动落下时，使用钥匙手动打开补偿器，站台补偿器方可落下；手动收起时，需用手将补偿器搬起并不得松手同时用钥匙将于动开关关闭即可，此操作必须在车门关闭前完成，否则车门无法关闭。

9. 紧急通风装置

动车组全列每节车厢顶棚均设有针孔状紧急通风系统；车厢内墙板下侧板条缝内侧均设有吸气装置，过道处的吸气装置设在车厢两端过道处，顶棚上有吸气孔。当动车组发生断电，空调系统不能正常运行时，自动启动紧急通风装置，用来维持车内空气流通，最长可维持30min。

单元三　旅客列车服务工作

旅客运输组织工作要从方便旅客出发，全面安排，按照长短途列车分工、换乘优先、保证重点的原则，合理、经济地使用运输能力，均衡地组织运输。承运人应本着旅客至上的原则，坚持人民铁路为人民的宗旨，周到热情地为旅客服务。对旅客在旅行中发生的困难应千方百计予以解决。

旅客列车服务工作就是为旅客提供全面的服务，最大限度地满足旅客在旅行中的物质和文化生活方面的需要，为旅客提供良好的旅行环境和服务设施。列车乘务员的工作是直接面对旅客，因此列车乘务员服务工作的好坏直接影响到铁路的声誉，乘务员必须牢记"人民铁路为人民"的服务宗旨，树立"以人为本，旅客至上"的服务理念，讲文明、有礼貌地为旅客服务，努力做到文明服务、礼貌服务、主动服务、热情服务、周到服务。列车员作业流程见二维码8。

一、列车乘务员的仪容仪表

仪容仪表的总体要求是整洁、庄重、简洁、大方。旅客列车乘务员在出乘时必须着规定的制服，佩戴服务标志，以饱满的精神状态、大方的举止为旅客服务。不歪戴帽子，不挽袖子和卷裤脚，不敞胸露怀，不赤足穿鞋，不穿高跟鞋、钉子鞋、拖鞋，不戴首饰；不留长指甲，不染彩色指甲和头发；男乘务员不留胡须，头发不过耳、不过领；女乘务员头发不过肩，可淡妆上岗。

二维码8

二、礼 貌 服 务

（1）对旅客不分种族、国籍、民族一视同仁,尊重民族习惯和宗教信仰。

（2）在旅客多的地方行走时要先打招呼,不与旅客抢道、并行,走对面时要主动示意让路。

（3）列车长在站车交接、接受检查时行举手礼;列车员在列车始发、终到时,面向站台致注目礼。

（4）进包房先敲门,经允许后方可进入,离开时,应退步出包房。

（5）运行中,列车工作人员不得使用软卧车洗脸间和厕所。在其他席别车厢,乘务员不得与旅客争用洗脸间和厕所。

（6）运行中列车工作人员不得在餐车逗留、闲谈、占用座席,不得陪同客人就餐。

（7）在服务中,对旅客的配合和支持应表示谢意,遇有工作失误之处,应向旅客表示歉意。

（8）给旅客造成损失或发生旅客伤害时,本着对旅客负责的态度,以公正、诚实、守信的原则,按规定妥善处理。

（9）列车晚点要及时通告,超过 30min 时,列车长要代表铁路通过广播向旅客道歉,并积极做好服务工作。

三、旅客列车出乘前的准备工作

在每趟出乘前,列车长、列车员交接班时应清点卧具备品、清扫工具等,并配备齐全,车厢卫生达到内外整洁,窗明几净,四壁无尘,无死角;椅套、头套无污迹、油垢,顶棚、洗脸盆、便器洁白,通风口无灰尘,四框、整容镜电镀件光亮、无灰尘,厕所无异味,垃圾桶洁净、套袋定位,通过台、连接处无痰、无污迹,锅炉间、工具柜内无杂物,门框、窗框洁净,烟灰缸盖无灰尘,暖气管无积灰,清扫工具干净,揭示牌清晰、干净。

四、旅客列车运行中的服务工作

1.列车运行中途作业 20 字服务方法

（1）到站前:扫（清扫地面）;

　　　　　报（通报站名）;

　　　　　带（把重点旅客带到边门口）;

　　　　　锁（锁厕所）;

　　　　　试（试开边门）。

（2）停车时:开（车停开门）;

　　　　　抹（抹扶手,规定站抹黄杠）;

　　　　　宣（查堵危险品上车的宣传）;

　　　　　看（看票上车）;

　　　　　扶（扶老携幼）。

（3）开车后：锁（动关锁边门）；

              开（开厕所门）；

              检（自互检边门）；

              安（安排座位）；

              整（整理行李架、衣帽钩）。

（4）运行中：拖（拖地面）；

              冲（冲开水）；

              宣（旅行常识、卫生宣传）；

              抹（抹茶几、四壁）；

              访（访问重点旅客）。

2. 旅客列车服务要求

（1）坚持全面服务，重点照顾。服务要以旅客的需求为中心，从细节上入手，做到善解人意，无微不至，不厌其烦，有始有终，在车厢的服务中做到眼勤（勤观察）、嘴勤（勤宣传）、腿勤（勤巡视）、手勤（勤检查）。全面服务要做到"三要、四心、五主动"。

在对待老、幼、病、残、孕重点旅客时，应做到心中有数，针对他们的需求，通过有针对性的服务，切实帮助他们解决旅行中的困难。为了使重点服务贯穿于旅行的全过程，要对车厢的重点旅客做到"三知、三有"，即知座席、知到站、知困难；有登记、有服务、有交接。

（2）坚持"以人为本""无干扰"服务。

无干扰不是不服务、无服务，而是在搞好服务的同时，掌握服务的"度"，将旅客所受到的一切有形的、无形的干扰，减少到最低，以保证旅客有一个安全、舒适、宽松、随意的旅行环境。在服务过程中做到"三轻、两不准"，即：服务中做到说话轻，走路轻，操作轻；夜间（硬座车：23:00～6:00；硬卧车 21:30～7:00）不准售货车到车厢售货，卧车夜间熄灯后不准叫醒旅客查验票证。

（3）卧具整洁，无污渍、无破损，折叠整齐，装袋保管；贴身（被套、垫单、枕套）卧具做到一客一换，已使用的和未使用的分别存放，卧具到终点站后收取。

（4）为了保持车站及城市的环境卫生，旅客列车运行在市区、大桥、隧道停车 3min 以上的较大车站和到达终点前，乘务员应锁闭厕所，不能把垃圾、污水、粪便带入城市，但应事先向旅客做好宣传工作，不应将厕所过早关闭，一般到达大站、终到站前 3～7min 关闭厕所。对特殊情况急需使用厕所的旅客，应提供应急容器，方便旅客。

采取集便装置的列车厕所内应配备手纸篓（筐），乘务人员要加强宣传，及时清理厕所废纸，防止厕所堵塞影响使用。采用集便装置的列车停靠站不是规定的吸污站时，厕所可不锁闭。列车渡海前要向旅客告知宣传，在渡海期间让旅客使用渡轮上的厕所，列车上的厕所全部锁闭。

（5）整洁卫生时要做到的"四随带""五不倒"。四随带：扫地带抹布、冲水带铁桶、整理行李带垫布、清理茶几带容器。五不倒：连接处、窗口、洗脸间、停站、桥梁（隧道）不倒垃圾茶叶渣。

五、旅客列车饮食供应工作

铁路旅客饮食供应的基本任务是保证广大旅客在旅行中的饮食需要。饮食供应工作要认真执行"全面服务、重点照顾"的原则,尊重少数民族和外籍旅客的饮食习惯、禁忌避讳。铁路旅客饮食供应要认真贯彻执行《食品安全法》,加强食品采购、保管、加工、销售等环节的管理,严防食物中毒。餐、茶用具要实行"五过关",即餐具洗消程序是一清、二洗、三消、四控、五保洁。目前列车上使用含氯消毒剂进行消毒,消毒时间为 3～5min,有效氯浓度为 250mg/kg。

餐车应根据列车运行时间,实行一日三餐的供应方法,以具有特色的快餐为主,适当供应单炒菜,有条件时可供冷饮、夜宵及兼营其他商品,以满足不同旅客消费水平的需求,实现良好的社会效益和经济效益。

六、列车广播工作

列车广播室是列车上的宣传阵地,其他人员不得入内,广播室的钥匙只能由广播员保管。列车广播的主要任务是介绍铁路安全、旅行常识及沿线的名胜古迹;正确及时地做好站名及中转换乘通告;按时转播中央人民广播电台的新闻和报纸摘要节目以及宣传党的路线、方针、政策;为活跃旅客的旅行生活适当播放一些文娱节目和录像;为保证旅客旅行安全及身体健康,可做一些安全、服务、卫生科普、防火、防爆、防盗的宣传。

列车广播员应根据旅客心理及客流特点对乘务中各区段、各区间的播音内容做出详细安排,经列车长审查批准后,按计划执行。

实训项目及案例分析

实训项目一 旅客列车乘务工作组织

【任务8-1】 T18 次旅客列车(哈尔滨—北京)在哈尔滨站的始发时间是 19:07,正点到下一站沈阳北站的时间 00:17,请编制软卧列车员在哈尔滨至沈阳北间乘务作业过程。

软卧列车员的乘务作业内容:

(1)车动关门锁门,出站台后自检与立岗边门相邻的四张边门,开厕所、端门,再到车厢另一端五检四张边门。

(2)拖车厢两端的通过台、连接处。

(3)给旅客换发卧铺证,登记旅客到站及去向,并核对铺位。

(4)整理车容(行李架、毛巾杆、窗帘)。

(5)巡视车厢,解答问询,为旅客送水,暖水瓶加水,清理果盘、烟灰缸,保持整洁。

(6)随机服务,保持车内整洁。

(7)遇临时停车做好宣传,加强巡视。

(8)宣传夜间乘车注意事项,征求旅客意见,按铺位核对清理人员,停止会客,做夜间去向登记。清理果盘、茶几、垃圾桶,扫拖走廊、通过台,擦抹走廊窗台、洗脸间,冲刷厕所、洗脸间,清扫整理乘务间、通过台,闭合过道遮光帘,排列鞋子。

(9)按规定做好夜间车内工作,车内无闲杂人员,保持车内安静,做到"四轻"(讲话轻、脚步轻、关门轻、作业轻),尽量避免干扰旅客。

(10)22:00 关全灯,开地灯。

(11)加强巡视,对过往人员认真询问,坐在靠乘务间方向第二个边座上值岗,掌握旅客动态。

(12)提前30min叫醒要下车的旅客,并换票。

(13)做好沈阳北站前作业,扫、拖通过台、地面,整理乘务间,锁闭厕所和端门,垃圾袋扎口放置在反边门翻板上,提前立岗进站。

实训项目二　旅客列车乘务安全工作案例分析

【任务8-2】　2008年8月25日20:21,某客运段担当的天津至深圳T188/5次列车厨师长李某(男)在深圳折返站上公寓洗澡后,独自一人返回车体途中,当行至深圳北下行1道正线时被通过的广州东—深圳T877次快速列车撞上,当场死亡。

原因分析:直接原因,一是厨师长李某违反规定单独一人返回车体,二是没有认真执行"一站、二看、三通过"的制度,盲目抢越线路,是造成事故的直接原因。间接原因是餐车主任对本班组人员安全管理要求不严,安全教育不够,班组人员之间没有起到安全互控的作用,导致个别人员随意单独行动。

【任务8-3】　2007年3月9日14:04,出库停在德惠站2站台4道某客运段担当的N188次客车体的临时工王某(某客运段奔雪饮品有限责任公司外雇),把10车站台侧1号门打开,脚踩翻板拿着锅炉清灰用的铁质晃棒(长0.8m),顺着右侧车梯爬向车顶时被接触网高压电击倒坠地,落在机次1位和2位风挡连接处地面,当场死亡。

原因分析:直接原因是临时焚火工王某违反《电气化区段职工触电事故安全措施》中关于"在电气化区段职工不准登上机车车辆顶部或翻越车顶通过线路"的规定,擅自登上车顶,造成触电死亡。间接原因是某客运段对奔雪饮品有限公司临时用工管理不规范,对临时用工安全培训教育不够。

【任务8-4】　2006年12月22日,某铁路局2585次旅客列车(银川至西安)终到西安站后,车底拉到三民村站停留。14:05,看车人员发现行李车锅炉间冒烟,立即向车站报警。车站将行李车解体拉至安全线实施扑救,14:35将火扑灭。经查,事故原因系锅炉缺水干烧,车厢壁板因高温灼烧发生阴燃,过火面积约1m²。事故发生时行李员离岗。

原因分析:这起火险是由于乘务员焚火作业中,不认真进行查验,未及时掌握锅炉燃烧状态,造成锅炉缺水干烧,引起火险,暴露了车队对于职工焚火安全管理、安全责任意识教育的严重疏忽。

【任务8-5】　2009年11月14日4:40,K385次列车,运行至霸州至文安间,一名持16车厢无座席客票的旅客从硬座14号车厢二位端方向走到该车13号座席处,突然跳上茶桌使用安全锤将该座席处运行方向左侧车窗玻璃击碎跳车,造成轻伤。

原因分析:本案例造成的直接原因为跳车者本人,间接原因是列车乘务员对于重点旅客摸排不准确,乘务中缺乏巡视,对重点人员的重点监护失控,同时对于旅客安全监督员的教育和监督无效果。

【任务8-6】　2006年7月31日,某客运段4221次列车00:55到达清原站一站台一道(正点00:51到、00:57开),00:58在旅客未乘降完毕情况下发车,导致YZ8车三位门匆忙下车的2名旅客在站台上摔伤,6名下车旅客过站,8车乘务员漏乘。

原因分析:本案例的主要原因是清源站助理值班员不执行作业标准,未确认旅客乘降完毕,在机次第7辆8车车门仍有旅客乘降情况下,向运转车长指示发车信号;事故的次要原因是担当4221次列车的运转车长落实标准不认真,只凭助理值班员指示发车,不认真确认旅客是否乘降完毕,指示司机发车。

【任务8-7】　1995年2月25日,某局249次(兰州至乌鲁木齐)客车在乌鲁木齐站停留时因乘务员在乘务室吸烟引起火灾,烧毁3辆客车。

原因分析:列车乘务人员吸烟严重违反作业纪律,对旅客造成不良的影响,并造成极大的列车防火隐患,同时,列车乘务人员消防知识、防火处理能力也有待提高。

实训项目三　旅客列车服务工作组织

【任务8-8】　旅客列车晚点中途停车的处理。

（1）事件情况

2008 年 × 月 × 日北京南开往天津的 C2069 次列车,22：10 正点开车后,运行至永乐区间临时停车,终到天津 23：30,终到晚点 50min,车内旅客 447 人。

（2）事件经过

永乐停车时间在 20min 左右,在此期间,列车长随时与客调及动联办联系,积极了解情况。同时要求乘务员在车内做好发放矿泉水的服务及解释致歉工作,列车长同时加强车内的巡视和广播的随时跟进,由于事情处理过程中随时把旅客放在第一位,能让旅客第一时间了解事情进展,同时列车服务深入车厢,因此,在停车中全列 447 名旅客大部分没有出现激动等过激行为。在列车长巡视至餐车区的时候,有一名旅客要求对晚点此事进行索赔,为避免由于此名旅客的索赔要求带动车内其他旅客情绪,列车长将旅客引导至乘务室,在引导过程中在六号车厢有一位旅客同样提出索赔要求,因此,列车长将两位旅客安排到一起,主动了解旅客需要,同时积极做好服务及致歉工作,安抚旅客情绪,防止由于此两名旅客带动更多的旅客出现索赔投诉等更多过激行为。

列车停车 20min 后,客调通知要求抽线反方向运行,列车需开回北京南站。司机在换完端后,列车长又得到列车故障排除可以继续运行的通知,列车长第一时间通知司机,同时与调度联系,司机再次换端。列车开车后以限速缓行的方式运行,运行中随时利用广播对列车停车、列车恢复运行致歉,列车到站、列车晚点等情况随时播报,反复致歉和进行宣传工作,做好旅客情绪的安抚。运行过程中列车长同时与站方工作人员积极协调联系,在列车晚点 50min 到站的情况下,列车长要求车内所有工作人员在车门口下车立岗送别旅客,对每位下车旅客逐一鞠躬致歉。通过列车全体人员的共同努力,列车到站后没有出现任何旅客对列车服务提出意见,也没有出现任何旅客滞留的情况。同时两名情绪比较激动的旅客在列车长的积极工作下也顺利下车并与站方办理了交接,由站方进行进一步的处理,没有影响列车的后续运行。

（3）事件分析

在临时停车处理过程中,值乘班组在以下几方面处理得当:

①列车长对列车突然停车高度重视,能够在第一时间打破常规,亲自利用广播进行宣传及致歉,体现了列车长的大局意识及责任意识。

②充分利用广播,及时致歉和宣传,使每一位旅客在心理上得到安抚。同时使旅客及时获取最新的动态消息,使旅客能真切地感受到我们的努力与负责。

③服务措施跟进有力,班组多次的巡视和送水,随时服务在旅客身边,不仅体现在口头,更有实际的服务内容。

④列车长亲自下车厢巡视,不惧怕与旅客正面接触,同时也给旅客通过广播获得的信息以真实感,得到旅客信赖。在巡视中能够发现个别激动旅客并灵活处理,减小了问题处理的难度。

⑤大局意识强,积极联系各个部门,全面掌握事情的最新进展,随时将事情进展与司机及随车机械师沟通。在处理过程中,责任意识强,能够站在全局的高度去处理,不推卸、不拖延、不搪塞。

⑥服务补救意识强,旅客下车时,列车全员鞠躬致歉送别旅客,充分体现了京津城际动车组的待客服务态度、大局意识、责任意识及荣誉意识。

知识拓展

一、动车组列车空调故障的应急处置

（1）空调失效但列车可维持运行时,调度部门接到通知后重点掌握。空调失效超过 20min 不能恢复时,列车长可视情况通知司机向列车调度员提出在前方最近客运营业站停

车请求。

在车站停留时,应打开车门通风。必要时,站车共同组织将旅客疏散到车站安全处所,等待故障修复、救援或组织旅客换乘其他旅客列车。

(2)动车组列车因故停车不能维持运行、空调失效超过20min不能恢复时,列车长应及时与司机、随车机械师沟通,视情况做出打开车门决定,并通知动车组司机转报列车调度员。

列车长组织列车员、乘警、随车机械师、餐饮、保洁等乘务人员确定应急方案,在车厢内运行方向左侧(非会车侧)车门处安装防护网。打开车门的具体位置、数量由列车长根据动车组乘务人员的配置情况确定。CRH5型动车组车门可安装防护网。

防护网安装完毕,随车机械师确认安装状态后报告列车长,列车长通知司机申请停车。列车长组织乘警、列车员、餐车工作人员及随车保洁员值守,严禁旅客自行下车。列车乘务人员(含餐饮保洁)应当将车门处的旅客动员到车内,严格值守车门。

列车停稳后,随车机械师手动打开车门,对塞拉门门携架用尼龙扎带捆绑,并确认状态后通知列车长,列车长在确认防护后报告动车组司机,司机在接到限速命令后,方可按规定起动列车。

(3)需要组织旅客下车或换乘其他列车时,应在车站站台进行,车站与列车一起组织旅客乘降。必须在站内正线或区间组织旅客下车或换乘时,需经铁路局主管运输副局长(总调度长)批准,同时要做好安全防护,以防发生意外。和谐1、和谐2、和谐3型动车组若停靠在500mm及以下站台或无站台时,需组织旅客通过应急梯下车。

二、动车组列车发生旅客误按紧急制动阀或报警按钮的应急处理

(1)动车组列车发生旅客误按紧急报警按钮时,列车乘务员应了解情况,根据乘车信息系统显示,及时将紧急阀复位(吸烟报警时,列车长应第一时间到场确认,并及时与司机互通情况)。

(2)通过车载电话与司机说明情况,说明停车原因。

(3)连同乘警了解当事旅客姓名、地址、身份证号码、联系电话和事情经过,并形成详细的书面记录。

(4)及时了解停车后车厢旅客情况,发生旅客意外时,按照因意外造成旅客伤害处理。

(5)及时向单位领导汇报。

注:因吸烟引起报警应急处置同上。

三、动车组运行中停电应急处置预案

(1)动车组列车运行中发生车厢照明突然停电时,客运乘务员要立即通知车辆机械师到场处理。检查各车厢的应急电源开关是否处于闭合位,保证应急电源装置正常工作,并迅速查找原因修复故障,恢复供电。

(2)列车因故障不能满负载供电时,机械师要根据实际情况,立即通知列车长,暂时停止使用部分电器。列车长要按照机械师要求组织列车员关闭用电量大的设备,尽量减少用电负荷,以保证蓄电池不过放,必要时可保留应急灯和轴报、防滑、监控系统用电,其他负荷全部关闭。

（3）列车长、乘警应及时到场，加强安全宣传和治安管理工作，稳定车内秩序，严防不法分子乘机破坏，做好专运人员和重点旅客的安全保护及服务，同时向旅客做好正面解释工作。

（4）停电车厢应派乘务员坚守岗位，加强车厢巡视，做好安全宣传，严禁使用明火照明。

（5）列车长应会同机械师，查明原因立即向上级汇报。

四、动车组列车发生旅客集体拒绝下车的应急处理

（1）车站在接到因动车组列车晚点旅客集体拒绝下车的信息时，车站站长（副站长）及有关车间干部要立即赶到现场，了解情况，亲自指挥，立即组织部署客运、公安增加人员接车。

（2）公安段（派出所）在接到车站通知后，要立即组织足够力量到现场维持秩序。

（3）动车组列车晚点到达后，车站应组织有关人员向旅客做耐心的解释工作，尽快组织旅客下车出站，对拒绝下车的旅客，全力做劝说工作，请旅客下车到专门地点进行处理。

（4）列车工作人员应协助车站工作人员做好说服解释工作。

（5）因晚点造成旅客没有赶上所乘列车时，车站安排人员及时为旅客按章办理改签、退票手续。

（6）旅客因晚点集体拒绝下车事件处理情况，车站应及时向客调汇报，处理完毕向客运处汇报。

（7）处理发生旅客滞留列车时应注意的问题：

①发生旅客以滞留列车的方式向铁路要求晚点或空调故障赔偿时，站车工作人员应当以说服劝解、诚恳道歉为主，耐心细致地做好解释工作和相关法律法规的宣传工作，稳定情绪，化解怨气，力争取得旅客的理解和配合。

②公安部门要积极配合客运部门，认真开展滞留旅客的说服工作，争取理解和支持。同时，要向旅客宣传法律知识，告知可以通过其他合法渠道和方式维护合法权益，劝说旅客听从车站工作人员的安排到指定地点协商解决，并协助车站工作人员引导旅客下车。

③公安部门在全力协助过程中，严禁携带枪支。客运部门在宣传和说服旅客离开车厢时，现场应有公安人员维持秩序，经反复工作劝离无效时，公安人员应宣布《关于严禁旅客滞留列车维护铁路运输秩序和安全的通知》，并组织足够的公安警力，对拒不下车的人员依法采取措施带离车厢。对煽动旅客滞留车厢和扰乱列车治安、破坏铁路运输秩序，用暴力手段对抗执法的个别人员，要认真调查取证，依法追究法律责任。劝阻中要依法依规，有理有节，文明执法。

五、动车组列车车门发生故障的应急处理

（1）列车到站，司机操作门释放和开门按钮后，要从司机室IDU上确认全列车门是否"释放"打开，如未"释放"，及时使用对讲机通知列车长，列车长通知各车门监控人员使用三角钥匙采取本地操作的手动模式开、关车门。

（2）列车到站如发生个别车门未自动开启，且监控人员使用三角钥匙本地操作的手动模式开门无效时，监控人员及时使用对讲机通知列车长，并宣传引导旅客到相邻车门下

车。列车长接到汇报后，立即和司机联系，并与随车机械师赶到现场处理。随车机械师确认车门故障一时无法修复时将该门隔离并通知列车长，此后各停靠站均引导旅客到相邻车门上、下车。随车机械师确认车门修复后告知列车长，列车长确认旅客乘降完毕后通知司机发车。

（3）列车开车如遇有车门未自动闭合时，比照上面两条汇报处置程序办理。

（4）因车门故障导致旅客越站时，列车长按规定与车站办理交接，无须下车处理后续事宜。

（5）因车门故障导致旅客无法正常上下车时，由列车长、乘警、列车工作人员配合，认真开展旅客的宣传安抚工作，劝导旅客保持冷静、看好行李、听从站车工作人员的指挥。

六、动车组列车临时停靠低站台时的应急处理

1. 列车的处理

（1）动车组列车进站前或已知列车在中间站变更到发线停车在低站台停车时，列车乘务员应认真进行车门瞭望，确认站台位置和车站采取应急措施后，打开车门，要先行下车立岗，方可组织旅客乘降，保证旅客安全。

（2）遇特殊原因，列车需在无站台停车或列车尾部未靠站台停车时，列车乘务员要先确认邻线有无列车通过、有无危及人身安全障碍物和车站采取的应急措施后，在有车站工作人员接车的一侧组织旅客乘降，打开车门后列车乘务员要先行下车立岗，保证旅客安全。

2. 车站的处理

（1）车站应按动车组车门数量配备相应数量的木梯，梯面加装橡胶防滑垫，妥善保存以备应急。

（2）车站运转室接到动车组进入低站台的通知后，应立即通知值班站长和客运广播室，广播室要加强与运转集中楼联系，确认动车组列车进入股道及停靠站台，并及时通知客运值班干部及有关作业人员。

（3）接到通知后，车站值班干部、客运值班员、执勤民警及其他人员要做好接车前的各项准备工作，提前20min上岗，到达指定位置，并巡视责任区范围内站台、线路有无闲杂车辆、物品、人员，做到清理及时。

（4）客运接车人员上岗要携带便于旅客上下的木梯等备品，根据停车标，确定木梯放置位置，做好旅客乘降的准备工作。

（5）检票口要做好对旅客的宣传组织工作，检票前告知旅客动车组即将停靠的站台，宣传低站台上车注意事项；检票后要有专人引导旅客到达指定站台。

（6）客运接车人员对进入站台等候上车的动车组旅客要按照停车位置组织排队上车。列车进站前、停稳后放好扶梯，协助旅客上下。

（7）旅客上下完毕要及时撤下木梯，将乘降梯撤离至安全线以外，防止木梯掉下站台危及行车安全。

（8）遇雨、雪、雾不良天气，接车客运干部要做好必要的防护准备。

（9）动车组在低站台停靠时，客运值班干部必须亲自上岗指挥，盯控作业全过程，确保旅客乘降安全。

七、对座位号有误旅客的安排处置

（1）遇有重号的旅客，应认真核对两位旅客车票，如果确认是重复的座位号码，应先向旅客致歉，听取两名旅客的意见，观察哪一名旅客有想调换其他座位的意向。

（2）乘务员应及时报告列车长，列车长根据旅客人数判断同等级车厢是否有空座，尽量安排旅客尽快就座。不要让旅客自行在车厢内找空位就座，以免造成旅客座位号码再次重复而引起不满甚至导致投诉等。

（3）车内旅客较多，不便当时处理的，乘务员可以帮助重号旅客（或后到的重号旅客）提拿行李，到服务间内稍加等候，等全部旅客上齐后，让重号旅客在相同车厢等级的基础上，协助旅客选择空余座位入座。

（4）确定旅客人数不是很多的情况下可征求旅客的意见，喜欢就座靠过道还是靠窗户的座位，尽量满足旅客要求。

（5）如在开车后发现车站售票系统故障导致售票错误（重号、超票额售票）时，应对误售旅客利用剩余座位进行妥善安置（可不受车厢、席别限制），主动向旅客做好解释工作，并向路局客调汇报。

（6）属于售票系统较大故障不能正常按票额发售有座位票，导致旅客乘车秩序混乱（车票无座号、无票人员较多时），列车长要以大局为重，积极与车站联系，组织列车工作人员（必要时可请乘警、保洁人员协助），有条件每车厢一人，对旅客进行疏导，安排座位，要首先保证重点旅客的安置。遇车内出现严重问题或局面不好控制时要及时向路局汇报。

八、动车组列车运行中发生事故，旅客需紧急逃生时的应急处理

（1）列车停车后，在车门能正常开启时，列车长立即通知司机，由司机打开所有靠线路外侧的车门；在列车断电、司机无法操纵打开车门时，由列车长组织列车工作人员手动解锁开门。

（2）列车长迅速组织工作人员按照分工，在每个车门处进行防护，组织旅客下车。

（3）在车门不能正常开启时，列车长迅速通过广播（因断电无广播时，由列车人员在车厢中部位置）向旅客宣传疏散程序、安全注意事项，工作人员迅速组织旅客使用安全锤击破紧急逃生窗，组织旅客撤离车厢。

（4）事故中发生人员伤亡时，列车长要及时安排专人救助。

（5）所有旅客撤离车厢后，列车工作人员组织旅客沿线路外侧向安全地带转移，将旅客安置在安全地带等待救援，同时做好安全宣传、引导。乘警负责在旅客疏散过程中的防护警戒工作。

（6）应急处置后，列车长应及时向客服调度、客运段汇报；客服调度、客运段接事故报告后，立即组织开展后续救援工作。

复习思考题

1. 乘务组由哪些成员组成？各自的分工如何？

2. 乘务组的主要工作是什么？

3. 什么是包乘制和轮乘制？

4. 乘务组织制度有哪些？

5. 出乘前应做好哪些准备工作？

6. 列车到站前后的安全工作有哪些？

7. 列车运行中要做好哪些安全工作？

8. 列车上有哪些安全设施设备？

9. 旅客列车服务工作要求有哪些？

10. 旅客列车服务工作中应注意哪些服务礼貌？

实践训练

根据《铁路旅客运输服务质量标准》的要求，以小组为单位，完成以下实训内容。

（1）T98 次旅客列车（广州东—北京西）在广州东站的始发时间是 18:05，正点到下一站长沙站的时间 01:07，分别扮演列车长、座车列车员、卧车列车员等乘务组角色完成广州东至长沙间乘务作业过程。

（2）T98 次旅客列车（广州东—北京西）在郑州站的开车时间是 09:21，终到北京西站的时间 14:56，分别扮演列车长、座车列车员、卧车列车员等乘务组角色完成郑州至北京西间乘务作业过程。

（3）G80 次高速动车组旅客列车（广州南—北京西）在广州南站的始发时间是 10:00，正点到下一站长沙南站的时间 12:17，分别扮演列车长、列车员等乘务组角色完成广州南至长沙南间乘务作业过程。

（4）G80 次高速动车组旅客列车（广州南—北京西）在石家庄站的开车时间是 16:52，终到北京西站的时间 17:59，分别扮演列车长、列车员等乘务组角色完成石家庄至北京西间乘务作业过程。

参 考 文 献

[1] 中华人民共和国铁道部. 铁路客运运价规则[S]. 北京:中国铁道出版社,1997.

[2] 中华人民共和国铁道部. 铁路旅客运输管理规程[S]. 北京:中国铁道出版社,1997.

[3] 中华人民共和国铁道部. 铁路旅客运输办理细则[S]. 北京:中国铁道出版社,1997.

[4] 中华人民共和国铁道部. 铁路旅客运输管理规则[S]. 北京:中国铁道出版社,1994.

[5] 中华人民共和国铁道部. 铁路旅客计划运输组织工作办法[S]. 北京:中国铁道出版社,1994.

[6] 中华人民共和国铁道部. 铁路旅客运输组织工作办法[S]. 北京:中国铁道出版社,1994.

[7] 中华人民共和国铁道部. 铁路客运调度工作规则[S]. 北京:中国铁道出版社,1994.

[8] 铁路合作组织. 国际旅客联运协定[S]. 北京:中国铁道出版社,1996.

[9] 铁路合作组织. 国际旅客联运协定办理细则[S]. 北京:中国铁道出版社,1996.

[10] 铁路合作组织. 国际客运运价规程[S]. 北京:中国铁道出版社,1996.

[11] 中华人民共和国铁道部. 国际旅客联运补充规定[S]. 北京:中国铁道出版社,1996.

[12] 中华人民共和国铁道部. 客运规章汇编[M]. 北京:中国铁道出版社,1999.

[13] 崔之川. 铁路客运组织[M]. 北京:中国铁道出版社,1998.

[14] 彭进. 铁路客运组织[M]. 北京:中国铁道出版社,2008.

[15] 王甦男,贾俊芳. 旅客运输[M]. 北京:中国铁道出版社,2008.

[16] 杜文. 旅客运输组织[M]. 成都:西南交通大学出版社,2008.

[17] 铁道部劳动和卫生司,运输局. 客运员[M]. 北京:中国铁道出版社,2004.

[18] 铁道部劳动和卫生司,运输局. 售票员[M]. 北京:中国铁道出版社,2004.

[19] 铁道部劳动和卫生司,运输局. 列车员[M]. 北京:中国铁道出版社,2004.

[20] 王慧晶. 铁路客运业务实务[M]. 北京:中国铁道出版社,2009.

[21] 刘建国. 高速铁路运输组织[M]. 北京:中国铁道出版社,2012.

[22] 邓岚. 高速铁路客运组织与服务[M]. 北京:中国铁道出版社,2011.